한국의 시민사회와 새로운 진보

논형

유팔무
1951년 서울생
1974년 서울대학교 사회학과 졸업
1989년 독일 자유베를린대 박사학위 취득
한국산업사회학회 회장
경제와 사회 주간, 동향과 전망 편집위원장
한국사회민주주의연구회 연구소장 역임

현재 한림대학교 사회학과 교수
　　　춘천시민연대 공동대표
　　　강원시민사회단체 연대회의 공동대표
　　　서울혁신연대 공동대표

한국의 시민사회와 새로운 진보
　지은이 | 유팔무
　초판 1쇄 인쇄 | 2004년 8월 20일
　초판 1쇄 발행 | 2004년 8월 30일
　펴낸곳 | 논형
　펴낸이 | 소재두
　에디터 | 임승현
　본문 편집 | 박서연
　표지디자인 | 디자인공 이명림
　등록번호 | 제2003-000019호
　등록일자 | 2003년 3월 5일
　주소 | 서울시 관악구 봉천2동 7-78 한림토이프라자 6층
　전화 | 02-887-3561
　팩스 | 02-886-4600
　ISBN 89-90618-39-8 94330
　값 18,000원

논형학술 10

한국의
시민사회와
새로운 진보

유팔무 지음

논형

머리말
허무와의 전쟁

그것이 벌써 작년 초인가, 어느 대학신문 학생기자가 나를 소개하는 인터뷰에서 대뜸 묻는 것이었다. "관심을 가장 많이 갖고 계신 주제가 무엇인가요?" 사실 관심분야가 꽤 많았기 때문에 무어라 답하지 못하고 있었는데, 다시 다그치듯 묻는 것이었다. "한 가지만이라도 얘기해 보시라"는 것이있다. 순간, 답이 떠올랐다. "그건 진보지. 내가 관심을 가장 많이 가지고 있는 주제는 진보야."

그렇다! 나는 내가 왜 그렇게 되었는지는 몰라도, 언제부턴가 '진보'에 목을 메고 사는 사람처럼 되어 버렸다. 실제의 행동이나 생활은 그렇지 않았을 수 있지만, 분명 정신적으로는, 그리고 머리 속에는 '진보'가 인에 박힌 사람처럼 되어 버렸다. 그렇지만, 동시에 나는 대단히 허무주의적인 사람이었다. 나의 가까운 제자 한 명이 그런 사실을 얼마 전부터 간파하게 되었지만, 나는 이미 고등학교 3학년 시절부터 "사는 것은 허무하다."고 생각 해 왔고, 그 후에도 오래도록 허무가 나를 지배해 왔다. 그리고 그 허무는 항상 나에게 물었다. "그렇다면 죽지, 무엇 때문에 사느냐"고.

대학 3학년 시절, 그 대답을 찾았다. 불행인지 다행인지, 유신시대에는 휴교가 잦았고, 그 틈에 깊이 있게 오래 생각할 틈도 주어졌으며, 홀로 있는 시간, 답을 찾았다. 당시의 해답은 "마음을 비우고 보람있는 일을 하며 보람있게 산다면, 언제 죽어도 좋은 것 아니냐"는 것이었다. 그 해답은 30년이 지난 오늘까지도 유효하지만, 그것은 '허무와의 전쟁' 끝에 얻어진 답이었다. 그럼에도 불구하고 고백할 것은 아직 그 전쟁이 끝나지 않았다는 것이다. 진보를 꿈꾸며, 활동하고 술 마시며 생각하고 글 쓰고 토론하고 강의하는 시간이 아닌 경우에는 그 허무가 어느 틈엔가 다시 엄습해 오곤 하는 것이었다.

그러다가, 지속되는 '허무와의 전쟁' 속에서 좋은 무기를 얻게 되었다. 그것은 바로 사회학과 칼 맑스였다. 그 무기들에 따르면, 허무의 배후는 바로 '세상'이었다. 즉 세상이 잘못되었기 때문에, 그 허무라는 놈이 생겨났고 또 자라기 때문에 세상을 바꾸기 전에는 허무를 이길 수 없다는 것이 그 결론이었다. 세상 바꾸기, 허무와의 전쟁, 그것이 나에게는 바로 진보였다. 그래서 나는 이 무기들을 틈틈이 갈고 닦고 가지치기도 하며, 세상 바꾸는 일을 고민했고 그에 필요한 일들을 찾았다.

그러나 세상 바꾸는 일이 누구네 집 강아지 이름인가. "이거 계란으로 바위치기 아닌감. 젠장..." 누구나 그렇겠지만, 좌절감과 무력감에 빠지는 일이 한 두 번이 아니었다. 하지만 누구는 로키처럼 다시 일어선다. "여기서 쓰러지면 안 된다. 일어나 일어나, 일어나 싸우자. 놈은 결코 만만치 않은 상대다. 몰랐나. 하루 이틀 싸워본 상대도 아니질 않는가."

진보란 무엇인가. 그것은 "보다 나은 방향으로 변화하는 것"이다. 그래서 기술도 진보하고, 생각도 진보하고, 세상도 진보할 수 있다. 그 중에서 사회진보란 세상이 진보하는 것, 그러니까 세상이 보다 나은 방향으로 변하는 것을 말한다. 그러나 그 진보의 내용은 시대에 따라 나라에 따라 역사적, 사회적으로 달라진다. 봉건시대에는 신분적 지배와 차별을 없애고, 자유롭고 평등한 인간관계, "사람 위에 사람 없고, 사람 아래 사람 없는" 인간사회로 가는 것이 진보였다. 그러나 현대사회에서는? 그리고 현대 한국사회에서는?

나는 현대사회에서의 진보란 자본주의 사회의 모순과 허구를 폭로, 비판하고 그것들을 변화시켜 사회주의적인 사회로 가는 것이라고 믿어왔다.

그럼 나는 언제부터 그런 이상한 생각을 하게 되었던가. 사실 그 맹아는 학부시절부터 형성되었지만, 1984년 독일유학시절 『자본론』을 읽은 직후부터 그런 생각을 확실히 하게 되었다.

칼 맑스는 위대한 사상가이자, 독설가이며, 나에게 전무후무한 감동을 주고 '세상 보는 눈'을 만들어 준 인물이었다. 하지만 그는 19세기 유럽사람이었고, 그의 『자본론』은 원론이었다. 그의 이론과 사상은 지금 세상에 그리고 오늘날의 한국사회에 그대로 적용할 수 없는 한계와 결함을 가지고 있으며, 특히 대안의 측면에서는 유토피아적 요소가 농후한 것이었다. 그래서 그의 이론과 사상을 한국사회 현실에 적용하기에는 여러 가지의 수정과 보완이 필요하다고 생각하게 되었다.

1990년 무렵 소련·동구 사회주의권의 몰락으로 그런 문제점들은 세계적인 수준에서 쟁점화되었고, 그 중에서도 칼 맑스의 이론과 사상, 특히 사회주의 혁명론은 도마 위에 올려지게 되었다. 이제 자본주의가 아니라 사회주의를 어떻게 볼 것이냐, 또 그것은 과연 가능하고 바람직한 것인가가 중요한 쟁점으로 떠올랐다. 이 두 가지 점은 "바람직하고 실현도 가능한 그런 진보적인 대안은 무엇이냐" 하는 커다란 질문으로 나에게 다가왔다. 이러한 질문에 대한 해답을 나는 맑스주의의 수정, 맑스주의의 유연화에서 모색하였다.

아직 끝나지 않은 작업이기는 하지만, 그러한 작업의 일환으로 썼던 논문과 글들을 뽑아 이 책에 실었다.

제1부 '시민사회 분열, 갈등, 통합의 역사와 전망'은 정보통신정책연구원의 지원(2003년도)으로 이루어진 연구보고서 중에서 4개의 장을 발췌, 손질한 것으로서 '시민사회'에 관한 논문들이다. 분량이 많고, 초점이 흐려질 우려가 있어 독일에 관한 부분은 <보론>으로 정리하였다.

이 연구에서 나는 그동안 시민사회와 관련해 작업했던 것들을 용광로에 넣어 새로 일관성 있는 이론으로 뽑아내려 했으며, 이것을 한국과 독일의 시민사회 형성과정 및 역사에 적용하였다. 그렇지만, 단순한 시민사회 형성론 혹은 형성사가 아니라 갈등론적인 입장에서, 시민사회의 분열, 갈등에 주목하는 관점에서, 그리고 이것이 과연 어떻게 극복, 통합될 수 있겠는가 하는 대안을 찾는 입장에서 서술하였다.

내가 '시민사회', 그리고 '시민운동'이라는 주제에 관심을 갖게 된 것은 매우 오래 전부터였다. 그러니까 이제 10년도 넘었다. 1990년 무렵 소위 맑스주의를 이 땅에 실현했다고 하는 소련, 동구 사회주의권이 연이어 무너졌다. 그리고 그 사건은 한국사회의 운동권과 진보진영에게 강한 충격으로 다가왔고, 칼 맑스의 '혁명적 진보사상'으로 우리 한국사회를 보다나은 세상으로 바꾸려고 노력해 왔던 수많은 청년활동가와 지식인들은 그야말로 혼비백산하여 '쿠오바디스'(=신이여 어디로 가시나이까)를 외쳤다. 이런 혼란을 틈타 자유주의 이론과 실천운동, 즉 한편으로는 시민사회 이론과 민주주의 이론, 다른 한편으로는 새롭고 올바른 사회운동을 표방하는 시민운동이 출현하여 각광을 받기 시작하였다.

그러나 자유주의는 진보의 대안이 아니라는 것이 나의 생각이었다. 물론, 나는 양쪽 진영이 모두, 그러니까, 정통의 맑스주의나 정통의 자유주의 모두가 옳지 않고 또 바람직하지 않다고 생각해 왔다. 그 대신, 바람직한 진보의 길은 맑스주의를 자유주의적으로 수정한 '제3의 길'이라 생각해 왔다. 그래서 이 무렵부터 이론적으로 뿐 아니라 실천적으로도 이 문제에 개입하기로 마음먹고, 그람시를 투입하여 자유주의에 '맞불'을 놓았다. 그람시의 시민사회 이론과 진지전 전략, 유로콤뮤니즘적 '제3의 길' 노선 등은 나의 생각과도 많이 일치하지만, 당시의 한국상황에 딱 알맞은 대안, 이론적, 실천적으로 다 적합한 대안이기도 하다고 보았기 때문이다. 이 같은 나의 '프로젝트'는 지난 10여 년 동안 이런저런 논쟁과 결실들을 빚어내기도 했지만, 아직 끝나지 않았으며, 이 책의 제1부에 실린 시민사회론, 즉 "한국 시민사회의 분열, 갈등, 통합의 역사와 전망"은 그 중간결산이라 할 수 있을 것이다.

제2부 '새로운 진보와 연대를 통한 제3의길'의 첫 번째 논문 "20세기말 진보의 의미변천과 새로운 진보"는 1998년 『경제와 사회』에 실린 논문이다. 현실사회주의들이 붕괴하고 새로운 사회 운동들이 약진하고 있는 20세기말의 상황 속에서 진보는 무엇이 며 어떠해야 할지, 그리고 또 어디로 가야할 지에 대한 생각과 방향을 정리한 논문이다.

그 다음 논문들은 '새로운 한국적 사회민주주의 모델'을 구상 하고, 한국사회에는 그것이 필요하다는 점, 그리고 왜 필요한지 에 대해 논하고 있다.

1999년 『역사비평』에 실린 "한국에서 제3의 길은 가능한가" 는 원래 부제가 "노동자-시민 정치연대를 통한 새로운 진보"였 다. 그것이 나아갈 길이고, 그렇게 하면 가능하다는 것이었다.

그렇다면 제목은 왜 '제3의 길'이라 했는가. 왜 또 그 길은 '노 동자-시민의 연대'라는 것인가.

거기에는 이유가 있었다. '제3의 길'이라는 말은 영국의 기든 스와 블레어가 내세워 유행어가 되었고, 김대중 정부가 그 핵심 인 '적극적-생산적 복지'를 한국에 도입하려고 했기 때문이었 다. 그러나 나는 기든스식의 제3의 길(=사회민주주의+신자유 주의)은 적합한 대안이 아니라고 보았다. 그래서 국내에서 혹 거기에 혹하는 사람들이 생겨날까봐, 개입하고 싶었다. 그리고 그 참에 제3의 길에는 기든스 외에도 수많은 '제3의 길'들이 있 어 왔고, 있다는 사실도 알리고 싶었다. 또, 나 나름대로 어떤

'제3의 길'이 한국에 적합하겠는지에 대한 그동안의 정리된 생각(=민중운동과 시민운동의 연대, 노동자-시민 정치연대, 적녹동맹의 제3의 길)을 알리고, 토론해 보고 싶었다.

"왜 사회민주주의인가"는 그 후속편이라 할 수 있다. 본래 한국사회민주주의연구회 소속 교수, 활동가들과 함께 1년 이상 세미나와 토론을 거쳐 만든 것이며, 한국사회에 사회민주주의의 깃발을 꽂자는 조직적 결의에 따라 쓰여진 것이었다.

그 다음의 글 "민주노동당, 진보적인 이상과 보수적인 현실 사이에서"는 2004년 6월 『인물과 사상』에 쓴 것으로서, 제17대 총선을 선후하여 빌어지고 있는 정치적인 난맥상과 그 와중에서 의회에 진출한 민주노동당의 과거, 현재, 미래를 평가하고 전망해 보는 내용이다. 민주노동당은 어떤 정당인가, 과연, 앞으로 어떻게 대중들의 호응을 받으며 뻗어나갈 수 있을 것인가 하는 것이 이 글의 주된 내용이다.

제3부에 실린 글들은 참여민주주의와 교육개혁, 그리고 참여민주주의를 표방해 온 90년대 우리나라 시민운동의 활동에 대한 평가와 대안을 모색하는 글들이다.

"참여민주주의와 대안적 교육체제의 모색"은 1998년 『동향과 전망』에 실린 것으로서 참여민주주의를 교육, 그리고 교육개혁과 연결시켜 썼다. 참여민주주의와 교육개혁을 연결시킨 이유는 내가 오래전부터 교육과 교육개혁에 관심이 많았기 때문이었다. 내가 대안적인 교육체제로서 주목한 것은 미국이나 소련식의 자유민주주의나 국가사회주의 시스템이 아니라 유럽식 참여민주주의 교육시스템과 대안학교였다.

　나는 본래 대학교육이나 학벌문제에 오래 전부터 관심이 많았다. 특히 1990년대 중반 대학교육협의회에서 격월로 발간하던 『대학교육』의 편집위원을 할 무렵에는 대학개혁에 대해 생각도 많이 하고 글도 자주 쓰게 되었다. 우리나라 대학입시제도와 '경쟁만능주의' '학벌주의'를 비판하고, 진정한 교육개혁을 위해서는 '명문' 개념과 명문대학을 없애야 한다고 주장하였다. 이를 위해서는 우선 명칭부터 '파리1대학' '파리2대학'과 같이 '서울1대학' '서울2대학' 식으로 바꿀 것 등을 제안하기도 하였다.

　나는 나 자신이 대학교육을 받은 사람이고, 석사논문도 사회적 불평등과 대학입학기회를 둘러싼 교육불평등 사이의 관계, 그리고 그러한 불평등들의 재생산과 세습 문제를 주제로 썼다. 또 그 후 독일 유학을 하며, 독일의 대학교육과 시스템을 체험했고, 귀국한 이후에는 대학교수가 되어 대학교육을 직업으로 하고 있는 데다, 마침 『대학교육』의 편집위원도 하고 있었기 때문에, 대학교육에 대해서는, 그리고 대학교육 개혁에 대해서는 할말이 많았고 가슴에 맺힌 말들도 많았다.

　나는 우리나라 대학교육과 시스템이 여러 가지 면에서 비정상이라고 생각해 왔고, 과연 그 원인이 무엇인지에 대해 관심이 많았고, 문제의식 또한 컸다. 그 중 큰 줄거리 하나는 입시위주 교육, 과외열풍, 명문대학병, 그리고 대학에서 놀고먹다 취직하는 기형적인 대학문화 등이었다. 이를 '정상화'시키기 위해서는 수많은 처방들이 필요하지만, 가장 '강한 고리'는 '명문대학병'이라고 보았다. "명문대학을 들어가고 나와야 사람대접을 받고 출세할 수 있다."고 하는 신화와 신념과 현실 그것이었다. 그래서 나는 돈키호테처럼 '명문대 타파' '명문개념 없애기' '서울대 해체' 등을 주장하게 된 것이었다.

"서울대 해체론 등에 대하여"는 『사회비평』 2001년 봄호에 실린 것으로서 본래 제목은 "서울대학교 문제에 대한 지식인들의 대응"이었다.

그런데, 항간에는 "서울대 해체론의 원조는 유팔무 교수"라는 말이 있다. 사실 어느 정도 맞는 말이기도 하다. 내가 서울대 해체를 주장한 것은 1995년 1월 『한겨레 21』에 기고한 논단 "교육개혁에 관하여"에서였다. 한겨레21 논단은 당시 많은 사람들이 읽는 칼럼난이었고, 따라서 내가 쓴 글도 많이 읽었을 것이다. 그리고 그 후의 서울대 폐교론, 해체론 등에 불씨를 남겼다고 생각한다.

그러나 내가 서울대 해체론의 원조라고 말하기 어려운 이유는 본래 그 아이디어가 친구이자 동료인 충남대 모교수에게서 나온 것이었고, 나는 그 아이디어를 주위의 동료교수들에게 공론화시켜 본 후, 대부분 찬성하기에 결국 우회적으로 나의 고유한 명문대 해체론에 끼워 넣어 글로 쓰고 공론화시켰기 때문이다. 그러니까 나 혼자만의 생각이 아니었다는 것이다. 문제의 그 한겨레 글에서 두 구절을 인용해 보면 전후사정을 짐작할 수 있을 것이다.

한 지방국립대 교수는 국립대를 지방공립화 하자는 (정부의) 안에 대해 한참 열을 올리다가 다음과 같이 말했다.

답답한 사람들아, 그래서는 문제가 해결되지 않아요. 서울대학을 없애고 명문대학을 없애는 길 밖에 없어요.

그런데 더 흥미로운 것은 이런 파격적인 주장을 듣고 있던 다른 대학 교수들 가운데 몇 명이 그런 주장에 대해 별다른 주저함도 없이 "맞다"고 동조하는 것이었다. 이들은 대부분 자신들도 명문대학 출신이면서 이런 주장에 대해 공감하는 것이었다. 서울과 지방에 골고루 포진한 이 교수들 가운데에는 다행히 명문대학(재직)교수가 없어서인지 더 이상의 논란이 벌어지지는 않았다.
......

앞서의 어느 교수의 제안처럼, 대학입시를 없애고 '명문'대학을 없애는 정책을 통해 대학을 평준화시키는 방향으로 나아가야 할 것이다. 대학평준화안은 여러 가지가 있을 수 있겠으나, 우선 당장에는 수학능력시험제도와 본고사제도를 없애는 대신, 국가자격시험제도를 두어 지역별로 대학정원규모에 해당하는 수의 학생에게만 대학입학자격을 부여하는 안을 생각해 볼 수 있다.
대학교육을 포함한 모든 학교교육이 기본적으로 '공개념'에 입각해서 이뤄져야 정상적일 것이다. 교육을 받고자 하는 국민들에게 교육기회는 널리 균등하게 주어져야 하며, 거기에 들어가는 비용은 원칙적으로 중앙정부나 지방자치단체와 같은 공공기관이 책임지는 무상교육제가 되어야 한다. 학교교육에 수익자부담 원칙이 적용되어 학부모가 과중한 수업료나 등록금을 부담하는 것은 맞지 않으며, 국민들이 대학까지 교육받을 권리는 사회가 보장해 주어야 한다. 그리고 대학에 가지 않아도 취업이나 결혼에 별다른 지장이 없도록 되어야, 마침내 우리 교육은 정상화를 이루었다고 말할 수 있을 것이다.

윗글에서 알 수 있듯이 서울대 해체론은 나 혼자만의 주장이 아니었으며, 공식적으로 표명하기 어려운 주장을 내가 우회적인 방식으로, 그리고 서울대가 명문대학의 하나, 아니 명문 중의 명문이기 때문에 '제물'이 된 것이었다. 그래서 나는 서울대 해체론자라기 보다는 명문대 해체론자라고 할 수 있으며, 대학평준화론자, 대학무상교육론자라고 해야 더 맞을 것이다. 이런 점에서 나는 그 후 수 년 동안, 그리고 오늘날에까지 이어지는 각종의 서울대 해체론, 폐교론 등에 대해서는 약간 거리를 두고 있다. 『사회비평』에 쓴 글에서는 90년대 중, 후반에 제시된 각종의 서울대 폐교론, 평준화론, 해체론 등을 모아 리뷰하고 내 입장에서 논평을 달았다. 그러나 지면도 부족했고, '서울대 해체 등을 통한 총체적인 대학교육 정상화 방안'에 대한 연구는 향후의 연구과제 중 하나로 남아있다.

그 다음, "한국의 시민운동, 어디로 가야하나"는 2001년 6월 NGO 지도자협의회에서 강의한 내용으로 '시민운동의 성격과 유형' '90년대 이후 한국 시민운동의 판도변화' '시민운동에 대한 평가와 최근의 흐름' '시민운동, 어디로 갈 것인가'에 대해 논하였다.

그 다음에 실린 두 편의 글은 춘천과 독일에 관한 것들로서 이 책의 주제와 밀접하게 관련되지만 사례연구에 해당하기 때문에 보론으로 실었다.

"춘천지역의 시민운동과 춘천시민연대 3년"은 2002년 쓰여진 글로서 제목 그대로 춘천지역 시민운동 단체들의 역사를 정리, 평가한 것이다. 특히 그 중에서도 1999년 내가 참여연대를 모델 삼아 창립을 주도하고 오늘날까지도 몸담고 있는 '참여와 자치를 위한 춘천시민연대'의 3년을 자평하는 보고서이다. 『시민사회와 시민운동(2) ― 새로운 지평의 탐색』(유팔무/김정훈편, 한울, 2001)에 실린 "비정부사회운동단체(NGO)의 역사와 사회적 역할 ― 정부와의 관계를 중심으로"를 모델로 삼아 쓴 것이지만, 전국을 상대로 한 것이 아니라 춘천시민연대를 포함한 춘천지역을 상대로 정리, 평가한 것으로서 수준에 차이가 있다.

여기에는 춘천지역 시민운동 단체들이 네트워크를 구성하여 공동으로 작업해 낸 '21세기 춘천지역의 발전 방향과 과제'가 부록으로 첨부됐고, 강원도의 민간단체 재정지원 현황, 거기에 참여하는 단체들의 명단 등도 참고자료로 첨부되어 있다.

"독일 시민사회의 형성과 분열, 갈등, 통합의 역사"는 독일에 대한 그동안의 연구결과들을 기초로 하면서 그람시 시민사회의 개념과 이론에 입각해서 쓴 논문이다. 독일의 시민사회가 걸어온 길을 종합적으로 정리, 평가하고 그로부터 한국적인 교훈을 얻어내기 위한 목적으로 쓰여졌으며, 앞의 '정보통신정책연구원' 보고서에서 따로 빼낸 것이다.

이 책은 이미 고백한 것처럼 나 자신과의 싸움, '허무와의 전쟁'이라 표현했던 오랜 고뇌의 산물이라 할 수 있다. 나는 전쟁이라는 말을 싫어하고, 전쟁도 싫어한다. 나를 포함하여 세상의 많은 사람들을 '허무'에 빠뜨리는 것이 바로 전쟁이기 때문이다.

내가 미국(=아름다운 나라?)을 싫어하게 된 첫 번째 이유는 그들이 서부개척을 하고 나라를 세우면서 아메리칸 인디언들을 80% 이상 학살하고 땅을 빼앗고 그 피바다 위에 나라를 세웠다는 점 때문이다. 나는 어린시절 우리나라에 TV가 처음 들어왔을 때, 거의 매일 미국인들이 샤이안족 등 인디언을 학살하는 서부영화를 보며 자랐고, 그때부터 미국을 알았고, 오늘도 그 인디언들을 생각하면 가슴이 울렁거리고 눈물이 글썽인다. 내 동족같이 느껴졌기 때문이다. 그 후 미국은 많이 달라졌지만, 오늘날까지도 베트남전쟁을 거쳐 이라크전쟁에 이르기까지 '호전성'은 버리지 못하고 있다.

어쨌든 '허무와의 전쟁'이라는 표현에는 그런 문제점이 있기는 하지만, 내가 주장하고 싶은 것은 나의 그 오래된 허무라고 하는 것이 서울대 해체론처럼 나 혼자만의 주장이거나 허무가 아니라는 점이다. 허무의 사회성, 허무의 사회적 원천이라고 하는 것이 있다는 것이다. 허무는 하늘에서 갑자기 떨어지는 이상한 것이 아니며, 나 혼자만의 이유 때문에 생겨나는 것도 아니라는 것이다. 이런 사실을 깨닫기 전까지 나는 "하느님 왜 나를 낳으셨나요."라며 쏟아지는 빗속에서 두 손을 불끈 쥐고 항의한 적도 한두 번이 아니었다.

그런 '유팔무 일병'을 구해준 것은 앞서 얘기한 것처럼 사회학과 칼 맑스의 사상이었다. 개그 콘서트 흉내를 내자면, "아하, 그렇구나, 내 허무의 배후에는 사회가 있었구나."였다. 사회는 곧 세상이고, 따라서 나의 적은 허무가 아니라 그 배후의 사회이고, 허무의 배후, 허무의 뿌리를 고치거나 뽑아버려야 문제가 해결된다는 것은 당연한 결론 비슷한 것이었다. 나의 허무, 그리고 다른 사람들의 허무, 그런 것들을 극복하고 해소하는 길은 곧 진보, "세상이 좋은 세상으로 바뀌는 것", 그것이 정답이라고 생각했고, 아마도 그 때문에 그 후 나의 주된 관심은 '허무에서 진보로' '허무보다는 진보'로 이동해 갔을 것이다.

고민을 털어놓아 부끄럽기는 하지만, 이 책으로 "왜 당신은 그런 이상한 사상을 갖고 사시오?" 라든지, "당신은 왜 그런 이상한 일만 하고 다니시오?", "왜 당신은, 왜 선생님은 책을 안 내시오? 혹시 공부 안 하는거 아냐? 저 사람 교수 맞아?" 등등의 질문과 의문과 비난에 대한 답은 한 셈이다.

표지 그림을 선사해 준 아내 남미방을 비롯, 논형출판사 소재두 사장, 한림대 사회학과 졸업생들, 특히 대학원생들, 한국산업사회학회 멤버들, 동료 선후배 교수들, 춘천시민연대와 서울혁신연대의 '젊은 피'들, 그 모든 분들에게 "투쟁(!)으로" 인사와 감사를 드린다.

2004년 6월
춘천 퇴계동에서

목차

칼럼 목차

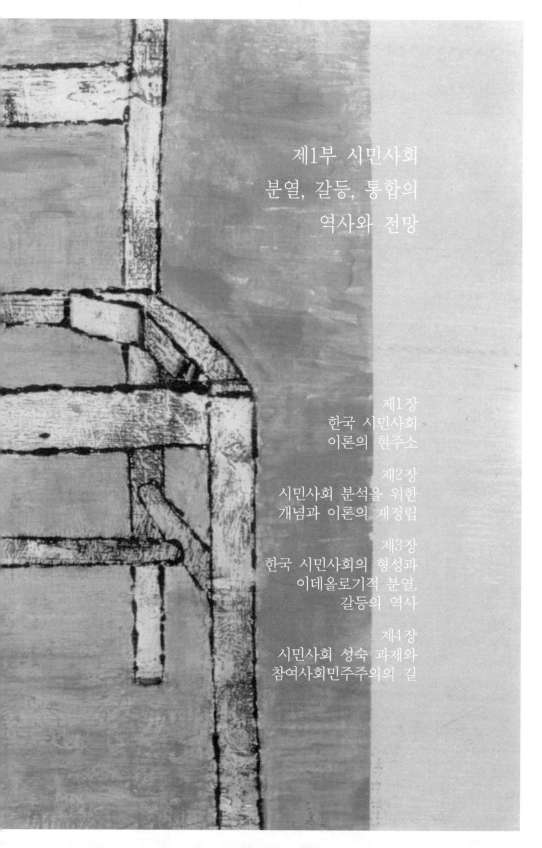

제1부 시민사회
분열, 갈등, 통합의
역사와 전망

21세기 한국사회는 여러 가지 사회적 분열과 갈등, 대립의 상황 속에 놓여 있다. 지역적인 분열과 노·사 갈등, 여당·야당 사이는 물론, 보수·개혁·진보 세력 간의 이념적·정치적 대립, 시민사회 내의 친북—반북, 반미—친미 세력 간의 분열과 갈등, 사회운동 진영 내에서의 분열과 갈등 등 이루 말할 수 없는 분열과 갈등과 대립들이 나타나고 있다.

그러나 과거 김대중 정부 때에도 그러했지만 현재의 노무현 정부 또한 그와 같은 분열을 해소, 극복하여 이른 바 '국민통합'을 이룩할 가능성과 전망을 보이고 있지 못하다. 지금 정부의 모습이 그렇다면 오늘날 한국의 시민사회나 사회운동은 그러한 분열과 대립, 갈등을 극복하고 사회통합의 가능성이나 전망을 보여주고 있는가.

제1부의 목적은 바로 거기에 대한 해답을 얻는 데에 있다. 그러나 이데올로기적—정치적 분열과 갈등은 사회적이고 또 역사적인 뿌리를 가지고 있기 때문에, 그 해답은 사회와 역사 속에서 찾을 수 있을 것이다. 그래서 우리는 한국 시민사회의 형성과 이데올로기적 분열과 갈등의 역사를 사회학적으로 분석하여 그 통합의 방향을 모색하고자 한다.

시민사회의 분열과 대립, 갈등을 해결, 극복하고 사회통합을 이루기 위해서는 먼저 사태를 올바르게 진단해야 할 것이다. 진단이 제대로 되어야 거기에 따른 처방이 실효를 거둘 수 있기 때문이다. 그러나 처방 또한 진단만 있다고 저절로 도출되는 것이 아니다. 진단은 잘 되었으나, 처방이 없거나 잘못 될 수도 있으며, 같은 사태에 대해 여러 가지 처방이 가능하거나 필요하기도 하다.

예를 들어 비만증이 생겨나는 원인으로는 식습관 등 여러 가지가 있으며 따라서 그에 대한 처방도 다이어트만 있는 것은 아니다. 다이어트로 해결되지 않는 경우나 또 다이어트 아닌 방법으로 해결되어야 하는 경우 등이 있다. 따라서 진단과 처방이 모두 중요하다는 것이다.

진단을 잘 하기 위해서는 맥의 위치와 흐름을 미리 잘 알고 있어야 하고 인체 생리를 잘 알고 있어야 하듯이, 한국 시민사회의 분열과 갈등을 제대로 진단, 처방하고 치유하기 위해서는 시민사회 자체의 구조와 생리를 먼저 잘 파악해야 할 것이다. 시민사회를 진단하고 분석하기 위한 개념과 이론의 틀이 먼저 정립되어야 한다는 것이다. 그런 다음 그러한 분석틀에 입각해서 실제의 한국 시민사회를 분석, 진단하는 일이다. 이러한 분석에서 초점을 이루어야 할 것은 분열, 갈등의 뿌리를 찾고 밝혀내는 일이다. 그 뿌리는 한편으로는 구조적인 데에, 다른 한편으로는 역사적인 데에 있다고 할 수 있다.

예컨대 오늘날 한국 시민사회의 정치적, 이념적 보수-진보 사이의 분열과 갈등은 그 뿌리가 구조적으로 경제적인 위치의 차이와 이해관심의 분열, 갈등에 있다고 할 수 있다. 다른 한편으로는 그 두 차원 모두 역사적으로 형성된 것들이기에 그 역사에도 뿌리가 있다고 할 수 있다. 결국, 이 두 측면을 함께 분석하고 종합해야 적절한 진단에 이를 수 있다는 이야기이다.

우리는 전체사회의 구조를 '국가-시민사회-경제'의 3분 구조로 파악한다. 이것을 '정치사회-시민사회- 경제사회'라고도 할 수 있다. 시민사회는 그러한 3분 구조의 한 부분으로서 국가나 경제에 대해 영향을 주고받는 위치에 있다. 시민사회 또한 그 내부에 하위 차원(sub-dimension)들과 하위구조(sub-structure)들을 포함하고 있다. 국가 및 정치와 직접적으로 연관된 차원, 경제 및 계급과 연관된 차원, 그리고 그 양자와 직접적으로 무관한 사회-문화적인 생활의 차원 등이 시민사회 내부의 하위차원들이다. 구조적으로는 의식, 조직, 제도 등의 3차원들로 이루어져 있다. 우리가 구조적인 분석을 말할 때는 바로 이 복잡한 중층적인 구조들과 차원들 상호간의 관계 및 상호작용을 분석하는 것을 말한다. 그래서 시민사회 내의 지역주의적 분열과 갈등의 뿌리는 국가의 정책이나 왜곡된 대의정치에서 찾을 수 있으며, 경제적-산업적인 지역불균등 발전에서 찾을 수도 있다.

그러나 지역주의의 예에서도 그렇듯이, 시민사회의 분열과 갈등은 사실상 역사에 뿌리를 두고 있다. 따라서 우리는 역사를 추적해 그 뿌리를 찾아내야 하며, 올바른 진단과 처방을 위해서는 그러한 뿌리가 형성된 이유와 조건을 분석하고 그 뿌리가 그 후 더 크게 자라고 뻗어나가 오늘에 이르고 있는 이유와 과정도 밝혀내야 한다. 역사적인 추적에서도 국가-시민사회-경제의 3분 구조 틀을 가지고, 각 차원에 대한 역사적 추적, 각 차원들의 상호관계에 대한 역사적 분석이 병행되어야 할 것이다.

그 다음, 진단과 처방에서 또 하나의 초점을 맞추어야 할 것은 사회운동이다. 사회를 변화시키고 역사를 만드는 주체가 누구냐 하는 문제에 대해서는 흔히 구조의 영향과 결정력을 중시하는 구조중심적 입장과 인간들의 사고와 결단과 실천행위를 중시하는 행위중심적 입장으로 나누어진다. 우리는 이들이 각각 강조하는 구조와 행위 두 가지가 모두 중요하다고 본다. 하지만 사회변화와 관련해서는 그 중간적인 차원에 해당하는, 인간들의 조직적인 집합행위, 즉 사회운동이 특히 중요하다고 본다. 주어진 구조와 제도 속에서 개별 인간들의 개별적인 행위의 총합이 구조, 제도 등 사회질서를 재생산하고 변화시키는 것이기는 하지만, 행위 중심적 입장에서 소홀히 하는 것은 인간들의 집합적 행위이다. 사회운동은 비제도적인 집합행위(또는 집단행위)로서 사회를 변화시키기 위해 조직적으로 활동한다. 그렇기 때문에 이러한 활동들은 사회를 변화시키는 데에 개별행위들 보다는 더 직접적인 힘으로 작용한다. 물론, 사회운동이 개별행위들의 총합보다 더 큰 힘을 발휘한다는 뜻은 아니다. 제도 내의 행위들이 더 큰 힘을 발휘하는 수도 있고, 권력엘리트들의 제도적인 행위는 종종 사회에 커다란 변화를 가져온다.

사회운동은 시민사회의 형성과 변화, 그리고 시민사회 내의 분열과 갈등을 초래하는데 중요한 변수의 하나로 작용해 왔다. 또 그러한 분열과 갈등을 극복하고 통합하기 위한 노력과 힘으로도 작용해 왔다. 그렇기 때문에 시민사회의 분열과 갈등의 '뿌리'를 찾는 과정에서는 사회운동과 그것의 역사에 주목할 필요가 있고, 이를 통해 우리는 지난 시절 어떤 사회운동들이 어떤 영향을 미쳤고 어떤 기여를 하였으며 또 얼마만한 변화를 초래할 수 있었는가 하는 점들을 밝혀 낼 수 있을 것이다. 이러한 작업은 올바른 진단을 위해서 뿐 아니라 적절한 처방을 이끌어내는 데에도 필요하다.

처방과 관련해서는 다른 한편, 선례에 대한 조사연구와 참고가 필요하다.

시민사회의 분열과 갈등을 극복, 통합하는 길은 이론과 실천 두 가지 차원에서 이루어질 수 있다. 이론적으로는 분열, 갈등하는 세력들의 이념과 주의주장을 절충하는 것이 일차적인 처방이 될 것이다. 그러나 이론적인 처방만으로는 실제적인 문제해결이 안 되기 때문에 그러한 분열과 갈등의 뿌리를 실제적으로 제거해야만 한다. 뿌리를 제거하는 실천적 처방은 크게 보아 두 가지 차원에서 실행될 수 있다. 정부정책과 정당정치를 비롯한 제도적인 정치가 그 하나요, 제도 바깥에서 이루어지는 사회운동이 또 하나이다.

우리는 이론적으로 그 처방이 참여민주주의와 사회민주주의라고 본다.

독일과 같은 경우, 시민사회가 다른 선진국들에 비해 뒤늦게 형성되었고 나치즘을 통한 수난을 겪기도 하였다. 그러나 그럼에도 불구하고 시민사회 내의 분열과 갈등을 참여민주주의와 사회민주주의적인 처방을 통해 타협시키고 통합해 안정된 사회를 이루었다. 그래서 우리는 이러한 독일을 모범사례의 하나로 간주한다. 그러나 중요한 것은 이론보다 실천이다. 그렇기 때문에 독일은 과연 어떻게 시민사회의 분열과 갈등을 조정, 통합해 낼

수 있었는가, 그 과정에서 사회운동과 정치권력은 어떤 작용을
하였는가 하는 점도 주목의 대상이다.

제1장 한국 시민사회 이론의 현주소

제1절 자유주의적 입장과 맑스주의적 입장

한국에서 시민사회에 관한 논의가 본격화된 것은 1991년이었다. 이때는 현실 사회주의의 붕괴가 본격화되고 한국에 맑스주의 위기론과 자유주의 담론 등이 본격화되던 시기였다. 시민사회론은 자유주의적인 입장에서 먼저 도입되기 시작하였으나 곧 맑스주의적 입장과 충돌하였고, 논쟁들도 벌어졌다(유팔무/김호기, 1995 참조). 그 후 다양한 시민사회론들이 한국에 도입되었고, 또 한국적 상황에 적용하는 시도들이 이루어졌다. 그러나 오늘날까지도 시민사회론은 크게 자유주의적 입장과 맑스주의적 입장으로 나누어져 진행되는 양상을 벗어나지 못하고 있다. 자유주의적 입장에서는 전체사회를 기본적으로 '국가-시민사회'의 2분 구조로 파악하며, 맑스주의적 입장에서는 대개 '국가-시민사회-경제'의 3분 구조로 파악하고 있다(유팔무, 1995b 참조).

자유주의적 입장의 시민사회론(한완상, 김성국 등)은 다음의 특징 혹은 문제점들을 지니고 있다.

가) 국가와 시민사회의 관계를 '주종관계'로 본다.
나) 시민사회를 동질적으로 보아 내부의 차이를 무시하는 경향이 강하다.
다) 경제와 계급의 위치가 별도로 설정되지 않아 애매하다.
라) 시민사회론을 한국에 적용할 때, 시민사회를 '자유민주주의'와

등치시키는 경향이 있다.

마) 국가-시민사회 관계를 힘의 관계로 봄으로써 경험적, 분석적인
애매성이 뒤따른다.

자유주의 시민사회론의 이러한 특징과 문제점 때문에 심지어
"한국에는 시민사회가 없다." 혹은 "서구식 시민사회론을 한국에
적용하는 것은 부적합하다."라는 주장들(최배근 등)도 제기되었
다.

반면, 맑스주의 입장의 시민사회론은 다음과 같은 특징과 견해
차이들을 보이고 있다.

가) 경제(계급, 시장 포함) 영역을 시민사회와 별도로 구분하여 국
가-시민사회-경제 등 3분구조로 파악하는 경향이 지배적이며,
시민사회를 국가 및 경제와의 관련 속에서 파악한다.

나) 국가를 비판적으로 보는 점에서는 공통적이지만, 시민사회에 대
해서는 입장이 다시 셋 정도로 갈라진다. 그람시주의, 알튀세주
의, 하버마스주의적 입장 등이 그것이다.[1]

그람시주의는 시민사회를 주로 '계급적 이데올로기들의 각축
장'으로 보면서, 국가-시민사회의 관계를 양면적, 상호규정적
관계에 있는 것으로 보는 반면, 알튀세주의는 '지배이데올로기
기구'이자 '국가의 연장된 팔'로 봄으로써 시민사회가 보수적인

---

1) 여기서 그람시주의, 알튀세주의, 하버마스주의 등 '주의'라고 붙인 것
   은 시민사회론에 한정해서 말하는 것이며, 논의의 편의상 이름 붙인
   것이다.

기능을 하는 영역으로 간주한다. 하버마스주의는 사회 그 자체로서 국가와 별개로 독자적인 기능을 하는, 공론의 형성, 문화적인 재생산을 담당하는 영역 등이라 파악한다.

다) 경제(또는 계급이나 시장)를 보는 시각, 이것과 시민사회 사이의 관계, 이것이 시민사회에 대해 미치는 영향을 보는 시각도 세 입장들이 모두 다르다.

그람시주의에서는 전통적인 '토대-상부구조' 이론(즉, 경제=토대, 국가/시민사회=상부구조라는 관점)을 계승하여 시민사회를 상부구조, 그리고 상부구조 내의 1층으로 파악하고 여기서 벌어지는 '이데올로기의 각축'이 지니는 중요성을 강조한다.

알튀세주의는 그람시주의에서보다 이데올로기를 더 중시하여 이것이 경제 및 계급관계의 재생산에 결정적인 중요성을 지닌다는 '재생산론'을 취한다. 나아가서는 이데올로기가 경제 및 계급적 관계의 외부에 위치하면서 영향을 미칠 뿐 아니라, 내부에까지 투입되어 경제 및 계급관계의 한 부분을 내적으로 구성한 상태에서 영향을 미친다고 본다. 그러나 시민사회가 독자적인 기능을 하기보다는 국가에 복속되어 '국가의 연장된 팔'로서 기능하는 기구라고 보기 때문에, 시민사회라는 개념 보다는 '이데올로기적 국가기구'라는 개념을 사용해 왔다. 그래서 여기에 대한 상부구조적인 차원에서의 보다 근본적인 '이데올로기 투쟁'이 필요함을 역설해 왔다.

하버마스주의는 경제를 계급관계로 파악하지 않으며, 따라서 '순수 경제' 혹은 교환관계를 특징으로 하는 '시장'으로 파악하는 경향에 서 있다. 그리고 '토대-상부구조' 이론 대신, 시장(즉, 경제)과 시민사회가 기능적으로 분업 및 상호의존 관계에 있는 것으로 파악한다. 시민사회란 사회-문화생활의 공간으로서 정치외적인 영역이자 경제외적인 영역이다. 그래서 이 계통에서는 시민사회의 독자성 혹은 자율성을 가장 많이 강조하며, 국가나 경제영역의 논리가 시민사회의 영역을 침범('식민지화')하는 것에 대해 가장 비판적으로 반응한다. 이런 경향 때문에 하버마스주의가 과연 맑스주의 계열에 서 있는가, 아니면 네오맑스주의로 포장된 자유주의에 불과한가 하는 점이 논란이 되기도 한다.

이처럼 시민사회를 보는 관점은 다양하다. 그만큼 시민사회의 성격이나 그것이 전체 사회 내에서 차지하는 위상도 상이하게 파악되고, 그로인한 이론적 쟁점들도 다양하다.

그럼에도 불구하고 이러한 쟁점들에 대한 학계의 논쟁과 토론은 그다지 활발하게 전개되지 않았다. 이로 인해 한국의 시민사회론은 외형적으로는 활발한 것 같지만, 실제로는 답보상태에 빠져 있다. 그래서 시민사회에 관한 이론적 논의나 이를 경험적으로 한국에 적용하는 연구들은 그만큼 답보상태에 있고 그나마 제각각 평행선을 달리고 있다.

시민사회를 어떻게 볼 것인가를 둘러싼 쟁점들 가운데 특히 중심적인 문제가 되는 것은 시민 개념이다.

자유주의 시민사회론에서 시민이란 '정치적 주권자' 혹은 '시민권 소지자'를 가리킨다. 따라서 정치적인 대리인들을 제외한 나머지 모든 사람들(재벌총수, 노동조합 간부 등)이 시민에 포함된다.

맑스주의에서는 본래 시민을 '부르주아', 즉 '시민계급의 일원'으로 파악하였다. 서구에서 시민사회는 곧 '시민계급' 혹은 '부르주아들의 결사체(=부르주아 사회; buergerliche Gesellschaft)', '시민계급의 결사체'를 뜻하던 것에서부터 봉건적인 국가와 지배계급(신분)을 제외한, 또 이들을 힘과 윤리로 제압하는 위치에 서는 나머지의 모든 계급들(즉, 부르주아 및 평민, 천민 계급을 포함하는 모든 인민)을 의미하는 것으로 발전해 갔다고 본다. 이렇게 해서 시민과 시민사회 개념은 자유주의 개념과 만나게 된다.

그러나 그렇게 해서 성립한 시민사회가 과연 동질적인가, 시민사회의 성립과 함께 계급적 차이와 이해관계, 거기에 수반되는 이데올로기적 차이와 대립, 이로 인한 역학관계가 사라졌다고 할 수 있는가, 이런 맑스주의적 관점에서 볼 때 '시민'은 또 무엇이냐 하는 점, 그리고 마침내 한국사회는 그러한 시민사회적 형성과 갈등의 과정을 언제부터, 얼마만큼 겪어 왔는가 하는 점 등은 여전히 커다란 쟁점들로 남아 있다.

제2절 하버마스적 시민사회론과 그람시적 시민사회론의 한계

우리가 시민사회를 형식적으로 정의한다면, 그것은 "시민+사회"로서 "시민의식을 가진 사람들의 집합"이며, "시민의식을 가진 사람들의 삶, 상호작용, 결사가 이루어지는 장소"라고 할 수 있다.

그런데 시민사회의 내적 구성을 이해하고 탐구할 때 소홀히 한 것은 '의식'(시민의식)의 측면이다. 시민사회의 중요한 한 구성부분, 어쩌면 핵심이 되는 부분은 "특정한 사상, 이념, 가치, 규범, 문화"이다. 민주주의 사상이 그 대표적인 요소이다. 이런 사상 없이는 시민의식이나 시민적 권리의식, 시민권, 시민 등이 있을 수 없다. 이는 시민사회가 단순히 '여론형성의 영역'이거나 이상하게 번역되는 하버마스식 '공론의 장'(=공론영역, 공공영역, 공공성, 공동선, 공공이익, 공익?)에 불과한 것이 아니라, 민주주의 사상을 비롯한 "특정한 사상, 이념, 가치, 규범, 문화" 등을 기초로 하고 있다는 것이다.

　　또 한 가지 소홀했던 측면은 바로 '사회적인 측면'이다. 시민사회에서는 인간들 사이의 상호작용과 상호관계가 이루어지며, 공동의 관심사를 추구하는 이익집단과 각종의 자발적, 2차적 결사체들이 조직되어 활동하며, 그 중 어떤 부분은 공식적인 제도와 기구로 제도화가 되기도 한다. 그 대표적인 예가 사회운동단체 및 교회, 학교, 언론기관 등 있인데 여기에 대해서는 경제영역과 정치영역으로부터의 침투 혹은 영향이 외부로부터 작용하고 있다.

　　이런 두 가지 측면 즉 '의식'과 '조직'의 측면을 고려할 때, 시민사회란 그러한 사회·문화적인 삶이 이루어지는 장소 혹은 공간이다. 물론 이러한 삶은 한편으로는 물질적인 삶(즉, 경제적인 생산과 소비의 과정), 다른 한편으로는 정치적인 삶(즉, 이해관심과 의지를 추구, 실현하는 과정)과 연관되어 이루어진다. 그리고 이러한 사회-문화적인 삶을 통해 전체 사회의 경제와 정치가 매개되며, 이러한 매개를 통해 시민사회 뿐 아니라 전체사회의 구조가 재생산되고 변화하는 것이다.

시민사회의 내적 구성에 대한 이해와 탐구에서 세 번째로 소홀히 한 점은 바로 이 경제관련, 정치관련의 측면이다. 자유주의적 관점에서 시민사회를 파악하는 입장(국가 – 시민사회 2분법)은 시민사회가 사상적 – 이데올로기적으로 분열, 갈등하고 있는 측면에 대해, 그리고 경제적 요인과 계급갈등적 요인으로부터 사상적 – 이데올로기적 영향이나 조직적인 영향(조직들의 생성, 변화나 갈등)을 받고 있다는 점에 대해 관심이 소홀했다. 맑스주의적 관점, 즉 그람시적 관점에서 시민사회를 파악하는 입장(국가 – 시민사회 – 경제)에서도 — 저자를 포함하여 — 이 부분을 이론적으로 주목하기는 하였으나 구체적인 탐구나 분석으로는 나아가지 못하였다. 이 밖에 '정치사회론적 관점', 즉 '국가 – 정치사회 – 시민사회'의 3분법을 취하는 경우도 마찬가지였다. 그리고 이러한 문제점은 특히 하버마스를 원용한 '국가 – 시민사회 – 시장(혹은 경제)'의 3분법에서 심각하다.

우리는 우선, 경제가 시장으로 국한되지 않는다는 점부터 명확히 해야 할 것이다. 경제는 생산과 유통(=시장을 통한 상품의 교환 및 분배)을 모두 포함하고 있다. 생산은 순수하게 경제적이거나 물질적이기만 한 것이 아니며, 그 속에는 인간들의 사회적 관계를 포함하고 있다. 그래서 칼 맑스가 말하듯, 경제는 곧 물질적 – '사회적' 관계인 것이다. 생산이 이루어지는 기업에서는 자본가/경영자와 노동자, 유통이 이루어지는 시장에서는 생산자와 소비자(혹은 공급자와 수요자, 판매자와 구매자)가 각각 인간들로서 사회적 관계를 맺는다. 이런 점에서 경제는 '경제 – 사회'적인 것(혹은 '사회-경제'적인 것)이며, '경제사회'이다. 또 그렇기 때문에 경제는 동시에 자본가-노동자 사이의 집단관계, 즉 '계급관계'를 포함하고 있다.

그러나 이러한 사회적 관계와 계급관계가 생산영역에서와 달리 유통의 영역, 즉 '시장'의 영역에서는 생산자와 소비자 사이의 관계인 비계급적인 사회적 관계로 바뀐다. 이런 점 때문에 경제를 시장으로 대체해서 파악하는 경우, 사회적 관계, 특히 계급적 관계를 시야에서 놓치게 되며 어떤 이론가들은 의도적으로 그렇게 하기도 한다. 이렇게 계급관계와 계급문제를 의도적으로 외면하는 이론가들은 대개 자유주의적이며, 하버마스와 같은 경우가 그 예의 하나이다.

하버마스는 '자율성'을 중시하는 '생활세계' 이론을 폈는데, 일단의 이론가, 학자들은 그의 이론을 시민사회 이론으로 끌어들여 계승, 발전시키고 있다.[2] 그러나 하버마스의 생활세계 이론(혹은 시민사회 이론)은 '자유주의적-관념론적-기능론적'인 성격을 가장 큰 특징으로 하고 있다.

그의 이론에서 이른 바 '시민사회'는 경제와 행정 두 부분으로 이루어져 있는 '체계'(System)와 구분되는, 일상적인 상징적-문화적인 삶과 사회적 관계, 의사소통과 의사결정, 문화적인 재

---

2) Beyme(1994: 104-6)에 의하면, 시민사회 개념은 소련/동구 사회주의권 붕괴 직후, 서방세계의 좌파 학자들 사이에 커다란 관심을 끌게 되었는데, 대개는 시민사회를 로크식의 자유주의적 의미를 버리면서 새로운 의미로 구성하여 사용했다고 한다. 하버마스의 경우도 1992년의 한 저작(Habermas, 1992: 443 이하)에서 시민사회 개념에 착안, 생활세계와 공론장 사이를 매개하는 기능을 한다고 말했다고 한다.

생산 등이 이루어지는 '생활세계'(Lebenswelt)를 가리킨다. 그런데, 그는 경제와 행정의 영역을 확립된 '제도'(체계)로 간주하면서, 경제는 계급관계가 희석된 노동력 상품의 수요-공급이 이루어지는 '탈계급적'인 시장으로, 행정은 정치적 권력관계와 의사결정 같은 것들이 극도로 '합리화'된 '탈정치적'-'탈권력적'인 기술로 파악한다. 이런 영역들이 제외된 것이 생활세계 혹은 시민사회인데, 이것은 매우 관념론적이고 자유주의적이다.

우선, 생활세계란 '삶의 세계'를 말하는데, 정치와 경제를 제외한 삶을 삶이라고 말하고 있는 것이며, 실제로 그가 이 세계 속에서의 삶을 묘사하는 데에서도 그 삶은 '상징적-문화적-의사소통적-의미해석적인 활동과 의미교환' 행위이다. 여기에 경제나 계급관계나 권력관계는 포함되어 있지 않다. 오히려 그는 시장이나 행정의 제도가 이 세계, 즉 '삶의 세계'(그는 이 영역을 사회의 핵심이라고 본다. 따라서 그에게서 이 삶은 '진정한 삶'이라고 할 수도 있다.)에 영향을 미치거나 규정력을 발휘하는 것을 가장 큰 문제라고 본다. 그는 이 각각의 영역들이 각자 맡은 바역할을 분할된 각 영역 속에서 자율적으로 수행해야 좋고 옳다는 식으로 보았다. 그래서 제도(시장이나 행정)의 기능들이 자신의 영역을 벗어나 생활세계 영역으로 침투하여 영향을 미치거나 규정력을 발휘하는 것에 대해 문제를 삼은 것이다. 이것이 그의 이론에서 이른 바 '생활세계의 식민지화'라고 하는 것이다. 그의 이러한 발상은 파슨스, 머튼식의 기능주의에서 '역기능'이라는 구상으로부터 영향 받은 바 크다.

한편, 하버마스의 이같은 자유주의적-관념론적-기능론적인 생활세계론을 차용하는 이론가들의 경우, 대개는 그의 이론과 개념을 있는 그대로 수용하기보다 일부를 변형시켜 수용하고 있다. 그래서 문제를 더 복잡하게 만든다. 예컨대, 그의 '체계-생활세계' 2분법은 '경제-행정-생활세계'라는 3분법으로 둔갑하고, '시장-국가-시민사회'라는 3분법으로 또 한번 둔갑한다.

그러나 하버마스에게서 '경제-행정-생활세계' 세 영역은 동격이 아니다. 경제와 행정은 제도의 영역으로서 생활세계, 즉 시민사회와는 차원이 다르고 격이 다르다. 물론 이 영역들 사이의 관계가 독립적, 자율적인 기능들의 영역이라고 보기 때문에 전혀 맑스주의적인 이론과 다르며 오히려 그 반대에 속한다고 볼 수 있다. 하버마스를 원용하는 사람들은 그를 둔갑시키면서 대개 이런 점들에 대해서는 주목하지 않거나 언급 하지 않는다.

그 다음으로 경제와 시장, 행정과 국가(혹은 정치), 생활세계(혹은 상징적-문화적-의사소통적 삶의 세계)와 시민사회가 각각 일치하지 않는다는 점은 두말할 나위가 없다. 하버마스를 원용하는 사람들은 자신들이 변형, 대체한 새로운 개념과 원조 하버마스의 개념 사이에 어떤 차이가 있는지 대개는 설명을 하지 않고 넘어간다.

하버마스주의와 달리, 유팔무(1995b: 242)는 그람시의 이론에 의거하여 시민사회 개념을 다음처럼 규정하였다.

> 시민사회란 … '일상적인 소비 및 여가, 문화생활이 이루어지는 생활공간이자 정치적인 여론이 형성되는 장'이라 규정할 수 있으며, … 크게 두 가지의 측면들로 구성되어 있다. 그것은 상부구조로서 계급 또는 경제사회와 구분되는 비계급적 또는 경제외적

생활영역이지만, 동시에 국가와도 구분되는 영역이기 때문에 국가에 대응하는 측면과 계급 또는 경제사회에 대응하는 측면으로 구성되어 있다.

저자의 위와 같은 개념화는 많은 이들에게 인용되기도 하였으나, "정치와 경제를 뺀 나머지 영역을 다 뭉뚱그린 것이어서 애매하고 불명확하다", "핵심적 의미가 무엇인지 잘 드러나지 않는다"는 등의 문제점들도 제기되었다. 그 후 유팔무(1997b)는 이런 점들을 고려하면서 그람시적 개념에 자유주의적 시민과 시민사회 개념을 결합시켜 다음처럼 수정하였다.

> 시민이란 우선 "주권을 지닌(혹은 '지녀야 할') 자유롭고 평등한 개인"으로서 주로 정치적-법적인 의미를 지닌다. 시민은 국가에 대해서는 권력의 주체이면서, 법적-제도적으로 신분적 속박과 차별로부터 자유롭고 평등한(또는 '해야 할') 개인을 가리킨다.[3] 이러한 법적-형식적 측면을 그람시 시민사회론의 내용적인 측면과 결합시켜 시민사회를 정의하자면, 그것은 "주권을 지닌(혹은 '지녀야 할') 자유롭고 평등한 시민"들의 "정치적-윤리적 여론이 형성, 작용하는 소비, 문화생활 공간으로서 국가와 계급적 지배, 갈등관계를 매개, 완충하는 장소"라고 하겠다.

유팔무(1995)의 시민사회 개념에서는 사실상 '시민'이 무엇

---

3) 시민이 1차적으로 법적인 의미를 지닌다는 것은 법을 벗어난 현실 속에서는 그렇지 않을 수 있다는 뜻도 포함하고 있다. 한국사회에서 흔히 그래 왔듯이, 법적으로는 시민들에게 시민권(citizen's rights)이 부여, 보장되어 있으나 실제에서는 그것이 지켜지지 않은 경우가 그 예이다.

인지, 누구인지부터 불명확했던 것이 사실이다. 이런 약점은 그 람시 이론에서 비롯되었다. 그람시의 시민사회는 시민들의 집합이나 결사가 아니라, 경제적 토대에서 자라나는 계급적 갈등이 문화-윤리의 영역에 반영되어 '문화적-윤리적-이데올로기적 계급투쟁이 이루어지는 영역'이었다. 거기서 굳이 주체가 누구인지를 따진다면, 그건 '지식인'이었다. 물론, 그의 '지식인' 개념에는 '전통적 지식인' 이외에도 노동조합 활동가와 당파적 지식인을 포함하는 '유기적 지식인'도 들어가며, 시민사회란 바로 이런 독특한 의미의 지식인들이 문화적-윤리적-이데올로기적 계급투쟁을 벌이는 장소였다. 그리고 이 시민사회는 경제영역과 정치영역에서의 계급투쟁들을 매개해 주는 영역이었다.

그러나 그람시 이론에서 '시민사회의 주체'로서의 지식인 개념은 유동적이며, 경험적 현실에 적용하여 구획짓고 분석하는 데에는 여러 가지 난점들이 따른다. 유팔무(1997b)에서는 바로 그 점을 보완하고자 시민사회의 주체를 시민으로 설정하였다. 이 시민은 '특정한 정치적-법적인 자격과 권리를 갖는 사람들'로서 사실상 자유주의 시민사회론에서 설정하는 시민 개념에 해당한다. 이런 식의 새로운 개념화는 그람시적 시민사회 개념에 기초하여 자유주의적 시민 개념을 도입, 결합시키는 것이었다.

그렇지만, 이같은 개념 수정으로도 아직 문제가 남아 있다. 유팔무(1997b)의 시민사회 개념에서는 첫째, 유동적인 '여론형성'만이 언급되었지, 그 바탕에 깔려 끈끈하게 작용하는 사상, 윤리, 규범, 가치, 이데올로기 같은 '의식', 또 그에 따른 분열이나 갈등에 주목하지 못하였다. 둘째, 계급적이거나 비계급적인

'조직'이 형성되고, 활동하는 측면, 셋째, 그것들이 정치적─법적으로 '제도화'되어 제도로서 작용하는 측면이 간과되었다. 그래서 이런 부분들을 보완해야 할 필요가 있다.

제2장에서의 논의는 바로 이런 문제점들을 보완하기 위한 것이다.

제2장 시민사회 분석을 위한 개념과 이론의
   재정립

제1절 시민과 시민사회의 개념

시민사회란 시민이라는 개념과 사회라는 개념이 합쳐진 합성
어이다. 따라서 그 의미는 시민과 사회 각각의 의미로 구성된다.
시민의 의미는 다양하며 역사적으로 생성, 변천해 왔다. 사회
역시 서양근대의 역사적 산물로서 그 의미가 다양하게 변천해
왔다.

1. 시민 개념

시민(市民)이란 통상적으로 어떤 도시에 거주하는 사람, 그러
니까 서울시민, 부산시민, 광주시민처럼 특정한 도시의 주민을
가리키는 말이다. 그러나 시민권, 시민사회, 시민운동, 시민의식
할 때의 시민은 통상의 시민과 달리, 어떤 특수한 정치적-신분
적인 자격과 권리를 지닌 사람을 가리키는 말이다. 이 특수한
의미의 시민은 그 뜻이 역사적으로 변화해 왔으며, 그 자격과
권리역시 변화해 왔다.
이러한 시민의 의미는 서양에서 역사적으로 크게 3단계에 걸
쳐 변화해 왔다. 첫째는 서양 고대 도시국가의 시민이었고, 그

다음은 서양 중세 후기의 도시거주 부르주아였으며, 세 번째는 서양 근대 이후 도시거주와 계급−계층적 지위를 넘어 광범위하게 확장된 현대적 의미의 시민이다.

서양 고대 그리스의 아테네 시민이나 로마제국의 로마 시민은 단순히 아테네나 로마 시에 거주하는 주민을 가리키는 말이 아니었다. 그 당시의 시민이란 정치적−신분적으로 특별한 자격과 권리를 부여받고 향유하는 사람들로서 첫째는 노예가 아니라 자유인이었으며, 둘째는 재산소유권과 참정권을 비롯한 제반의 특별한 시민적 권리들을 지닌 특권층을 가리키는 말이었다.

흔히 서양고대는 도시중심, 서양중세는 농촌중심, 그리고 근대 이후에는 다시 도시중심으로 넘어갔다고 하지만, 사실 서양고대에는 권력과 부가 몇몇 거대도시에 집중된 시스템이었고, 서양중세에는 그것이 수많은 지방의 성과 영주들에게 분산된 시스템이었다. 도시집중이 깨어지고 지방영주들이 할거하는 시대로 넘어가면서 고대적인 의미의 특권적 시민도 함께 사라져 버렸다. 이를 대신하여 중세에는 지방분권적이면서도 봉건적인 신분위계질서가 생겨났다. 신분질서는 크게 귀족과 평민으로 나누어졌고, 귀족층은 다시 왕족을 위시한 무인(기사)과 성직자들로 이루어진 문인(지식인) 두 신분으로 나누어졌다. 평민층은 하인, 농노, 상공인 등으로 이루어졌으며, 교역과 공업이 발달하면서 중세 후기에 이르러서는 여러 지방의 성들이 교역 중심지로 발달하였고, 이 성의 안팎에 거주하며 활동하는 상공업자 층이 형성되기 시작하였다. 이들은 점차적으로 성에 사는 사람들, 즉 성민(城民), 혹은 시에 사는 사람들이라는 뜻의 시민(市民)이라 불리게 되었다.

부르주아(Bourgeois; 독일어로는 뷔르거, Buerger; 우리말로 성민, 城民)란 바로 이들을 가리키는 말이었다.

이 중세 후기의 시민들은 고대 도시국가의 시민들과 공통된 점도 있지만, 여러 가지 면에서 차이가 있었다. 양자는 모두 시에 거주하며 재산소유권을 가지고 있는 공통점이 있었으나, 고대 시민은 참정권과 특권적 지위를 가진 반면 중세의 시민, 즉 도시 상공업자 층은 평민으로서 특권적 귀족신분층에게 지배당하고 수탈당하였으며 참정권도 없었다. 또한 고대 시민은 역사적으로 몰락하였으나, 중세의 시민은 경제적 부와 결사를 통해 득세를 하게 되었으며, 로비, 압력행사, 저항운동, 혁명 등을 통해 자신들의 공통이익과 이념을 역사적으로 실현시킬 수 있게 되었다. 이것이 제도적으로 실현된 형태가 바로 근대의 대의민주주의 법치국가 시스템, 그리고 자유 시장경제 시스템이다.

근대 이후 오늘날의 시민 개념은 '도시'에 사느냐와 상관없이 "정치적 주권과 시민적 제반 권리를 향유할 자격을 지닌 사람"이라는 의미로 변화, 확장되었다. '도시 거주민'이라는 일반적 시민의 의미로부터 끈이 떨어져 버린 것이다.

중세 후기의 상공업자 시민들(=부르주아, 시민계급)은 그들의 공통이익을 실현하기 위해 봉건신분질서를 비판하며 새 질서를 그리는 사상과 이념을 구축하였고, 두 가지 차원의 결사를 통해 이를 실천하고자 하였다. 그 사상과 이념은 종교비판과 개혁을 통해, 천부인권사상과 자연권사상, 그리고 사회계약설로 집약, 표출되었다. 또한 각 도시의 상공업자 시민들은 내부적으로 상호 결사 해 나갔으며, 귀족 지배신분 층에 대한 저항운동의 과정에서는 불만에 찬 하층귀족 뿐 아니라 노동자, 농민, 빈민들과도 연대하였다. 이 과정들을 통해, 한편으로는 자신들의 이익을 이념으로 집약하고 표출하는 과정, 다른 한편으로는 타 집단들과 연대하여 투쟁하는 과정을 통해, 새로운 시민 개념이 파생되고 확장 되었다.

시민이란 개념은 이처럼 서양 고대의 '특권적인 신분'(자유, 재산소유, 참정권소유)으로부터 시작하여 중세에는 '도시에 거주하는 보통 사람'(상공업자, 평민, 피지배층), 그 후 현대에는 '정치적 주권과 제반 권리의 소유자'로 변천해 왔다. 이것들 모두 어떤 신분을 나타낸 다는 점이 공통점이라 할 수 있다. 현대적인 의미에서 시민은 나라의 주인이자 참정권을 비롯한 인간으로서의 제반 기본적 권리들을 소지, 향유하는 신분을 뜻한다.

그러나 형식적-제도적인 측면에서는 그렇다 하더라도, 시민들이 실질적-내용적으로 그에 합당한 의식과 힘을 지니고 있느냐 하는 것은 별개의 문제이다. 그리고 이 두 측면의 인과적인 전후관계를 볼 때, 제도보다 의식과 힘, 시민의식과 주인의식, 시민조직과 권력이 먼저이고 또한 그 내용을 구성하는 것이다.

2. 사회와 시민사회의 개념

서구에서 시민사회라는 개념이 이론적으로 등장하는 것은 자연권 사상 및 사회 계약론에서부터이다. 이 시기 대부분의 사상가들은 시민사회를 사회(society)라는 말과 혼용하였는데, 이

둘 모두 '민간사회', 즉 국가관료나 공직자를 제외한 민간인들의 사회를 가리키는 것이었다.

그런데 여기서 문제가 되는 것은 우선 '사회'라는 용어이다. 오늘날은 이 용어가 '봉건사회' '지역사회' '국제사회' 등 여기저기 일반화되어 적용되고 있지만, 영어로 association이나 society, 독일어로 Gesellschaft에서 출발하는 사회라고 하는 말은 서양 중세말 근대로의 이행과정에서 생겨난 말인 동시에 근대적인 역사 현상이었다.

그 핵심적 의미는 "사람들이 모여서 어울림", 그리고 "사람들이 어울리는 모임"이라는 데에 있었다. 그러니까 사교, 모임, 결사, 회, 회사, 사회 등의 의미를 지니는 것이었고, 그런 사교와 모임들이 실제적인 현상으로 활발히 나타난 데에서 사회라는 용어도 생겨나게 된 것이었다.

그러나 이 사교와 모임들에서 특징적으로 나타나는 새로운 현상은 '서로 잘 모르는 사람들'이 모인다는 점, 그러니까 본래는 서로 잘 모르는 낯선 사람들이 어떤 공통의 관심사를 갖고 모여 사교를 하거나 이익을 도모하는 그런 모임이라는 것이었다. social dance가 '사교춤'인 이유는 여기에서 연원하고, 학회와 결사체와 회사와 사회라는 말의 어원이 같은 이유도 여기에 있었다. 사회란 결국 '낯모르는 사람들의 사교와 모임'에서 출발하는 말이었고, 19세기에 생겨난 서구의 '사회'학과 '사회학'자들은 '사회'라는 의미를 본래는 연고 없고 낯모르는 사람들이 어떤 공통의 관심과 이익을 추구하기 위해 모여서 상호작용하고 관계를 맺는 '2차적인 결사체'라고 정리하였다. 그래서 지난 시절 봉건시대에 일반적이던 혈연-지연에 기반한 공동체적 인간관계 및 조직구성의 원리, 즉 '공동체'(community)와는 대조적인 새로운 현상이자 근대적인 현상이라고 보았다. 즉 공동체적 질서로부터 결사체적 질서로의 이행이라고 파악하였던 것이다.

시민사회의 개념도 이와 일맥상통한다. 시민사회란 시민들의 모임과 결사(혹은 민간인들의 모임과 결사) 바로 그것인데, 혈연, 지연 등의 연고와 안면에 기반한 사교나 교류, 모임이 아니라 서로 연고가 없는 개별 시민들이 공통의 관심사와 이익을 위해 모인 것을 말한다.

그러나 이러한 모임이나 결사는 종류가 다양하며, 기업체, 상공업자 조직(한자동맹, 전국규모의 자본가 계급조직 등), 길드(직공협의회, 노동조합, 전국규모의 노동자 계급조직 등) 등과 같이 구체적인 조직이 있는가 하면, 학자나 이론-사상가들이 추상적으로 설정한 개념상의 '사회'나 '시민사회'가 있다.

로크를 비롯한 자연권 사상가들이나 '사회' 계약론자들이 설정한 사회나 시민사회는 그 중 가장 추상수준이 높은 예에 해당한다. 그래서 사회도 어떤 모습의 것인지 추상적이고, 그것과 같은 의미를 지니는 시민사회나 민간사회도 마찬가지이다. "자연상태에서 자유, 평등하게 살아가던 인간들, 시민들, 민간인들이 한데 모여 국가 운명에 대해 논했다. 거기에서 사회 계약을 맺어 시민들의 이익과 의사를 대변하는 통치기구를 만들어 권한을 위임하였다."라는 식으로 집약되는 그들의 시민사회 이론과 사상에서는 '때와 장소'가 전혀 거론되지 않는다. 그만큼 추상적이라는 이야기이다.

3. 시민사회의 형식과 내용, 그리고 불일치

그러면, 이 추상 수준이 높은 사회나 시민사회 그리고 민간사회 개념이 담고 있는 실질적인 '내용'은 무엇이었는가. 그것은 한마디로 부르주아 시민계급인 그들의 처지와 희망과 요구였다. 이것이 보편의 '형식'을 빌어 이론과 사상으로 구성, 표출되고, 이들의 재력과 힘, 결사가 압력행사, 저항, 혁명운동의 원동력과 추진력으로 작용했다는 것이다. 시민 개념이 '부르주아'에서 '인간'으로 왔다 갔다 하게 된 점, 그리고 그 후 권리주체로 확장, 변화해 가게 된 점은 내용과 형식의 불일치와 이를 통한 역사 변화의 맥락을 잘 보여주었다.

그들이 주장한 '시민의 권리'(인간의 기본권)라고 하는 것 또한 기본적으로 신분에 따른 차별과 특권, 왕권신수설 등에 대한 비판과 저항과 요구였다. 당시 이러한 의식을 공유하고 목소리를 낸 '시민들'이 주로 누구였는가. 이 점을 따져 보면, 바로 그들은 부르주아, 그리고 '무엇인가를 가진 자'였다. 몸뚱아리를 빼고는 가진 것이 없던 프롤레타리아들은 사실 부차적이었다. 이 점은 이들이 왜, 어떤 의미에서 자유, 평등, 생명, 재산 등의 가치와 권리를 주장하였는가를 그들의 처지와 연관지어 따져 보면 윤곽이 드러난다.

우선, 그들이 내세운 '자유'라고 하는 것은 소극적 자유로서 "무엇 무엇으로부터의 자유", "무엇 무엇이 없음"이라는 뜻인데, 그 무엇 무엇은 바로 '억압과 속박, 공포와 약탈', 즉 봉건귀족층과 왕권으로부터의 특권적, 자의적 지배를 뜻하는 것이었다. 그

대표적인 예가 약탈적이고 임의적이고 강권적인 조세징수였다. 상업활동의 자유와 조세법률주의도 여기 포함된다. 따라서 자유와 함께 생명과 재산의 가치, 천부적인 생명권, 재산권이 강조된 것이었다. 여기서 특히 '재산권' '소유권'을 천부적인 신성한 권리로 내세운 이유도 짐작이 가고, 과연 누가, 어떤 계급이 그런 이해관계를 강하게 가졌는지도 충분히 짐작되는 사실이다.

다른 한편, 그들이 내세운 '평등'이라고 하는 것은 결코 자유에 반대되는 가치나 권리가 아니었다. 특권에 반대하여 특권귀족층과 비특권 시민층 및 평민층 사이의 동등한 권리를 내세운 것이었다. 이들이 천부적인 자연권으로서 평등 외에도 실정법상의 평등, 즉 '법 앞의 평등'을 주장한 것은 봉건 특권층의 임의적인 권력행사를 비판하고 거기에 제동을 걸기 위한 것이었으며, 이것은 '법치주의'를 의미하는 것이었다. 그러나 이 경우에도 부르주아 시민들의 목소리에는 '재산의 분배나 공유' '사유재산제도의 철폐' 이런 것들은 들어 있지 않았고, 오히려 그 반대였던 것이다. 결국 그들이 주장한 것은 '형식적 평등'의 수준에 머물렀던 것이었다.

이처럼 사회계약론, 자연권사상 등의 형태로 표출된 '시민사회사상'은 결국 서양 중세 말 봉건귀족으로부터의 지배와 착취, '압박과 설움'에 시달리던 평민층, 그 중에서도 특히 부르주아 시민계급의 불만과 요구를 주내용으로 담고 있었다. 이것이 바로 현대적인 '시민의식'의 원형을 이루는 것이며, 이 저항적인 권리의식, 나아가 주인의식과 주권의식을 이론적으로 체계화한 것들이 사회계약론 및 자연권사상이었다. 이같은 시민의식과 시민사회

사상은 부르주아 계급의 공통이익을 도모하고 실현시키기 위한 한자동맹 등의 '2차적 결사체'들을 낳았다.

조직과 힘의 측면에서 보면, 중세후기의 시민사회란 "부르주아 시민층이 자발적으로 결합한 각종의 결사체"들이었고, 이들이 발휘한 조직적인 힘이었다. 13-14세기 독일의 도시국가들이 맺은 한자동맹에 이어, 영국에서는 이러한 결사체가 17세기 농촌하층귀족(Gentry, 후에 젠틀맨)들의 긴밀한 연합으로 나타났고, 1688년 혁명에서 그 정치적인 정점을 이루었다. 프랑스에서도 이미 17세기에 제3신분이 경제, 행정, 학술 분야에서 힘을 발휘했지만, 1789년 혁명을 통해서야 정치적인 위력을 발휘하였다. 독일에서는 18세기부터 직업신분 결사체들이 형성되기 시작했고, 1848년 혁명을 통해 정치적 해방을 시도했으나 좌절되었고, 제1차 세계대전 직후 바이마르 공화국이 성립할 때까지 봉건제적인 지배하에 놓여 있었다.(Sandkuehler, 1990, S. 332)

서양 중세 후기에 태동한 시민사회는 이처럼 다양한 형태의 계급적인 조직으로 조직화가 되었으며, 여러 가지 형태의 압력행사, 계몽운동과 혁명운동 등의 사회운동을 통해 나라마다 그 경과는 달랐다. 그렇지만 결국 그들의 요구와 의식은 법적-제도적으로 보장받게 되었다. 그 결과가 바로 봉건적인 신분 '제도'의 철폐와 근대적인 대의민주주의 법치국가 '제도'의 탄생이었다.

그러나 시민권이 쟁취된 이후에도, 실제로 그런 시민권을 인정받고 부여받고 소유하고 행사한 사람들, 즉 근대적인 의미의 시민들은 일차적으로 '가진 자들'(=부르주아계급)이었다. 반면에 형식상으로 시민이고 인간이었던 다양한 부류의 주변적인 사람들, 즉 노동자, 농민, 여성 등은 다시 부르주아-남성을 상대로 한 '시민권과 시민자격 쟁취운동'을 통해서야 시민권(civil rights; 시민적 권리들)과 시민권(citizenship; 시민권행사자격)을 쟁취하였고, 법적으로 제도화 시킬 수 있었다.

그래서 영국의 경우, 1815년 무렵까지도 투표권을 가진 사람은 성년남자의 5% 정도에 불과하였다. 그 후, 1832년에는 납세액 기준을 낮추어 선거권자의 폭을 넓혔으나, 도시와 농촌의 다수 노동자들은 제외되었다. 도시 노동자들에게는 차티스트 운동(=선거권 획득을 위한 노동자들의 서명운동)이 진행된 후 1867년에 이르러서야 선거권이 부여되었고, 1884년에 이르러 농업노동자에게도 선거권이 부여되어 비로소 거의 모든 성인남자의 보통선거가 실시되었다. 그러나 여성의 경우는 1918년에 이르러서야 30세 이상에 한하여 선거권이 부여되었다.(차하순, 1982: 475-7쪽, 557~559쪽)

미국의 경우, 18세기말 선거권은 남성과 자유인, 그리고 일정 수준 이상의 재산을 소유하였거나 일정액수 이상의 세금을 납부하는 사람들에게만 부여되었다. 여기에 식민지에서의 거주기간, 종교, 도덕성 등도 자격요건으로 첨부되었다. 이러한 제한조건은 19세기까지 지속되어 1824년 대통령선거에서는 전체 성인 인구 가운데에서는 8%, 전체 백인성인 가운데에서는 18%만이 선거에 참여하게 되었다(Hill, 1994: 22; 유팔무, 1997b).

물론 이런 식의 역사경과가 나라마다 동일하게 진행된 것은 아니었으며, 나라마다 처한 상황에 따라 다르게 나타났다. 우리나라의 경우, 그 경과가 더욱 판이했고, 내용과 형식 사이의 불일치 또한 극심했다.

　우리 나라에서는 자생적으로 부르주아가 형성, 세력화 되지 못했고, '시민의식' 또한 자생적으로 형성되지 못하였다. 시민의식은 개항기의 독립신문을 통해 자연권사상, 사회계약론, 그리고 입헌군주제 등이 국제동향의 형태로 소개되었으며, 이를 계기로 해외로부터 유입되기 시작하였다. 다른 한편, 광복 이후 건국의 과정에서는 '왕정복귀'나 '군주제'를 논하는 분위기가 전혀 아니었다. 제헌의회는 하루 아침에 역사적 경과를 뛰어넘는 입법을 하여 보통선거권 등의 시민권과 법치주의 등 근대적인 국가−시민사회의 제도를 도입하였다. 이는 결국 그 사이 일제시대에 이미 '시민의식'이 조선인들에게 확산, 정착되었다는 것을 의미한다. 그러나 이러한 제도가 그 후 수십 년이 지나도록 현실정치나 실생활에서 제대로 지켜지지 않았던 역사는 시민사회의 형식과 내용의 불일치를 잘 보여주는 것이었다.

제2절 시민사회의 형성, 갈등, 통합

1. 시민과 시민사회 개념의 재정립

앞서 우리는 시민과 시민사회의 개념을 그 역사적 형성과정을 통해 검토해 보았다. 그 결과, 현대적인 의미의 시민이란 계급이 아니라 정치적 주권과 시민적 제 권리의 주체로서 신분에 가까운 것이었다. 시민사회 또한 이 같은 권리주체들의 결사 혹은 집합을 의미하는 것이었다. 이같은 시민과 시민사회 개념은 자유주의적 관점에서 정리된 개념들이며, 맑스주의에서는 이를 다르게 해석, 재구성하였다. 여기서의 해석과 재구성에서 중심적인 개념을 이룬 것은 계급과 이데올로기였다.

맑스는 시민을 부르주아 유산자 시민계급으로, 시민사회는 토대, 경제적 사회구성체, 생산관계, 자본주의 생산관계 등으로 해석, 재구성하였다. 이것은 시민과 시민사회의 정치적 의미를 경제적-계급적인 의미로 재구성한 것이었다. 그람시는 이를 다시 두 차원으로 나누어 하나는 경제적 계급과 토대로, 다른 하나는 계급정치적 이데올로기 투쟁과 헤게모니의 주체와 장소로 해석, 재구성하였다. 그는 후자를 시민사회라 불렀으며, 이 시민사회는 물질적-경제적 토대의 상부구조로서 그것과 유기적으로 결합되어 있다고 보았다. 이와 함께 시민 개념 또한 부르주아 시민계급과 '유기적 지식인'으로 분리되었다. 시민 개념을 대신하는 이 유기적 지식인은 '시민사회' 안에서 경제적 계급들의 이익과 세계관을 등에 업고 계급정치적 이데올로기 투쟁과 헤게모니 쟁탈 및 조직활동을 벌이는 '전사'로 파악되었다.

물론 로크를 비롯한 자유주의 시민사회론이나 맑스와 그람시의 시민사회론에서는 공히 그 대척점이 되는 것이 '국가'이다. 그리고 모두 국가-시민사회 간의 규정관계를 시민사회의 관점에서, 그러니까 시민사회가 우선하고 국가를 규정하는 위치에 있는 것으로 보았다. 그러면서도 또 국가가 시민이나 시민사회의 통제를 벗어나 그 위에 군림할 수 있고, 일정한 자율성을 가지고 억압적 권력이나 이데올로기적 영향력을 행사할 수 있다고 보았다. 로크는 이를 예외적이거나 비정상적인 경우로 간주하면서 그럴 경우 저항권과 국민소환제를 통해 바로 잡는 등 항상 시민의 통제 하에 두어야 한다고 주장하였다. 맑스는 국가가 경제적 지배계급, 즉 시민계급의 정치적 도구, 즉 하수인으로서 기능한다고 보면서도 '보나파티즘'의 경우처럼 예외적인 상황에서는 자율화되어 지배계급의 위에 군림할 수 있다고 보았다. 그람시는 국가의 자율성을 맑스 보다 더 크게 보았으며, 통치방법으로 강제력 뿐 아니라 시민사회의 민주적 동의와 합의에 입각한 헤게모니적 지배 방법도 구사한다고 보았다. 바로 이 계급과 국가의 의지가 서로 맞닥뜨리는 곳이 그의 시민사회이다.

우리는 이같은 그람시의 입장을 수용하면서도 그의 계급환원론적인 입장을 완화시키고, '시민' 개념은 '유기적 지식인'을 대신하여 자유주의적 의미의 '권리주체'로 수용하고자 한다. 그렇지만 자유주의의 협소한 시민개념과 시민사회 개념을 그대로 수용하지는 않고, 계급정치적-이데올로기적 연관성과 다양성 및 갈등의 관점에서 수용하고자 한다. 시민과 시민사회는 정치적인 주체이기만 한 것이 아니라, 경제적-계급적인 규정도 받는 사람이자 장소라는 것이다. 그러한 규정으로 인하여 시민사회의 내부는 정치적-이데올로기적으로 '통일된 한 덩어리'가 아니라 여럿으로 분열된다. 그래서 그들 사이에서는 갈등과 투쟁, 그리고 타협과 통합도 역동적으로 이루어진다.

이런 종합의 관점에서 시민사회 개념을 정의한다면, 1차적으로는 "시민들로 이루어진 결사와 집합"이라고 할 수 있으나, 구체적으로는 "주권의식과 제반의 시민적 권리의식을 지닌 시민들의 상호작용, 결사, 권익추구 활동 및 거기에 기반한 제도로서 국가권력의 정치적-윤리적 지배정당성이 창출되는 갈등적인 여론형성과 소비생활의 영역"이라고 할 수 있다.

2. 시민사회의 형성, 변천 단계와 그 내부구성

시민사회에 관한 앞의 개념정의는 그람시적 3분법(국가-시민사회-경제)에 기초한 것이면서도 다른 한편으로는 역사적 형성, 변화의 관점을 반영하고 있다.

서구 전형의 역사를 보면, 시민사회는 다음과 같은 형성, 변천의 단계를 거쳤다. 첫째는 시민계급 형성의 단계이다. 그리고 둘째는 시민혁명의 단계, 셋째는 현대적인 '시민사회-국가-자유시장경제' 체제의 법적-제도적 수립의 단계, 넷째는 확립된 체제 내에서의 분열과 갈등, 계급적-이데올로기적 분열과 갈등의

단계이며, 그 과정과 단계 이후에는 분열, 갈등하는 세력들 간의
타협과 통합이 이루어지기도 하였다.

이같은 형성, 변천의 관점에서 보면, 시민과 시민사회가 한 덩
어리가 아니었다는 점이 더 분명하게 드러날 뿐 아니라, 시민이
라는 사람도 마찬가지지만 시민사회가 하나의 단일한 차원으로
되어 있지 않다는 점이 보다 선명하게 드러난다. 이런 점들에
주목하는 경우, 시민사회의 구성과 상태 및 그 변화를 분석함에
있어서 훨씬 더 세분화되고 구체성을 띠는 것이 가능하게 될 것
이다.

우리는 우선 시민과 시민사회, 그리고 그 법적-제도적인 장치
라고 하는 것들이 어느날 갑자기 하늘에서 뚝 떨어진 것이 아니
라는 점부터 유의해야 할 것이다.

서양중세 후기의 도시상공업자 부르주아 층은 상품생산과 교
환, 화폐경제와 무역의 발달, 그리고 산업혁명 등을 배경으로 하
여 성장하고 형성되기 시작하였으며, 중세신분사회질서와 충돌
하고 갈등을 빚어내기도 하였다. 그래서 나타난 것이 종교비판
에서 시작되는 중세질서에 대한 이데올로기 비판과 계몽사상,
자연권사상, 사회계약설, 민주주의사상이었다. 이들의 가장 큰
이해와 관심사는 자유로운 상업활동과 재산의 보호였으며, 이를
지키기 위해 연대하고 결사하여 '계급'으로 조직화되어 갔다. 그
리고 지배신분층에 대하여 압력행사와 저항을 조직해 나갔으며,
저항세력 연합을 주도하면서 '시민권리' 혹은 '인간의 권리'를 주
장하고 보장받는 등 시민혁명을 통해 시민사회의 '이념'과 '힘'을
관철시켜 봉건체제를 무너뜨리고 새로운 근대국가체제, 즉 대의

민주주의 법치국가를 수립하였다. 이를 통해 국가는 시민사회의 통제 하에 들어가게 되었으며 사유재산권은 국가와 법을 통해 보호받게 되었고, 경제활동은 자유시장경제체제로 넘어가 자유가 보장되게 되었다.

여기서 우리는 시민사회가 적어도 네 가지 차원들을 포함하고 있다는 사실을 포착해 낼 수 있다. 경제적-계급적 이해관심, 의식과 이데올로기, 조직과 사회운동으로 집약되는 힘과 세력, 그 다음으로는 법적-제도적 장치, 즉 제도 등 4가지 차원들이 포함되어 있다는 것이다. 물론, 역사시기와 국면에 따라, 시민사회의 조직은 있으나 제도화가 이루어지지 못한 상태 등이 있으며, 제도화가 이루어진 이후에도 시민사회 내부에는 시민적 권리의식이 취약하거나 조직과 세의 면에서 실질적으로는 국가권력에 압도 당해 있는 경우, 즉 시민사회의 형식과 내용 사이의 불일치 현상도 있을 수 있다. 또, 그 중에서 경제 및 계급적 이해(interest)의 차원은 시민사회의 배경 변수로 바깥에 빼 낸다면, 시민사회는 이데올로기(의식, 여론), 세력(조직, 운동), 제도(법, 기관) 등 세 가지 차원과 구성요소들로 이루어져 있는 것이다. 여기에 그람시적 관점을 추가하면, 시민사회에는 이데올로기 형성의 직접적 기초가 되는 '소비생활의 장'이라는 측면과 이데올로기 각축의 국면적 최종결과로서 국가영역에 직접적으로 압력을 투입하는 '여론형성의 장'이라는 측면이 포함된다. 이 두 측면들은 각각 시민사회의 외곽에 위치하면서 정치 및 경제를 시민사회와 직접 연결해 주는 매개 역할을 한다고 할 수 있다.

시민사회는 이처럼 최소 다섯 가지 차원들로 이루어져 있다. 이데올로기, 세력, 제도 등 형성론적-발생학적 관점에서 발견되는 세 가지 차원들과 그람시적 관점에서 포착되는 소비생활 및 여론의 차원이 그것이다. 이같은 차원들 사이의 역사적-논리적 전후관계를 도식적으로 표현한다면, 그 순서는 다음과 같다.

[경제/계급] →
[시민사회(소비생활 → 이데올로기 → 세력 → 여론 → 제도)] →
[국가]

그러나 각 차원들은 일단 발생한 이후에는 시민사회의 내부, 외부에 상호 공존하는 가운데 '상대적 자율성'을 지니면서 반대 방향으로도 영향을 미치고 작용한다. 이데올로기나 국가가 경제 및 계급에 대해 미치는 반작용으로는 그 예가 수없이 많다. 또 역사적으로 그 이전시기에 형성, 작용하던 이데올로기나 국가권력의 힘이 새로운 경제나 계급의 형성, 새로운 이데올로기와 세력의 형성 등에 대해 독자적인 영향력을 행사해 왔다. 이것이 바로 국가, 이데올로기 등 상부구조의 상대적 자율성이다.

이런 점을 감안하면서 시민사회 내, 외부 차원들의 역사적-논리적 규정관계를 도식적으로 그려 본다면, 다음의 <그림 1>과 같이 정리된다.

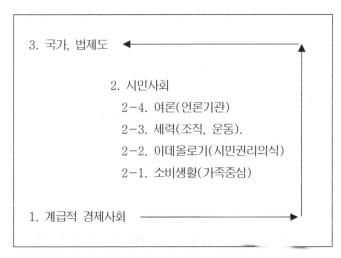

3. 국가, 법제도

2. 시민사회
　　2-4. 여론(언론기관)
　　2-3. 세력(조직, 운동).
　　2-2. 이데올로기(시민권리의식)
　　2-1. 소비생활(가족중심)

1. 계급적 경제사회

<그림1> 시민사회 내, 외부 차원들 사이의 규정관계
* 그림에서 화살방향과 번호는 역사적-논리적 규정관계와 순서

3. 시민사회 상태 분석의 주요 지표

한편, 시민사회의 내적, 외적 차원들은 한국의 시민사회 형성
과 변천의 과정을 분석하고, 또 한국의 시민사회가 어떤 과거를
거쳐 어떤 상태에 있게 되었는지를 분석, 파악함에 있어서 그
분석의 지표들을 제공해 준다. 그러나 복잡한 관계와 상태를 모
두 다 고찰하는 것은 곤란한 일이기 때문에, 우리는 그 중에서
몇 가지의 키포인트, 즉 주요측면들에 대해 시선을 집중하고자
한다.

첫째는 시민사회의 이념 혹은 이데올로기이다.[4] 시민의식, 시

민권리의식, 시민사회 사상, 시민적 이데올로기 등으로 표현될 수 있는 이 이념은 시민사회가 언제 출현하게 되었고, 또 어떤 상태에 있는가 하는 점을 가장 잘 보여주는 지표라고 할 수 있다.

상공업자 시민계급의 형성이 시민사회 성립의 모태가 된 서구 전형의 경로와는 달리, 우리나라나 독일같이 비전형적인 경로를 통해 시민사회가 형성되고 또 제도화된 나라들의 경우에는, 시민사회사상의 형성에서부터 출발하는 것이 현실적이다. 우리나라의 경우, 서양문물의 유입과 외세침략에 대한 반응으로서 그러한 사상이 유입, 형성되었고, 민족의식과 함께 자라났다.

둘째는 세력의 측면이다. 이는 시민사회 사상을 수용, 지지하는 사람들이 결사하고 조직화되어 사회운동을 벌이는 등 대내외적으로 영향력을 행사하는 측면으로서 '조직'과 '운동', 그리고 이에 기반하여 발휘된 '영향력'으로 집약될 수 있다. 우리나라의 경우 독립협회에서부터 출발하는 '애국계몽운동'과 그 영향이 시민사회 형성 초기의 예이다.

셋째는 제도의 측면이다. 시민사회의 사상과 세력은 서구 전형

---

4) 이데올로기라는 말은 시대에 따라, 학자나 사람들에 따라, 여러 가지 뜻으로 사용되어 왔다.(유팔무, 1991a 참조) 맑스는 이데올로기가 유물론적 입장에서 관념론적으로 본말과 주객을 뒤집어서 보거나 설명하는 '전도된 사회의식'으로서 철학사상에서부터 규범이나 일상적인 사회의식에 이르기까지 다양한 형태의 관념들로 이루어져 있으며, 진실, 즉 현실의 지배-착취관계를 호도하고 은폐하는 기능을 한다고 보았다. 그러나 이러한 비판적인 개념은 오늘날에는 일반적으로 중성화되어 다른 의미로 사용되는 경향이 크다. 즉, 정치-경제 체제를 구성하는 사상적 원리로서 사람들을 정치적으로 동원하는 능력을 발휘하는 각종 사상과 신념의 체계라고 이해하는 경향이다. 그래서 이 경우에는 자유주의 뿐 아니라 민족주의나 사회주의, 나아가서는 그보다 낮은 수준의 사상체계도 이데올로기라 부른다. 여기에서는 이데올로기 개념을 후자의 통상적인 의미로 사용한다.

의 경우, 근대적인 '대의민주주의 법치국가'를 만드는 기초가 되었다. 그래서 이 제도는 그러한 시민사회 사상과 세력이 관철되고 투영된 결과이며, 시민사회와 국가의 관계를 법적-제도적으로 고정시킨 결과이다. 따라서 이 제도의 '내용'에는 양자 사이의 구체적인 힘의 관계와 시민들의 구체적인 제반 권리들이 규정되어 있다.

우리나라의 경우, 시민사회의 제도화는 시민의식과 시민세력에 기반하여 이루어지지 않고 외세의 식민지 지배에 의해 차단되다가 다시 외세의 개입에 의해 '위로부터' 왜곡된 형태로 도입되었나. 시민사회의 의식과 세력이 제도화의 기초가 되지 못했기 때문에, 시민사회의 제도, 즉 대의민주주의 법치국가 제도는 국가와 시민사회 사이의 실질적인 세력관계와 불일치하게 되는 결과를 초래하였다. 국가수반 박정희 대통령이 "우리나라 상황에서 민주주의는 사치"라고 말하며 민주주의를 억압하고 독재권력을 행사한 것은 시민사회의 사상과 제도에 정면으로 배치된 실제상황이었다.

넷째는 경제와 계급의 측면이다. 이는 시민사회 외적인 변수이기는 하지만, '배경변수'로서 시민사회 자체에 대해 각종의 영향을 투입시키는 작용을 하기 때문에 주목의 대상이 아닐 수 없다. 자본주의화와 산업구조의 변화는 비록 우리나라에서 시민사회를 탄생시키는 작용을 하지는 않았지만, 자본가, 노동자 계급과 중간계급을 형성, 변화시켰으며, 계급으로의 의식화와 조직화, 계급적인 분열과 갈등을 많은 부분 시민사회로 투영시켰다. 이는 특히 시민사회의 분열과 갈등, 이념적인 분열, 갈등과 세력

간의 분열과 갈등을 초래한 주요인이었다.

다섯째로 주목할 사항은 각 차원들 사이의 관계이다. 여기서는 특히 국가와 시민사회 사이의 관계, 계급과 국가 사이의 관계가 중요하다.

국가와 시민사회 사이의 관계가 중요한 포인트임은 두말할 나위가 없겠으나, 여기서는 양자 사이의 총체적인 관계도 문제이지만, 시민사회 내부가 분열, 갈등하기 때문에, 이러한 세력들과 국가 사이의 관계에 주목해야 보다 구체적인 역학을 포착해 낼 수 있을 것이다. 물론 국가 내부에도, 국가의 의지와 권력을 구성하는 여야 정치세력, 의회와 행정부 사이에도, 분열과 갈등이 생기거나 첨예해 질 수 있으므로, 국가도 한 덩어리로만 관계지워서는 곤란할 것이다.

그 다음 계급과 국가 사이의 관계는 직접적일 수 있으나, 어떻게 보면 시민사회를 매개로 한 간접적인 경우도 있다. 전자에는 국가가 계급들 사이의 분규에 직접적으로 개입해서 조정하는 방식, 또 국가가 경제-노동-복지 정책을 중심으로 해서 각각의 계급들에게 영향을 미치는 방식, 예를 들면 정경유착이나 혼맥의 형성, 정치자금 제공 등이 있다.

계급들은 자신들의 집단적 이익을 도모하기 위해 결사하고 조직을 만들어 조직적으로 홍보하고 활동한다. 이러한 조직활동의 장소가 바로 시민사회이며, 그런 의미에서 전경련과 노총과 같은 계급조직들이 활동하는 장소도 시민사회이다. 국가가 재계 대표들이나 노동계 대표들과 만나 경제-노동-복지 정책 등을 놓고 협의, 조정하는 경우, 노-사-정 3자 대표들의 협의, 조정과 같은 경우는 시민사회의 계급조직 대표들과의 관계를 뜻하는 것이다.

끝으로 여섯번째는 대외적인 관계이다. 과거에도 그런 일들이 있었지만, 오늘날의 한국 시민사회는 특히 북한이나 미국에 대한 입장의 면에서 크게 분열되어 있다. 이는 국가나 계급들의 경우도 마찬가지이다. 대외적인 관계 및 거기에 대한 입장의 차이는 시민사회의 상태와 그 변화를 보여주는 중요한 단면의 하나이며, 거기에 따른 시민사회 내부의 분열과 갈등의 양상도 드러내 주는 중요한 측면의 하나이다.

4. 시민사회의 이념적 분열과 갈능축, 그리고 통합의 길

시민사회는 태동하는 시기에서부터 분열과 이합집산의 싹을 보여왔다. 시민혁명은 시민계급 혼자서 한 일이 아니었고, 주변의 유사한 세력들과 연합한 가운데 이루어졌다. 구체제에 대한 불만세력으로는 '시민계급'(제3신분) 외에도 '몰락하는 하층귀족과 양심적인 성직자층'이 있었고, 농노, 부랑자, 노동자, 천민 등 이른 바 '제4신분'이 있었다. 시민계급은 이들의 리더 역할을 했을 뿐이다. 20세기 서양 제국주의의 침략에 맞서 중국 같은 곳에서 벌인 '국공합작', 즉 민족주의와 공산주의 세력이 연합전선을 구축한 것과 마찬가지로, 이데올로기와 세력기반은 달랐어도 구체제에 대한 저항에는 힘을 합쳤던 것이다. 이같은 내부 균열은 항상 깨어질 수 있으며, 구체제를 타도하고 권력을 장악하는 순간부터 표면화되고 갈등으로 이어지기 쉽다. 프랑스 대혁명 이후 좌우파의 분열, 대립, 갈등은 그러한 예를 단적으로 보여주었다.

바로 이런 점 때문에, 우리는 시민사회를 이데올로기적인 차원에서나 세력의 차원에서 한 덩어리로 보아서는 안 되며, 시민사회의 이념과 이데올로기 또한 한 가지로 볼 수 없다는 것이다. 시민사회는 자유주의적 시민의식과 이데올로기가 주축을 이루어 왔지만, 이와 구별되면서도 연합한 '반(半)봉건적 시민의식'이나 '사회주의적 시민의식'이 다른 양 축을 이루어왔다는 것이다. 이같은 정치적-이데올로기적 균열의 축은 이미 홉스, 로크, 루소 등 대표적인 사회계약론자들의 이념을 통해서도 표출된 바 있다.5) 오늘날 우리나라에서는 권위주의6), 자유주의7), 사회주

---

5) 홉스의 경우, 『군주론』을 통해 시민들의 천부적인 자유, 평등권을 지키기 위해서는 주권을 국가 혹은 군주에게 양도하는 것이 '차악'으로서 불가피하다고 주장하였다. 이러한 주장은 모순적이다. 한편으로 그는 주권이 시민에게 있다고 하면서 다른 한편으로는 시민들이 이러한 권리를 군주에게 양도하는 것이 옳다고 주장하는 것이며, 주인이 주인의 권한을 종에게 양도해 종의 지배를 받아야 한다고 주장하는 것이기 때문이다. 이는 시민들의 지혜와 '합리적 선택'을 권하는 주장이기도 하지만, 그 이면의 내용은 귀족주의-엘리트주의-보수주의-권위주의로 연결되는 시민의식과 시민사상을 의미한다. 이같은 사상은 통상의 시민사회 사상, 즉 '민(혹은 인민, 평민, 민간인, 시민, 백성 등)이 지배해야 한다는 민주주의 사상과 모순된다. '반대'가 아니라 '모순'(=자체모순)인 이유는 홉스나 후에 그러한 사상을 지니는 반(半)봉건적-보수적, 권위주의적인 사람들의 경우도 주권은 본래 시민에게 있다고 믿기 때문이다.
　반면, 시민들 사이의 집합적인 공통이익과 의지, 재산의 공유("자연상태로 돌아가라!")를 주장한 루소는 초기적인 사회주의 시민사회 사상과 인민민주주의(혹은 민중민주주의) 사상을 대변하였다. 루소의 이같은 사상은 맑스를 포함하여 적지 않은 사회주의 사상가들에게 영향을 미쳤다.
6) 권위주의란 '권위에 의존하는 강제와 복종'으로서 한편으로는 "권위

의8) 입장으로 유지되고 있다.

그러나 이념적 분열과 갈등의 축은 이 외에도 나라마다, 또 시기에 따라 상이하게 형성, 작용한다. 그 중에서 중심축을 이루는 것이 변화하기도 한다. 종교적 분열과 갈등, 인종적인 분열과 갈등, 민족주의와 국제주의, 그리고 지역주의 사이의 분열과 갈등이 그 대표적인 예들이다.

식민지적 약탈과 지배를 받은 한국과 같은 '제3세계' 나라들의 경우에는 특히 민족주의와 사대주의, 보다 정확하게는 저항적 민족주의와 실용주의적-타협적 사대주의 사이의 대립축이 커다란 축으로 형성되어 앞의 3개 분파들과 교차하면서 시민사회

를 배경으로 삼아 자신의 의사를 타인에게 강제하는 것", 다른 한편으로는 "권위를 가진 사람에 대해 무비판적, 맹목적으로 복종하는 것"을 말한다. 여기서 권위란 위계서열적 지위에 따른 권력, 또는 전문가적 명성에 따른 영향력을 가리킨다.

7) 자유주의란 "정신적인 면에서는 개개인의 자유와 자유의지 실현이 각자의 삶을 위해서 뿐 아니라 사회전체의 운영과 발전을 위해서도 소중한 가치라고 보면서 실제적으로는 사유재산권을 중시하는 입장"이다.(Neumann, 1983: 12-13)

8) 사회주의는 여러 가지 의미로 사용되고 있다. 첫째는 공산주의와 같은 뜻으로, 둘째는 공산주의와 다른 '사회민주주의'와 같은 뜻으로 쓰이기도 한다. 그리고 그것은 어떤 사회체제를 가리키기도 하고, 사상이나 이념을 가리키기도 하고, 사회운동을 가리키기도 한다. 이런 점들을 고려하여 저자는 다음과 같이 사회주의를 정의한 바 있다.

사회주의 사회란 생산수단을 공적, 사회적으로 소유, 활용하고 생산과 분배의 문제를 시장을 통한 개별적 경쟁의 질서에 맡기지 않고 사회적, 계획적으로 해결하는 사회체제를 말한다. 그리고 사회주의란 그와 같은 사회운영의 원리를 가리키는 말이다. 사회주의 사상이나 운동은 바로 그러한 원리를 추구하는 사상이나 운동을 가리키는 것이다.(유팔무, 1999c, 보다 자세한 것은 이 책의 제6장 제2절을 참조)

의 이념적 판도를 복잡하게 만들었다.9) 그리고 오늘날 한국에서 또 한 가지 갈등 축으로 작용하고 있는 것은 지역주의들 사이의 분열과 갈등이다.

그러면 이상과 같은 분열과 갈등을 극복하고 통합하는 길은 무엇이겠는가. 그것은 또 과연, 그리고 어떻게 가능하겠는가.

이론적으로는 그 답이 복잡하지 않다. 우선은 모든 이들이 상대방의 차이를 인정하는 다원적이고 민주적인 태도로 임하면 된다. 이를 위해서는 민주주의를 보다 확대, 심화시키는 조치와 노력이 필요하다.

그러나 이러한 민주주의가 보통 말하는 자유민주주의나 대의민주주의를 뜻하는 것은 아니다. 자유민주주의는 '개인적 자유'에 기초한 민주주의로서 개인주의적인 것이며, 따라서 사회적 약자의 자유와 권리와 힘을 중시하는 사회주의적 민주주의나 민중적 민주주의, 사회적 민주주의와 대립되기 때문에 통합의 이념으로서는 부족하다. 이 양자의 중간에 위치한 민주주의가 바로 참여민주주의이다. 어떤 이들은 이를 직접민주주의, 급진민주주의, 생활민주주의라고 부르는데, 그 이유는 이것이 첫째로는 대의민주주의와 달리 정치적 의사결정의 과정에 주체들이 직접, 자주 참여하여 의사결정이 이루어지는 것이 보다 민주적이라는 것이며, 둘째는 정치적인 의사결정의 과정만 민주적으로 이루어진다고 민주주의가 완전하다고 할 수 없으며, 사회생활과

---

9) 저항적 민족주의란 제국주의적 외세에 대하여 자국의 주권과 민족자결, 자치, 자율권 등을 주장하기 때문에 민족의식인 동시에 '시민의식'이다. 사대주의적인 의식은 시민의식이 약한 경우로서 시민의식과 모순적으로 결합된 의식형태라고 할 수 있다.

경제생활의 과정에서의 의사결정까지 민주적으로 이루어져야 완전하다고 보기 때문이다.[10)]

그렇지만 이론적인 해답이 문제를 실제로 해결하거나 해결해 줄 수 있는 것은 아니다. 실천이 문제라는 것이다. 실천의 방안과 관련해서는 세 가지 점이 고려되어야 한다.

첫째로는 시민사회의 분열과 갈등을 초래했고 초래하는 원인을 파악하여 그것을 제거하는 방안을 마련하고 그에 상응하는 실제적 조치를 취해야 한다는 점이다. 한국사회의 경우, 갈등축이 계급문제, 민족문제, 지역문제 셋이라고 할 때, 그러한 문제들을 야기시키는 원인들을 밝히고 거기에 상응하는 처방을 내려야 한다는 것이다. 그 중 하나가 사회민주주의적인 처방이다.

둘째는 주체의 문제이다. 갈등극복과 통합을 해낼 수 있는 대

---

10) 참여민주주의란 우선 "정치, 경제, 사회 각 분야의 의사결정이 가능한 한 자주 해당사회 구성원들의 참여에 의해 이루어지는 것"을 말한다. 이것은 두 가지 요소들로 이루어져 있다. 하나는 다수에 의한 의사결정이라는 민주주의 원리를 정치에만 적용하는 것이 아니라 경제 및 사회 차원에까지 확대 적용하는 것이며, 이런 의미에서 '민주주의의 확장'(Gould, 1990: 25, 255)이라고도 할 수 있다. 경제분야에서 이루어지는 참여민주주의의 대표적인 형태는 노동자 경영참여이며, 사회분야에서는 교육, 언론기관 등 시민사회의 조직체들 내부에서 이루어지는 의사결정과정에 교직원이나 학생, 일반 언론인과 직원이 직, 간접적으로 참여하는 형태가 바로 그것이다. 참여민주주의의 다른 한 가지 요소는 대의제 원리를 대신하여 공적인 의사결정의 과정에 주권자가 자주 참여하여 의사를 반영하고 대리인의 독단적인 의사결정과 자립화를 통제하는 원리이다. 후자는 가능한 범위 내에서 직접민주주의를 적용하는 원리라고도 할 수 있다. 공청회를 통한 정책설명과 주민의견수렴, 주민투표의 실시, 의사결정 기구에의 주민참여 확대, 주민을 상대로 한 아이디어 공모 같은 것들이 그 대표적인 예이다. 페이트만(1992)도 참조.

표적인 주체들은 사실상 정부와 정당, 그리고 사회운동 단체들이다. 물론, 일반시민들이나 교육기관, 언론기관 등의 경우도 주체들이기는 하나, 가장 활동적이면서 또 직접적인 변화를 초래할 수 있는 능력의 면에서 보면, 그렇다는 것이다. 그렇지만, 이주체들조차도 이념적-정치적으로 갈라져 있고, 또 참여민주주의와 멀리 떨어져 있는 정당이나 세력들도 포함되어 있다. 따라서 우리는 그 중에서도 참여민주주의 성향의 세력을 핵심주체로 설정해야 할 것이다.

셋째는 실현가능성의 문제이다. 분열과 갈등을 초래하고 유지, 재생산하는 것도 구조적인 배경을 가지고 있지만, 이를 극복, 통합하는 데에도 그 가능성과 한계는 어느 정도 구조적인 조건, 즉 정치-경제-사회-문화적인 조건에 의해 주어져 있다. 이런 조건을 고려하지 않은 채, 무조건 실천만 한다면, 실천전략 없이 이상적인 목표만 추구하는 유토피아이즘에 빠질 뿐 아니라 갈등극복과 통합의 실현 가능성을 극대화할 수 없게 될 것이다.

칼럼 1
시민사회란 무엇인가

　시민사회가 무엇인지를 파악하는 시각은 전통적으로 크게 두 가지로 나누어져 왔다. 하나는 자유주의적인 시각이고 다른 하나는 맑스주의적인 시각이다.

　자유주의 시각의 전형은 로크를 비롯한 서양근대의 사회계약론자들에게서 출현하였다. 이들은 국가의 위상과 역할을 규정하기 위해 사회 또는 시민사회라는 영역을 설정하여 그것과 대립시켰다. 이들에게 있어서 시민사회는 정치적 주권을 지닌 자유롭고 평등한 개인들의 집합체, 또는 그들의 정치적인 이해관계와 의지를 가리키는 것이었다. 그들은 이러한 이론을 통해 지배계급 혹은 특권층의 화신으로서 시민들 위에 군림하던 봉건시대의 국가가 지닌 위상과 역할을 뒤집어 놓았다. 시민들의 사회, 즉 결사체가 권력의 주인이고 국가는 이러한 시민사회의 종, 즉 공복이라는 것이었다. 이러한 시민사회관은 봉건시대 말기에 실질적인 권력의 주체로 성장한 부르주아 시민계급과 그 밖의 평민계급들의 세력의 요구를 반영한 것이었고, 근대국가의 민주주의 제도들을 정립하는데 초석이 되었다.

　맑스주의 시각의 전형은 맑스를 비롯한 유물론적 이론가들에게서 출현하였다. 이들 또한 국가를 시민사회에 대치시키면서 국가를 '주인이 아닌 종'의 위치에 있는 것으로 파악하였다. 그러나 이들의 경우는 시민들이 서로 자유롭고 평등한 관계에 있는 개인들이 아니라 부자유, 불평등한 주종관계, 그렇지만 정치적인 주종관계가 아니라 경제적, 계급적인 주종관계로 보았다. 그리하여 시민사회의 내용을 단순한 개인들의 집합으로 보지 않고, 경제적인 차이 때문에 지배-피지배로 나누어지는 계급적인 개인들의 집합으로 보았다. 시민사회가 정치적인 성격만 지닌 것으로 파악되지 않고, 경제적, 계급적인 성격도 지닌 것으로 파악되었다. 이러한 시각은 결국 시민사회 내에서 경제적으로 지배적인 계급이 국가라는 종의 실질적인 주인 역할을 한다는 시각으로 연결되어 "국가는 지배계급의 정치적 도구"라는 식으로 발전하였다. 즉 부르주아 시민계급의 종이라는 것이었다.

자본주의사회의 시민사회를 이처럼 상반되게 파악하는 두 가지 시각들은 각각 일정한 타당성을 지니고 있다. 그러면서도 각각 상대방이 강조하는 측면을 무시하는 일면적인 한계도 지니고 있다. 그래서 시민사회는 이 두 가지의 시각들을 종합하는 관점에서 파악하는 것이 적합하다.

이러한 관점에 입각해서 보면, 시민사회란 정치적인 측면과 경제적-계급적인 측면을 다 포괄하고 있다. 그러나 이 두 가지 측면을 하나의 시민사회 개념으로 표현하는 것은 혼란스럽기 때문에 전자를 시민사회로, 후자를 경제사회로 이원화 시킬 필요가 있다. 이렇게 볼 때, 시민사회는 정치적 주권자들의 결사체이면서 정치적인 여론이 형성되는 장소이다. 그러나 정치적인 여론 형성이 이루어지는 주요한 장소는 공식적으로 정치생활을 하는 장소나 기관이 아니라 겉으로는 정치와 무관한 듯 보이는 문화생활과 사회생활의 장소이다. 시민사회란 1차적으로 여론형성이 이루어지는 장소이지만, 좀 더 구체적으로는 문화생활과 사회생활(사교, 단체활동 등)이 이루어지는 곳이라는 것이다. 이런 점을 고려하면, 시민사회란 "정치적 주권자들의 문화생활과 사회생활, 그리고 여론형성이 이루어지는 장소"이다.

반면에 원래 시민사회의 나머지 부분, 즉 경제사회는 "경제적인 생산과 유통, 그리고 계급적인 지배, 갈등관계가 이루어지는 장소"라고 정의할 수 있다.

경제사회와 시민사회는 개념적으로만 분화된 것이 아니라 사실상 자본주의가 고도로 발달을 해가는 과정 속에서 실질적으로 분화되어 왔다. 경제적인 생산활동이나 생활이 차지하는 비중과 시간은 갈수록 작아지고 소비, 문화, 여가생활의 비중과 시간이 갈수록 많아져 왔다. 자연히 이러한 생활구조의 변화는 정치적인 여론형성 과정에도 변화를 초래하였고, 여론형성에 대한 문화생활과 사회생활의 비중을 크게 만들었다. 물론 경제생활의 영역에서도 정치적인 여론이 일부 형성되기는 하지만, 문화생활과 사회생활을 매개로 해서 가공되고 새롭게 형성되는 상황으로 변화해 온 것이다.

시민사회의 이런 매개자적 역할은 개개인들의 생활을 통해서도 이루어지지만, 이익단체, 노동조합, 언론기관, 문화단체, 사회운동단체 등 이 공간 안에서의 조직결성이나 조직활동을 통해서도 이루어진다. 이 경우, 여론형성의 과정은 특정한 경제적, 계급적인 이익을 대변하는 조직들, 그리고 경제외적 혹은 비계급적인 관심을 추구하는 조직들 사이에서 일어나는 주도권(헤게모니) 다툼의 양상을 띠기도 한다.

이러한 주도권 다툼이 가장 활발해 지는 시기가 대통령, 국회의원, 지방의원, 단체장 등 시민사회의 정치적인 대변인들을 선출하는 선거 시기이다. 이렇게 선출된 대변인들은 국가관료와 함께 국가를 이룬다.

그러나 국가 또한 어떤 단일한 의지를 갖거나 단일한 역할을 하는 대변인들로 이루어져 있지 않기 때문에, 그 내부에서도 권력이나 정책결정을 둘러싼 주도권 다툼이나 타협이 일어난다. 그래서 국가는 '정치사회'라고 할 수 있으며, 이런 의미에서 국가는 "정치적인 의지가 집약되고 정책이 수립, 집행되는 장소"이다. 결국 국가의 정치적인 의지나 정책은 전체 사회적인 과정을 통해서 보면, 경제사회로부터 출발하여 시민사회의 여과를 거친 다음, 국가 내부, 혹은 정치사회 내부로 들어와 다시 다툼이나 타협 과정을 거쳐 최종적으로 수립, 집행되는 것이다.

이와 같은 견지에서 보면, 시민사회는 전체사회 내에서 경제사회와 정치사회(국가)를 기능적으로 매개해 주는 위치에 있다. 시민사회는 경제사회에서 형성되는 경제적 이해관계와 의지, 그리고 계급적인 이익이나 갈등을 표상하는 의지나 의식 등을 개별적인 생활을 통해, 아니면 다시 사회단체의 결성 및 조직활동을 통해 여론으로 반영하는 역할을 한다. 여론형성의 과정은 다시 시민사회 내부에서의 주도권 다툼이나 전파, 증폭과정을 거친다. 이 내부에서는 언론기관이나 학교, 교회 등 이러한 과정을 지속적으로 여과하는 제도적인 조직들도 작용한다. 이러한 여론은 마침내 정치사회에 전달, 투영된다. 이런 점에서 시민사회는 민주주의 문제와 직결되어 있으며, 특정계급과 직접 관련이 없는 동창회나 시민운동단체, 계급적인 이익을 대변하는 경제인단체나 노동운동단체의 활동과 위상을 파악하는 데에서도 중요한 개념이 된다.

그러나 시민사회의 매개역할은 아래에서 위로의 방향으로만 이루어지지는 않는다. 국가로부터 경제로 가는 방향으로도 이루어진다. 예컨대 국가는 시민사회에 대해 여론을 묻기도 하고, 홍보하기도 하고, 심지어는 여론조작을 가하기도 한다. 만약 국가가 권위주의적이라면 더욱 말할 나위도 없다. 그리고 시민사회의 언론기관이나 시민들의 여론이 노동자들의 파업이나 기업의 생산, 판매활동에 대해 압력으로 작용하는 것도 그러한 예에 속힌디.

제3장 한국 시민사회의 형성과 이데올로기적 분열, 갈등의 역사

제1절 시민사회와 시민의식의 형성과 제도화

1. 시민사회의 형성, 변천과 계급 및 국가와의 3각관계

시민사회는 자유주의 시민사회론에서 보는 것보다는 훨씬 그 내적 구성이 복잡하며 역동적이다. 그렇기 때문에 시민사회의 형성을 논할 때, 그 중 어느 한 가지 측면에만 주목해서는 안 될 것이다. 시민사회는 한편으로 정치적－이데올로기적, 다른 한 편으로는 계급적인 대립요소들로 이루어져 있다. 시민사회는 국가와 관련하여 정치적인 영향력을 발휘하거나 이데올로기적 지배수단으로 활용되는가 하면, 경제적 계급관계, 그것의 갈등적 측면과 차별적 측면을 직접적으로 반영하면서 다시 경제사회나 정치사회에 그 영향을 전파시킨다. 물론 비정치적이고 비계급적 －초계급적인 생활의 장이라는 측면도 포함하고 있다.

서구의 경우, 시민사회의 형성, 발달과정은 곧 자본주의사회의 형성, 발달과정과 맥을 같이 하였다. 봉건 왕국공동체로부터 자본주의사회로 발전해 나가는 과정에서 가장 중요한 것은 계급적 역학관계의 변화였다. 자본가계급의 성장과 프롤레타리아 계급의 형성은 중세 신분계급사회 내의 계급갈등을 야기시켰으며, 신분제도와 구지배계급의 몰락을 초래하였다. 그리고 새로운 사회질서는 '저항계급연합'의 선두에 선 자본가계급의 이해관심과 의지, 이것을 이데올로기적으로 표상하는 계몽사상과 민주주의 사상을 주로 반영하는 형태로 짜여지게 되었다. 이 새로운 질서가 바로 근대법치국가와 시민사회, 그리고 자본주의 자유시장경제 체제였다. 또한, 이러한 질서가 확립된 이후에도 국가, 시민사회, 그리고 시장경제는 위와 유사한 3각관계를 맺으며, 상호작용을 하고 있다.

오늘날 한국의 경우도 서구와 같이 근대국가와 시민사회 및 시장경제라는 3각구조로 이루어진 근대적 사회질서를 가지고 있다. 그러나 그것은 형식적인 구조의 측면에서 그렇고 내용적인 면에서는 여러 가지 차이를 지니고 있다. 그것은 이러한 근대적 질서가 형성, 발달한 과정이 서구와 크게 달랐던 데에서 연유한다. 가장 큰 차이는 그러한 새 질서가 자생적으로, 그리고 '아래에서 위로' 만들어진 것이 아니라 외세에 의해 '바깥에서 안으로', 그리고 국가권력에 의해 '위에서 아래로' 만들어져 왔다는 데에 있다. 8.15 광복이 있기까지 그러한 과정은 주로 일제의 지배와 이해관심에 의해, 그리고 그 후에는 미국의 직접적인 영향 아래서 국가권력에 의해 주도되었다.

그러나 1960~1970년대 군부독재권력에 의해 주도된 고도경제성장 정책으로 자본주의경제가 급속도로 발달하게 되었고, 이와 함께 자본가계급과 프롤레타리아계급도 급속도로 성장해 가게 되었다. 이러한 과정은 동시에 급속한 자본의 집중화 및 농민층의 분해, 도시빈민층의 형성, 화이트칼라 노동자층의 증대를 수반하는 것이었다. 이런 과정들은 사회구조와 계급구조만 변화시킨 것이 아니라 산업사회에 고유한 제반 문제들, 특히 산업문제와 계급문제를 첨예화시키는 결과를 초래했다. 계급문제는 한편으로 계급들 간의 갈등, 다른 한편으로는 국가에 대한 저항으로 분출되었다. 물론 이러한 갈등과 저항은 시민사회라는 구조를 매개로 해서 이루어졌다. 그리고 이러한 경제사회 및 시민사회 내부의 갈등과 국가에 대한 계급적 시민사회의 저항에 대해 국가는 억압일변도로 대처했으며, 이러한 상황은 80년대에도 지속되었다.

한국의 시민사회는 이렇게 해서 국가(정치사회)에 의해 정치적으로 억압 받고 순종을 강요당하는 위치에 놓여 있었다. 그래서 시민사회는 국가에 대해 순종하거나 저항하거나 무관심하거나 하는 3자 택일을 해야 했다. 그 가운데 국가에 대해 적극적으로 충성한 세력은 '어용'으로 지칭되었고, 국가에 대해 적극적으로 저항한 세력은 '야당' 혹은 '재야'로 지칭되었다. 이처럼 시민사회는 정치적으로 한 가지 색깔만 갖는 것이 아니며, 국가와의 관계도 일방적인 것, 즉 시민사회로부터 국가에 대해 일방적으로 권력이 위임되고 압력이 가해지는 것이 아니다. 양자는 상호적인 힘의 관계 속에 있고, 이데올로기적인 관계[11] 속에 있는

---

11) 이데올로기적 관계란 여기서 통상적인 의미로 사용한 것인데, 국가가 정치적 지배정당성의 논리를 시민사회에 유포, 강제시키는 활동, 그리고 그 반대로 시민사회 쪽에서 국가에 대해 자발적인 동의와 지지를 보내거나 정당성을 비판하고 압력을 가하는 활동을 포괄한다. 이러한 관계를 매개해 주는 가장 대표적인 시민사회 기구들로는 언론기관과 학교이지만, 사회운동 단체를 비롯 사회, 종교, 문화단체들도 이런 역할을 적극적, 또는 소극적으로 수행한다.

것이다.

다른 한편, 시민사회는 경제(경제사회)로부터 막대한 계급적 영향을 받게 되었다. 자본주의적 상품생산과 축적, 그에 수반되는 제반의 문화적 특성들은 우선 시민사회의 생활에 풍요를 가져다주는 등의 효과를 발휘했지만, 계급간의 소득격차를 확대시켜 시민생활을 계급적으로 차별화시키기도 하였다. 그리고 계급들 간의 갈등과 분쟁은 집회나 시위, 언론기관이나 사회운동단체 등을 통해 시민사회에 투영되었다. 이러한 현상을 시민사회의 '계급사회화'라고 한다면, '계급사회화' 현상이 시민사회에 전면석으로 부각된 것은 80년대 중반, 특히 87년과 88년이었다.

그 후부터 오늘날까지 한국의 시민사회는 계속적으로 성장해왔다. 이러한 성장은 두 가지 측면에서 즉 국가와의 정치적인 힘의 관계에서 뿐 아니라 소비, 문화 등 생활의 측면에서도 계속적으로 이루어지고 있다. 그러나 시민사회의 힘은 과거에 비해 상대적으로 성장했을 뿐, 아직도 국가권력의 힘을 능가할 수 있는 수준에까지 이르지는 못한 상태에 있다. 이같은 판단의 확실한 지표가 되는 것은 자본가계급의 핵심을 이루는 재벌과의 힘 관계, 그리고 노동자계급의 핵심을 이루는 노동운동세력과의 힘 관계이다.

이 대표적인 계급세력들이 과거에 비해 세력의 면에서 일정하게 성장한 것은 사실이다. 그러나 92년 대통령 선거에서 현대그룹 총수는 대권에 도전한 바 있었으나 실패하였고, 그 후 김영삼 정권 하에서 여러 가지 수모와 불이익을 감수해야 했다. 그리고 불법정치자금 등의 문제 때문에 삼성, 현대, 대우 등 국내 굴지의 재벌총수들이 사법적인 심판대 위에 오르는 일은 김영삼 대통령 시절부터 오늘날 노무현 정부 시기까지도 지속되고 있다. 노동조합운동 역시 김영삼 '문민시대' 이후 오늘날까지 편파적으로 억압받고 있으며,[12] 민주노총 같은 경우, 수년 만에 가까스로 합법화되었고 노조의 정치활동도 최근에 와서야 허용되었다. 그리고 진보정당을 만들어 노동자들의 정치세력화를 이루려는 노력도 2000년대를 넘어 와서야 결실을 보기 시작했을 뿐이다.

2. 19세기말~20세기 초 시민의식의 형성과 이데올로기적 분화

우리나라에서 시민사회가 형성된 것은 언제부터인가. 그 기점을 시민의식, 혹은 시민사회사상의 형성으로 볼 때, 그것은 19세기말 20세기 초에 걸친 시기였으나, 일반인들에게 널리 확산, 공유된 시점은 1910년대에 이르러서였다.

19세기 조선시대 말 우리나라는 '서세동점'(외세의 영향과 침략; 서양 문물과 종교의 유입)으로 인해 전통적인 사고와 질서가 크게 흔들리게 되었다. 이로 인해 양반층에서는 실학사상과 개화사상이 형성되었으며, 농민층에서는 동학사상과 동학농민운동이 성립하였다. 이러한 흐름은 외세의 각축 속에서 갑오경장이라고 하는 '위로부터의 개혁'을 낳았으며, 그로 인해 노비제의 철폐가 이루어졌다.

---

12) 노중기, "국가의 노동통제전략에 관한 연구; 1987-1992"(『경제와 사회』, 1995년 겨울호)를 참조하라.

이러한 흐름은 그 후 '계몽운동'으로 이어졌으나, 이는 '위로부터의 계몽'으로서 개화된 양반지식인층이 서구 시민사회 사상을 채택, 유입하면서 일반 백성들을 계몽하는 운동이었다. 그 대표적인 조직과 활동이 독립협회와 만민공동회, 뒤 이은 신민회 활동이었다. 그러나 이 시기 서구 열강과 일제의 세 확산 및 식민지 통치는 계몽운동을 '애국운동', 즉 '민족주의'의 성격을 지니게 하였으며 그래서, 시민의식은 민족의식과 함께 자라났다.

시민의식과 민족의식은 "나라의 주인은 우리"라는 의식을 지닌다는 면에서 공통적이며, 밀접하게 결부될 수 있는 성격을 지녔다. 특히, 주인의식과 자치의식의 면에서 그렇다고 볼 수 있다. 그러나 이 두 가지 의식은 발생경로에 차이가 있었다. 시민의식은 외국에서 직수입된 후, 일반인들에게 전파, 교육, 내면화되는 경로를 거쳤고, 민족의식은 외세의 침탈에 대한 대응으로서 내부에서 생겨나고 자라나는 경로를 거치면서 일반인들에게 전파, 교육, 내면화되었던 것이다.

시민의식이 형성되기 시작한 것은 비록 불완전한 형태이기는 하였으나 19세기말 동학농민군의 '동학사상', 그 중에서도 특히 '인내천' 사상, 그리고 이 무렵 외세의 영향 하에서 형성된 '개화사상', 그리고 '독립협회'가 서양에서 수입, 채용한 '자연권—사회계약 사상'에서부터였다.13) 그러나 이러한 시민사회사상 혹

---

13) 장상환/정진상(2001; 87-97)은 갑오농민운동이 노비제 철폐 등 봉건 신분제 타파에 중심을 두었으며, 전봉준과 농민군이 척사파와는 달리 '근대적 민족의식'을 가지고 있었다고 본다. 그래서 그 역사적 의의를 "갑오농민전쟁은 최고의 '반봉건투쟁이었으며, 반제투쟁의 효시였다. 우리나라의 부르주아 민족운동을 심화 발전시키는 추진력이 되었다. 서구의 경우, 부르주아 민족운동은 부르주아지의 주도로 이루어졌으

은 시민의식을 본격적으로 수용, 내면화한 것은 20세기 초 독립
협회와 만민공동회의 맥을 이은 '신민회'였다(유팔무, 2002c).
  '신민회'는 1907년 4월 안창호, 이상재, 김구, 신채호, 박은식
등 1896~1898년 시기의 '만민공동회' 주도세력들이 국권회복
과 입헌공화국 수립운동을 목적으로 창립한 비밀결사 조직이었
으며, 그 회원은 800여명이었다고 한다. 이들은 수많은 학교와
단체들을 만들어 애국주의와 신지식을 교육, 계몽하는 등의 활
동을 하다 1911년 9월 일제에 의해 강제해산을 당하였다. 그러
나 이들을 통해 설립된 전국의 대중교육기관들은 대중을 계몽하
고 의식화한 이데올로기기구이자 채널이었으며, 1919년 3.1운
동의 밑거름이 되었다. 이들의 활동은 또 3.1운동 시기부터 전개
된 '임시정부수립운동'에서 제기된 각종의 임시정부안들을 모두
'입헌공화정'으로 하게 하는데 지대한 영향을 미쳤다(신용하,
1987: 84-92).
  1919년 3.1 독립운동, 즉 주권회복운동은 시민의식이 민족주
의와 결합되어 대중적으로 표출된 것이라 할 수 있다. 그리고
그 직후인 1920년대에는 사회주의 사상, 즉 사회주의적 시민의
식이 문인과 지식인층에 널리 수용, 확산되었다.
  임대식(1995; 157-91)은 당시 상황을 다음과 같이 서술하
고 있다.

───────────────

  나, 우리나라에서는 부르주아지가 성숙하지 않은 단계에서 농민층이
부르주아 혁명의 과제를 실천하였다. 또한, 개화파정부가 수행한 갑오
개혁의 근원적인 힘이었다. 갑오개혁은 비록 외세의 간섭 하에서 이루
어졌지만, 신분제폐지와 근대국가체제의 정비와 같은 근대적 개혁조치
를 담고 있었다."(96)고 평가하고 있다. 그러나 이것은 맹아적 단계의
시민의식이라고 할 수 있을 것이며, 봉건질서를 넘어서는 수준의 대안
적 사상으로까지는 나아가지 못하였다.

우리나라 초기 사회주의운동 과정에서는 해외에 거주하는 한인들의 역할이 컸다. …

러시아 영토에 거주하고 있던 한인들은 민족해방운동의 일환으로 러시아혁명에도 참가했으며 사회주의이념을 받아들였다. 한편 혁명정부는 서구열강과 백군의 반혁명적 시도를 극복하고 혁명완성을 위해 현지의 한인들을 적극적으로 활용하는 정책을 취했다. 이동휘(李東輝)와 박진순(朴鎭淳) 등은 연해주의 한인들을 기반으로 하여 1918년 5월 한인사회당을 결성했고, 한명세(韓明世)·김철훈(金哲勳)·김하석(金夏錫) 등은 바이칼호 인근의 한인들을 기반으로 하여 1918년 1월 이르쿠츠크 공산당 한인지부를 결성했다. 전자는 이동휘가 상해임시정부에 참여하게 됨으로써 근거지를 상해로 옮겨 이른바 상해파 고려공산당이라고 불렸으며, 후자는 이르쿠츠크파 고려공산당으로 불렸다. 이러한 단체명칭에서도 나타나듯이 전자는 볼셰비즘을 받아들이기는 했지만 민족주의적인 경향이 비교적 강했고, 후자는 귀화한 한인들을 중심으로 한 러시아 공산당의 지부조직으로 좀더 러시아적이었다. …

일본에 거주하던 유학생사회에도 사회주의이념이 도입되었고 이들의 국내 귀환과 함께 자연스럽게 국내에도 사회주의이념이 도입되었다. 일본에서는 1921년에 일본공산당이 성립되어 사회주의운동이 본격적으로 전개되었다. 특히 1920년대의 일본 지성계는 사회주의에 경도되어 있었다. 이러한 지적 분위기에서 일본 사회주의운동의 발전정도와 경향성에 일정한 제한을 받으면서 1920년대에 약 5천 명에 달했던 유학생사회를 기반으로 하여 사회주의연구 서클들이 조직되어 사회주의에 대한 초보적인 연구가 진행되었다. 조선고학생동우회(1920년 1월), 흑도회(1921년 11월), 북성회(1923년 1월), 일월회(1925년 1월) 등의 사상단체들이 대표적인 것들이다. 그리고 유학생들뿐 아니라 일본으로 건너간 노동자들 사이에도 사회주의이념이 전파되었다. …

해외한인 사회주의운동의 영향과 코민테른의 지원을 받으면서 국내에도 사회주의이념이 소개되었다. 지식인·청년·학생·선진 노동자들을 중심으로 독서회가 조직되었다. 산업중심지와 주요 도시들에서 인텔리와 선진노동자들을 기반으로 사회주의적인 서클들이 조직되었다.

　사회주의적인 활동가들은 비합법적인 조직과 활동이 용인되지 않는 상황에서 사상단체라는 합법적인 간판을 내걸고 활동을 전개했다. 서울청년회(1921년 1월), 무산자동지회(1922년 1월), 신사상연구회(1923년 7월), 화요회(1924년 11월), 북풍회(1924년 11월) 등이 그 대표적인 것이다. 이 외에도 사상단체들은 전국 각지에 조직되었는데 일제의 기록에 의하면 1926년 9월에 338여 개에 이르렀다. 활동가들은 토론회·강연회·좌담회·독서회·강습회·야학회·민중강좌·프로문고 등을 통해 사회주의사상을 연구하고 선전했다. 그리고 사회주의 관련 고전과 해설서들을 출판하고 대중화했다. 신문은 물론 『신생활』·『신천지』·『개벽』·『조선지광』 등의 합법적인 출판물들을 이용했다. 예를 들어 『동아일보』에 「마르크스사상의 개요」(37회), 「마르크스의 유물사관」(18회), 「니콜라이 레닌은 어떤 사람인가」(61회) 등과 사회주의와 노농문제에 관한 논설들이 많이 실렸는데, 특히 가와가미(河上肇), 야마카와(山川均), 사노(佐野學) 등 일본 사회주의자들의 글이 다수 번역 혹은 초역되었다. 적어도 1920년대 초반에는 사회주의자로 자처하지 않는 자가 없을 지경이었다. …

　이러한 사회주의 사상과 운동세력은 자유주의적 민족주의 사상 및 세력과 갈등을 빚어내기 시작하였고, 이러한 분열과 갈등은 상해에 설치된 임시정부 내부에서도 치열했다. 물론, 이 세력들은 대외적으로는 '국공합작'을 하여 '민족전선'을 형성하여 일제와 맞섰으나, 이러한 시민적—민족적 연대와 주권회복운동은 성공을 거두지 못하였고, 1945년 미군에 의한 해방, 미군정 하에서의 '반쪽' 근대국가 수립(김동춘 2000: 57, 300)으로 귀결되었다.

이상에서 본 바와 같이, 우리나라에서 시민의식이 형성된 시기는 넓게 보면, 동학사상과 농민운동 시기에서부터 신민회 활동 시기인 1910년대 사이라고 할 수 있으나, 본격적인 형성의 기점은 1910년대라고 할 수 있다. 그러나 이 시기까지의 시민의식은 자유주의적인 것으로서 민족주의 의식과 결합된 상태에 있었다. 그리고 곧 이어 1920년대에는 국내외에 사회주의사상과 조직이 광범위하게 수용, 정착하게 되었으며, 민족주의 및 자유주의와 교차하는 관계에 서게 되었다. 이같은 사회주의 사상 및 세력의 광범위한 형성은 일제로부터 해방된 이후, 건국의 과정, 즉 시민사회의 제도화14)의 과정에서 이른 바 '민족진영'(=민족주의+자유주의)과 상호 첨예한 대립, 갈등의 양상을 빚어내었다.

---

14) 김동춘(2000), 남정일(2002) 등은 시민사회 형성의 시점을 근대국가가 수립되는 시기로 보고 있으나, 그것은 '제도화'를 형성기점으로 보는 견해이다. 김동춘은 근대국가란 민족을 단위로 하고, 시민의식과 권력을 기초로 수립되어야 근대국가라 부를 수 있으나, 우리의 경우, 2중적인 의미에서 '반쪽'의 근대민족국가를 이루었을 뿐이라고 비판한다. 이 문제에 관하여 남정일(2002)은 또 다음처럼 서술하고 있다.
"역사적으로 볼 때 서구에서의 시민사회의 형성, 즉 국가로부터의 시민사회의 분리는 시장경제의 발달과 함께 등장한 부르주아지의 성장과 전제적 군주제도를 붕괴시킨 시민혁명을 통한 입헌국가체제와 대의민주제도의 성립을 배경으로 해서 비로소 가능해 졌다고 할 수 있다. 그러나 우리나라의 경우는 구한말에 있었던 농민봉기와 동학혁명과 같은 아래로부터의 혁명시도와 개화지식인들에 의해 주도된 개화운동 등의 위로부터의 혁명 시도가 모두 외세의 개입과 일제에 의한 식민지 지배로 좌절됨으로써, 시민사회 형성의 시기는 국가의 독립이 이루어질 때까지 늦추어질 수밖에 없었다. 따라서 한국사회는 해방과 함께 자유민주주의를 이념으로 하는 근대적인 국민국가로 새롭게 출발함으로써 비로소 시민사회 형성의 계기를 맞게 되었다고 할 수 있다."(남정일, "한국에서의 시민권 형성과 발전과정", 2002, 미발표논문)

3. 1945년 이후 시민사회의 제도화와 이데올로기적 분열, 갈등의 축

1945년 미군과 소련군에 의해 일제로부터 해방된 조선은 해방과 동시에 좌·우, 남북 간의 이데올로기적 대립과 갈등관계에 들어가게 되었다. 그런 상황 속에서 남북은 각각 미국과 소련을 후견국으로 하면서 2개의 독립국가를 수립하였다. 남한의 경우, 해방직후의 이데올로기 지형은 우익·민족주의 진영과 좌익·공산주의 진영으로 나누어졌으나, 각각 강온파로 다시 나누어져 있었다. 우익—민족진영에는 이승만 등과 같은 반공—보수 세력 외에도 김구, 김규식 등과 같이 공산주의를 용인하는 자유주의 세력이 포함되어 있었고, 좌익—공산진영에는 박헌영 등과 같이 소련과 코민테른의 노선을 따르는 혁명적 사회주의 세력 외에도 여운형 등과 같이 민족주의를 용인하는 온건하고 민주적인 사회주의 세력, 혹은 '민족적 사회민주주의' 세력도 포함되어 있었다.

광복 직후 남한사회는 저열한 생활상태와 이념적 분열, 갈등의 양상을 겪으면서 반쪽의 '근대국가—시민사회' 즉 단독정부 수립으로 나아갔다.

미군정 하에서의 경제생활은 대단히 궁핍하고 불안정한 상태였다. 쌀을 비롯한 여러 가지 생활 필수품, 주택 등 물자와 전기, 연료 등이 턱없이 부족하고 가격은 지속적으로 폭등하였다. 실업자와 무직자, 빈민도 많았고, 치솟는 물가고에 비해 소득은 열악했다. 이로 인하여 도로, 교통사정과 위생상태 또한 열악했으며, 술, 담배와 같은 기호품소비와 교육, 영화감상 등 문화생활도 '비싸고 부족한' 각종의 제약이 가해졌다(유팔무, 1999b).

반면, 일제시대와의 혁명적인 단절을 결핍한 상황에서 구시대의 기득권층과 미군정 치하의 관료들, 그리고 신흥 상공인층 가운데 상당수의 부패하고 특권적인 의식에 사로잡힌 특권층 인사들은 향락과 과시적 소비를 일삼아 여론의 빈축을 샀으며, 이들과 일반 서민 사이에는 심한 빈부격차가 가로놓여 있었다. 그리하여 서민들 사이에는 궁핍 이외에도 불안과 실망, 그리고 불만이 그치지 않았다. 이것은 농민, 노동자, 지식인들의 적극적인 개혁운동 및 저항운동을 불러 일으켰으며, 사회주의사상이 확산, 정착되이 미군정 및 보수 특권층 세력과의 갈등을 첨예화시키는 요인으로 작용하였다.

미군정기의 경제상태는 일제치하에 비해서도 훨씬 열악한 상태로 전락하였다. 산업구조는 농가인구가 전 인구의 70% 이상을 차지할 만큼 공업화되지 않았으며, 농민들은 반봉건적인 소작제로 대부분 비싼 소작료를 물어야 했고, 남북한 분단으로 인한 비료부족현상으로 말미암아 생산성도 저락하였다. 특히 쌀 생산량의 감소는 농촌은 물론 도시 주민들에 대해서도 식량파동을 불러 일으켰다. 이것은 농촌에 '보릿고개'로 일컬어지던 생활고와 농민운동을 야기시켰고, 도시에서는 도시대로 식량난과 물가고에 시달리는 한편, 노동운동의 중요한 배경요인으로 작용하였다.

농민들의 저항운동 가운데 가장 심각했던 것은 46년10월에 발생한 항쟁이었다. 이호철(1994: 235-8)에 의하면, 당시 상황은 다음과 같다.

46년 6월에는 대홍수가, 그리고 7~8월에는 식량부족문제가 농민생활을 파탄으로 몰아가고 있었다. 특히 경북청송군 지역에서는 200명의 아사자가 발생하였다. 식민지 하에서도 없었던 하곡수집이라는 새로운 제도를 통해 미군정은 식량위기를 극복한다는 명목으로 하곡수집기간동안 각 정미소나 가정에서의 도정조차도 금하였다.

46년 10월1일 이후 대구에서 경찰의 탄압을 피해 경북의 인근 농촌지역으로 진출한 좌익단체 성원들과 그 지역 인민위원회 및 농민조합조직, 그리고 농민대중은 일제히 집회를 열고 농기구로 무장한 뒤, 경찰서, 면사무소 등 행정기관을 접수하고자 하였다. 그들은 지주부호, 우익인사, 경찰, 관리의 집을 공격하여 이들을 살해하였으며, 신한공사와 양곡창고를 습격하여 양곡수집기록을 불태우고 쌀을 분배하였다.

10월 7, 8일경에는 항쟁이 경남지역으로 퍼져 진주, 하동, 의령 등지에서는 대중시위와 경찰서습격이 잇달았다. 10월말에 이르러서는 전남지역에서 대규모 농민항쟁이 다시 발생하였는데 민중들의 시위에 미군정과 경찰의 발포가 50여 차례 반복될 정도였다.

(그리하여) … 10월 민중항쟁으로 민간인 1천여 명과 경찰 200명이 사망하고 수천 명이 부상당했던 것으로 추산되고 있다. 검거된 사람들도 약1만 명을 넘었는데, 대부분 사형 및 유죄선고를 받았다.

미군정 시기의 노동운동 조직은 좌익계의 '전평'과 우익계의 '노총'으로 크게 양분되어 46년 메이데이 기념행사부터 따로 개최하였고, 이후의 노동운동 과정에서도 그 대립이 점점 격화되다가 '전평'은 결국 불법화되고 '대한노총'이 노동운동의 주역이

되어갔다. 전평은 '조선노동조합 전국평의회'로서 45년11월5일 전국 1,194개 노동조합과 그 회원 약 50만명, 그리고 광산노동조합 등 13개 산업별 노동조합의 연합체로 조직되었다. 노총은 '대한독립촉성 전국청년총연맹'으로서 45년11월21일 불교청년회, 기독교청년회, 국민당 청년부 등 우익계 청년단체의 연합회로서 조직되었다가 46년3월10일 '대한독립촉성 노동총연맹'이라는 노동운동단체로 탈바꿈하여 결성되었다.(강만길, 1985: 276-7)

열악한 경제적 조건과 미군정의 반노동자적 억압정책은 노동자들의 격렬한 투쟁을 유발시켰다. 전체적으로 보아 해방이후 48년말까지 노동쟁의건수는 모두 342건, 참가인원수는 11만4,341명에 달했다. 이중에서 파업을 수반한 쟁의는 161건, 참가인원은 6만1,184명으로 총쟁의건수의 반 정도가 파업을 수반하였다. 이것은 특히 46년 9월과 10월, 그리고 47년3월에 집중적으로 발생하였다.(정영태, 1994: 197-8)

46년 9월13일 전평 산하의 조선철도노동조합은 점심지급, 일급제폐지와 월급제실시, 식량배급실시 등을 요구하며 파업에 돌입하였다. 군정청이 이를 반대하자, 파업은 전국으로 확산되었고, 파업본부에서 1,200명의 노동자가 검거되었다. 이 파업에는 서울에서만 295개 기업에서 3만여명의 노동자가 참여했다(윤대원, 1990: 48). 그후, 46년 10월2일 대구에서는 노동자와 학생, 시민이 합세하여 경찰관서를 습격, 많은 희생자를 낸 10월폭동이 일어났고, 그 여파는 경상도, 전라도, 강원도 지방으로 확대되어갔다. 이 사태는 10월1일 대구에서 수만명의 시민들이 쌀

을 달라는 식량요구집회가 열렸는데, 집회를 저지하던 경찰의
발포로 한 사람이 죽자, 분개한 시위군중들이 경찰서를 습격하
는 등 군정경찰과 충돌하면서 일대 봉기가 일어난 것이었다. 이
봉기는 처음에 경남북지역으로 퍼져나갔고, 후에 각지로 번져
나갔다. 전남에서는 10월30일 화순을 비롯하여 11월 상순까지
계속되었고, 무려 90개군 이상에서 발생하였다.(윤대원, 1990:
51)

또한 47년 3월 전평은 경찰간부의 처단, 경찰의 민주화, 테러
방지, 실업방지 등을 요구하며 전국적인 파업을 벌여 3월말까지
2천명의 검거자를 내었다. 이로 인해 47년 8월 미군정은 전평을
불법화하였고, 좌익계 사회단체에 대한 대량검거가 진행되었다.

<표 1> 2.7 구국투쟁의 규모

규모	2월7일~2월10일	2월25일~3월5일
경찰지서 공격	35회	52회
경찰 사망	12명	6명
경찰 부상	18명	19명
폭동자 사망	6명	6명
폭동자 부상	20명	29명
시위군중 사망	31명	39명
시위군중 부상	12명	78명

* 자료: Hq, USAFIK, "G-2 Weekly Summary", 1948.3.5, Hq, USAFIK,
"History of the United States Armed Forces in Korea", vol.3, p.416; 박명림
(1994: 284)의 <표 1>을 재인용.

그럼에도 불구하고 좌익계 정치조직과 전평 등은 48년 2월 남
한의 단독선거와 정부수립으로의 방향이 가시화하자 48년 2월7

일 유엔한국위원단의 내한을 계기로 이를 반대, 저지하려는 총파업 투쟁을 전개하였다. 이 투쟁은 남로당과 민전의 지도하에 구성된 '유엔한위반대 조선총파업위원회'에 의해 이루어졌다. 2월7일 남한 최대의 노동조직이었던 전평 산하의 단위노동조합들이 파업을 벌였다. 각 지방에서는 노동자 뿐 아니라 농민과 학생들도 대거 시위에 참가하였으며, 어떤 지방에서는 전투상황을 방불케 하였다. 당시 경찰의 발표에 따르면, 봉기 70건, 데모 103건, 봉화 204건, 파업 50건, 동맹휴학 34건을 수반했고, 총 8,479명이 체포되어 1,279명이 송청되었다고 한다(강만길, 1985: 276-8). 그리고 2.7 구국투쟁 기간동안의 총 사망자수는 민간인, 경찰을 합쳐 100명에 달했다고 한다(박명림, 1994: 283-4).

한편, 48년 3월 남로당은 단선저지투쟁을 지도하기 위한 특별기구로 '남조선 단선반대투쟁 전국위원회'를 조직하고 지방조직을 건설하여 이 저지투쟁에 역량을 집중하였다.

제주도에서는 4월3일 단선을 거부하는 대규모 민중항쟁이 발생하여 단선반대세력과 추진세력 간의 충돌이 최악의 상황을 연출하였다. 그리고 4월9일 선거등록기간 마감과 4월16일 입후보자등록 마감을 전후하여 전국적으로 단선저지활동과 단정세력 간의 충돌이 빈발하였다.

5월8일에는 남조선 단선단정반대 총파업투쟁위원회 주도로 전국적인 파업이 진행되었다. 5월8일부터 선거일까지의 3일간은 문자 그대로 아수라장을 방불케하였다. 전국적으로 시위, 봉화투쟁, 동맹휴학, 습격, 피살, 파업, 테러, 검거가 속출하는 가운데 선거가 치러졌다. 이 사이에 전국적으로 57개 투표소가 공격을 받았고, 7명의 경찰관과 72명의 민간인이 사망하였다. 또한 134개소의 선거사무소가 공격을 받았고, 파업과 동맹휴학도 63건에 달했다.(박명림, 1994: 285-6)

미군측의 자료에 의하면, 이 시기 정치폭력의 상황은 다음 <표 2>와 같다.

<표 2> 단선전후의 정치폭력의 총계

내용	1월	2월	3월	4월	5월	계
도시 습격	0	0	0	5	72	77
경찰지서 공격	0	130	118	50	85	383
경찰 사망	0	33	20	15	32	100
좌익 사망	1	74	75	70	753	373
우익 사망	1	14	14	81	138	248
시위	6	118	69	126	186	505
정부건물 공격	0	9	14	2	9	34
선거사무소 공격	0	0	0	58	68	126
파업, 태업	15	148	84	42	120	409
동맹 휴학	0	7	5	4	9	25

* 자료: Hq. USAFIK, "G-2 Weekly Summary", No.142, 1948.6.4.; 박명림 (1994: 286)의 <표2>에서 재인용.

약 4개월 동안의 사망자 총계가 721명에 달하는 이 기록은 이 시기가 '사실상의 내전' 상황이었음을 보여준다. 이는 하루 평균 6명이 계속 죽어나갔음을 의미한다. 또 전국적으로 하루 평균 거의 5건에 달하는 경찰지서나 선거사무소 등에 대한 공격, 그리고 시위와 파업은 단선이 얼마나 격렬한 저항 속에서 치러졌는가를 암시한다.(박명림, 1994: 286-7)

이와 같은 저항과 대립의 축은 농민, 노동자, 좌익계 정치조직과 미군정 권력 사이에만 놓여 있었던 것은 아니다. 정치적인 의사와 요구의 다양성은 일반 국민들 사이에 만연하였으며, 그 중에서도 특히 좌우 이데올로기 대립은 다양한 생활영역들에서 나타난 현상이었다. 문학, 미술, 음악 등의 문화계도 조직적으로 크게 양분되었다.(유팔무, 1999b) 그리고 당시의 한 여론조사에 의하면, 좌익적 성향을 '가진' 사람들, 혹은 '지지'하는 사람들이 결코 소수가 아니었음을 보여주고 있다.

47년 7월3일 '조선신문기자회'가 서울시내 주요지점 10개소에서 일제히 통행인 2,459명을 상대로 여론조사를 실시했다. 그 중 국호를 무엇으로 하는 것이 좋을 지에 대해 대한민국이라고 답한 사람은 25%로서 604명이었고 조선인민공화국이라고 답한 사람은 1,708명으로서 무려 69%에 달했다. 바람직한 정권형태로 종래 제도를 꼽은 경우는 327명(13%)에 불과했고 압도적인 다수인 1,757명 71%는 인민위원회를 꼽았다. 그리고 적절한 토지개혁방식으로는 유상몰수, 유상분배가 427명 17%인데 반해 무상몰수, 무상분배를 원하는 사람은 1,673명으로서 전체의 68%에 달했다. 유상몰수, 무상분배를 선택한 사람은 260명 11%였다.(윤대원, 1990: 64-5)

문제는 이러한 성향을 지닌 사람들이 한편으로는 미군정 권력과, 다른 한편으로는 우익적 성향의 사람들과 대립, 갈등하는 관계 속에 있었으며, 이들이 한편으로는 국가권력의 직접적인 탄

압을 통해, 다른 한편으로는 우익적 성향의 테러조직들에 의해 물리적인 탄압을 받았다는 점이다.[15]

우리나라 시민사회의 제도화는 이러한 상황 속에서 남한 단독정부 수립의 형태로 이루어졌다. 특히, 좌·우익 간의 분열과 갈등상황은 미군정의 개입을 불러왔으며, 좌익 공산계열이 불법화되고 탄압 당하고 선거보이코트를 하는 가운데 1948년 남한의 단독정부는 반공－보수 우익과 미군정의 공조 속에서 수립되었다. 이렇게 해서 남한에는 대의민주주의 법치국가가 수립되었고, 시민사회 사상과 이념이 법적－정치적으로 제도화된 것이었다.

그러나 그 과정은 '아래로부터 위로' 민의와 시민의 힘이 반영된 것 보다는 미군정의 개입과 이데올로기적 영향에 의해 '위로부터 아래로' 삽입된 측면이 강하고, 그 결과 시민사회의 제도화는 위로부터 왜곡된, 불안정한 제도화였다. 이승만 정권은 반공－보수적 우익인 데다가, 자유주의적이거나 민주적이 아니라 '반봉건적 권위주의'의 색채를 지니고 있었기 때문에, 민족주의를 억압하고 반공주의로 대체해 가며, 자유주의 및 민주주의 세력

---

15) 전평의 조사에 의하면, 노동운동에 대한 테러만 1945-1948년 사이에 586건이나 발생하였다. 피습인원은 총 8,232명, 그 가운데 피살된 사람이 46명, 중상 1,629명, 경상 3,988명, 그리고 이로 인한 피검자 수는 모두 9,747명인 것으로 집계되었다(조순경/이숙진, 1995: 305). 이와 같은 테러에 동원된 사람들은 일반 산업노동자 임금에 비해 최고 9배나 높은 일당을 받고 동원되었다. 조순경/이숙진(1995: 310)에 의하면, 1946년 8월 전평조합원에 대한 대한노총의 테러에 가담한 청년 테러단원은 하루 300-500원을 받고 동원되었다. 이때 전 산업노동자의 하루 평균 임금은 61원이었다.

과 대결하면서 이를 유린하고 왜곡시키기도 하였다. 그래서 그 후 우리나라 역사에서는 자유주의와 민주주의, 혹은 자유민주주의란 곧 반공주의를 뜻하는 것이 되었다. 또한, 정치적－법적 제도로서 국가－시민사회－경제의 관계가 자유민주주의 형식을 취하지만, 1980년대 중반까지 그 내용의 면에서는 반공－보수－권위주의 국가권력이 시민사회와 경제위에 군림하였다. 정치권과 시민사회의 일부(＝재야)가 끊임없이 거기에 대해 비판하고 저항하고 도전을 가하였으나, 억압적－초법적 권력과 반공이데올로기와 성장이데올로기로 그들의 목소리는 억압되거나 무마되었다. 이승만정권 하에서 반공이데올로기는 1950년대 초 북한과 전쟁을 벌인 이후 한층 더 강고하게, ‘반북－반공 이데올로기’로 확립되었으며, 더불어 ‘친미사대주의’도 강화되었다. 그래서 그 반대급부로, 사회주의가 억압되었음은 물론 자유주의와 민주주의, 그리고 민족주의는 희석되고 왜곡되어 본래의 모습을 찾아보기 어렵게 되어갔다.

박명림, 정성호, 김학준은 반공주의 강화, 사회주의 세력과 민족주의의 약화, 친미사대주의의 강화 등 한국전쟁이 이데올로기적 지형에 미친 영향을 다음처럼 서술하고 있다.

　… 정치적으로 한국전쟁은 남한을 세계에서 가장 강력한 반공 독재체제 중의 하나로 완성시켜 주었다. 전쟁전 유약하고 붕괴의 위험에 시달리던 이승만 정권은 전쟁을 거치면서 강한 반공국가로 변신하였다. 이승만과 그의 정권에게 도전할 수 있는 명분과 힘을 가진 집단이나 조직은 하나도 없었다. 좌파세력과 평화통일 세력을 비롯한 모든 체제 반대세력은 소멸되었고 오로지 친남한-

반북한 세력들만이 존재할 수 있었다. 전쟁은 남한에서 진보세력, 또는 민족주의 세력의 절멸을 가져왔다.(박명림, 1992: 129-30; 137)

한국전쟁은 외세의존심리를 더욱 강화시켰다. … 해방과 분단이 미국과 소련에 의해 좌우되었고, 한국전쟁의 과정과 전후 재건과정에서도 미, 소의 원조가 중요한 역할을 했다는 사실은 우리 국민에게 … 사대심리 또는 외세의존심리를 심어 주었다. … 문화적으로도 대미의존이 심화되었다. 해방 후 3년 동안 대미의존이 싹트기 시작하다가 한국전쟁으로 인해 그러한 문화적 대미의존도는 더욱 심해지게 되었다. … 전쟁을 통해 누적된 패배의식이나 열등감은 우리의 문화를 가치 없는 것으로 여기고 대신 외래문화를 맹목적으로 동경하게 하였다.(정성호, 1999: 39-41)

한국전쟁은 … 적이냐 동지냐의 양분법적 사고를 크게 조장했으며, 따라서 중간노선이나 협상노선을 배척하였다. 민주사회주의 같은 온건한 이념조차 공산주의와 동일시되거나 용공시되었다.(김학준, 1993: 348-9; 357-9)

1960년 4월혁명은 무늬만 '자유민주주의'이고 실제로는 반봉건적 권위주의였던 이승만정권에 대한 실질적인 자유민주주의 정치-시민사회 세력의 승리였다. 그 사이 용공적인, 자유민주적 민족주의도 잠시 어깨를 폈다. 그러나 이러한 상황도 1년 밖에 못 가 1961년 5월 군사쿠데타를 맞게 되었다.

박정희 군사정권은 이승만 정권보다 반봉건적 권위주의의 성격이 더 강하였다. 그래서 자유민주주의에 정면으로 배치되는

'충효사상'을 강조하여 시민사회가 국가에 복종, 충성하도록 이데올로기적인 굴레를 씌웠다. 또한 민족주의의 색채를 띠긴 했으나 그것은 반공—보수적이고 복고적인 민족주의였다. 박정권의 이같은 민족주의의 색채는 자주국방정책으로도 나타났으며, 이로 인해 미국과 마찰을 빚어내기도 하였다.

박정권의 권위주의는 경제사회도 국가의 발아래 두고자 하였다. 그 결과로 나타난 것이 국가적인 경제개발계획의 수립, 추진과 강력한 경제개입에 입각한 '국가주도형 경제성장'이었으며, 이를 정당화한 논리가 바로 '성장이데올로기'였다.

성장 혹은 성장주의 이데올로기란 "우리나라가 못 살기 때문에 경제성장을 해야 하고, 때문에 경제성장을 위해서는 여러 가지 불편과 고통이 따르더라도 참고 열심히 일해야 한다."는 논리로 요약할 수 있다. 여기서 불편과 고통으로 가장 중요한 것은 정치적 민주주의와 경제적 분배 두 가지였다. 그래서 성장주의는 "민주주의를 안 해도 참아야 한다."는 논리, 즉 정치적 권위주의와 독재를 정당화하는 정치적인 이데올로기이기도 하다. 노동, 복지 문제를 포함하는 분배문제에 대해서는 "우선 먹을 것이 있어야 나눌 것 아니냐, 분배는 파이를 크게 만든 다음에나 할 일"이라는 '선성장 후분배'의 논리로서, 듣기에는 그럴듯하지만 실제로는 분배를 계속 뒤로 미루는 속임수가 되기도 한다.

박정권의 이같은 성장주의의 결과, 눈부신 경제성장이 이루어졌고,[16] 70년대 후반에는 우후죽순으로 재벌그룹들이 형성되

---

16) 물론, 여기서 1960~1970년대의 고도경제성장의 요인이 성장주의이 데올로기 하나였다는 이야기는 결코 아니다.

었다. 그러나 그러한 성장은 이른 바 '저임금 장시간노동'이라 불리는 열악한 노동조건과 노동조합 및 노동운동에 대한 국가적 통제와 탄압을 기초로 하여 가능한 것이었다.[17) 이로 인해 노사 분규로 집약되는 산업-노동 문제 역시 커져 갔고, 정치적으로는 권위주의와 독재, 거기에 따른 '자유민주주의' 정치-시민사회 세력들, 특히 지식인층과 학생층의 비판과 저항도 이어졌다.

이러한 비판적 흐름 속에서 국내에는 70년대 초 유럽과 미국을 강타한 비판이론과 맑스주의, 종속이론 등 좌성향의 비판이론들이 이미 70년대 초반부터 순차적으로 유입돼 들어오기 시작하였다. 이러한 '신사고'는 당시 민주화운동의 대중적 주체를 이루었던 학생층으로부터 상당한 호응을 받았다. 이로 인해 당시 일반적이던 자유민주주의 시민의식의 지평은 점차적으로 깨어져 나갔으며, 1980년 5월 광주항쟁은 한편으로는 용공적 민족주의와 진보적 민족주의, 다른 한편으로는 맑스주의와 사회주의의 부활에 정신적인 배경으로 작용하였다.

4. 1980~1990년대 이데올로기 지형의 변환

1980년대 한국의 시민사회는 거대한 지형의 변화를 겪게 되

---

17) 박정희 정권은 기존의 노동단체를 해산하고 군사정권 자신이 지명한 자들을 통해 하향식으로 새로 조직함으로써 노동조합을 국가에 종속시켰다. 이어 노동관계법을 대폭 개정하여 복수노조의 금지, 노조의 정치활동 금지 등을 도입하였으며, 1971년에는 '국가보위에 관한 특별조치법'을 통해 단체교섭권 및 행동권을 박탈하였다.(김준, 1999: 76)

었다. 박정희 대통령의 피살 이후, 1980년 한국은 이른 바 권력 공백기를 거치는 과정에서 5.18 광주사태를 겪게 된다. 이 사태에 대해 신군부가 병력동원을 할 때 미국이 묵인했다는 사실이 알려지면서 반미 감정과 '반미주의'가 등장하게 되었다. 그 이전까지 거의 친미일변도였던 지식인과 시민사회에는 자유민주주의를 요구하던 광주의 학생과 시민들을 무자비하게 학살하고 정권을 장악한 전두환 신군부의 독재를 단순한 인권과 민주주의의 문제로 보지 않고, 70년대에 유입, 형성된 '비판적인 사회과학의 눈'으로 보기 시작하였다. 이들은 종속이론과 비판이론, 그리고 맑스주의 이론으로 학살과 독재의 배후를 따지기 시작하였다. 이같은 비판적 시각을 실천적으로 보여준 사건들이 '미국문화원 방화, 점거 사건'들이었다. 이로 인해 70년대까지 자유민주주의로 통일전선을 이루어 왔던 반정부적 시민사회의 사상과 세력들은 크게 셋으로 갈라지게 되었다. 민족, 민주, 민중이라는 단어로 집약되는 이 세 가지의 반정부적 흐름은 학생층과 학계, 그리고 운동권에 일련의 논쟁을 불러 일으켰고, 그것이 바로 '사회구성체논쟁'이었다.

이 논쟁은 순수이론적인 논쟁이 아니라 실천운동과의 연관 속에서 이루어 졌다. 무엇을 목표로, 누가 주체가 되어, 무엇을 어떻게 바꿀 것인가 하는 등 실천운동의 전략전술을 둘러싼 논쟁도 수반하여 대단히 열정적이고 치열했다. 이론적-실천적인 관심의 직접적인 대상은 광주사태의 '주범'이었던 신군부 세력과 전두환 정권이었다. 그러나 기존의 반정부-반독재-민주화 운동이 자유민주주의 이론에 입각하여 자유민주주의의 실현을 목표로 한 이론과 실천이었던 반면, 종속이론과 맑스주의이론의 영향을 받은 진보적인 '소장학자'와 지식인-학생층은 군부의 집권과 독재를 있는 그대로 보기 보다는 그 배후에 주목하였고, 그 배후를 통해 국가권력과 독재를 인식하였다. 그리고 바로 그러한 새로운 인식은 실천운동의 목표와 방법에 관한 논의로 연결되었다.

새로운 인식의 첫 번째는 신군부의 존립과 독재, 즉 한국의 국가권력과 독재는 자립적인 것이 아니라 나라의 안과 밖에 자본주의와 미제국주의라는 배후를 기반으로 하고 있다는 것이었다. 국가와 국가의 행위는 자립적, 자율적인 독립변수가 아니라 안으로는 자본주의 계급사회, 밖으로는 미제국주의 외세에 종속된 종속변수라는 것이었다.

이같은 종속이론적 시각과 맑스주의적 자본주의론 및 국가론은 기존의 보수적 이론이나 시각들과 충돌하고 갈등을 빚어냈지만, 그 내부에서도 치열한 논쟁과 갈등이 빚어졌다. 내부적인 논쟁과 갈등의 기본축은 대외적 종속성이 더 크고 중요하고 우선적이냐, 아니면 대내적 종속성이 더 크고 중요하고 우선적이냐 하는 점이었다.

종속이론에서 출발, 북한의 이론과 사상도 수용해 나가면서 '대외종속성'을 중시한 입장에서는 군부정권과 그 독재가 외세에 의해 비호될 뿐 아니라 외세의 간섭과 지배와 착취의 수단이자 결과라고 보았다. 그리고 한국사회는 식민지상태를 벗어나지 못한 '식민지 반봉건-반자본주의 사회'(=식반론, 삭반자론)라고 성격을 규정하였고, 그에 따라 실천운동의 주된 목표는 반제

－자주국가－민족통일을 포함하는 '민족해방혁명'(NLR)으로 설정하였다. 실천운동의 주체로는 나라를 팔아먹는 매판독점자본과 정치세력을 제외하고 민족자본까지 포함하는 광범위한 애국적 민중으로 상정하였다.18)

다른 한편, 종속이론에서 출발, 맑스주의 이론을 적극 수용해 나가면서 '대내종속성'을 중시한 입장에서는 한국사회가 정치적인 식민지성은 벗어났지만 경제적인 종속은 여전한 '신식민지 자본주의사회'라고 인식하였고, 군부정권의 존립과 독재 또한 1차적으로 자본주의 모순과 계급모순에 의해 빚어진 것이라 파악하였다. 이 입장 내부에서도 세부적으로는 선진적인 독점자본주의 단계나 국가독점자본주의 단계인가, 아니면 후진적인 독점자본주의 성격을 지닌 상태인가 하는 논란이 빚어졌지만, 그것은 강조점의 차이였으며, 실천운동의 주된 목표는 반독점－반자본을 포함하는 '민중민주혁명'(PDR)으로 공통적이었다. 실천운동의 주체는 민족해방파에 비해서는 협소하지만, 노동자계급을 중심으로 여러 층의 동심원을 그리는 민중(＝인민)으로 상정하였다.

이처럼 80년대 초중반의 진보적 지식인층, 학생층 사이에서는 국가의 성격을 어떻게 파악하고 규정할 것인가 하는 점, 그리고 그러한 문제를 실천적으로 해결하기 위한 운동의 목표를 어디에 두고 어떻게 실천해 나갈 것인가 하는 점이 가장 큰 논쟁의 초점을 이루었다. 국가의 성격에 관한 논의는 정권의 성격에서부터 독재의 성격, 대외적, 대내적 종속성의 문제, 민족문제와 국가와

---

18) 박현채/조희연, 한국사회구성체논쟁, 3권, 죽산, 1991; 제2부 참조.

자본주의의 상관관계, 한국 자본주의의 형성 단계와 성격에 관한 논쟁, 한국 자본주의 발전에 관한 논쟁; 종속심화인가 탈종속적—발전의 지속인가(안병직의 '중진자본주의론'과 채만수의 비판)에 관한 논쟁, 독점자본의 문제와 계급구성, 변혁의 전략전술과 변혁주체의 형성문제 등등에 이르기까지 수많은 쟁점들을 파생시켰다.[19]

광주를 계기로 발생한 이같은 논쟁을 통해 80년대 시민사회의 비판적 인식과 운동권은 새롭게 재편되었다. 한쪽에는 '반미적이고 용공적, 친북적인 민족주의', 다른 한편에는 '반독점자본—민중민주주의', 혹은 한국적 사회주의의 입장이 새롭게 확립된 반면, 자유민주주의는 보수세력과 한편이라고 비판받아 분화되고 약화되어 갔다. 그 결정적인 계기는 전두환 정권 말기인 1987년 6월 항쟁이었다.

이를 계기로 하여 김영삼, 김대중, 한완상 씨 등 재야의 자유민주주의 세력은 제도 정치권으로 진출함으로써 재야와 분리되었고, 이로 인해 재야운동권은 민족해방파와 민중민주파에 의해 주도되었다. 그리고 전체적인 한국 시민사회의 이념적 분열과 갈등의 구조는 마침내 친미—반공—보수—자유주의(이른 바 수구세력) 대 친미—용공—민주—자유주의(이른 바 개혁세력) 대 반미—용공—친북—민족주의와 민중—민주—사회주의 셋으로 갈라졌다.[20]

---

19) 박현채/조희연, 한국사회구성체논쟁, 3권, 죽산, 1991; 제2부, 제3부 참조.
20) 이러한 이념적 분열, 갈등 구조는 87년 이후 제도정치권의 지역감정 동원전략에 의해 형성된 '지역주의'에 의해 상당한 부분 희석되고 은폐

그러나 이와 같은 판도는 1990년을 전후한 소련-동구 사회주의권의 몰락을 계기로 하여 다시 한번 커다란 변화를 겪게 되었다.

90년대 한국 시민사회의 이념적 지형변화는 크게 두 가지의 논쟁을 통해 진행 되었다. 하나는 사회주의적인 전망에 대한 평가와 대안을 둘러싼 논쟁으로 '대안논쟁'이라 부를 수 있는 것이었고, 다른 하나는 시민사회와 시민운동에 관한 이론적-실천적 논쟁이었다. 대안논쟁에는 다시 변혁의 주체로서 계급을 둘러싼 논쟁, 맑스주의 위기론을 둘러싼 논쟁 등이 포함되어 있다. 물론 논쟁 자체가 이념적 지형과 판도를 바꾸는 것은 아니고, 정치권이나 운동권 등 실제의 사회세력들이 어떻게 움직이느냐 하는 점도 이와 연동되어 중요하다. 그렇지만 사회운동에서 이념과 목표는 매우 중요한 요소를 이루는 것이기 때문에, 이념논쟁의 영향도 과소평가되어서는 안 될 것이다.

'계급론 논쟁'은 페레스크로이카 논쟁 및 맑스주의 위기론과 맞물리면서 논객의 일부(이병천, 박형준)는 '맑스주의와 계급패러다임의 폐기'를 주장하는 쪽으로 나아갔다. 그러면서 '맑스주의의 쇄신, 아니면 새로운 대안'에 관한 논의가 본격화되었다. 그 대표가 바로 알튀세/발리바(윤소영, 서관모)냐 그람시(최장집, 강문구, 유팔무)냐, 사회민주주의(김수길, 최장집, 이성형, 김동춘)냐 포스트 맑스주의(이병천)냐 하는 논의였고, 진보적 시민운동 대안론(조희연)을 통해 결국 계급패러다임에서 시민패러다임 쪽으로의 중심 이동이 이루어졌다. 그러나 '시민패러다임'은 다시 자유주의와 참여민주주의와 맑스주의로 나뉘어졌다.[21]

되기도 하였다.

이상과 같은 일련의 논쟁과 논의 등을 통해 90년대 한국 시민 사회의 지형에서는 첫째, 80년대에 분화되고 위축이 되었던 자유주의가 새롭게 부상하고 득세를 하게 되었으며, 둘째, 진보적 민족주의와 민중민주주의는 혼란을 겪으면서 약화 되어갔고, 셋째, 중도적인 경향의 참여민주주의와 사회민주주의가 새롭게 형성되어 갔다.

제2절 1980년대 이후 한국의 사회운동과 국가, 시민 사회, 계급

1. 사회운동과 국가, 시민사회, 계급의 관계

사회운동이란 "사회질서와 제도를 바꾸기 위한 목적의식을 가지고 집단적, 지속적으로 벌이는 제도 외적인 집단행동"이라고 정의할 수 있다. 사회운동은 그렇기 때문에 대부분 국가권력과 마찰을 빚고, 성공적인 경우나 실패한 경우라도, 사회질서와 제도에 크고 작은 변화를 초래한다.

시민사회는 사회운동이 벌어지는 장소이면서 동시에 사회운동의 직접적인 환경으로서 작용한다. 시민사회가 국가와의 관계 속에서 '양면적이고 쌍방적'이듯이, 시민사회와 사회운동의 관

---

21) 논쟁의 자세한 내용에 대해서는 유팔무(2003) "80년대 이후, 한국 진보학계의 논쟁과 그 함의"(한국사회민주주의연구회, 서강대 대학원 공동강좌 강의원고, 미발표)를 참조하라.

계도 그러하다.

국가와 시민사회는 상호 협조적이거나 갈등적이기도 하다(=양면적 관계). 또한 국가는 시민사회를 통제하거나 자기편으로 끌어들이려는 노력을 하며 시민사회도 국가를 지지하고 떠받치고 정당화하기도 하고, 비판, 견제하거나 반대하고 저항하기도 한다(=쌍방적 관계). 그렇기 때문에 시민사회는 이념적으로나 정치적으로 한 덩어리가 아니라 여러 가지로 분열되어 있으며, 국가와의 관계 면에서 최소한 친정부적인 부분과 반정부적인 부분으로 나뉘어 진다. 물론 국가 또한 단순한 행정기구가 아니라 제도적인 정당들과 의회를 포함하고 있는 기구이자 '정치사회'이기 때문에 한 덩어리가 아니다.

국가는 시민사회와 마찬가지로 '한 덩어리', '한 통속'이 아니다. 국가에는 '국가권력'에 해당하는 '집권층'을 중심으로 '행정부'(국방, 사법부를 포함하는 관료제), '입법부'(의회), 그리고 여야 정당이 포함된다. 크게 보아 세 가지의 기구들로 구성되어 있다.

중범위 수준에서 존재하는 국가의 핵심은 '집권층'(국가권력)에게 있다. 집권층에는 우리 사회의 경우, 대통령을 중심으로 한 국무회의와 비서실, 그리고 주요 권력기관장과 집권여당이 포함된다. 그러나 비록 '집권층'이 국가의 핵심을 이루기는 하지만, 그 자체로는 국가가 아니다. 행정부와 사법부의 국가관료들은 집권층이 바뀌더라도 하루아침에 달라지지 않는 '상대적 자율성'을 지니고 있으며, 개혁적인 '권력핵심부'와 달리 '복지부동'할 수도 있는 것이다.

다른 한편, 의회에서 법안을 제정하고 국정을 감사하는 야당들과 무소속 국회의원들 또한 '국가의 의지'를 직접 형성함으로써 '집권층'과는 다른 방식으로 국가의 일부를 구성하고 있다. 이런 의미에서 국가는 '정치사회'(그람시)이고 '정치무대'(풀란차스)이다. 국가는 한 덩어리, 한 통속이 아니라 서구에서처럼 의사결정 과정에서 여야가 합의와 절충을 통해 정치를 펼 수 있는가 하면, 한국에서 그래왔듯이 야당을 들러리로만 삼거나 힘으로 배제시키는 가운데 집권여당 혹은 최고권력층이 의사결정을 독점하는 방식으로 정치가 이루어질 수도 있는 것이다.(유팔무, 2001a)

어쨌든 사회운동은 국가와 시민사회 사이에 끼어 있다고 할 수 있다. 왜냐하면 사회운동은 한편으로 국가를 상대로, 다른 한 편으로는 시민사회를 상대로 활동하는 조직부문이기 때문이다. 반정부 민주화운동의 경우, 국가만을 상대로 하는 운동이 아니라 국민 혹은 시민들을 계몽하거나 여론획득을 위해 시민사회를 상대로 한 운동이기도 한 것이며, 시민운동과 같은 경우, 국가권력을 감시하는 활동을 전개하는 한편, 시민들의 지지와 참여, 그리고 지원 등을 호소하고 시민교육활동도 전개한다.

사회운동이 경제 및 계급과 갖는 관계도 마찬가지로 양면적이고 쌍방적이라 할 수 있다. 경제살리기운동, 국산품애용운동, 쌀 수입개방 반대운동, 기업감시운동, 소비자운동, 노동운동, 사회주의운동 등 사회운동은 여러 가지 성격의 운동조직들로 나뉘어져 계급적으로 분할되어 있는 경제사회에 대해 영향을 양면적-쌍방적으로 주고받기 때문이다.

2. 1987년 6월 항쟁과 국가, 시민사회, 계급

20세기 후반 한국의 시민사회와 사회운동의 판도 변화에서 가장 중요한 분기점을 이룬 것은 1987년 6월 항쟁과 6.29선언, 그에 이은 민주노조운동이었다.

87년 6월 항쟁은 우리 한국사회에 정치적, 사회적으로 막중한 변화를 초래하였다. 그리고 좀더 긴 시간 스펙트럼 속에서 보면, 70년대의 정치정세와 사회운동에서부터 시작되어 90년대 중반의 정치정세와 운동상황에까지 연결되는 큰 흐름 속에서 가장 결정적인 전환기를 이룬다고 할 수 있다. 정치적인 민주화의 관점에서 볼 때 그러하고, 사회운동의 관점에서 보아도 그러하다. 6월 항쟁은 독재체제를 붕괴시키지는 못했지만, 제도적인 수준에서 정치적인 민주화를 추진하도록 강제하는 데에 성공했다. 더 나아가 6공화국 정권 이후 김영삼 '문민'정권을 창출해 내는 결정적인 배경요인으로 작용했다. 이런 의미에서 6월 항쟁은 정치사적, 운동사적으로 보아 막대한 역사적 의의를 지니고 있다.

1987년의 정치정세는 군부독재 정권의 억압적 통치와 이에 저항하는 민주세력 간의 갈등과 역학관계를 중심으로 편성되어 있었다. 그리고 당시 정치적인 최대의 이슈는 전두환 정권이 임기가 끝나가는 상황에서 군부독재의 연장이냐 아니면 권력교체를 통한 청산이냐 하는 것이었다. 국가권력을 소지한 정부, 여당은 대통령 간선제를 유지하면서 권력을 신군부 핵심인물의 하나인 노태우 씨에게 계승시키려 했고, 국가권력으로부터 정치적으로 배제되었다 해금된 제도권 야당지도자, 김영삼, 김대중 씨는 재야 사회운동권 및 민주적인 시민사회 단체들과 연대하여 '대통령 직선제 개헌'을 추진하여 군부통치 종식과 정권교체의 가능성을 확보하려고 하였다.

이와 같은 정치적 대결국면에서 박종철 고문치사사건이 발생했고, 민주연합 운동세력은 이것이 당시 정권의 반민주적이고 비도덕적인 성격을 극명하게 보여주는 사건으로 규정하면서 당면 운동의 최대이슈로 삼아 투쟁했다. 투쟁은 대대적인 민중과 시민들의 호응을 얻어 성공적으로 진행 되었으며, 결국 노태우차기 대통령후보의 6.29 선언을 낳게 하였다. 이로 인해 일정한정도 '민주화'가 시작되었다. 그리고 그 후에는 대통령선거 국면으로 넘어가면서 야당 정치권과 재야 운동권 분열로 이어졌다.

야당정치인들을 정점으로 하는 민주대연합의 재야 운동진영은 2가지 차원에서 분열되었다. 하나는 야권의 대통령후보 선정을 둘러싼 논란과 분열이었으며, 다른 하나는 제도정치권과 사회운동권 사이의 관계 재편을 통한 분열이었다. 그러나 이와 동시에 7월부터는 전국적인 수준에서 노동운동이 동시다발적으로 터져나오는 '노동자 대투쟁'이 벌어졌고, 노동조합을 위시한 각종의 사회운동 조직들이 결성되고 전국적인 수준의 협의기구나 연맹을 결성해 나가는 변화가 생겨났다. 이러한 운동과 조직결성은 정치가, 신부, 목사, 교수, 학생, 학생운동 출신활동가 등의 지식인이 주축을 이루어오던 운동권 판도에 커다란 영향을 주기 시작했으며, 이것은 향후 한국의 사회운동이 대중조직 중심으로 재편되는 전기가 되었다.(유팔무 1997a 참조)

6월 항쟁의 역사적 배경은 국가, 시민사회, 경제사회의 3차원에서 고찰해 볼 때, 시기적으로 최소한 80년대 초반까지 거슬러 올라가야 할 것이다. 6월 항쟁은 사실상 제5공화국 정권을 타도의 목표로 삼았으며, 제5공화국의 기본성격은 이미 80년대 초에 갖추어졌기 때문이다.

제5공화국 전두환정권의 집권기반은 79년 12.12 사태와 80년 5월18일 비상계엄 확대와 광주항쟁에 대한 유혈진압을 통해 마련되었으며, 그것은 곧 군사적 동원력에 있었다. 군사적 동원력을 배경으로 그해 8월 집권한 전두환정권은 집권과 동시에, 그리고 그 직후, 김영삼, 김대중 씨를 비롯한 정치인들 8백여 명에 대해 깅입걱인 정계은퇴, 구속, 활동규제 조치를 가했으며, 정치인들 외에도 노동조합 활동가, 언론기관과 언론인, 학생 등에 대해 강도 높은 탄압조치를 취했다.

제5공화국 초기의 국가권력은 이처럼 군사력과 강권을 바탕으로 한 것이었으며, 기성의 정치인들과 정당을 배제한 상태에서 언론을 비롯한 시민사회에 대해 억압적으로 집행된, 한마디로 '군사독재' 정권이었다. 이 군사독재 정권 아래에서 다원적인 정당정치는 배제되었으며, 정당성이 결여된 상태에서 시민사회를 억압, 통제하고 관제적으로 동원할 뿐이었다.

이와 같은 정권이 성립 가능했던 이유는 첫째, 미국이 무력적, 정치적인 견지에서 동의하고 후견인의 역할을 했던 점[22], 둘째, 자본가계급과 시민대중의 보수성이 방관자의 역할을 했던 점,

---

22) 1980년 5월23일 위컴 한미연합군사령관은 연합사 소속병력을 광주 시위진압에 동원하는 것에 동의한 바 있으며, 전두환대통령은 취임직후인 81년1월28일 미국의 레이건 대통령을 방문하여 지지를 공식 확인하였다.(동아일보사, 1990 참조)

셋째, 노동자를 비롯한 기층민중의 성장이 미진한 상태에 있었던 점, 넷째, 반독재 민주화운동 세력이 결국 대중적인 지지 속에 있지 못했고, 따라서 무력적인 탄압으로부터 엄호받지 못한 점 등 때문이었다.

여기서 이론적으로 한 가지 짚고 넘어가야 할 것은 시민사회에 관한 것으로서 시민사회가 국가와 관련하여 양면적인 위치에 서 있다는 점이다. 시민사회는 국가에 대해 영향력을 행사하고 또 비판하고 저항하기만 하는 자유주의세력의 온상인 반면에, 국가의 시녀 혹은 '연장된 팔'로서도 기능한다는 것이다. 관변 사회단체의 활동이라든가, 국가가 학교, 언론기관, 교회 등 기존의 각종 사회제도와 기구들을 정치적, 이데올로기적으로 통제, 어용화, 관제화하는 활동을 통해, 또 일부는 특수한 이해관심을 도모하기 위해 자발적으로 국가권력에 충성하고 어용화되는 메커니즘을 통해, 시민사회의 상당 부분은 국가권력을 정치적, 이데올로기적으로 정당화하고 지지하는 이데올로기기구, 그리고 메커니즘으로 작용한다는 것이다.

1980년대 초, 중반의 독재체제 하에서 시민사회는 조직적 측면에서 사회단체, 교회, 대학, 언론기관 등을 중심으로 여론형성의 역할을 해왔다. 물론 이러한 조직들은 두 가지 성향으로 분할되어 있었다. 친정부적 혹은 관변적 성격을 띤 부분과 반정부적, 재야적 성격을 띤 부분이 그것이다. 국가는 시민사회에 대해 억압적 통제를 사용해서 장악해 왔으며, 특히 저항적, 비판적인 후자 부분에 대해, 그리고 경제사회로부터 자라나는 노동조합이나 운동단체에 대해 집중적인 탄압과 통제정책을 펼쳐 나갔다. 대학과 언론기관에 대한 통제와 탄압, 그리고 노동조합운동에 대한 탄압은 그 대표적인 예에 속한다. 기성의 야당 정치인들에 대한 탄압과 배제, 그리고 어용화정책은 국가적인 정책결정과정 및 대의제 정당정치로부터 반대파를 배제시킴으로써, 소위 '선명' 야당정치를 시민사회로, 즉 '장외'로 내몰아 저항적인 시민사회 세력과 결합시키는 결과를 초래했다.

물론 이러한 탄압과 독재적인 배제정책은 시민사회를 어용화시키고, 저항적인 시민사회를 억누르는데 효과적인 측면이 있지만, 그 반대로 저항의 강도를 높이고 저항세력의 광범위한 연대를 가능하게 해 주는 효과도 발휘하였다. 80년대 초반의 저항운동이 급진화하는 계기, 그리고 6월 항쟁이 광범위한 민주대연합의 구도 속에서 진행될 수 있었던 이유 또한 그 때문이었다.

80년대 초 한국의 시민사회는 문화적, 이데올로기적 측면에서 친미사대주의, 반공주의, 유교적 권위주의, 그리고 70년대 이래의 성장주의 등으로 지배되었다. 이러한 문화적 지형 속에 자유민주주의적, 민족주의적 저항문화가 형성되어 있었으며, 새롭게 민중주의, 맑스주의, 반미주의 등이 확산되어 갔다. 이 새로운 경향은 전두환정권의 무력적, 독재적, 대미종속적 성격에 자극받은 것이었다.

사회운동과 사회의식의 급진화는 크게 두 가지 방향에서 이루어졌다. 하나는 반미, 반제, 민족, 자주, 통일인데, 82년 부산미문화원 방화사건을 필두로 한 일련의 미문화원 방화, 점거운동23), 그리고 1980년대 중반에 성립하여 오늘에 이르는 민족해

---

23) 학생운동의 일부는 83년 대구 미문화원에 사제폭탄이 투척하였고,

방민중민주혁명론(NLPDR) 노선은 바로 그것을 의미한다. 다른 하나의 방향은 자본주의와 계급, 기층민중에 대한 재인식을 통한 사회주의혁명 노선이었다. 이론적으로는 맑스주의와 민중주체혁명론, 실천적으로는 노동자 대중에 대한 의식화 및 조직화, 이를 통한 노동운동과 기층민중운동의 촉진이 그것이었다. 특히 83년말 유화국면 이후 84년부터 86년에 이르는 이 시기의 운동은 전면적인 사회운동의 고양기이자 급진화의 시기였다. 이 시기 운동의 방법 또한 급진화하여 투쟁적이고 모험적으로 변화했으며, 분신자살을 통해 호소하는 경우들도 늘어났다.

이처럼 시민사회의 저항적 부분은 급진화해 나갔고, 갈수록 어용적, 관변적, 보수적인 부분을 위축시키고 동화, 점령해 나갔다.

노동운동은 80년 초 권력공백기에 급속히 고양되었으나 5.17 직후 국가권력의 강력한 탄압을 받아 급속히 냉각되었으며, 그 성격 또한 경제투쟁의 성격을 띠었다. 80년 봄 노동쟁의는 407 건이나 되어 70년대에 연평균 100건 정도에 이르던 것에 비해 4배 가량으로 늘어났다. 그리고 쟁의의 절반 이상이 체불임금지급을 요구하는 것(287건)이었으며, 그 밖에는 임금인상 요구(38건), 근로조건 개선(14건), 휴폐업 및 조업단축 반대(11건) 등이었다. 그러나 이러한 노동운동은 5.17 직후 일련의 탄압조치로 급격히 약화되었다.(박승옥, 1991: 78-82)

그 후, 83년 말, 84년 초 유화국면을 맞으면서 84년 3월10일 노동자복지협의회가 결성되어 노동현장에 대한 외곽지원 활동

85년 5월23일에는 73명의 대학생들이 서울 미문화원을 3일간 점거, 농성하였으며, 12월2일에는 광주 미문화원을 기습 점거하였다.

을 전개하였다. 84년 6월 이후 구로지역을 중심으로 민주노조들이 결성되었으며, 인천의 대우자동차에서는 노조민주화운동이 전개되었다. 그리고 85년 6월에는 구로지역 10개 사업장 2,500여명의 노동자들이 참여한 구로연대투쟁이 벌어졌고, 8월에는 이 투쟁을 계승하는 '서울노동운동연합'(서노련)이, 86년 초에는 '인천지역노동자연맹'(인노련) 등 반합법적인 노동자대중 정치조직이 결성되었다.(엄주웅, 1990: 158)

그러나 이러한 움직임과 달리 노동자대중은 반정부, 반체제적인 색채를 띠거나 기존의 사회운동권과 연대를 이루는 수준에 다다르지 못하였다. 또한 80년대 중반에 이르기까지 민중적인 주체성을 강하게 지닌 선진적인 지식인층과 활동가들(특히, 종교인과 학생 및 학생운동출신 활동가)에 의해 추동되어 점차적으로 의식화, 조직화되어가는 상태에 있었으며, 선진적인 일부(서울노동운동연합회, 한국노동자복지협의회, 기독교농민회, 가톨릭농민회 등)를 제외하고는 6월 항쟁 국면에 조직적으로 참가하지 못하였다.

이상과 같이, 80년대 초반 기층민중의 성장은 6월 항쟁에 직접적인 동력으로 작용했다고 볼 수 없다. 그리고 시민사회와 관련해서는 앞서 언급한 바와 같이, 비록 저항적인 부분이 급진화하고 확산되어 갔지만, '민중적' 경향은 '시민적' 경향에 대해 주도적인 영향을 미치는 수준까지 발전하지는 못했다. 다만, 이러한 내적 균열에도 불구하고, 저항적인 시민사회는 '민주화'라는 담론 하의 광범위한 연대를 통해 봉기하였고, 6.29선언 등을 이끌어내게 되었다.

6.29 이후 시민사회는 공간적으로나 세력적으로나 계속적으로 확대되었다. 그러나 6.29 이후의 확대과정은 6월 항쟁 이전과 두 가지 면에서 커다란 차이를 지녔다. 하나는 국가가 스스로 시민사회를 활성화하는 헤게모니적 통치법을 도입했다는 점이었고, 다른 하나는 노동자, 농민 등의 기층민중이 시민사회의 전면으로 진출하여 저항적인 시민사회에서 중요한 부분을 차지해 나가기 시작했다는 점이었다.

6월 항쟁은 여러 가지의 여파와 교훈을 남겼다. 첫째는 한국사회에 '정치적 민주화'의 흐름을 만들었다는 점이었다. 그리고 둘째는 군부독재를 해체하고 민간개혁정권들을 수립하게 만들었다는 점이었다. 그 다음, 셋째로는 노동운동과 민중운동을 가능하게 했다는 점이었다. 넷째는 운동진영의 제도화와 함께 분화, 분열을 초래했다는 점이다. 김영삼, 김대중 씨 계열의 자유민주주의 세력들은 제도정치권으로 진입하게 되었으며, 이른 바 '재야 운동권'에는 민족-민중 계열이 남아 사회운동을 주도하게 되었다. 그리고 다섯째는 시민사회 전체를 정치적으로 한 단계 높은 수준(예컨대, 민권의식의 고양 등)으로 비약시키는 결과를 초래했다는 점이었다. 이러한 6월 항쟁의 영향은 '사회운동의 문턱'을 낮추어 너도나도 시위하고 운동에 나서는 등 '사회운동의 일상화'로 이어졌다.

6월 항쟁이 남긴 역사적인 교훈들로는 첫째가 "헤게모니 없는 지배는 취약하다"는 교훈을 남겼다는 점이다. 그리고 정치적-윤리적 헤게모니라는 것이 운동과 정세를 결정적으로 뒤바꾸는 계기로 작용한다는 사실을 확인시켰다는 점이다.[24] 둘째, 6월 항쟁은 국가권력 뿐 아니라 운동진영에 대해서도 정치적—윤리적 헤게모니의 중요성을 일깨워주었다. 89년 강경대 사건과 정원식 총리 밀가루사건과 조선일보를 통해 김지하 시인이 '죽음의 굿판을 걷어치우라'는 발언이 가했던 정치적—윤리적 타격 등은 운동진영에 대해 윤리의 문제가 곧바로 정치적, 법적인 정당성과 여론에 결정적인 영향을 미친다는 사실을 깨닫게 한 바 있다.

3. 1990년대의 참여민주주의 시민운동과 국가

한국의 사회운동은 90년대로 넘어오면서 또 한차례 커다란 변화를 겪게 되었다. 이러한 변화의 직접적인 계기는 소련, 동구 사회주의의 몰락이었다.

소련, 동구 사회주의의 몰락은 한국의 운동진영에게 커다란 충격을 던졌다. 사회주의적 전망, 즉 사회주의로의 변혁은 80년대 전반에 걸쳐 운동진영의 변혁적인 희망이 되어 왔고, 운동진영 내부에서 강력한 헤게모니를 형성했던 전망이었기 때문이다. 충격은 특히 민중민주주의혁명 노선을 취한 분파들에게 심하게 가해졌으며, 그 중에서도 지식인층과 운동의 지도층이 더했다. 그리하여 상당부분이 운동의 전망을 상실하고 새로운 전망을 모색하기 위해 부심하는 경향을 보였고, 운동으로부터 이탈하는 일

---

24) 그것은 전두환정권 초기 80년 광주항쟁에 대한 무력진압을 통한 정당성 상실, 그리고 그 후 광주문제에 대한 진상규명과 처단의 외면 등을 통해서도 입증되었고, 6월 항쟁의 직접적인 도화선이 된 박종철 고문치사사건 자체가 그러했다.

부 경향도 생겨났다. 반미자주통일 노선을 취하는 분파들도 적지 않은 충격을 받았다. 사회주의 체제들의 연이은 붕괴는 북한 사회주의의 몰락과 남한 자본주의로의 흡수통일을 예상하도록 만들었기 때문이다. 이로 인해 90년대 초반에는 운동단체들의 활동이 전반적으로 침체되는 경향을 보였다. 반면 과거와는 다른, 새로운 성격의 사회운동 단체들이 전면에 나타나기 시작하였다.

90년대 초 새롭게 등장한 '신사회운동' 단체로 대표적인 것은 경제정의실천시민연합(경실련)이었다. 경실련은 한국적인 '구사회운동'과 달리 비계급적, 혹은 초계급적 목표를 지향하며, 80년대 말에 생겼으나 90년대로 넘어와 각광을 받으며 성장해 갔다. 89년7월에 5백 명의 회원으로 출범한 경실련은 스스로의 운동을 '시민운동'이라 지칭하면서 기존의 반정부적 사회운동에 대한 비판을 통해 그것과 다른, 새로운 목표, 즉 비계급적, 초계급적인 목표와 주체, 그리고 온건한 운동방법을 천명하였다.

이러한 경실련의 성장에 자극을 받으면서 90년대 초에는 환경운동 단체를 비롯하여 이와 유사한 성격의 단체들이 다수 형성되기 시작하였다. 이들은 정부의 통제를 받지 않았고, 특히 언론과 지식인 전문가들 및 대중의 지지를 획득하면서 급속히 성장해 갔다. 물론 정부와 언론을 포함하여 이들 지식인과 대중은 기존의 사회운동에 대해 적대적이거나 비판적이었다. 반면에, 기존의 반정부적 사회운동 단체들은 이러한 신사회운동 단체들에 대해 대체로 배척하는 경향 속에서 냉담한 반응을 보였다. 그것은 이들이 기존의 사회운동에 대해 적대적인 태도를 보이고, 비계급적, 초계급적인 공공선을 추구하는 입장을 취하였기 때문이었다(정태석 외, 1995).

90년대 초 소련, 동구 사회주의권의 몰락에 따른 이데올로기적 정체성의 혼란, 경실련 등 시민운동 단체의 성장과 이를 사상적-정치적으로 뒷받침해 주는 '신사회운동이론'을 둘러싼 사회과학적 논의의 활성화 등은 기존의 사회운동 진영에 대해 동요를 불러 일으켰다. 그로 인해 그때까지 전민련과 같은 '구사회운동'의 목표에 공감하고 연대해 활동하던 단체들 중 공해추방운동연합(공추련)과 한국여성단체연합(여연)과 같은 일부는 그러한 연대의 틀로부터 분리, 자립화해 나가게 되었다.

이렇게 시민운동은 89년 말부터 91년, 92년 사이에 기존의 민족민주운동 진영과는 별개로 새롭게 생겨나거나, 민족민주운동의 일환으로, 연대의 틀 속에서 활동하던 단체들의 일부가 분리해 나가는 과정을 통해 사회운동진영의 새로운 판도를 만들어 갔다. 그러나 이러한 변화의 흐름이 본격화된 것은 93년 김영삼정부가 들어서면서부터였다.

1993년에 김영삼정권이 들어서서 일련의 개혁정치를 시도하자, 새로운 사회운동단체들은 더욱 활력을 띠며 성장해 갔다. 반면 기존의 사회운동권은 군부독재 타도 등의 이슈가 퇴색하는 등 정체상태가 계속되었고, 일부 구사회운동 세력들은 이러한 새로운 운동 단체들로 이동해 가는 일도 생겼다. 그러면서 새로운 형태의 운동단체들은 계속 성장, 확대되어 갔다. 그리고 94년에 이르러서는 이 시민단체들이 기존 사회운동의 통일전선 조직과는 별개로 '시민단체협의회'라는 연대기구를 만들었다. 이렇게 해서 한국사회의 비정부 사회운동단체들은 크게 양분되었다고 할 수 있게 되었다.

다른 한편, 이러한 변화의 여파로 기성의 반정부적이고 민중적이었던 사회운동권에서는 운동의 침체 및 수세 상황을 벗어나기 위한 자구적인 노력의 일환으로 운동의 방법과 목표 면에서 합법적인 방법과 대중적 관심에 부응하는 구체적인 이슈를 제기하는 등 변화를 추구하는 경향이 생겨났다. 그리고 이러한 생각 속에서 새롭게 포럼형태의 소규모 운동단체를 결성하는 경향들도 나타났다. 94년 가을에는 참여연대가 새로운 기치를 내세우며 결성되었는데, 공식적으로 참여민주주의를 지향하는 시민운동을 목표로 하면서도 기존의 '재야' 운동단체 및 노동운동단체와의 연대를 적극적으로 추진하는 등의 입장을 취했으며, 시민협에는 가입하지 않았다. 그 후, 참여연대의 입장과 성격에 자극을 받아 전국 각지에 '참여' 혹은 '자치'를 단체명칭에 내세우는 시민단체들이 수십개 결성되었다. 참여연대는 특히 98년 김대중정부 시기부터 더 급속히 성장하였고, 성격이 유사한 지역 시민단체들과의 연대기구인 '참여자치지역 운동연대'를 주도하고, 그 후 2000년 총선연대를 주도하는 단체로 커지기도 하였다.

이상과 같이 87년 이후 한국의 사회운동은 커다란 변화들을 겪어 왔다.

판도의 변화에서 가장 중요한 역할을 해온 조건은 6.29를 계기로 한 그 후의 '시민사회 성장'이었다고 할 수 있다. 노태우정권과 그 후 김영삼, 김대중 정권도 억압적인 통치방식을 약화시키고 '헤게모니적 통치방식'을 도입하였다. 이런 이중적인 성격의 통치방식은 사회운동에 대한 정부의 태도에도 마찬가지로 적용되었다. 또, 이와 같은 조건의 변화는 한편으로는 사회운동의 저변을 확대하여 다양한 층의 사회구성원들이 사회운동에 나서는 여건으로 작용하였고, 다른 한편으로는 종전과는 다른 새로운 사회문제를 이슈로 삼아, 새로운 운동방법으로 운동을 벌이는 경향을 낳았다. 노동운동과 농민운동, 그리고 그에 뒤이어 각종의 시민운동들이 운동진영의 전면으로 나서게 되었고, 이것이 판도를 재편성시켰던 것이다.

1880년대의 자본주의적 산업화와 고도성장 또한 그러한 변화의 배경을 이룬 중요한 구조적 조건이었다. 그것은 무엇보다도 노동문제와 환경문제를 야기시켰으며, 80년대 후반에 이르러서는 고도성장과 노동운동의 결과로 '절대빈곤의 시대'를 넘어서면서 환경, 소비, 복지 등 '삶의 질'에 대한 관심을 증대시켰다. 그리고 이러한 사회적 조건의 변화와 관심의 변화는 새로운 사회운동을 야기시키고 확산시키는 적극적인 요인으로 작용하였던 것이다.(이상, 유팔무, 2001b 참조)

경실련, 참여연대 등 1990년대 한국의 시민운동 단체들은 평화적이고 합법적인 새로운 운동방법을 통해, 특정한 계급을 초월하는 문제의 해결을 운동의 목표로 삼아 활동해 왔다. 대개는 중간계급 자유전문직 종사자들을 주체로 하고 있으나 역시 특정한 계급을 초월하는 시민적 정체성을 가지고 있다. 그렇기 때문에 이 단체들은 기존의 민족-민주-민중운동 단체들 혹은 민중운동 단체들과 성격이 다르며, 이들에 대해 자립적인 태도를 지닌다. 시민운동 단체들은 또 정부나 정부정책에 대해 비판을 하

더라도 평화적이고 합법적인 방법을 통해 하기 때문에 정부와 적대적이거나 갈등적이지 않았다.[25)]

1987년 6.29 선언 이전까지 정부는 사회운동 단체들에 대해 엄격한 권위주의적 통제정책으로 일관하였다. 정부는 정부의 정당성과 정책방향을 적극적으로 부인하거나 비판하는 운동단체들에 대해서는 주로 사법적인 수단을 동원하여 억압하였다. 그리고 정책상 필요하거나 정부의 정책방향에 대해 적극 동조하고 순응하는 단체(관변단체)들에 대해서는 통제와 함께 행정적, 재정적 지원을 아끼지 않았다. 이러한 정부의 태도가 6.29 이후 변화하기 시작한 것이었다.

노태우정부는 정부나 정부정책에 대한 반대와 비판을 하는 경우에 대해서도 그것이 합법적인 테두리 내에서 이루어지는 경우는 소극적으로 용인하는 경향을 보였다. 그리고 그러한 비판들이 다양한 언론매체들과 여론형성 과정들을 통해 어느 정도 자율적으로 견제되도록 하는 정책을 폈다. 이로 인해 80년대 말, 90년대 초에는 정부나 정부정책에 대한 비판이 많이 자유로워졌으며, 각종의 새로운 사회운동 단체들이 결성되고 활성화하게 되었다.

그러나 정부는 비합법적이거나 소위 '체제위협적'인 성격을 지

---

25) 시민운동의 정치적-이념적 스펙트럼은 한 가지가 아니었지만, 대체로 참여민주주의와 자유민주주의적 지향을 가진 신중간층 세력이 그 주체를 이루었다. 시민운동은 중간계급의 전형적인 이데올로기성향을 보이면서 급속히 성장했다. 시민운동은 이데올로기적, 정치적으로 첫째, 자본가계급과 노동자계급을 공히 비판, 견제하는 입장을 보였으며, 둘째, 계급이해를 초월하는 초계급적인 가치와 이슈를 전면에 내세웠고, 결국 시민사회의 여론형성에 강한 영향력을 행사하는 언론과 국가권력의 박수를 받으며 '능력 이상의 결실'을 보게 되었다.

니는 운동단체들, 특히 민족-민중운동 단체들에 대해서는 사법적인 수단을 동원하여 억압하는 정책을 견지하였다. 88년, 89년 무렵 사법적인 통제에 많이 적용된 법률들은 "집회 및 시위에 관한 법률, 화염병사용 등의 처벌에 관한 법, 근로기준법, 국가보안법, 국가안전기획부법, 교육관계법 등"이었으며, 많은 수의 운동가들이 제재, 구속당하였다(조대엽, 1995: 161-5). 학생운동에 대한 통제와 구속, 노동조합운동가들의 파업행위에 대한 통제와 구속, 전교조 교사들에 대한 해직과 구속 등은 그 대표적인 예들이다. 민족민주운동 단체들은 이러한 정부의 엄격한 통제정책에 부딪혀 자유로운 활농과 성장이 억압당하였다.

이렇게 해서 정부와의 관계 면에서 관변단체와 저항적인 민족-민주-민중운동으로 2원화되어 있던 사회운동단체들은 87년과 90년대 초 급속히 다변화하게 되었고, 그러한 관계들은 <그림 2>에서처럼 크게 공생, 적대, 견제 관계로 요약할 수 있을 것이다.

<그림 2> 비정부 사회운동단체들의 다변화 및 정부와의 관계 다변화

	1987년 이전	1990년 이후
1. 시민사회단체에 대한 정부의 태도	권위적	권위적/헤게모니적
2. 운동단체의 유형	관변단체 반정부 운동단체	관변단체 반관민중 민족민주 운동단체 운동단체 민중운동단체 시민운동단체
3. 사회운동단체와 정부의 관계	공생관계 적대관계	공생관계 견제관계 적대관계

사회운동 단체들에 대한 정부의 2중적인 태도는 93년 김영삼 정권 이후 그 기본은 달라지지 않았으나 한층 더 전향적, 관용적인 쪽으로 바뀌었다. 정부는 시민사회의 비판적, 저항적 조직부문의 담론과 힘에 굴복하여 흔히 '위로부터의 민주화'로 불리는 '헤게모니적 통치법'을 도입하였으며, 노태우 정권을 거쳐 김영삼-김대중-노무현 정권으로 이어지는 '개혁정치의 시대'로 이행하게 되었다. '법의 테두리 내에서의 비판과 정책요구'를 활동의 주요한 방법과 내용으로 삼으며 새로 출현한 시민운동 단체들은 정부에 대해 적대적이지 않았고, 문민개혁 정권들은 이러한 성격의 비판과 요구에 대해 한층 더 수용적이었다. 이러한 성격의 시민운동단체들의 성장과 확대는 시민사회의 조직부문을 재편하는 결과를 초래하였으며, 결국 정부와 시민사회의 관계를 공생과 적대 이외에 견제의 관계로 다변화시켰던 것이다. 김영삼-김대중-노무현 정부가 '위로부터의 민주화와 개혁정치'를 추구했다면, 시민운동단체들은 거기에 조응하는 '아래로부터의 민주화와 개혁정치'를 추구했다. 개혁적인 정부와 개혁적인 시민운동단체들 사이의 이같은 조응관계는 양자의 이념적인 성격이 공히 '자유민주주의'이기 때문에, 즉 개혁적인 자유민주주의이기 때문에 가능한 것이었고, 상당한 정도로 실질적인 협력관계에 들어가기도 하였다.

이로 인해 시민운동단체들은 이미 1993년 김영삼 정부 시기부터 김대중 정부 시기에 이르기까지, 특히 2000년 총선 시기의 낙천낙선운동 이후, 그리고 오늘날 노무현 정부 시기에 이르기까지, 좌·우 양쪽 세력들로부터 공히 정부의 '제2중대' '신

관변단체' '홍위병' '비판적 지지세력'이라는 등의 비판을 받고
있다.26)

---

26) 2000년 낙천낙선운동은 시민운동권 내부의 판도와 시민운동 자체의
   위상을 크게 바꾸는 계기를 이루었다. 첫째, 시민운동권은 경실련 헤게
   모니로부터 참여연대 헤게모니로 넘어갔으며, 둘째, 보수진영은 이를
   계기로 시민운동을 '홍위병'이라 비판하는 목소리를 공공연하게 내게
   되었고 보수의 목소리를 대변하는 보수적 시민단체들도 다수 결성하여
   기존의 시민단체들과 맞서는 활동을 하게 되었다. 셋째, 이와 함께 시
   민운동 단체들의 이른 바 도덕성과 공신력이 적지 않게 실추되었다.
   특히, 보수 쪽으로부터 편파적이라는 비난을 많이 받았기 때문이다. 넷
   째는 시민운동단체들이 소극적인 정치전략으로 나가면서 민중운동 세
   력과 사이도 벌어졌다. 민중운동은 적극적인 정치세력화 노력을 기울
   여 민주노동당 같은 진보정당을 만들었으나, '진보성향'을 띤 참여연대
   등이 개혁정부와 가까워지고 '우경화'해 갔기 때문이었다. 여기에 관해
   서는 유팔무/김정훈(편, 2001), 『시민사회와 시민운동』(2)에서 조희연,
   장상환 등의 평가를 참조.

칼럼 2
6월 항쟁 16년, 민주화는 되었는가

민주화운동 기념사업회는 2003년 6월 서울시청 앞에서 87년 6월 항쟁의 의미를 되새기는 대대적인 문화공연 행사를 개최하였다. 월드컵 1주년 기념도 함께 하는 행사였다. 우리가 좋아하는 전인권과 들국화, 노찾사와 안치환, 윤도현과 밴드 등이 출연하였고, KBS 열린 음악회도 열렸다. 관객의 입장에서는 이 행사가 6월 항쟁의 의미를 '감성적으로' 되새겨보는 자리도 되었지만, 행사의 형식이나 주최 등 기념행사 자체의 의미도 되새겨볼 수 있는 자리가 되었다. 왜 주최는 민주화운동 기념사업회였고, 사업회는 왜 그런 행사를 월드컵과 함께 기념했으며, 형식은 또 왜 문화공연이었을까.

감성적인 신세대의 구미를 맞추어 관심을 끌고, 딱딱한 정치, 엄숙한 민주화운동의 역사와 의미를 감성적으로 풀어 전달하려는 의도, 월드컵 열정을 민주화운동의 정신으로 계승, 발전시키고 싶은 의도 이런 것들이 그 주된 이유가 아니었을까.

하지만, 우리는 여기서 중요한 것 한 가지, '민주화'가 도대체 무엇인지 하는 점을 따져 볼 필요가 있다.

87년 6월 항쟁이 일어난지도 벌써 16년이 지났다. 우리 나라의 변화나 민주화의 역사 속에서 6월 항쟁이 지니는 역사적인 의미는 실로 엄청난 것이다. 대통령 간선제가 철폐되고 직선제가 도입되었으며, 군부통치 시대가 막을 내리는 계기도 만들어

내었다. 그리고 오늘은 반정부 운동으로서 탄압받고 억압받던 그 시절의 민주화운동을 복권시키고 피해 보상도 해주고 기념도 하는 그런 시대로 넘어와 있다. 얼마나 민주화가 많이 되었는가.

그러나 다른 한편 기가 막히는 사실 하나는 한 나라의 대통령을 국민들이 직접 선거로 선출하는 제도의 실시, 군인 아닌 민간인이 대통령이 될 수 있는 시절을 우리가 민주주의요 민주화라 부르고 있다는 점이다. 젠장! 아니, 인터넷 용어로 표현하자면, '된장'이다.

왜냐하면, 그런 수준의 민주주의는 민주주의의 본령이 결코 아니며, 우리나라는 그 본령 근처에 도달, 도착하려면 아직도 멀고 먼 지점에 체류하고 있을 뿐이기 때문이다. 오늘날 우리가 이루고 있는 민주주의란, 아무리 '민주화운동기념사업회'가 국민들의 세금으로 서울 시청앞 광장 무대에 저명가수들을 불러 공연시킬 수 있는 그런 놀라운(?) 수준에 이르렀다 하더라도, 그것은 놀라운 수준이 결코 아니다. 고작해야 '최소한의 민주주의'일 뿐이다.

생각해 보면, 우리나라의 민주주의는 6월이 십수 차례 지나고 두 차례의 '대통령직선제 선거'에 의한 '문민통치시대'를 거쳐 세 번째의 노무현 문민통치시대에 접어들었지만, 민주주의는 아직도 멀었고, 전인권의 노래 '행진' 가사와 심정처럼 '행~진...' 해야하고 '앞으로!'를 계속해야 하는 것이다.

하향식 공천제도 고작해야 2년 전부터 흔들리기 시작했다. 100% 상향식 공천에 의해 출마, 선거하고 당선되고 공약을 지켜야 민주적이다.

지방자치, 교육자치, 사법권독립, 경찰자치가 이루어져야 민주주의다. 기업이나 언론기관, 교육기관, 의료기관에서도 민주적 의사결정의 제도가 도입, 정착되어야 민주주의가 되었다고 말할 수 있다. 노동자 및 종업원이 회사나 기관의 중요 의사결정 과정에 동등한 자격으로 참여하여 함께 결정하는 제도, 그러니까 독일기업에서의 노사공동결정제도 같은 법제도가 도입, 정착될 때, 그 때를 민주주의라 할 수 있다.

가정에서도, 사회생활에서도 남녀노소간의 수평적 대화와 의사결정의 관계가 생활화되어야 민주주의라 할 수 있다.

이런 점들을 따져 본다면, 우리 한국사회가 이미 민주화가 되었다고 하는 생각이나 주장, 이제 공고화시키면 된다는 생각이나 주장, 아니면 그 반대로 민주화가 너무 많이 되었다고 하는 생각이나 개탄 등은 모두 잘못이다. 우리나라의 민주화는 아직도 초기 단계를 벗어나지 못한 상태에 있다. 따라서 행진, 행진을 계속해야 하는 상황에 있다.

제4장 시민사회 성숙의 과제와 참여사회 민주주의의 길

제1절 이데올로기적 분열의 사회적-역사적 구조

1. 좌파와 우파, 진보와 보수의 차이와 갈등

본래 좌파와 우파라는 말과 뜻은 프랑스 대혁명 시기인 1790년대 초에 설립된 혁명의회에서 급진혁명, 사회주의, 노동자-농민-빈민의 입장을 취하던 자코뱅파가 좌측의석을 차지하고, 온건개혁, 자유주의와 자본주의, 상공업자 부르주아의 입장을 취하던 지롱드파가 우측의석을 차지해 대립하던 데에서 연원한다. 그후, 자본주의 자유시장경제 질서와 근대법치국가/시민사회 질서로 '역사적 진보'가 이루어지고 나서부터 좌우파의 의미는 그러한 경제질서와 정치질서에 대한 진보-보수의 입장으로 바뀌게 되었다. 즉, 왕국봉건체제에 대한 급진혁명-온건개혁의 입장차이가 후에는 자본주의 자유시장 경제체제 및 자유민주주의 정치체제에 대한 비판과 지지의 입장차이, 즉 진보와 보수의 입장으로 이어지게 되었다는 것이다.[27] 이를 이념적으로 집약하는 것이 각각 사회주의(좌파, 진보)와 자유주의(우파, 보수)이다.

그러나 시대가 흐르면서 약간의 이합집산과 변형이 이루어졌

---

27) 진보 개념에 대해서는 이 책의 제5장 "20세기 말 진보의 의미변천과 새로운 진보"를 참조하라.

다. 좌파는 전통적인 혁명적 좌파(공산주의)와 민주적-개혁적 좌파(사회민주주의)로 분화되는 한편, 20세기 중반부터는 그 오른쪽에 좌성향을 갖지만 좌우를 모두 비판하는 '신좌파'(생태주의, 여성주의, 꼬뮨주의 등) 혹은 '제3의 길' 입장이 형성되었다.28) 우파는 자유주의와 자본주의를 옹호하는 보수파 외에 구시대 기득권세력의 입장과 가치를 옹호하는 극우보수파(전통적인 가치, 권위주의, 엘리트주의를 주로 옹호) 혹은 '신우파'(신보수주의, 신나치)로 재편성되는 한편, 자유주의와 자본주의를 옹호하지만 그 문제점을 부분적으로 개혁하려는 '개혁적 보수'가 20세기 중반부터 형성되었다.29)

이렇게 해서 좌우 이념의 스펙트럼, 그리고 진보-보수의 스펙트럼은 크게 7가지 색깔로 분화되었다.

<그림 3> 서구형 좌우, 진보-보수 이념의 스펙트럼

극좌 ─ 좌 ─ 중도좌 ─ (신좌) ─ 중도우 ─ 우 ─ 극우

---

28) '제3의 길'이 무엇이냐에 대해서는 이 책의 제6장 "한국에서 제3의 길은 가능한가"를 참조하라.

29) 오늘날 미국의 공화당은 자유주의적 보수와 신보수가 연합해 있는 보수정당으로, 민주당은 개혁적 보수와 신좌파가 연합해 있는 중도개혁 정당이다. 미국의 양대정당들은 통상 이념적으로 공화당은 보수주의, 민주당은 자유주의라고 부르는데, 사실 민주당의 자유주의(Liberalism) 는 뉴딜 시대 이래의 국가개입정책을 수용하는 '개혁적 자유주의', 공화 당의 보수주의(Conservatism)는 보수화된 자유주의, 즉 '보수적 자유주 의'를 주축으로 하고 있다. 순수 자유주의(혹은 급진 자유주의)는 Libertarianism이라 부르고 있다.

이와 같은 이념적 지향들 사이에는 여러 가지 갈등의 축들이 가로 놓여 있다.

그 중 좌·우 간의 가장 큰 갈등의 축은 무엇보다 계급간의 갈등이다. 좌파는 기본적으로 노동자계급과 민중의 권익과 세력을 대변하거나 이끄는 이념적 입장이다. 그렇기 때문에 자본주의 질서가 노동자계급과 민중에 대한 자본가계급의 지배와 착취로 이루어지며 따라서 자본가계급의 권익이 도모되는 체제라 보아 이를 비판, 극복하려고 한다. 반면, 우파는 그렇지 않다고 보면서 이를 옹호, 유지하려고 한다.

이러한 계급적 갈등으로 인해 국가와 계급들 사이의 갈등축, 혹은 국가와 시민사회 사이의 갈등축 또한 형성된다.

자유주의(우파)의 입장에서는 — 야경국가설, 자유주의 시민사회론, 신자유주의, 시장주의 등을 통해 표현된 바와 같이 — 국가의 권한과 역할이 최소화하기를 바라며, 경제와 시민사회를 포함하는 사적 민간영역에 개입, 간여하는 것도 최소화하여 민간 영역과 사생활 영역이 자유롭게, 자율적으로 이루어지는 것을 바란다.

그러나 이들이 바라는 자유로운 경제질서와 시민사회 질서는 시장실패에 따른 부작용으로 인하여 노동자계급과 좌파로부터 비판, 도전을 받게 되고, 국가의 개입 없이는 이러한 질서가 유지되는 것은 어렵게 된다. 여기서 경제생활과 시민사회 생활에 대한 국가의 개입이 현실적으로 요구되지만, 국가개입을 용납할 것인가, 어느 선까지, 어떤 방식으로 개입하는 것을 용납할 것인가를 둘러싼 논란이 제기된다. 이로 인해 우파로부터 개혁적 자

유주의(중도우파)가 갈라저 나오게 되었다.[30]

뿐만 아니라, 실제로 국가개입이 이루어지는 경우에도 "누구 혹은 어떤 계급의 권익에 부합하는 개입이었나" 하는 문제를 둘러싼 편파성 시비도 그치지 않았다.

그리하여 정통좌파는 "국가는 부르주아계급의 한 정치위원회에 불과하다."라는 칼 맑스의 인식(Marx, 『공산당선언』, MEW. 4: 464)과 궤를 같이하여 자본주의 사회의 국가는 자본가계급의 '끄나풀' 식으로 간주하여 적대시해 왔다. 무정부적 좌파가 정통좌파와 갈라지는 지점, 그리고 중도좌파가 정통좌파와 갈라지는 지점은 바로 이같은 '부르주아 국가'에 대한 입장의 차이이다.

계급과 계급 사이의 갈등축으로부터 국가와 계급 사이의 갈등축이 연동, 파생된 것과 유사하게, 국가와 계급 사이의 갈등축으로부터 민주주의와 독재(혹은 권위주의) 사이의 갈등축이 연동, 파생되었다.

보수 우파는 자유주의 원리에 따라 구성된 대의민주주의 제도와 선거제도를 진보한 것, 바람직한 것으로 평가하고 옹호하였다. 반면, 정통좌파(특히 20세기 이후 레닌주의적으로 발전된 좌파)는 그러한 '자유민주주의 정치제도'가 국가와 마찬가지로 '자본주의질서와 자본가계급의 지배, 착취, 그리고 경제영역에서의 계급독재'를 보호하고 유지 시켜주는 역할을 할 뿐이므로

---

30) 1920년대 말 경제공황을 배경으로 하면서, 전통적으로 자유주의가 지배적이던 미국사회에도 국가개입을 통해 시장실패를 조정하는 '개혁적 자유주의'가 도입, 정착되기 시작하였다. 그 첫 신호가 1933년 취임한 루스벨트 대통령의 '뉴딜'정책이었으며, 이러한 전통을 이어받고 있는 정당이 오늘날의 미국 민주당이다. 유팔무(1997b)를 참조.

진정한 민주주의가 아니라고 비판하였다. 그리고 진정한, 실질적인 민주주의는 다수를 이루는 노동자-민중(혹은 인민)이 지배하는 것이라 하였다. 따라서 부르주아의 계급독재와 자본주의 질서를 타파하고 프롤레타리아트와 인민의 독재를 수립하는 것이 그와 같은 진정한 민주주의, 실질적 민주주의라고 하였다.

보수 우파의 일부는 이러한 좌파의 비판과 도전에 직면하여 극우적 입장으로 분화하여 자유민주주의의 문제점을 비판하고 독재나 권위주의로 회귀할 것을 도모하였다. 민주주의는 중우정치이며, 혼란을 야기하고 질서를 문란케 만드는 나약하고 무능한 정치제도이기 때문이라는 것이다.[31]

다른 한편, 좌파의 일부는 자유민주주의의 대의정치제도와 선거를 민주주의로 인정하면서, 정통좌파가 민주주의의 가치와 유용성을 무시한 채, 경제 및 계급 차원에서의 민주주의만 중시하고 실제로 '정치 차원에서의 민주주의'(혁명과정 및 사회주의체제 운영과정)는 소수 독재와 권위주의(전위정당 혁명노선과 일당독재 체제)로 왜곡하였다고 비판하며 정통좌파로부터 분화하였다. 이것이 바로 사회민주주의이다.

이 밖에도 좌우 이념의 스펙트럼 사이에는 종교, 인종, 지역 등 여러가지의 갈등축이 가로 놓일 수 있지만, 그 가운데 중요한 것 한 가지는 민족과 계급 사이의 갈등축이다.

민족국가의 정치-경제적 이익과 역사적-문화적 정체성은 다

---

31) 이같은 논법은 흔히 개발독재시대였다고 말하는 박정희 시절에 나오던 "민주주의가 밥 먹여주나?", "민주주의는 사치" 등의 말과 일맥상통한다.

른 민족국가의 것과 충돌할 수 있다. 칼 맑스가 "프롤레타리아트에게는 조국이 없다."라고 말했을 때, 그가 의미한 것은 '조국'은 부르주아의 것이며, 프롤레타리아트는 국경을 넘어 존재하는 다른 나라의 프롤레타리아들과 이해를 함께 한다는 뜻, 그래서 "만국의 노동자여, 단결하라."는 뜻이었다. 이는 어떤 민족국가 안에는 계급들 사이에 공통되는 이익, 계급을 다 아우르는 공통이익이라는 것이 없다는 말이며, 민족국가의 이익이란 민족부르주아의 계급이익에 불과하다는 말이다. 그래서 정통좌파는 민족문제를 계급지배와 계급이익의 문제로 바라본다.

따라서 민족이익과 정체성을 중시하는 민족주의의 입장은 기본적으로 우파적이며, 그 중에서도 극우적인 입장과 가장 잘 통한다. 물론 자유주의를 신봉하는 보수우파나 개혁적인 중도우파의 경우, 타민족을 대등한 존재로 간주하는 국제주의를 취하기 쉽다. 그러나 자유주의의 또 다른 얼굴이 경쟁주의이기 때문에, 이들의 국제주의는 동시에 다른 민족을 경쟁의 상대자로 본다는 점에서 일반적으로 좌파의 국제주의와는 다르다. 좌파의 경우도 사실은 모두 동일한 국제주의라고 할 수 없는 것이 그 안에는 근본주의적인 좌파가 있는가 하면, 개혁적이고 실용적, 타협적인 좌파도 있기 때문이다.[32]

그러나 이와 같은 구도는 한국과 같이 외세에 의해 지배를 받거나 예속된 처지에 있는 민족국가들의 경우, 그 양상이 다르게

---

32) 제1차 세계대전 당시 독일의 집권 사민당이 전쟁을 승인해 준 것은 그 하나의 예이고, 이는 정통좌파가 서구 사회민주주의를 두고두고 비판하는 빌미가 되었다.

나타난다. 이 경우, 민족주의는 전반적으로 반외세적이고 저항적인 성격을 띠게 되며, 국제주의는 전반적으로 외세순응적이거나 사대적인 양상을 지니게 된다. 그리하여, 민족주의-국제주의의 축은 좌파-우파의 축과 교차되어 서구에서보다 훨씬 더 복잡한 이념의 스펙트럼을 만들어 낸다. 민족주의 좌파, 국제주의 좌파에서부터 민족주의 보수우파, 사대주의 보수우파, 민족주의 극우파 등이 그것이다.

2. 한국에서의 이념적 판도와 갈등의 축

그러면 한국에서는 이와 같은 좌·우, 진보-보수의 이념적 스펙트럼과 그에 따른 갈등축은 어떻게 형성되어 있는가.

한국에서 근대적인 이념갈등의 축은 조선시대 말기 개화파와 수구파에서부터 시작되었다. 그리고 19세기말을 전후하여 독립협회와 신민회 등을 통해 서양의 자유민주주의 사상이 유입되고 대중들에게 전파되었으며, 일제 강점기인 1920년대에 들어서서는 1917년 러시아 혁명의 영향을 받아 '프롤레타리아 사상'이 급속히 유입, 정착되고 좌파가 형성되었다. 중국에 망명하여 독립운동을 한 인사들 사이에서도 현지의 영향을 받아 좌파가 형성되기도 하였다. 그 결과, 1945년 광복직후의 시기, 즉 미군정 치하에서는 남한 내에 좌파와 그 세력이 만만치 않았다. 이 시기, 즉 1940년대 후반의 좌우대립과 갈등은 우리나라 역사상 가장 심각하고 치열하였다. 그러나 좌파에 대한 미군정과 이승만 보수우파 정권의 대대적인 탄압이 있었고 한국전쟁을 통하면서 남쪽에는 좌파가 절멸되다시피 하였고, 반대로 북쪽에서는 좌파정권이 수립되고 공고히 되었다. 이로써 남쪽은 친미사대주의 보수우파가, 북쪽은 저항적 민족주의가 강한 혁명적 좌파가 집권하고 주류를 형성한 가운데, 대립과 반목을 지속해 왔다.

남북한은 단지 이데올로기적으로 좌·우 분단이 되었을 뿐만이 아니라 전쟁을 통해 적대적의 관계로 분단대치상황을 지속하였다.

이러한 상황은 첫째, 남한에서 좌파가 발붙일 수 없게 만들었다. 좌파는 우파의 반대세력이 아니라 북한과 동일한 입장, 적국과 동일한 입장, 적국에 동조하는 입장, 적을 이롭게 하는 반국가적 입장과 세력으로서 단죄되었다. 이것이 바로 '레드 콤플렉스'로서, 이것은 좌파에 대한 공포와 타부였다. 좌파로 평가되거나 낙인찍힌다는 것, 그리고 좌파가 되거나 그런 입장을 표명한다는 것은 죽음 아니면 사회적으로 매장을 당한다는 것을 뜻하는 일이었다. 물론, 이러한 레드 콤플렉스는 1980년대 중반에 이르러 남한에 좌파가 새롭게 등장하면서부터 부분적으로 깨어지고 완화되기 시작하였다.

이데올로기적 남북 대치상황은 다른 한편 남한 내의 민족주의와 민주주의를 왜곡시키는 조건으로 작용하였다.

민족주의란 민족집단의 정치-경제적 권익과 역사-문화적 정체성을 중시하는 입장으로서, 본래 계급적 이익이나 좌우 이데올로기를 초월하고자 하며, 대외적으로는 자주성을 내세우는 입장이다. 그러나 남한사회는 반공, 반북, 반좌파의 입장이 강하게 자리 잡았기 때문에, 반공적이거나 우파적, 극우파적인 민족주의만 허용되었다. 나머지 민족주의는 좌파로서 탄압되고 단죄되었다. 남한은 또 미국의 군사력과 동맹관계 등에 의존하여 국방과 분단 상황에 대처해 왔기 때문에 반외세적이거나 저항적인 민족주의는 억압되었다. 물론 이러한 양상은 1980년대 초반을 거치면서 커다란 변화를 겪게 되었다. 종속이론, 광주사태, 미문화원방화사건 등을 통해 반외세적-저항적 민족주의가 새롭게 형성, 분출되었으며, 좌파적인 입장과도 결합되었던 것이다.

민주주의란 '다수의 지배'를 뜻하는 말로서 권력구조, 정치원리, 제도, 의사결정의 방식 등을 의미한다. 소수의 지배, 즉 독재에 반대되는 말이다. 봉건귀족사회나 조선양반사회에서는 왕을 포함하여 소수의 귀족이나 양반층이 지배했고, 소수가 독재를 하였다. 여기에 비하면, 민주주의란 '아래 것들이 지배하는 원리나 체제'를 의미하는 것이기 때문에, 사실 혁명적인 성격의 것이다. 그러나 민주주의는 좋은 원리이거나 사상이기 때문에 실현되고 제도화되는 것이 아니라, 다수의 아래 것들의 힘이 실제적으로 갖추어 지고, 이를 배경으로 소수의 힘있는 자들에게 그러한 원리를 받아 들이도록 강제하기 때문에 가능한 것이다.

우리나라는 이런 경험과 실력이 없는 상태에서 민주주의 사상이 들어왔고 단독정부를 수립하는 과정에서 어느날 갑자기 제도화가 되었기 때문에 이승만 초대 대통령 시절부터 수십년간 시련과 파행을 겪어왔다. 민주적인 지지기반과 정당성이 취약했던 집권층들은 정권에게 가해지는 비판과 저항에 대해 독재적인 통치로 맞서며 권력을 유지해 나갔다. 분단 대치상황과 레드 컴플렉스는 그들에게 독재의 명분을 주었으며, 부족한 정당성을 메우는데도 활용되었다. 그럼에도 불구하고, 민주주의를 신봉하고 이를 위해 투쟁한 세력들은 면면히 이어졌고, 역대 정권들은 대부분 불행한 종말을 맞이하였다. 평화적인 정권교체는 1987년 6월 항쟁과 6.29 민주화선언, 직선제 개헌, 그 후에 최초로 이루어졌다. 이로 인해 민주주의와 독재 사이의 갈등축은 해소되었다고 할 수 있다.

그러나 이 시기에 새롭게 형성된 남한 내의 좌·우 대립구도와 노-자 계급갈등의 축은 민주주의를 둘러싼 갈등의 축을 민주주의와 계급 사이의 갈등축으로 재편성해 나가기 시작하였다. 소위 '민주-반민주 구도'로부터 '보-혁 구도'로의 이행이 시작되었던 것이다. 그 화두가 바로 자유민주주의에 대립하는 '민중민주주의'였다.

80년대 중후반에 새롭게 형성된 이와 같은 이념적 스펙트럼과 갈등의 축은 1990년대로 넘어온 이후에도 그 기본틀이 변화하지 않았다. 그런 가운데, 자유주의는 계속 그 세가 확장되어 나갔고, 이와 함께 소위 '보-혁 구도'로의 이행이 지속되었다.

김영삼 민간정권의 탄생과 개혁 담론의 국론화, 시민운동의 활성화, 김대중 민간정권의 집권과 개혁시도 등은 자유주의의 세를 보여준다. 세계화와 신자유주의 정책을 수용하고 추진하는 것이 외세압력이라는 불가항력적인 측면이 있기는 하였지만, 이 두 정권들의 자유주의적 성격을 잘 보여주는 대목이다.

우리는 오랜 세월을 민주-반민주 구도, 독재와 민주주의의 갈등 구조 속에서 지내왔기 때문에, 어떤 입장이 '보수'이고 어떤 입장이 '개혁'인지 불명료한 점이 있다. 자유주의와 좌파가 가장 그러하다. 자유주의의 입장은 보수인가 개혁인가. 또, 혁명적 좌파는 소위 '개혁세력'에 속하는가.

우리는 앞서 서구에서 좌파와 우파, 진보와 보수가 시민혁명 이후 그 의미가 달라졌고, 그 대립의 중심축은 사회주의와 자유주의라고 하였다. 사회주의는 혁명파와 개혁파로 나누어졌고, 자유주의 역시 보수파와 개혁파로 나누어졌다고 하였다. 이런 의미에서 개혁파는 사회주의에도, 자유주의에도 있다.

물론, 우리나라에서는 사회주의나 좌파는 모두 혁명파로 간주하는 경향이 지배적이었으며, 자유주의는 오랜 기간 독재와 투쟁하는 과정에서 진보나 개혁 세력으로 인식 되어온 경향이 있었다. 그래서 우리나라에서 자유주의를 보수라고 잘라 말하기는 어렵다. 큰 틀에서 볼 때, 자유주의는 자본주의 질서와 대의민주주의를 지지, 옹호하는 입장이라는 점에서 현대의 보수주의이다. 그럼에도 불구하고, 자유주의에는 개혁파가 있으며, 우리나라에서도 오늘날까지 순수한 자유주의가 개혁적 성격을 지니고, 또 개혁의 기치를 내세우고 있다.

어쨌든 90년대 이후 한국사회에서 이념적 갈등의 축에서 두각을 나타낸 것은 '보수-개혁'의 축이었다. 여기서 보수는 현실적으로 보수적 자유주의와 극우 두 정파를 말하는 것이며, 한나라당은 이 두 정파가 주축을 이루고 있는 정당이다. 개혁은 순수 자유주의(우파)와 개혁적 자유주의(중도우파), 신좌파와 개혁적 사회주의(중도좌파)를 넓게 포괄하고 있다.[33] 중도우파는

---

33) "민주세력 위장하는 좌경세력 경계하자."라는 구시대정부의 구호가

민주당-열린우리당의 주축을 이루고 있으며, 다른 개혁파의 상당부분은 주요한 시민운동단체들에 포진되어 있다. 그리고 사회주의적 개혁좌파는 민주노동당의 주축을 이루고 있다. 그러나 이 개혁정파들은 현재 정치적으로 연합해 있지 않으며, 그렇기 때문에 오늘날의 '보-혁 구도'와 갈등은 다수의 보수연합과 소수의 개혁적 중도우파 및 우파 간의 대립을 중심축으로 하고 있다. 개혁세력 내부의 좌우는 그 외곽에서 따로 '대치'하고 있으며, 혁명적 좌파와도 대치하고 있다. 결국, 오늘날의 보-혁구도는 범보수-범진보 사이의 대립이나 갈등의 구도가 아니라, 단순화시키면, 한나라당-열린우리당 사이의 대립축, 즉 자유주의 내의 보수-개혁 대립축을 중심으로 하면서 한나라당-열린우리당-시민운동-민주노동당-혁명좌파 구도로 다극화되어 있는 것이다.[34] 그리고 그 밑바탕에는 소위 '계급모순'과 '민족모순'이 가로 놓여 있다. 민주당-열린우리당은 친노동자계급, 친북한까지는 아니더라도 두 세력에 대해 '포용적'이었으며, 이 점이 한나라당과의 큰 차이였다. 그러나 경제-노동-교육 정책의 면에서 '개혁'의 이름으로 자유주의 쪽으로 무게를 많이 둔 덕택에 집권

아직도 길거리 팻말로 서 있기는 하지만, 과거 '민주-반민주 구도'할 때의 '민주'에는 자유주의와 사회주의 세력이 사실은 다 포괄되어 있었다. 그리고 이런 식으로 볼 때, '보수-개혁의 구도' 할 때의 '개혁'에도 자유주의적 개혁과 사회주의적 개혁이 다 포함되어 있다고 보아야 할 것이다. 물론, 사회주의세력은 모두 혁명파라 간주하고 싶은 사람들도 있겠지만.

34) 시민운동 세력도 스펙트럼이 다양하여 좌파와 우파 사이에 퍼져 있지만, 이념적으로는 그 중심이 환경근본주의, 근본주의 페미니즘 등 계급초월적인 신좌파에 있다.

민주당-열린우리당은 시민운동 세력에서부터 좌파적 개혁세력에 이르는 범개혁세력으로부터의 비판과 저항을 받아왔다. 그 비판의 화두가 바로 '신자유주의'였으며, 집권 민주당-열린우리당의 이러한 정책기조는 어느 정도 반노동자적, 친미사대적인 성격을 지니고 있었기 때문에, 앞서 말한 '포용적'인 입장과는 내적으로 모순되는 것이었다. 이것이 바로 오늘날 우리나라의 '중도적-개혁적 자유주의'의 모습이다.

제2절 독일의 교훈과 분열극복을 위한 '제3의 길'

1. 독일 사회운동의 역할과 한국적 교훈

독일 시민사회 형성, 변천의 역사, 그리고 시민사회의 이데올로기적 분열과 갈등, 통합의 역사를 보면, 한국에 비견할 만큼 많은 우여곡절을 겪었다. 이런 점에서 한국의 경험과 유사한 점이 많이 있는 한편, 몇 가지 점에서는 한국과는 현저한 차이를 보이는 점들도 있다.

독일의 시민사회는 한편으로 프랑스와 영국의 계몽사상 및 나폴레옹의 해방전쟁이라는 외세의 영향을 받으면서 자라났으며, 다른 한편으로는 민족통일의 문제와 교차되면서 형성되었다. 그러나 1871년 민족통일과 함께 탄생한 '독일황제국'은 프로이센의 주도하에 같은 독일민족인 오스트리아가 배제된 소독일동맹국들 사이의 통일이었으며, 통일국가 수립에 주도적인 역할을 한 것은 귀족층이었다. 이들의 봉건보수적 민족주의와 세력을 바탕으로 통일국가는 입헌군주국의 형태가 되었다. 자유주의적 이데올로기와 이를 신봉하는 세력은 이미 프랑스혁명 직후 1790년대부터 형성되고 조직화되기 시작하였고, 1830년부터 48년 혁명운동 시기까지 자본가, 노동자 계급의 형성과 함께 성장하였으며, 민족주의와도 결합하였으나, 공업화가 본격화된 1860년대에 이르기까지 보수세력을 압도할 수 있을 정도까지는 성장하지 못한 것이었다. 1871년 제국의회 선거에서는 '민족자유당'(30%)과 '진보당'(9.3%)이 가장 많은 지지를 얻었으나, 두 개의 자유주의 정당들 중 대부르주아층이 기반이 되고 타협적, 보수적 성향을 지닌 '민족자유당'이 귀족층과 연합하는 쪽으로 가 독일제국은 입헌적 요소가 가미된 절대군주제 형태를 이루게 되었다.

또한 이 과정에서는 민족의식과 민족주의가 형성, 발달하였는데 이는 프랑스와의 적대관계 속에서, 다른 한편으로는 독일 동맹국들 내부에서의 협력과 단결, 그리고 헤게모니 다툼 속에서 형성되었다. 자유주의적 시민의식이 이런 민족의식의 형성과정과 교차되었다. 민족주의란 대외적 관계와 대내적 단결이라는 필요에 의해 생겨나는 의식이자 이데올로기이며, 특히 누구를, 어디서부터 어디까지를 '우리'라고 간주 혹은 규정하느냐 하는 데에 따라 민족의 범위와 경계가 상대적으로 정해진다는 점을 볼 수 있다. 그리고 여기서 민족과 통일을 필요로 하고 주장하는 세력 내부도 한 가지가 아니며, 누가 주도적이냐 하는 데에 따라 통일의 성격과 결과도 달라진다 하는 점을 알 수 있다.

민족주의의 이런 특성은 우리나라 시민사회 형성기에도 매우 유사하게 나타나 작용하였으며, 1948년 분단국가 수립의 과정에서도 마찬가지였다. 대원군을 비롯한 '척사왜양' 수구파의 민족의식은 조선의 봉건신분지배질서를 지키기 위한 '봉건-보수적 민족주의'였다. 서양문물을 받아들여 근대화와 함께 조선수호를 이루려고 한 개화파와 그 맥을 잇는 애국계몽운동과 독립운동은 '근대적-자유주의적 민족주의'였다. 물론, 서양문물을 적극수용하면서 형성된 자유주의 사상과 세력은 수구세력과의 다툼 속에서 외세, 특히 일본을 등에 업었고, 일제 식민지 지배를 원활하게 하는 결과를 낳았다. 그 후, 남북한으로의 분단과 한국전쟁을 겪은 이후에도 한국의 민족주의는 좌·우 이데올로기의 분열과 갈등, 자유민주주의와 보수권위주의 간의 분열과 대립, 갈등 관계 속에서 이쪽 저쪽으로 결합하고 갈라지고 변형되는 '수난'을 겪게 되었다. 그리고 남한은 보수적 민족주의의 주도 하에 북한을 반민족 세력으로 배제하는 한편, 남한 내부의 사회주의나 자유주의 사상과 세력도 친북-용공-반민족 세력처럼 규정하여 억압하였다. 이는 오랜 세월 '반공-반북-보수-권위주의-독재 국가'의 이른 바 '정권안보 이데올로기'로 기능하게 되었다.

시민사회의 형성 및 제도화의 과정에서 독일이 한국과 큰 차이를 보인 것은 제도화 이전에 자본가-노동자 양대 계급의 계급형성이 먼저 이루어졌다는 점, 그럼에도 불구하고 이 계급들의 의식수준과 세력은 봉건적인 국가권력을 좌우할 만큼 크지 못했다는 점이다. 그러나 1918년 바이마르 공화국으로 시민사회가 제도화되는 과정에서는 양대계급이 '거족적으로 타협'을 해냈고, 이로 인해 공화국이 부르주아 계급의 이데올로기를 담는 '자유민주주의 국가'가 아니라 처음부터 노동자계급의 사회민주주의 이데올로기와 '사회권'이 가미된 '사회국가'의 형태를 취했으며, 노-사 공동이 참여하는 공동결정제가 기업 뿐 아니라 국가적인 수준에서도 도입되었다는 점이다.

19세기 후반 독일의 노동자계급과 사회주의-사회민주주의 세력은 급성장을 하여 비스마르크에 의해 사회주의금지법이 만들어지고 활동이 금지되는 한편, '위로부터의' 사회보장제 도입을 초래하기도 하였으나, 국가나 부르주아 계급에 대해 혁명적이기보다는 온건하고 타협적인 경향이 지배적이었다. 이것이 결국은 시민사회의 제도화 과정에서 '계급타협'으로 나타났으며, 그 후 제2차 세계대전 이후 동서독 분단과 단독정부 수립의 과정에서도, 또 그 후 20세기 후반의 정당정치에서도 마찬가지의 기조로 지속되었다. '사회적 시장경제 체제'와 '사회국가' 제도, 그리고 공동결정제는 그와 같은 계급들의 타협적 성격과 타협의 결과로 생겨나고 유지되는 제도의 대표적인 것들이다. 물론 이러한 타협적인 자세와 구조는 1930년대 나치즘에 의해 깨졌다가 1945년 나치의 패망 이후, '바이마르 공화국 정신'으로서 다시 복원되어 오늘에 이른다.

나치즘과 전후 독일의 역사에서 주목해 볼 것은 다시 민족, 이데올로기, 국가, 그리고 계급 사이의 관계이다.

나치즘은 본래 '민족-사회주의'(National-sozialismus)의 줄임말이다. 바이마르 공화국 시기 유럽은 국가들 간의 제국주의적 식민지 개척과 경쟁, 그리고 1917년 러시아 혁명의 영향과 '혁명수출' 분위기에 휩싸였고, 독일 공화국 내부는 경제적 궁핍과 위기, 각종의 자유로운 주의주장과 시위, 노동운동과 사회민주주의, 공산주의 등 사회주의 세력의 시위사태로 춘추전국시대를 연상케 하는 무정부상태와 혼란이 이어졌다. 그래서 사실상 국가적인 차원에서 '경제살리기'와 '질서'가 요구되는 상황이었다. 이를 바로 잡은 것이 나치즘이었고, 그 후견세력은 '존폐의 위기'를 느낀 자본가 계급이었다.

나치즘이 사회주의를 간판에 건 이유는 그만큼 당시 독일에서는 사회주의라는 용어가 대중적이었기 때문이지만, 실제로 나치즘이 추구한 바는 자유주의도 사회주의도 아닌, 자유주의와 사회주의를 부정하는, 강력한 보수적 민족주의였다. 나치즘은 민족주의를 내세우면서 대외적으로는 오스트리아를 합병하고 공산주의 퇴치를 위해 러시아를 공격하는 등 패권을 추구하였고, 대내적으로는 국가와 민족의 권위와 통합, 그리고 질서를 추구하였다. 또한 노동조합을 없애고, 노동자-자본가 계급의 위에 군림하였다.

나치즘이 패망한 후, 독일은 오스트리아와 다시 분리되었을 뿐 아니라 점령군에 의해 동서독으로 분할되어 분단민족국가가 된다. 민족이 분단되었고 민족의식과 민족주의도 수십보 후퇴하여, 민족을 내세우는 것은 나치즘과 동일시되어 억압 당하고, 따라서 민족주의는 독일사회에서 '터부시'되었다. 다른 한편, 나치즘과 유태인학살에 대한 반성과 함께 '민주시민 정치의식교육'이 국가적인 수준에서 지속되었다. 이로 인해 자유주의는 물론,

사회민주주의와 사회국가의 이념이 복원되어 한층더 강화되었다. 이 두 개의 이데올로기와 세력은 과거에 그러했던 것처럼 사회적인 차원에서 뿐 아니라 내각제의 정당정치 차원에서도 긴장과 대립, 협상과 타협의 과정을 통해 '사회적 시장경제와 사회국가' 시스템, 그리고 공동결정제를 만들고 유지해 나갔다.

그러나 이러한 일종의 '좌우합작' 시스템은 1960년대 말부터 '신좌파' '신세대' '신사회운동들'에 의해 비판과 저항을 받게 되었다. 이들의 주된 비판은 국가주의와 권위주의, 그리고 계급주의에 대한 것이었고, 그래서 요구사항도 탈국가, 탈권위, 탈계급이었다.

1968년 저항운동의 결과, 독일사회에는 많은 변화가 일어났다. 그 중에서도 첫번째로 주목할 것은 참여민주주의가 여러 수준에서 제도적으로 도입된 점이다. 정부행정이 주민참여행정 쪽으로 변화해 갔으며, 기업 이외에도 학교 등 비영리 부문에 이해 당사자 대표들이 중요한 의사결정의 과정속에 골고루 참여하는 공동결정제가 확대, 실시되었다는 점이다. 그 다음은 자본과 노동 두 계급을 모두 '기득권층'으로 간주하면서 소외된 세력과 간과된 탈계급적인 문제들을 적극 대변하면서도 국가나 기성정당에 기대지 않고 당사자들이 직접 나서는, '제3세력'과 '신사회운동'이 등장하여 녹색당이 만들어지는 등 새로운 한 축의 세력을 형성하였다는 점이다. 셋째로는 이와 함께 보수-자유주의 진영에서도 '사회국가'의 사회민주주의와 국가주의를 동시에 비판하는 신보수주의-신자유주의로의 전환이 이루어졌다는 점이다. 이렇게 해서 1980년대의 서독은 신보수-자유주의 세력이 집권한 가운데 사회민주주의와 참여민주주의 세력이 장내, 장외의 세력으로서 각축하는 구도로 재편되었다. 민족주의는 80년대의 이러한 구도 속에서 설자리가 없었지만, 신보수주의 세력의 이면에서 만성실업 문제에 대한 비판과 대안 세력을 자임하는 신나치가 자라나 사회적-정치적으로 표면에 등장하기도 하였다.

그러나 1990년 독일의 재통일이 이루어지게 된 것은 그와 같은 서독 내부의 변화나 조건 때문은 아니었다. 서독에서와 마찬가지로 동독에서도 '민족'은 곧 나치즘을 의미하는 것이었다. 따라서 동서독은 '한지붕 두가족'처럼 지내왔고 민족통일을 위한 노력은 하지 않았다. 물론, 브란트의 동방정책과 그 후 동서독 간의 교류 및 상호이해 정책은 통일의 밑거름이 되기도 하였다. 그러나 통일의 직접적인 계기는 동독의 '경직된 체제' 내부에서 발생하였고, 소련의 개혁-개방정책과 동구권에 대한 외교적 압력행사와 서독 기민당 정권의 순발력 있는 외교정책과 능력이 동서간 장벽을 허무는 도화선으로 작용하였다.

통일의 과정에서 우리가 크게 주목할 것은 독일과 서독이 오랜 동안 '계급타협'과 '좌우합작'을 해 온 전통과 문화가 있었다는 사실이다. 이런 문화는 좌파는 우파를, 우파는 좌파를 입장은 다르지만 상호 파트너로 인정해 왔고, 이로 인해 동서독 간의 이데올로기적 차이가 통일의 심각한 걸림돌이 되지 않았다는 점이다. 이것은 보수정권의 순발력 있는 외교정책과 통일정책, 그리고 동독수용의 자세와 정책으로도 반영된 셈이었다. 이런 정책의 결과 동독 주민들은 분단상태의 동독 사회주의를 개혁하기보다는 통일을 더 원하는 쪽으로 급선회했고, 마침내 서독으로

의 가입을 선택하게 된 것이었다.[35]

이상에서 우리는 독일의 시민사회 형성과 변천의 과정을 돌이켜 보면서 주목 할만한 사항들, 특히 한국과 같은 점과 다른 점들을 짚어 보았다. 그렇다면, 그와 같은 독일의 역사적 경험들이 한국에 주는 교훈, 한국 시민사회의 성숙과 분열, 갈등의 극복, 나아가서는 통일한국을 이루는 데에 어떤 교훈을 주는가.

몇가지 중요한 것만 추려본다면, 다음과 같다.

첫째, 시민사회가 형성, 발달하는 과정에서 '민족의식'과 '민족주의', 그리고 민족운동이나 통일운동이 중요하게 작용하지 않았으며, 이보다는 자유주의와 사회민주주의 운동과 그 성장이 더 중요한 요인으로 작용을 하였다는 점이다. 그리고 사회민주주의의 이념과 운동, 세력이 시민사회 형성, 발달에 커다란 한 부분을 차지했다는 점이다. 따라서, 한국에서는 민족주의와 사회민주주의에 대한 인식을 새롭게 해야 할 것이다.

둘째, 독일의 경우 좌·우 이데올로기와 운동세력들이 민족주의 보다 시민사회 형성, 발달에 더 중요한 역할을 했을 뿐만 아니라, 상호 대립하고 경쟁도 하지만, 상대방을 인정하고 협상, 타협하는 자세와 경험, 그리고 그러한 문화를 가져 왔다는 점이다. 그리하여 68년 이후, 참여민주주의 제3세력의 요구를 체제 내로 수용하는 것이 가능하게 되었고, 재통일 과정에서 통일의 밑거름이 되기도 하였다. 상대방을 인정하지 않거나 힘으로 밀어붙여 승리하고자 하는 '흑백논리'가 아니라, 민주적인 상호인

---

35) 독일에 대한 보다 자세한 논의는 이 책의 <특별보론 2> "독일 시민사회의 형성과 분열, 갈등, 통합의 역사"를 참조하라.

정과 토론, 협상과 타협의 자세는 한국에서 크게 교훈 삼아야
할 사항이다. 이는 남한사회 내부의 분열과 갈등을 극복, 통합하
는 데에 긴요할 뿐 아니라, 장차 남북한의 순탄한 통일과 이에
대비한 '긴장완화 및 포용' 정책의 수립, 추진에도 긴요하다.

셋째, 이같은 두 가지 큰 교훈들을 바탕으로 하면서, 한국사회
가 이념적으로 나아가야 할 방향은 크게 보면 이념적으로 좌우
합작이고, 작게 보면 사회민주주의와 참여민주주의를 합친 참여
민주적 사회민주주의일 것이다. 물론, 자유민주주의가 중심에
설 수도 있겠지만, 한국사회에서는 좌·우 대립문제를 야기시키
고 지속시키는 현실적인 기반, 즉 계급갈등의 '원천'이 해결되기
나 크게 완화된 상태가 아니기 때문에, 이를 해결하는 정책과
이념에 중심을 더 두어야 균형이 잡히고, 좌·우 간에 양보와 타
협도 원활해 질 수 있는 토대가 생길 것이기 때문이다.

2. 참여민주적 사회민주주의 통합의 길

이념적인 스펙트럼 사이에는 차이가 존재하기도 하고 강하거
나 약한 갈등전선이 형성되기도 한다. 갈등전선은 1차적으로 견
해의 차이와 신념의 차이에서부터 기인한다. 하지만 의사소통의
결여나 의사소통 과정을 통한 차이의 확인에서 오는 오해와 증
폭 등을 통해 더 직접적으로 좌우되기도 한다. 그러나 갈등의
근원은 그러한 견해차이와 의사소통의 배경을 이루고 있는 실제
적인 이해관심의 차이와 충돌에 있다. 노-자 간의 이해상충과

그에 따른 견해차이와 실제적 갈등현상이 바로 그 대표적인 예이다. 따라서 분열과 갈등의 해소방안은 갈등의 근원을 해소하는 방안에서부터 출발해야 할 것이다.

오늘날 우리사회는 여러 가지 갈등 속에 놓여 있으며, 같은 민족인 남북한 사이에도 갈등이 지속되고 있다. 그 중 가장 크고 심각한 것은 좌·우, 진보－보수에 따른 이념적 갈등이다. 남북간의 차이와 갈등에서 기본을 이루고 있는 것이 좌·우 이데올로기, 사회주의와 자유주의 이념상의 차이와 갈등이며, 남한 내의 소위 '남남갈등'에서도 가장 크고 심각한 것은 '동서 지역감정'이나 '세대차이', '남녀차이'가 아니라 노－자 갈등에 바탕을 두고 있는 좌·우, 진보－보수의 이념적 차이와 갈등이다. 이렇게 보면 결국 '계급모순'이라는 것과 '민족모순'이라는 것이 소위 '만악의 근원'인 것이다. 계급모순은 남남갈등과 남북갈등의 근원으로 작용하고 있으며, 민족모순은 남－북－미 삼각의 지배와 갈등관계로 작용하고 있다.

그렇다면, 이와 같은 계급모순과 민족모순을 해소하여 남남간, 남북간의 갈등극복과 통합을 이룩하는 방안은 무엇이겠는가.

그 첫째는 말할 나위도 없이 자본주의 모순(＝남한체제 내적인 계급모순)을 해소하는 길이다. 자본주의 모순을 해결하는 길은 현재까지 3가지가 있다.[36] 개혁적 자유주의, 사회민주주의

---

36) 극우적인 입장에서 전통적인 신분사회로 돌아가자는 길, 민족주의의 입장에서 제기될 수 있는 '이념과 체제를 초월하는 어떤 체제"라고 하는 것은 관념상으로만 가능한 길, 따라서 현실성이 없는 길이기 때문에 논외로 한다. 또한, 계급모순을 주요모순으로 보지 않거나 외면하는, 생태주의나 페미니즘, 콤뮨주의(＝소공동체주의) 등의 신좌파 역시 대

적 중도좌파, 공산주의적 혁명좌파가 제시하는 길이 그것이다.

개혁적 자유주의의 입장은 기본적으로 자본주의를 잘 유지하기 위해, 국가개입을 통한 시장실패와 계급모순을 완화하는 소극적인 정책을 기조로 삼고 있다. 그렇기 때문에 모순의 작동을 근원적으로 해소하지 못한 채 모순의 작용에 계속 시달리게 되는 문제를 안고 있어 충분한 대안이 될 수 없다.

공산주의적 혁명좌파는 계급모순을 근원적으로 해결하려는 혁명적 입장을 지니고 있으며, 자본가계급과 국가를 적대시함으로써 정치혁명과 프롤레타리아 독재를 통해 혁명을 하고자 한다. 그러나 이런 입상은 비난 갈등을 증폭시킬 뿐 아니라, 징치직으로 독재를 초래하기 쉬우며, 소련-동구 사회주의체제가 붕괴하면서 보여 주었듯이 계획경제체제의 문제를 비롯한 여러 가지의 문제점들을 수반한다. 이런 이유로 여러 가지 면에서 대안이 되기 힘들고, 특히 통합의 길로서 부적절하다.37)

이 두 가지 길에 비해 사회민주주의 중도좌파의 길은 개혁적이면서도 통합적이기 때문에 더 적절하다고 할 수 있다.38)

그러나 이 세 번째 길에 대한 국민적 지지는 오늘날 25~30% 정도에 불과한 것으로 보이며, 따라서 세가 약할 뿐 아니라 그나마 분열되어 있다. 이에 반해, 다수의 지지와 세를 형성하고 있는 것은 보수적 자유주의로서 40% 내외, 그리고 그 양 날개로서

안이 아니기 때문에 논외로 한다.
37) 사회주의권 몰락의 요인들에 대해서는 이 책의 제5장 "20세기말 진보의 의미변천과 새로운 진보"와 유팔무(1994: 26, 31-2)를 참조하라.
38) 사회민주주의적 대안에 대해서는 이 책의 제7장 "왜 사회민주주의인가"를 참조하라.

순수 자유주의와 극우적 보수가 각각 15% 내외의 지지와 세를 갖고 있는 것으로 보인다.[39]

이런 세력 분포를 고려하더라도, 사회민주주의가 자본주의 계급모순을 해소하는 길로서 중심에 서야 하지만, 현실적으로 하루 아침에 이루기에는 불가능하고 또 적절치도 않기 때문에, 긴 안목 속에서 차츰차츰 그 쪽 방향으로 중심을 세워 나가도록 해야 할 것이다. 여기서 중요한 것은 입장이 다른 정파들에 대한 포용적 자세와 건설적-합리적인 대화와 의사소통이다. 이런 의미에서 한국의 사회민주주의는 배타적이거나 폐쇄적이어서는 안 되고, 개방적-다원적-민주적이어야만 한다. 그렇지 않으면, 중심성을 획득해 나갈 수가 없기 때문이다.

---

39) 이 밖에 신좌파 시민운동에 대한 지지와 세는 10~15% 정도인 것으로 보이나, 앞의 개혁-보수 스펙트럼 상의 몇 개 정파들(사회민주주의에서부터 자유주의에 이르기까지의 세 정파들)과 분산적으로 중첩되고 있어 별개의 세로 간주하기 곤란하다. 시민운동단체들 또한 전부가 신좌파적이지 않으며, 그 중에는 보수적 자유주의나 극우적 지향을 갖는 단체들도 적지 않다.

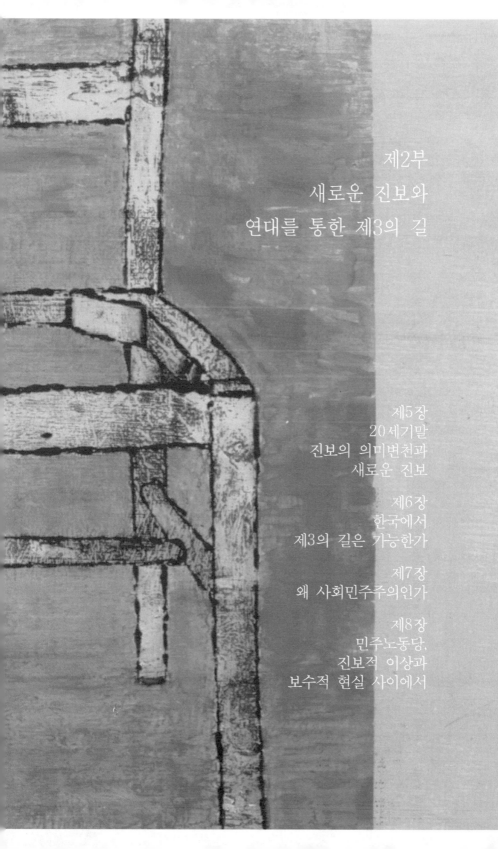

제2부
새로운 진보와
연대를 통한 제3의 길

우리는 '제1부'에서 한국의 시민사회가 어떻게 형성, 변천해 왔는지를 돌아보았다. 거기서 우리가 초점을 맞추었던 것은 의식과 이데올로기의 측면, 그리고 사회운동의 측면이었다. 우리의 접근방법은 기존의 접근방법들과는 다른 몇 가지의 특징들을 가지고 있다.

하나는 시민사회를 갈등론적인 입장에서 다차원적으로 접근했다는 점이다. 의식의 측면, 이데올로기의 측면에서만 보더라도, 시민사회는 이미 형성기에서부터 여럿으로 분열, 갈등해 왔고, 오늘날까지도 그러하다. 다른 하나는 그러한 분열과 차이와 갈등이 단순히 '믿음'에 있어서의 차이나 그로 인한 분열과 갈등이 아니라 그 배후에 경제적—계급적 위치와 입장과 이해관심에 있어서의 차이, 그에 따른 갈등 같은 것들이 숨어서 작용하고 있다고 보는 점이다. 이런 조건들이 구체적으로 시민사회의 의식적, 이데올로기적 분열, 갈등의 양상에 대해 어떤 작용을 가했는가에 대한 분석은 자세히 하지 않았지만, 상수로 작용하고 있다고 보았다.

다른 하나는 운동론으로 접근했다는 점이다. 세상은 변화해 왔고, 앞으로도 그럴 것이다. 시민사회 또한 마찬가지이다. 그러나 그런 변화는 누가, 아니면 무엇이 일으키는가. 여러 가지 학설들이 있다. 관념론적인 입장, 유물론적인 입장이 있고, 구조중심적인 입장과 행위중심적인 입장 등이 있다. 우리는 이 대립적인 입장을 다 존중하지만, 그 중간지대에 사회운동, 즉 인간들의 '의식적인 집단행동', 사회를 변화시키기 위한 '집요한 집단행동' 그것이 매우 중요하다고 보며, 획기적인 변화들은 대부분 사회운동들이 일으켰다고 본다. 시민사회의 탄생, 자본주의 시장경제 질서의 확립, 서양근대식 입헌민주주의법치국가 제도의 성립 등의 경우도 직접적으로는 '시민혁명'이라 불려온 '혁명적 사회운동'의 소산이다. 물론, 사회운동은 사회적인 갈등을 표출하는 집단행위이며, 이를 통해서는 갈등이 해소되기도 하지만 새로운 갈등이 파생되기도 한다.

그러나 제1부에서 우리가 못다한 일들이 있었다. 그것은 첫째 오늘날 한국의 시민사회가, 특히 이데올로기적인 차원에서 분열, 갈등을 지속하고 있는데, 그 처방이 무엇이냐 하는 데에 관한 것이다. 둘째는 과연 그 처방, 사회민주주의와 참여민주주의가 무엇이고, 이른 바 국민통합과 사회통합을 이루어낼 수 있는 현실적인 대안이 될 수 있겠는가에 대한 해답이다. 거기에 대한 해답은 사실 미흡하였다. 그래서 거기에 대한 해답으로 제2부와 3부를 편성하였다.

제2부는 4개의 장으로 되어 있는데, 모두 '진보'에 관한 글들이다.

제5장 "20세기말 진보의 의미변천과 새로운 진보"에서는 지금까지 사람들이 진보를 어떻게 이해해 왔는지, 또 그 이해방식이 어떻게 달라져 왔는지에 대해 검토하면서, 사회민주주의와 참여민주주의를 결합시키는 저자의 '새로운 진보'가 올바른 진보의 방향이라고 주장하고 있다. 이를 통해서는 또 좌-우, 진보-보수로 갈라져 '남남갈등'을 빚어내고 있는 오늘날 한국의 정치와 시민사회가 타협, 상생하고, 통합될 수 있다고 주장한다.

제6장 "한국에서 제3의 길은 가능한가", 제7장 "왜 사회민주주

의인가"의 내용도 결국은 한국사회진보의 바람직한 대안을 모색하는 내용으로 되어 있다.

제8장 "민주노동당, 진보적 이상과 보수적 현실 사이에서"는 우리사회에서 진보적 이상을 추구, 실천하고 있는 정치세력인 민주노동당이 어떤 성격의 정당이고 또 얼마만한 세를 형성하고 있는지 등에 대해 소개하면서 "민노당이 국민정서를 감안하여 구시대적 경직성을 벗어나야 계속 뻗어나갈 수 있다."고 권고하는 내용으로 되어 있다.

제5장 20세기말 진보의 의미변천과 새로운 진보

제1절 진보란 무엇인가 - 개념적, 역사적 고찰

어떤 철학사전에 의하면, 진보란 "보다 나은 것, 보다 완전한 것으로 나아가는 것"이며, 주로 "인간의 역사에 비추어 사용되는 말"로서 "무엇을 좋은 것, 완전한 것으로 보느냐는 것이 곧 진보의 정의가 되므로 … 본질적으로 상대적인 뜻을 갖는다"(교육출판공사, 1980)고 한다. 그러나 우리가 진보를 "인간사회가 보다 나은 방향으로 변화해 가는 것"이라 이해한다고 하더라도, 진보는 이보다 더 복잡한 내용을 담고 있다. 이미 앞의 정의에서 지적하고 있다시피, 진보란 일정한 가치판단의 기준을 내포하고 있기 때문에 '상대적인 의미'를 지니고 있으며, 진보의 의미는 인류사의 진행과정을 통해 역사적으로 변화해왔다. 이런 진보 개념의 특성으로 인하여 진보의 실제 내용은 판단 기준에 따라, 시대적인 상황에 따라 달라져 왔다. 뿐만 아니라 '보다 나은 방향으로의 변화'를 의미하는 용어로는 진보 외에도 '진화'라든가 '발전', '개발', '성장', '혁신' 등과 같은 용어들도 있다.

근대적인 의미의 진보 사상을 피력한 대표적인 인물로는 17세기 영국의 철학자 베이컨과 18세기 프랑스의 꽁도르세 등 계몽시대 사상가들, 칸트, 피히테, 헤겔 등 독일의 관념론 철학자 등이 있다.[40]

---

40) 이거스(Iggers, 1982)는 진보를 "인류사회가 과거에 비해 더 나은 방

"아는 것이 힘이다."라는 명제로 유명한 베이컨은 자연과학적 지식이 자연을 정복하는 힘이 되어 인간들의 행복을 증진시키는 데 기여한다고 하였다. 그리고 "과학적 지식과 기술의 진보에 의해 이상사회가 실현될 것"이라는 신념 속에서, 순전히 과학과 과학자에 의해 통치되는 사회를 이상사회('뉴 아트란티스')로 그렸다. 이와 같은 진보관[41]은 '과학기술적 진보'가 곧 '인류사회의 진보'라는 식으로 양자를 등식화하는 관점으로서 그 후 꽁도르세나 꽁트('진보의 3단계 법칙') 등에게로 이어졌다.[42] 이 시기에 사용된 진보라는 용어는 진화라는 것과 별다른 차이 없이 혼용되었으며, 이러한 혼용은 18세기는 물론 19세기까지 이어져 왔다(Niesbet, 1994: xv, 174). 꽁트를 비롯한 '사회진화론' 및 '사회유기체론'의 전통에 놓여있는 스펜서 등의 고전사회학자들과 심지어 20세기 중반 미국의 파슨스에 이르기까지 진화

향으로 발전하는 것"이라 정의하면서 이같은 진보관은 근대 이전부터, 즉 그리스시대와 중세 기독교시대부터 존재해 왔다고 한다. 그러나 베이컨(Bacon)을 비롯하여 꽁도르세(Condorcet) 등 계몽시대 사상가들 사이에 만연하게 된 근대의 진보사상은 진보의 주체를 초인간적인 것(신의 은총 등) 대신 인간으로 보았다는 점에서 근대 이전의 것과 차이가 있다고 한다.

41) '진보관'이란 두 가지 의미를 지니고 있다. 하나는 '역사는 진보한다.'라는 믿음을 말하며, 다른 하나는 '무엇을 진보로 보느냐'하는 관점을 가리킨다. 여기에서 말하는 진보관이란 후자이다.

42) 이같은 '과학주의'는 두 가지의 진보관, 즉 '인류역사가 진보할 것'이라는 낙관적인 믿음과 '과학기술의 발달과 적용이 진보'라는 관점을 함께 가지고 있었다. 이러한 진보관은 후에 계몽시대사상으로 연결되었으며, 계몽사상의 후예인 독일의 프랑크푸르트 학파는 전자 의미의 진보관은 계승하면서 후자 의미의 진보관(과학주의)은 격렬하게 비판하였다.

는 곧 진보로 인식되었다. 왜냐히면 진화란 사회유기체 내의 조직분화를 통한 자연적응력(적자생존)의 신장을 의미하는 것이었기 때문이다.

그러나 19세기 이후 진보관을 적극적으로 지지해 온 사람은 오웬, 푸리에, 맑스 등의 사회주의자들이었다(교육출판공사, 1980).[43] 그래서 진보라는 용어는 갈수록 사회주의자들의 전용어처럼 되어갔고, 진보의 의미는 새로운 내용을 갖게 되었다.

노동자계급의 입장에서 자본주의를 비판한 맑스 등의 사상가나 정치가들은 자본주의가 전근대사회에 비해 상대적으로 진보한 사회라는 점에 대해서는 인정했으나,[44] 부르주아 사상가들이 근대사회 혹은 산업사회 등으로 지칭한 자본주의사회가 "더 이상 진보할 수 없는, 최후로 발달한 사회"인 것처럼 본다는 점에 대해서는 냉소적인 비판을 가하였다.[45] 왜냐하면 자본주의

---

43) 기든스(Giddens, 1997: 82- 87)도 사회주의가 자유주의와 함께 계몽시대의 산물이었다고 보면서, 사회주의가 약 200여 년간 '진보의 기수' 역할을 해 왔다고 본다.

44) 맑스는 자본주의 사회가 인류역사를 긍정적으로 발전시켰다는 점에 대해서는 인정을 하고 있으며, 원시공산사회로부터 자본주의에까지 이르는 사회구성체들을 진보된 순서로 열거하기도 하였다(MEW.13: 9). 자본주의가 특히 과학기술과 생산력을 급속하게 발달시키고 있다는 점, 이로 인해 인류사회를 혁신적으로 문명화시킨다는 점에 대해서도 인정하고 있다.『자본론』1권(Marx, MEW.23), 618쪽, 674쪽을 참조. 부르주아지계급이 역사적으로 진보적인 역할을 했다고 보는 대목으로는 MEW.4(464쪽 이하)도 참조.

45) 맑스는『자본론』1권 '1판 서문' 마지막 부분에서 자본주의사회를 다음과 같이 성격규정하고 있다. "현재의 사회는 결코 딱딱한 고체가 아니라, 질적으로 변할 수 있는(umwandlungsfähig), 계속해서 질적인 변화의 과정 속에 포착되어 있는 유기체"(Marx, MEW.23: 16)라고.

사회가 앞으로 더 진보해야 할, 생산의 무정부성과 그에 따른 참상, 계급지배와 갈등 등의 문제를 많이 가지고 있는 사회구성체라고 보았기 때문이다.46) 그리하여 맑스와 사회주의자들은 자본주의를 비판하며 이를 극복하는 것이 진보라고 보았으며, 이러한 진보를 도모하고 초래하는 노동자운동, 사회주의운동, 그리고 이를 뒷받침해 주는 이론과 사상을 진보적인 것으로 간주하였다. 이렇게 해서 진보라는 개념은 진화라는 개념과 분리되었다. 진화는 양적인 발전과 자본주의의 틀 내에서의 발전을, 진보는 질적인 발전, 자본주의체제를 넘어서는 발전을 의미하는 개념으로 분화되었다.

진보 개념은 이처럼 역사적으로 '과학기술의 발달과 이용'이나 '사회유기체적 진화', '자본주의체제에 대한 비판과 극복'이라는 의미로 그 의미가 변천해 왔다. 그러나 여기서 의미변천의 역사가 멈춘 것은 아니었으며, 진보의 의미는 20세기에 이르러서도 구체화되고 또 분화되었으며, 20세기말 1990년대에 이르러 또한 차례 의미변천을 겪게 되었다.

19세기까지 서구에서 진보는 '사회주의적인 것'으로서 포괄성을 지니고 있었다. 그러나 그 후 맑스의 이론과 사상이 사회주의 이론과 사상 내에서 주도권을 차지해 나가고, 이것이 20세기 초 러시아혁명과 레닌주의 이론/사상, 그리고 현실 사회주의의 주도권으로 이어지게 되면서 보다 한정적으로 구체화되는 과정을 거쳤다. 그리하여, 맑스의 '과학적, 혁명적 사회주의'와 그 레닌적 계승은 공상적 사회주의에 대한 비판, 개량주의에 대한 비판,

---

46) 맑스의 『철학의 빈곤』(MEW.4: 97)을 참조하라.

프롤레타리아트 독재론의 수용 등을 '진보의 핵심'으로 자리잡게 만들었다.

반면, 서구 자본주의권에서는 이와 같은 '정통노선' 이외에도 다양한 스펙트럼의 비정통노선, 즉 수정주의 혹은 개량주의의 노선들이 형성, 발달되었다. 이러한 노선 가운데 대표적인 것이 민주사회주의 혹은 사회민주주의이다. 이것은 기본적으로 민주주의의 가치를 중시하며, 합법적인 선거를 통한 권력의 장악, 이를 통한 평화적인 사회주의 혁명을 추구하거나 사회주의 혁명을 포기한 가운데 자본주의를 사회주의적으로 개조하는 노선들을 포괄하고 있다. 그러나 이들은 노동자계급을 중심으로 한 대중정당과 자본주의적 제도정치의 틀 속에서 노동자계급의 이익대변과 복지제도의 확충 등 자본주의에 대한 수정과 개혁에 일정한 성공을 거두어 왔으나, 자본주의를 넘어서는 사회주의로의 이행에는 성공하지 못하였다.

이러한 '사회민주주의 체제', 즉 사회민주적 정치세력이 여당 혹은 야당으로서 국가권력의 일부를 구성하고 광범위한 복지제도를 내포하는 '수정자본주의 체제'는 70년대 중반 이후 신자유주의와 신사회운동의 비판과 도전에도 직면하게 되었다.[47] 전자는 사회민주주의 체제가 경제의 활력과 경쟁력을 약화시키는 결함을 지니고 있다고 비판하면서 국가의 경제개입과 과다한 복

---

47) 사회민주주의는 1차적으로는 '노선'을 가리키는 말이지만, 여기서는 그것과 구별되는 '체제'의 의미로 사용하였다. 사회민주주의 체제란 자본주의사회의 틀 내에서 사회민주적 세력의 요구와 정책이 제도적으로 반영된 것으로서 사회민주적 형태로 수정된 자본주의 체제를 말하는 것이다.

지비지출을 축소하는 정책을 요구하고 추구하였다. 왜냐하면 이
것이 사회민주주의 체제의 재정적자를 누적시키고 국제경쟁력
을 약화시킨 결정적인 요인이었다고 보기 때문이었다. 녹색운동
과 시민참여운동으로 대표되는 신사회운동 역시 사회민주주의
체제와 계급적인 사회운동을 비판하면서 계급초월적인 발전구
상과 문제의 해결, 그리고 정책과정에의 참여를 요구하고 추구
하였다. 그리고 이 두 가지 성격의 비판과 도전은—비록 일반적
으로 '진보'라는 용어를 쓰지 않는다고 하더라도—스스로 새로
운 형태의 진보를 자임하였다.

　그러나 국제적으로 진보의 핵심에 위치했던 소련 사회에서
1985년 '페레스트로이카'와 '글라스노스트'로 표현된 '개혁'이
비롯되면서 '진보란 무엇인가' 하는 문제가 새롭게 제기되기 시
작하였다. 그 후 1990년을 전후하여 소련, 동구의 사회주의 체
제들이 무너지고, '개혁 사회주의' 마저도 무너지고 자본주의 사
유재산제 및 시장경제 체제와 자본이 도입되는 방향으로 '개혁'
이 진행되었다. 이로인해 진보가 무엇인지 혼란스럽게 되었다.
진보란 19세기 이래로 자본주의에 대한 비판, 극복을 의미하는
것이었고 따라서 '사회주의'는 자본주의에 비해 진보된 체제로
이해되었다. 그러나 이제 그것을 새로운 방향으로 개혁하는 것
이 진보라는 입장과 세력이 대두되었고, 현실사회주의 사회를
개혁하는 주된 흐름으로 자리를 잡기 시작하였다.

　이러한 변화를 보는 입장은 크게 세 가지로 나뉘어졌다. 첫째
는 자본주의 체제로 가는 것이 진보라는 견해였고, 둘째는 현실
사회주의의 몰락과 자본주의화는 퇴보이기 때문에 이를 고수해

야 한다는 견해, 그리고 셋째는 역시 그것이 퇴보라고 보지만 앞으로 나아가야 할 진보의 길이 자본주의도 국가사회주의, 즉 소련-동구형 사회주의도 아닌 '제3의 길'이라는 입장(비숍/멘아르트, 1991)이었다. 그러나 첫째와 둘째의 입장은 공히 대중적인 지지를 얻지 못한 것으로 보인다. 그리고 셋째의 입장은 그 내부에 여러 가지의 다양한 견해들이 공존하고 있어 통일적이지 못하며, 아직까지도 정리되어 있지 못한 상태에 있다.

이러한 혼란과 거기에 대한 평가 그리고 진보적인 대안을 둘러싼 논란은 서구에서 뿐만 아니라 한국에서도 큰 파장을 불러 일으켰다.

1980년대 후반까지 한국에서의 진보는 사실상 맑스-레닌주의나 민중민주주의를 의미하는 것이었다. 진보란 자본주의적 모순을 비판, 극복하고 민중권력의 수립을 통해 노동해방과 민중해방을 이루려는 실천적 지향, 즉 변혁적 지향을 가리키는 것이었다. 물론, 세계의 사회주의 역사에서 보듯이 한국에서도 여러 정파적 견해를 가진 사람들이 논쟁과 주도권 다툼을 벌였으며, 이러한 과정을 통해 '자본주의 비판과 극복'이라는 것이 진보 개념의 핵심으로 자리를 잡았다.

그러다가 90년대 초 진보의 개념이 흔들리게 되었다. 이런 결과로 90년대 중반까지 사회과학계에서 이루어진 주요한 논쟁들(사회민주주의, 민주주의, 포스트모더니즘, 포스트 맑스주의, 시민사회, 시민운동 등)이 파생되었다. 그리고 서구에서와 마찬가지로 한국에서도 그간의 논의들을 통해 새로운 진보에 대한 관점과 입장들이 부분적으로 정립되기도 하였으나, 아직 불투명한

상태에서 벗어나지는 못하였다.[48]

이와 같이 진보의 의미는 시대적인 상황에 따라 변천해 왔으며, 시대마다 진보를 자임하고 주도한 세력도 달라져 왔다. 16, 17, 18세기 서양근대사의 전환기에는 진보를 주도한 세력이 과학기술적 진보를 신봉하던 지식인과 자본가계급, 그리고 이들의 정치적 대변세력들이었다. 그러나 자본주의적 근대 경제질서와 국가가 확립되는 과정에서는 노동자, 빈민, 그리고 이들을 정신적, 정치적으로 대변한 지식인들이 자본주의 질서를 비판하면서 이를 넘어서는 사회주의적 전망이 진보로 간주되었다.[49]

그 후 사회주의적 진보를 추구한 세력은 크게 보아 국가사회주의적 혁명주의 노선과 사회민주주의적 개량주의 노선으로 양분되었고, 국제적으로는 전자가 주도적인 위치를 점하였다. 전자는 90년대부터 자본주의적 정치와 경제의 도입을 통한 개혁의 물결에 휩싸이게 되었다. 후자는 이미 20세기 초부터 전자에 의

---

48) 한국사회에서 '진보란 무엇인가'에 관한 학술적인 논의로는 김홍명(1986), "보수냐 진보냐: 한 사상사적 입장"(『사상과 정책』, 여름호); 박호성(1989), "보수와 진보, 그리고 한국적 보수주의"(『언론과 비평』, 7월호); 차하순(1990, "근대사에서의 혁신과 보수의 대립", 역사학회편, 『역사에서의 보수와 진보』); 폴라드(1983, 『진보란 무엇인가』, 이종구 역, 한마당) 등이 있었고, 그 후 강정인(1997); 한국정치연구회, 1997, 『정치비평』 가을/겨울호 특집좌담 등이 이 문제를 새로운 지평 속에서 재론하였다.

49) 이 점과 관련하여 강정인(1997: 56)은 다음과 같이 말하고 있다. "역사적으로 사회주의가 자유민주주의-자본주의에 비해 진보적인 이데올로기로 평가받을 수 있었던 이유는 사회주의가 자유민주주의보다도 인류의 보편적인 이상인 자유와 평등의 이념을 더욱 선진적으로 구현할 수 있다는 믿음이 비교적 광범위한 지지를 받았기 때문이었다."

해 수정주의 혹은 개량주의로 비판을 받아왔고 70년대 중반 이후부터는 새로운 자유주의 및 보수주의와 새로운 사회운동에 의해 양면비판을 받게 되었다. 이 과정에서 현실사회주의권에서는 자본주의적 시장경제와 정치질서의 도입이 새로운 진보인 것 같은 현상이, 서구자본주의권에서는 계급초월적인 신사회운동이 '새로운 진보'인 것 같은 현상이 두드러지게 되었던 것이다.

우리가 이러한 관점들을 각각 과학기술주의적 진보관, 자본주의적 진보관, 사회주의적 진보관, 참여민주주의적 진보관이라고 한다면, 이 다양한 진보관들은 사실상 − 표면적인 양상과는 달리 − 어느 하나가 다른 것들을 대체시키거나 절멸시킨 것이 아니라 시대와 장소에 따라 단지 어떤 하나가 우위를 차지하면서 공존, 경합하는 양상을 보였다. 이러한 양상은 20세기를 통해 세계사적으로 진행되었고, 한국사회에서는 이러한 다양한 진보관들 사이의 경합 양상이 특히 90년대 이후에 두드러지게 되었다.

그러면, 오늘날의 상황속에서 그러한 진보관들을 어떻게 평가할 것이며, 그 중에서 견지하거나 새로 취할 것은 무엇이겠는가.

제2절 과학기술주의와 자본주의의 성공과 실패

과학기술주의란 "과학기술적 지식과 능력의 증가가 인간과 인류에게 풍요와 편의, 그리고 행복을 가져다준다는 믿음으로서 그러한 지식과 능력을 증가시키는 활동에 대해 우선적인 가치를 부여하는 입장"을 말한다.

이와 같은 과학기술주의는 서양 근대사를 전개해 나가는데 가장 중요한 견인차 역할을 하였다. 한편으로 그것은 미신과 '신중심의 사고'를 자연과학과 '인간중심의 사고'로 전환시킴으로써 다양한 자연과학적 발견과 발명, 그것의 응용 등을 통해 가히 획기적이고 폭발적인 과학기술적 진보를 초래하였다. 서양 근대 여명기의 과학주의는 산업혁명을 초래하고 미지의 세계를 향한 탐험과 지리상의 발견을 통해 세계를 하나로 엮어 놓았다. 그것은 결국 인류의 삶을 혁명적으로 뒤바꾸어 놓았다. 그 후에도 현대의 과학기술문명을 이룩하는 견인차 역할을 담당 히였으며, 오늘날에는 정보통신기술의 급속한 발달을 통해 '정보사회'를 열어가고 있다.

그러나 이와 같은 성공에도 불구하고 과학기술의 발달과 응용이 초래하는 문제점과 부작용에 대한 비판 또한 적지 않았다. 가장 대표적인 것은 과학기술의 발달과 응용이 인간의 삶, 그리고 인간과 인간, 지역과 지역, 인간과 자연 사이의 균형을 깨뜨리는 결과를 초래하였다는 점이다.

첫째, 과학기술적 문명과 과학주의적 사고는 인간들의 문화적인 삶이나 상호작용, 인문학적 사고 등을 위축시켜 일면적이고 기형적이고 무반성적인 인간과 삶의 형태를 가져왔다.

둘째, 그것은 어떤 하나의 도구 혹은 힘으로서 그 혜택이 인간들 사이에 골고루 돌아가지 않고 일부 사람들에게 집중되었기 때문에 그 자체가 불평등이기도 했지만, 불평등을 심화시키고 지배관계를 강화시키는 결과를 초래하였다. 예컨대, 자본주의

사회에서 기계와 과학기술은 이를 소유하고 상업적으로 활용한 자본가로 하여금 부의 축적을 한층 더 용이하게 해 주었으며, 직·간접적으로 노동자에 대한 지배를 강화 시켜주는 결과를 초래하였다.

셋째, 과학기술은 서양과 동양, 선진국과 후진국 사이의 불평등과 지배관계를 심화시키고 확대시키는데 중요한 요인으로 작용하였다. 16, 17세기 이후, 서양의 동양 지배와 식민지 경영, 이를 둘러싼 갈등과 전쟁은 20세기 들어 두 차례의 세계대전으로 이어졌으며, 그 후 20세기 후반에 이르러서도 신식민지적 지배관계와 동서간 이데올로기 갈등을 통해 악순환을 거듭한 것이 그 대표적인 예이다.

넷째, 그것은 자연 생태계의 균형을 파괴하는 힘으로 작용하였다.

과학기술의 발달과 응용이 수반한 이와 같은 문제점과 부작용은 사실상 과학기술주의적 진보관이 지니는 문제점과 부작용이다. 그러한 진보와 진보관의 문제점은 한마디로 일면적이고 무반성적이라는 것이다.

과학기술의 발달과 응용은 인간들의 행복만을 가져다주는 것이 아니기 때문에 사회적-의식적으로 통제되어야 하는 것이다. 또한, 과학기술의 발달과 응용 자체는 자동적, 자연발생적으로 이루어지는 것이 아니라 특정한 인간이나 집단의 동기에 의해 추동된다. 생산력과 경쟁력을 높이기 위한 자본가의 이윤추구동기, 권력의 장악을 위한 국가간의 군비경쟁 같은 것들이 그 예이다. 이런 점들에 비추어 볼 때, 과학기술주의적 진보관은 그 자체로는 부적합한 것이라고 해야 할 것이다.

자본주의란 생산수단에 대한 사적 소유를 자본으로 삼아 자유로운 영리추구 활동을 하는 것을 천부적인 권리로 여기는 사고와 여기에 입각하여 벌이는 활동을 가리킨다. 이것은 상업활동에 대한 제약(부자유)과 특권(불평등)을 부인하는 입장이기 때문에, 신분적인 차별이나 필요 이상의 국가 개입과 통제 역시 부인한다.

이와 같은 자본주의의 관점은 16세기 이래로 서양의 봉건귀족사회를 붕괴시키고 새로운 근대적 사회질서를 수립하는 혁명적인 변화를 초래하였다. 자본주의 시장경제질서의 확립은 한편으로는 신분차별제도의 폐지, 다른 한편으로는 봉건적인 국가권력을 시민들의 대의기구에 의해 만들어진 법과 절차에 따라 구성, 통제되는 근대국가의 수립을 통해 이루어졌다. 그로 인해 국가에 대한 경제와 시민사회의 자율성과 우위, 그리고 정경분리가 이루어졌다. 이와 같은 거대한 전환은 인류사상의 거대한 진보로 받아 들여졌다.

또한 자본주의는 이윤추구의 경쟁을 위해서라면 어떤 장애물도 뛰어넘으려는 혁신적인 성격을 지니고 있기 때문에 전세계, 즉 인간 생활의 거의 모든 영역과 자본주의권 바깥의 세계 각 지역에 이르기까지를 자본주의화 하는데 성공하였다. 자본주의는 특히 과학기술주의와의 결합을 통해 교통, 통신수단을 발달시켰고 다양한 상품개발과 상품의 저렴화를 통해 전지구적인 문명화와 생활의 풍요를 가져다 주었다. 자본주의는 과학기술발달을 강력하게 추동하는 동기로 작용하였고, 과학기술의 발달은 자본주의의 발달을 한층 더 가속화시켰던 것이다.

그러나 자본주의 역시 과학기술주의와 마찬가지로 일면적이고 무반성적인 성격을 지녔으며, 이로 인해 여러 가지의 문제점과 부작용을 수반하였다. 그것 역시 인간의 삶, 그리고 인간과 인간, 지역과 지역, 인간과 자연 사이의 균형을 깨뜨리는 결과를 초래하였다.

첫째, 그것은 삶의 대부분의 영역들을 상품과 자본의 논리에 지배되도록 하였다. 이로 인해 인간들의 의식주 생활과 문화생활, 그리고 정치까지도 그러한 논리와 자본의 힘 아래 놓이게 되었다. 채산성이 떨어지거나 부적합한 생활 영역들은 관심권에서 밀려나 발달이 낙후하게 되었다. 대량생산, 대량소비에 따른 상업적인 대중문화의 지배 같은 것이 그 전형적인 예라고 볼 수 있다.

둘째, 그것은 인간들을 소위 자본주의적 인간형(혹은 근대적인 인간형)으로 개조해 나갔다. 개인주의, 경쟁주의, 물질주의, 합리주의 등으로 표상되는 근대적인 인간형을 만들어 내었으며, 인간관계를 척박하게 만들었다. 그리고 인간들 사이의 관계를 새로운 형태의 불평등과 계급적 지배, 갈등관계로 변화시켜 나갔다.

셋째, 자본주의는 또한 타국의 시장과 원료를 획득하기 위해 국경을 넘는 팽창적인 성격을 발휘하여 식민지지배를 둘러싼 경쟁과 갈등, 그리고 전쟁을 초래하였다. 그리고 선진국과 후진국 사이의 국가간 지배, 종속, 착취, 갈등 관계를 빚어내었다. 나아가서는 자본주의에 대해 적대적인 사회주의 세력을 만들어 냄으로써 동서간의 냉전문제 등을 초래하였다.

넷째, 그것은 과학주의를 영리추구의 지렛대로 삼아 일면적으로 자연생태계를 파괴하였다.

자본주의적 물질문명의 진보가 낳은 이같은 문제와 부작용들은 과학주의적 진보와 마찬가지로 일면적이고 무반성적이기 때문에 부적합한 진보이다. 따라서 사회적—의식적으로 통제되지 않으면 안 될 것이다.[50]

자본주의에 대한 결정적인 비판과 대안은 사실상 자본주의 안에서 제기되었다. 그것은 자본주의가 지닌 내적인 모순의 발현으로서 주기적으로 나타나는 경제적 불균형과 위기(공황), 낭비와 실업현상, 그리고 거기에 대한 노동자계급의 조직적 저항과 사회주의적 대안의 추구이다. 그러한 비판과 대안은 이미 19세기 서구에 노동운동과 사회주의운동, 그리고 20세기 초 러시아혁명을 통해 나타났다. 그리고 1920년대 말의 세계경제공황과 이를 배경으로 발생한 대량실업과 파업은 서구와 미국에 노동자계급의 세력과 요구를 반영하는 복지국가형 수정자본주의로의 전환을 초래하였다. 이러한 비판과 대안은 전지구의 1/3 인구를 포괄하는 사회주의권을 만들어 내었고, 선진 자본주의권에서는 국가개입에 의한 수정자본주의의 모델과 진보관을 정립시켰던 것이다.

---

50) 한국사회에서 이러한 형태의 진보관은 '근대화'라는 명칭으로 표현되어 왔으며, 반세기에 걸쳐 한국사회의 가장 중심적인 발전패러다임을 이루어왔다.

제3절 사회주의적 진보와 맑스주의

20세기 초반을 거친 이후, 자본주의와 자본주의적 진보관이 더 이상 순수한 형태로 유지될 수 없다는 점에서는 이론의 여지가 없게 되었다. 거기에 대한 가장 강력하고 유력한 대안은 크게 보아 두 가지 형태의 사회주의였다. 하나는 사회주의혁명을 통해 성립한 현실사회주의, 다른 하나는 수정자본주의 질서 내에서의 사회주의, 즉 사회민주주의였다.

그러나 자본주의권 바깥에 현실로 존재해 온 사회주의는 80년대 말 이후 붕괴 혹은 위기상황 속에 있는 반면, 선진 자본주의 역시 사회민주주의라는 사회주의적 수정을 통해 오늘날까지 명맥을 유지하고는 있으나 그 나름대로의 정체와 위기, 그리고 거기에 대한 비판과 도전에 직면해 있다.

그러면, 현실태로 존재해 온 소련, 동구의 사회주의는 어떤 면에서 진보를 이룩했고 그 후 좌초하게 된 원인은 무엇이었는가. 그리고 사회주의를 추동해 온 사회주의적 진보관에는 어떤 문제와 부작용이 수반되었는가.

사회주의는 기본적으로 자본주의가 이룩한 진보를 바탕으로 하면서 그것이 수반하는 모순과 문제를 추동력으로 삼아 변증법적으로 새롭게 진보해 나가는 길을 취했다. 그리하여 생산수단에 대한 사적 소유와 이윤동기에 따른 자본축적과 상업활동을 폐절시켰으며, 생산수단에 대한 공적 소유와 국가 주도에 의한 계획적 생산과 분배의 체제를 구축하였다. 이를 통해 계급적 불평등과 지배, 착취관계, 나아가서는 성적 불평등과 직종간 차별까지도 대부분 해소하는 진보를 이룩하였다. 한편으로는 과학기술과 경제적인 측면에서도 고도의 성장을 기록하였다.

그러나 이같은 진보를 이룩한 소련, 동구의 사회주의권은 1990년대 초 급속하게 몰락하거나 위기에 빠지게 되었다. 무엇보다도 놀라운 일은 소위 노동자, 인민의 국가라 불리어 왔던 이들 나라들이 대부분 노동자, 인민들 혁명적 봉기에 의해 몰락했다는 사실이었다.

현실 사회주의의 몰락을 초래한 요인들은 여러 가지가 있겠으나 우선 체제 외적인 것과 체제 내적인 것으로 나누어 볼 수 있다.

먼저 체제 외적으로는 제2차 세계대전 이후 수정자본주의 체제로 전환한 자본주의 체제의 견고성, 이를 바탕으로 한 이데올로기적 체제 경쟁이 가장 큰 요인이라고 하겠다. 이데올로기적인 군비경쟁과 이에 따른 경제적 압박, 거기에 따른 경제적 부담과 국내 정치적인 경직성은 사회주의체제들에게 내부적 혁신의 기회를 제한하였다.

그 다음, 체제 내적 요인으로는 경제적 요인과 정치적 요인이 크게 작용하였다.

경제적으로는 소위 말하는 내포적 성장 국면에서 맞게 된 위기로서 소비재 생산의 부족과 소비재의 양적, 질적 결핍, 거기에 따른 대중적인 불만이 체제위기를 촉발시킨 주요인이 되었다. 이러한 경제적 결함이 나타나게 된 구조적인 원인으로는 과도한 중앙집중식 계획경제 시스템, 그로 인한 생산자 대중의 '소외'와 무관심, 이에 따른 비능률과 형식주의 혹은 물량주의 등이 지적

되었으며, 궁극적으로는 사회적으로 필요한 물자의 수요량과 공급량 등을 계산하는 것이 불가능했다는 점도 지적되었다.[51]

정치적으로는 중앙집중식 계획경제 시스템에서 파생한 권력의 집중과 특권층형성, 정치적 비민주성, 거기에 따른 대중적인 소외와 불만이 중요한 요인으로 지적되었다.[52]

이 밖에도 동구 사회주의 제국들의 몰락 요인에는 페레스트로이카에 의한 소련으로부터의 개혁, 개방 바람이 주요 원인의 하나로 작용하였다. 동독을 비롯한 동구 사회주의 나라들은 사회주의 체제 건설의 과정에서부터 붕괴 시기까지 대부분 소련의 정치적, 군사적 간섭과 보호를 받아 왔으며, 80년대 후반 페레스트로이카 시기에는 소련으로부터 개혁, 개방의 영향과 압력을 받아왔다. 이러한 영향과 압력은 동구권 사회주의 나라들의 대중들에게 개혁의 요구를 고양시키는 방향으로 작용하였고, 개혁에 저항한 집권세력들을 정치적인 위기로 내모는 계기가 되었다.[53]

이렇게 해서, 마침내 '위로부터의 개혁'을 추진하던 소련을 비롯한 동구 사회주의 나라들은 한층 더 급진화한 대중들의 봉기

---

51) '사회주의적 계산'이 가능한가를 둘러싼 논쟁은 1920년대부터 40년대에 이르기까지 이어졌으며, 미제스, 하이에크, 오스카 랑에, 디킨슨 등이 논쟁을 벌였다. 블랙번, "동구권 몰락이후의 사회주의", 로빈 블랙번(편), 『몰락 이후. 공산권의 패배와 사회주의의 미래』, 김영희 외 역. 창작과비평사, 1994: 194 이하 참조.
52) 구소련과 구동독에서의 특권층 형성문제와 관련해서는 조한범 (1996), 유팔무(1996b)를 참조하라.
53) 이런 외적 요인이 구동독의 붕괴에 특히 중요하게 작용했다는데 대해서는 유팔무(1996b)를 참조하라.

에 의해 '사회주의에 대한 사회주의적 개혁'을 넘어 몰락의 길, 그리고 자본주의화의 길을 걷게 되었다. 그리고 오늘날 이 소련, 동구의 사회주의 나라들은 자본주의적 요소를 급속히 도입하는 과정 속에서 여러 가지의 사회적 혼란을 겪고 있다. 그 중에서도 가장 대표적인 현상은 새로운 빈익빈 부익부 현상, 도덕적인 피폐상, 범죄와 매춘, 마약 등이다.54)

현실 사회주의의 몰락은 사회주의권 바깥의 진보세력들에게 여러 가지의 충격과 고민을 던져 주었다. 그리고 이들로 하여금 현실 사회주의의 문제에 대한 진단, 그리고 거기에 대한 진보적인 저방, 신보에 대한 새로운 이해를 요구하였다.

현실 사회주의에 대한 진단으로서 대표적인 것은 그러한 사회주의는 '진정한' 혹은 '제대로 된 사회주의'가 아니었으며 가능한 여러 형태의 사회주의들 가운데 한 가지, 즉 '국가사회주의'였다는 것이다. 그리고 그와 같은 중앙집권적 계획경제체제에 대한 처방, 혹은 그러한 국가사회주의를 피할 수 있는 새로운 진보의 길로서 대표적인 것은 민주주의와 시장을 사회주의에 결합하는 '민주사회주의'와 '시장사회주의'의 모델이었다. 물론, 그 외의 처방으로서는 '포스트 맑스주의' 또는 '급진민주주의'도 제기되었다.55)

전자의 대안은 과거에 베른슈타인을 비롯한 '수정주의'나 유고의 시장사회주의와 그람시 등의 '유로콤뮤니즘'(유팔무, 1991b)

---

54) 러시아 상황에 대해서는 김두섭(1996) 등을 참조하라.
55) 자본주의가 대안이라거나 포스트모더니즘이 대안이라는 견해들은 여기서 논외로 한다.

에 의해서, 후자의 대안은 과거에 프랑크푸르트 학파와 같은 '신좌파'나 맑스주의에 대한 비판으로서 이미 제기된 바 있었기 때문에 사실 전혀 새로운 것은 아니다. 그러나 이러한 비주류적인 대안과 맑스주의 바깥에서 제기된 '상대적으로 진보적'인 대안은 '현실 사회주의의 몰락 이후'라는 역사적 상황 속에서는 새로운 의미를 지니기 때문에 재검토의 필요가 있다.

우선, '제대로 기능할 수 있는 사회주의'의 모델 혹은 국가사회주의의 실패를 피하기 위한 처방으로서 긴요한 것은 물자의 생산과 유통, 그리고 분배에 대한 민주적이고도 유연한 계획과 통제라고 하겠다. 이런 계획과 통제의 무게 중심을 국가에 두는 것이 아니라 생산자 사회와 시민사회로 옮겨야 한다는 것이다. 그리고 중앙에 의한 통제가 아니라 정부와 금융기관, 민간경제 협의기구 등에 의한 다원적 통제가 이루어져야 하며, 소유제도와 경제 조절시스템도 다원화되어야 할 것이다. 사적 소유와 시장기능(특히 소비시장과 노동시장)과 화폐기능도 제한적으로 병립되면서 그 비중이 유연적으로 조절되어야 할 것이다. 이러한 다원적인 통제와 유연적인 조절이 제대로 기능할 수 있기 위해서는 민주적 의사결정의 훈련과 제도화가 이루어져야 하며, 국가가 민주적으로 통제되어야 할 것이다. 그리고 정치적으로는 참여민주주의 제도와 다당제에 의한 대의민주주의가 병립해야 할 것이다(유팔무, 1994; 유팔무, 1990 참조).

이러한 '처방'은 물론 개혁사회주의 혹은 민주적 시장사회주의의 처방들 가운데 하나에 불과하다. 따라서 현실 사회주의 몰락 이후의 '새로운 진보'가 지녀야 할 내용을 모두 포괄하고 있지는 못하다. 이러한 내용의 또 한 부분은 사회주의 이론과 사상의 한 형태이자 혁명적, 과학적 사회주의의 정신적 원조에 해당하는 맑스의 이론과 사상을 오늘의 현실에 비추어 재검토, 재평가하는 작업을 통해 채워져야 할 것이다. 맑스에 대한 재평가가 중요한 이유는 비록 그가 자본주의 비판에 몰두하기는 했지만 현대의 사회주의 이론과 사상, 그리고 실천운동에서 정신적, 정치적인 지주 역할을 해왔기 때문이다.

맑스주의에서는 공히 '교조주의'를 비판해 왔다. 그 가장 큰 이유는 맑스의 이론과 사상, 그리고 실천까지도 역사유물론적 관점에서 수용되는 것이 온당했기 때문이었다. 이런 관점은 사실상 맑스에게서 연원한다고 해도 과언이 아니며, 오늘날까지도 타당한 것으로 인정된다. 그러나 문제는 그러한 관점이 맑스와 맑스주의에 대해서까지는 충실히 적용되지 않았다는 데에 있다. 알튀세가 언급한 바와 같이 그 자신은 물론 맑스도 시대의 산물이고 시대적인 제약을 받은 사람이었다. 그럼에도 불구하고 후대의 맑스주의자들 가운데 상당한 부분, 특히 맑스-레닌주의자들은 예컨대 '프롤레타리아트 독재'론 같은 것 등을 있는 그대로 수용하고 적용하려 한 교조주의에서 벗어나지 못하였다.56)

레닌도 맑스의 이론과 사상을 러시아적 상황에 맞도록 수정, 또 일부 왜곡하면서도 맑스의 어떤 부분은 교조적으로 신봉하였다. 그 중 문제가 많았던 것은 맑스의 혁명론이었다. 레닌은 『국

---

56) 프롤레타리아트 독재론은 정치적 혁명 전략으로서 계급동맹정책이나 선거를 통한 평화적인 이행전략과는 배치된다. 그리고 프롤레타리아트의 수적 다수성과 정치적 민주성이 담보되지 않는 조건 하에서는 소수 '전위'들의 독재로 전화할 위험성을 내포하고 있는 전략이다.

가와 혁명』에서 맑스의 혁명론을 폭력혁명론이라 유권해석을 가하였으며, 『무엇을 할 것인가』에서는 전위정당론을 통해 맑스의 지식인 이론을 엘리트주의로 왜곡시켰으며, 다른 저작들에서는 맑스의 이데올로기 이론도 속류화시켰다. 물론 이러한 수정과 왜곡은 러시아적 상황과 레닌의 한계, 그리고 그 후에는 레닌주의와 스탈린주의에 의해 한층 더 교조화되었다.[57] 이러한 교조주의는 맑스주의나 사회주의, 그리고 현대의 진보주의의 위기를 만들어 내고, 나아가서는 포스트 맑스주의 등에서 비판했듯이 맑스까지도 '원죄'를 범한 사람으로 평가 받게 만드는 결과를 초래하였다.

물론, 이러한 비판은 온당치 못하다. 레닌과 레닌주의, 그리고 이제는 몰락한 소련과 동구의 현실 사회주의가 인류사에서 퇴보만을 기록한 것이 아니기 때문이다. 만일 현실 사회주의 체제와 맑스-레닌주의 이데올로그들이 없었다면, 과연 오늘날 맑스가, 그리고 사회주의의 이론과 사상이 얼마나 살아남았고 또 진보했겠는가. 이런 점까지 반성해 본다면, 그들을 모두 무차별적으로 비판하는 것 또한 진보적이라 할 수 없을 것이다. 그럼에도 불구하고 새롭게 진보해 나가기 위해서는, 그리고 새로운 진보의 내용을 찾아나가기 위해서는 맑스에 대한 재평가가 필요하다.

맑스는 우선 여러 가지의 시대적인 제약과 한계, 그리고 이론 내적인 모순도 지니고 있었다. 예건대 그는 자본주의를 과소평가하고 프롤레타리아트를 과대평가하는 경향, 자본주의는 곧 망

---

57) 80년대 한국에서는 이러한 맑스주의가 또 한번 교조적으로 수용되었다. 김동춘(1997) 참조.

하게 되어 있고, 사회주의 혁명이 자본주의가 최고로 발달한 서구에서 먼저 일어날 것이라고 낙관하는 경향, 국가를 과소평가하고 협애하게 인식하는 경향(국가도구설과 국가소멸론), 계급을 과대평가하고 계급외적인 문제(예컨대 여성문제, 환경문제)는 과소평가하는 경향, 동양에 대한 무지와 편견(송두율, 1988), 미국에 대한 무지와 호감 등이 그러한 예이다.

물론 이러한 문제점들은 맑스 사후의 자본주의와 사회주의의 역사적 경험을 통해 보다 명확해 진 것들이다.

현대의 자본주의는 레닌이 지적한 것과 비슷한 '독점적 자본주의'로 변화했으며, 레닌 사후에는 수정자본주의로 변화하였다. 지구의 1/3은 수정자본주의로 변해 있으며, 세계의 1/3은 제3세계, 그리고 나머지 1/3은 제2세계의 사회주의('몰락한 현실 사회주의')와 제3세계의 사회주의(주변부 사회주의)로 남아 있다.

자본주의 세계에서 프롤레타리아트는 프롤레타리아트다운 의식과 행동을 보이지 않았으며, 오히려 서구에서는 '계급타협'을 이루고 있다. 자본주의는 맑스 사후 100년도 넘었지만 망하지 않고 있으며, 사회주의 혁명은 서구에서도 몇차례 시도가 있었지만, 자본주의 후진국들 사이에서 일어났다. 국가는 특히 서구 사회에서 결코 무능한 야경국가이거나 지배계급의 도구 혹은 '위원회'가 아니었다. 그리고 사회주의 혁명 이후, 현실 사회주의 나라들에서는 계급의 소멸과 함께 그 좁은 의미의 국가도 소멸되지 않았다. 오늘날 서구에서도 그리고 제3세계에서도, 계급문제 이외에 환경문제와 민족문제, 그리고 종교와 문화권의 문제는 치열하다.

이와 같은 맑스 이론의 한계는 대부분 그 자체로부터 연원하다기 보다는 역사적으로 변화된 현실상황을 볼 때 나타나는 것이다. 그리고 이러한 맑스 이론이 교조적으로 적용될 때 발생할 수 있는 현실적인 문제들을 진지하게 고려한다면, 우리는 그 이론에 대해서도 냉철하고 비판적인 자세로 재평가를 해야 할 것이다.

물론 그렇다고 하더라도, 맑스의 이론이 모두 잘못되었다거나 기본적으로 잘못되었다는 것은 아니다. 예컨대 역사 유물론적 세계관, 자본주의 이론, 특히 자본주의사회의 기본구조와 성격, 그것의 모순적 발전경향, 거기에 대한 비판과 발전의 전망 등은 아직도 타당한 것으로 인정된다. 그리고 경제 및 계급이 전체사회의 구조와 역학 속에서 '토대'의 역할을 한다는 점에 대한 인식, 국가를 포함하는 제반의 상부구조물들이 그와 같은 토대에 의해 기본적으로 그러나 궁극적으로 규정되어지는 위치에 놓여 있다든지 하는 인식 등은 아직도 유효한 것으로 보인다.

제4절 '새로운 진보'와 민주주의

소련, 동구의 현실 사회주의 몰락 이후, 새로운 진보의 길이란 앞서 지적한 바와 같이 국가사회주의가 아닌 개혁사회주의 혹은 민주적 시장사회주의, 그리고 이론적으로는 비판적으로 재해석된 맑스 이론을 포괄하는 어떤 것이다. 특히 '새로운 진보'란 민주주의의 가치를 대폭적으로 수용한 것이다. 그러나 민주주의의 가치를 대폭수용한다는 데에는 여러 가지의 함축이 들어 있다.

첫째, 그것은 진보적인 운동의 과정에서 절차적 민주주의와 정치적인 대의 민주주의를 대폭 수용한다는 것이다. 이러한 방법은 선거를 통한 제도정치에의 참여, 진보세력의 정치참여, 이를 통한 사회의 진보화를 추구하는 것으로서 이런 방법은 과거의 진보 패러다임에서는 수정주의, 선거주의, 합법주의, 개량주의 등으로 비판되어 왔다.

민주주의는 특히 그 절차의 면에서 다양한 형태와 방법들을 내포하고 있지만, 사회주의와 관련하여 논의가 많이 이루어진 것은 선거에 의한 대의정치제도의 문제이다. 민주주의는 흔히 "형식상으로만 민주주의일 뿐 내용적, 실질적으로는 민주주의가 아니라 계급독재"이며 이것은 "계급독재를 유지, 정당화해 주는 방편"의 하나라는 식으로 치부되었다. 그 이유는 그것이 정치생활의 차원에서는 민주적일 수 있으나 경제생활의 차원에서는 자본가계급의 독재를 유지시켜 주기 때문이다.

그러나 엄밀하게 말하자면 선거 그 자체가 경제적 계급독재를 정당화해 주는 것이 아니라, 선거에서의 패배가 그러한 효과를 가져오는 것이다. 선거는 '적'에게만 유리하게 작용하는 것이 아니며, 선거에서 패배하는 원인이 또 '적'에게만 있는 것도 아니다. 그리하여 선거와 같은 '의회민주주의' 또는 '절차적 민주주의'가 '부르주아적 민주주의'라는 등식은 옳지 않다.(유팔무, 1994b).

맑스는 자유주의적 민주주의를 제한적으로만 진보적이라 보았고, 선거를 전술적으로 이용해야 한다는 식으로 보는 경향이 있

있다.58) 그 반면 파리콤뮨에 대한 묘사를 통해 직접민주주의 혹은 참여민주주의를 바람직한 민주주의 형태로, 그리고 사회주의와 결합될 수 있는 민주주의로 간주하였다(Giddens, 1997: 95). 이는 곧 국가에 대해 생산자사회 및 시민사회가 실질적인 권력과 통제권을 갖는 제도를 의미한다. 그러나 문제는 이러한 후자의 민주주의가 실질적으로 더 많은 민주주의를 의미한다고 해서 전자가 단지 '형식적으로만 민주주의'인 것으로 폄하되어서는 안 될 것이다.59)

---

58) 맑스는 선거참여를 부정적으로만 보지 않았다. 그의 『고타강령비판』은 1875년 고타에서 창당된 '사회민주노동당'의 강령에 대한 비판이었는데, 그는 곧 당을 지지하는 쪽으로 태도를 바꿨다고 한다. 그 이유중의 하나는 당이 선거에 기대이상의 성공을 거둔 것이었다고 한다. 당은 1877년 제국의회 선거에서 9%의 지지표를 획득, 제4당이 되었다. 그 후 1884년 선거에서는 50만표를 넘게 득표하여 의회에서 24석을 차지하였고, 1890년 선거에서는 150만표를 획득하고 35개 의석을 차지하였다(이성형, 1991: 4-9 참조). 엥겔스도 여러 곳에서(MEW.35, 221, 335, 381; MEW.36, 238, 250 등) 선거참여가 필요하다고 말하고 있다.

59) 캘리니코스(1993: 174)에 의하면, 레닌, 룩셈부르크, 트로츠키 등도 다음과 같이 부르주아 민주주의와 의회제도를 옹호하였다고 한다. "레닌과 룩셈부르크는 모두 좌익이 노동계급운동의 발전에 가장 유리한 조건을 공급하는 자본주의적 정치형태로서 부르주아 민주주의를 쟁취하기 위해 노력해야 한다고 주장하였다. 마찬가지로 트로츠키는 독일 파시즘에 관한 그의 고전적 저작들에서 단호하게 혁명적 마르크스주의자들이 우익으로부터의 의회제도에 대한 공격을 막아내야 한다고 주장하였다."

물론, 이러한 주장들을 액면그대로 받아들일 것이냐 아니면 '전술적'인 성격의 것으로 이해해야 할 것이냐 하는 논란이 있을 수 있다. 그렇다고 하더라도 이러한 주장들은 부르주아 민주주의 자체가 일정한 가치를 지닌다는 점을 인정하는 것으로 받아들이는 데에는 무리가 없을 것이다.

둘째, 이와 관련하여 우리는 자본주의 국가에 관한 인식을 새롭게 해야 할 것이다.

우선, 자본주의 국가가 항상 지배계급의 도구인 것은 아니다. 또한 구조적으로도 항상 한 덩어리가 아니라는 사실도 인식해야 한다. 예컨대 독일의 사회민주당 혹은 영국의 노동당 정권은 지배계급의 도구라고 볼 수 없다. 또한 의회에서의 여야협상을 통한 정치, 혹은 둘 이상의 정파들로 이루어진 유럽이나 일본의 연립정부들은 정치적으로 한 덩어리가 아니다. 이런 의미에서 우리는 국가의 개념을 보다 넓은 것으로 파악해야 한다.

이와 관련하여 국가는 또한 '파괴되어야 할 대상'(레닌)이 아니라 '점령되어야 할 대상'(그람시)으로 간주해야 할 것이다. 왜냐하면 국가는 한 덩어리가 아닐 뿐 아니라 계급이 소멸된다하더라도 계급적대 이외의 적대와 범죄, 국방, 경제조절 등 공권력을 통해 해결해야 문제들은 계속 남기 때문이다.

더불어 '총자본' 개념도 재검토 되어야 할 것이다. 맑스주의에서 '국가는 총자본', 즉 결과적으로 자본주의 질서를 유지함으로써 자본가 계급의 이익에 봉사하는 기구라는 고정관념이 지배적이었다. 이러한 관념은 어떤 계급정권이 통치를 하든 관계없이 무차별적으로 적용되어 왔다. 그렇지만 보수 우익 정권과 사회민주주의 정권은 동질적이지 않으며, 그 계급적인 성격은 상반되는 것이다. 그래서 이를 모두 동일한 '총자본'이라고 파악하는 것은 부적절하다.

나아가서 이러한 관념은 "혁명 아니면 아무 것도 아니다."라는 사고와 다르지 않다. 이러한 사고는 선거와 정당정치에의 참여를 통한 사회주의로의 길, 즉 사회민주주의를 차단하는 효과를 낳고 따라서 '새로운 진보'로 나아가는 길도 가로 막는다. 즉 기존의 맑스주의에서의 '총자본' 개념은 소유형태가 혼합적이고, 시장과 계획도 병립하는 '혼합경제' 체제(즉, 사회민주주의체제에서부터 시장사회주의체제에 이르는 어떤 한 형태의 경제체제) 하의 국가를 지칭하기에는 부적합한 개념이다.

셋째, 새로운 진보는 정치적 민주주의를 포괄해야 하지만, 기존의 서구 사회민주주의 노선만으로는 부족하다. 특히 사회민주주의노선은 2차대전 이후 계속해서 우경화의 길을 걸어왔으며, '의회민주주의를 통한 사회주의 체제로의 평화적, 합법적 이행'이라는 목표를 상실하거나 폐기해 나갔다. 그리고 주로 의회정치를 통해 노동자계급과 기층민중의 이익을 대변하면서 자본주의체제가 갖는 부작용과 문제점을 복지국가형으로 수정, 보완하는 역할을 해 왔다.

이와 같은 '우경화' 현상은 의회민주주의가 갖는 한계라기보다는 노동자 대중들 사이에서 계급의식이나 사회주의로의 이행 전망이 발달하지 못하고 오히려 수정자본주의 체제에 통합되어 가는 경향을 보였던 데에 기인한 것이다. 물론 이러한 현상을 야기시킨 사회구조적인 배경요인으로는 2차대전 후 장기간에 걸쳐 지속된 경제호황, 국가의 적극적 경제개입과 조절에 따른 위기관리의 효과, 제3세계에 대한 국제적인 불균등 교역이나 착취로 인한 경제적 여유 및 거기에 따른 노동귀족화 등을 들 수 있다. 그래서 적지 않은 사람들은 이런 현상을 두고 맑스와 맑스주의 이론이 틀렸다고 비판하거나 단절하였다.

그러나 그동안 보수세력과의 경쟁과 갈등, 그리고 타협을 통해 이룩한 사회민주주의 노선의 성과들(사회적 평등과 안전성의 확대, 심화 등)은 분명 진보적인 성격의 것이었다. 이를 통해 이룩된 수정자본주의 혹은 사회민주주의 체제도 만성적인 국가재정 적자와 국제경쟁력 약화, 만성적인 실업문제 등을 이유로 양면적인 공격과 비난을 받아 왔다.

하지만 이러한 이른바 '복지국가병'은 사회민주주의노선과 체제가 자본주의의 틀 안에 포섭되어 있기 때문에 수반되는, 즉 궁극적으로는 '자본주의질서의 우위' 때문에 발생하는 문제들이다. 이 체제 하에서는 기업내의 생산관계는 물론, 국내에서의 기업과 기업의 교환관계, 기업들 간의 국제적인 교환관계가 모두 자본주의적 시장경쟁 원리에 의해 지배되어 왔다. 이것이 실업문제와 경쟁력문제, 그리고 국가재정의 상대적인 부족현상을 야기시킨 주범인 것이었다. 이런 의미에서 사회민주주의 노선과 체제를 통해 이룰 수 있는 진보에는 분명한 한계가 존재한다. 따라서 자본주의 질서에 포섭되고 안주하는 노선만으로는 부족한 것이다.

결국 새로운 진보는 정치적 민주주의를 포괄할 뿐 아니라 사회주의로의 점진적 이행의 전망도 포괄하는 것이어야 한다는 것이다.

넷째, 새로운 진보는 오늘날 참여민주주의와 신사회운동이 제기하는 사회차원의 민주주의 문제들까지도 포괄하는 것으로 확대되어야 한다.

과거 사회주의 운동과 맑스주의 이론은 사회의 문제들을 경제

문제와 계급문제로 환원시켜 파악하는 환원론적 경향을 지녀왔다. 대부분의 사회문제들이 경제적, 계급적 뿌리를 지니고 있는 것은 부인할 수 없는 사실이지만, 민족문제나 여성문제, 환경문제, 문화적 정체성과 같은 문제들은 경제나 계급문제에 환원되지 않는 부분들을 가지고 있다는 점을 인정해야 한다. 그리고 이러한 문제를 해결하는 것 또한 '진보'에 포함된다는 것을 인정해야 한다.

환원론적 시각은 진보적인 사회운동의 주체를 계급적으로만 한정짓고 운동의 목표를 계급적인 데에만 국한하는 시각으로 연결되어 왔다. 그 결과 사회문제를 파악하는 시야와 진보의 범위를 한정하는 결과를 가져왔다. 그리하여 노동운동만 진보적일 수 있고, 노동자와 민중만이 진보적인 운동의 주체일 수 있다는 협소한 진보관이 견지되었으며, 반면에 노동운동과 사회주의운동, 그 정치세력화의 결과인 사회민주주의 계열의 정당들은 '계급이기주의'를 취하는 것처럼 인식, 비판되기도 하였다. 그러나 새로운 진보는 이러한 폐쇄성을 벗어나야 할 것이다.

오늘날 자본주의적으로 발전한 나라들 사이에서는 계급문제의 중심성이 과거에 비해 상대적으로 약화되어 가는 추세속에 있으며 신사회운동이 제기하는 환경문제와 여성문제, 교육문제와 문화적 정체성문제 등 비계급적, 초계급적인 문제들의 심각성은 커져 가고 있다. 이러한 문제들의 해결을 진보로 인정한다면, 새로운 진보는 단지 '자본주의도 국가사회주의도 아닌 제3의 길'에 한정되는 것이 아니라 '적녹동맹'의 범위, 즉 개혁 사회주의에서부터 사회민주주의에 이르는 적색상징과 환경, 평화, 여성, 신문

화운동 등을 포괄하는 녹색상징까지로 그 범위가 확장되었다고
하겠다(오페).

그러나 참여민주주의와 신사회운동 그 자체만으로는 진보를
대신할 수 없다. 왜냐하면 그것은 기본적으로 계급패러다임과
사회주의노선, 그리고 대의민주주의의 한계를 비판하고 그러한
한계선 바깥에 놓여있는 문제들을 해결하는 데에는 중요한 기여
를 하고 있지만, 대의민주주의와 구사회운동을 통해 해결되어온
문제들, 또 그것을 통해 해결되어야 하는 구조적인 문제들을 해
결하는 데에는 분명한 한계를 지니고 있기 때문이다. 특히, 자본
주의와 계급의 문제는 사회주의적이지 않은 방식이나 초계급적
인 방식으로, 그리고 미시적인 방식만으로는 해결할 수 없다. 나
아가서는 수정자본주의 하에서의 사회민주주의 노선이 자본주
의질서를 수정, 보완하는 역할과 한계를 보여 왔듯이 참여민주
주의 노선 역시 기존의 체제를 부분적으로 수정, 보완하면서도
체제 자체는 유지시키는 기능을 하게 될 가능성이 크다. 이런
의미에서 참여민주주의적 신사회운동은 그 자체로 구사회운동
에 대한 대안이라고 할 수는 없으며, '홀로서기' 역시 문제가 있
고 명백한 한계를 지니고 있다.[60]

---

60) 한국의 신사회운동에 해당하는 시민운동의 발달과정, 그것의 정치적
　인 공과 과, 민중운동과의 연대필요성 등에 대한 논의로는 유팔무
　(1997c)를 참조하시기 바람.

칼럼 3
한국사회 좌우 이념의 스펙트럼

국민적 관심 속에 진행되었던 2002년도 민주당 대통령후보 경선 과정에서는 이인제씨와 노무현 씨 사이에 색깔론 공방이 치열했다.

과거 색깔론은 보수진영이 제기하여 좌파 혹은 진보의 '혐의'가 있는 사람을 폭로하고 고발하여 사법부의 심판대에 올리거나 여론재판에 회부하여 그 사람을 단죄하거나 공직에서 탈락시키는 방식으로 진행되었고 대개 보수진영의 일방적 승리로 끝나는 것이 통례였다. 그래서 좌파나 진보로 판정된 사람은 곧 '나쁜 사람' '잘못한 사람' '부적합 사람' '믿을 수 없는 사람' 으로 매장되거나 타격을 입었다.

당시에도 색깔론 공격을 받은 노무현씨는 "나는 그런 사람 아니다", "옛날에 젊었을 때 한때 하던 소리다."하는 식으로 과거 다른 이들이 그랬듯이 대개 '발뺌하는 전략'으로 대응하였다. "나는 좌파가 아니다. 우리 민주당이 그렇듯, 나도 중도개혁적인 입장이다."라고.

사실 노무현씨의 말대로 노무현씨는 좌파가 아니고, 민주당 역시 좌파가 아니라 중도개혁적인 정당이라고 하는 것이 맞았다.

이인제씨는 색깔론을 제기함으로써 자신의 보수성향을 만천하에 드러냈고, 중도-보수 성향의 유권자들과 정치가들에게 경각심을 일깨우는 효과를 발휘하였으나, 그 도가 지나치게 정략적이었다. 노무현씨의 경우도 정계개편을 통해 보수-개혁 구도의 이념정당, 정책정당의 새로운 정치로 나아가자는 것이 소신이라면, 자신의 이념적 입장을 명백히 하는 것이 좋았을 것이다. 그러나 어쩌면 당시 노무현씨의 애매모호한 대응방식이 그 후 일반인들 사이에 좌파와 우파, 진보와 보수가 무엇인지 하는 문제를 공론화시키는데 크게 기여했을 것이다.

좌파와 우파, 진보와 보수는 사실 "옳다, 그르다."의 문제가 아니라 "좋다, 나쁘다."의 문제이다. 왜냐하면 특정한 사회질서나 체제, 그리고 제도, 거기에 수반되는 특정한 계급, 계층의 권익에 대한 선호와 지지여부가 좌우파, 진보와 보수를 갈리놓는 것이기 때문이다. 어떻게 보면 이를 구별하는 가장 단순한 기준은 사회적 약자층의 권익을 중시하느냐, 기득권층의 권익을 중시하느냐라고 할 수 있다. 그러나 좌우, 그리고 진보와 보수의 구분은 그렇게 단순하지 않다.

본래 좌파와 우파라는 말과 뜻은 프랑스 대혁명 시기인 1790년대 초에 설립된 혁명의회에서 급진혁명, 사회주의, 노동자-농민-빈민의 입장을 취하던 자코뱅파가 좌측의석을 차지하고, 온건개혁, 자유주의와 자본주의, 상공업자 부르주아의 입장을 취하던 지롱드 파가 우측의석을 차지해 대립하던 데에서 연원한다. 그 후, 자본주의 자유시장경제 질서와 근대법치국가 및 시민사회 질서로 '역사적 진보'가 이루어지고 나서부터 좌우파의 의미는 그러한 경제질서와 정치질서에 대한 진보-보수의 입장으로 바뀌게 되었다. 즉, 왕국봉건체제에 대한 급진혁명-온건개혁의 입장차이가 후에는 자본주의 자유시장경제체제 및 자유민주주의 정치체제에 대한 비판과 지지의 입장차이, 즉 진보와 보수의 입장으로 이어지게 되었다는 것이다. 이를 이념적으로 집약하는 것이 각각 사회주의(좌파, 진보)와 자유주의(우파, 보수)이다.

그러나 시대가 흐르면서 이합집산과 변형이 이루어졌다. 좌파는 전통적인 혁명적 좌파(공산주의)와 민주적-개혁적인 좌파(사회민주주의)로 분화되는 한편, 20세기 중반부터는 그 오른쪽에 좌성향을 갖지만 좌우를 모두 비판하는 '신좌파'(녹색주의, 급진민주주의, 참여민주주의 등) 혹은 '제3의 길' 입장이 형성되었다. 우파는 자유주의와 자본주의를 옹호하는 보수파 외에 구시대 기득권세력의 입장과 가치를 옹호하는 극우보수파(전통적인 가치, 권위주의, 엘리트주의를 주로 옹호) 혹은 '신우파'(신보수주의, 신나치)로 재편성되는 한편, 자유주의와 자본주의를 옹호하지만 그 문제점을 부분적으로 개혁하려는 '개혁적 보수'가 20세기 중반부터 형성되었다.

오늘날 미국의 공화당은 자유주의적 보수와 신보수가 연합해 있는 보수정당이고, 민주당 개혁적 보수와 신좌파가 연합해 있는 중도개혁정당이다. 이렇게 보면 우리나라 민주당 그리고 열린우리당은 미국의 민주당과 이념적 성격이 유사하다고 할 수 있다. 그러나 한국에서 좌파나 우파, 진보와 보수는 서구나 미국과 달리 민족문제와 교차되어 특수한 면이 있다.

서구에서 민족주의는 신보수, 신우파에 해당하지만, 우리 경우는 민족주의도 좌우로 갈라져 있다. 좌파의 경우, 미국(자본주의)에 대한 비판적인 입장을 가진 반면, 북한(사회주의)에 대한 포용적인 입장은 민족주의와 일치한다. 자유주의 및 보수주의와 결합한 민족주의는 미국(자본주의)에 대해 친화적이고 북한(사회주의)에 대해서는 적대적, 공격적이다. 그러나 좌우를 벗어난 중도적인 입장의 민족주의는 북한이나 미국에 대해서도 공히 중도적인 입장을 취하고 있다. 다른 한편, 한국에서는 자유주의도 제대로 확립되지 못했기 때문에 자유주의는 곧 보수주의라고 하기에 곤란한 측면이 있다. 이런 점들을 감안하면서 한국의 좌우 및 진보-보수의 이념적 스펙트럼을 정리해 보면, 다음과 같이 좌에 둘, 우에 둘, 중앙에 둘이 위치하고 있다.

혁명적 좌파 – 개혁적 좌파 – 중도개혁파 – 개혁적 우파 – 보수적 우파 – 신보수적 극우파

제6장 한국에서 제3의 길은 가능한가
노동자-시민 정치연대를 통한 새로운 진보

제1절 한국에서 '제3의 길'이란 무엇인가

90년대에 들어선 이후, 선진 서구제국들은 물론 한국에서도 '제3의 길'에 대한 관심과 논의가 점증하고 있다. 이 제3의 길이 무엇이냐에 대해서는 사실 의견들이 다양하지만, 공통적인 점은 자본주의(제1의 길)도 아니고 소련식 공산주의(제2의 길)도 아닌 그 사이의 길을 가리킨다는 것이다. 자본주의와 공산주의 사이의 길 가운데 대표적인 것은 사회민주주의 혹은 민주사회주의였고, 80년대 이후에 들어와서는 참여민주주의(신사회운동), 혹은 이것과 사회민주주의의 중간에 해당되는 길이 각광을 받고 있다. 서구에서 제3의 길을 논한 대표적인 인물들로는 베른슈타인(사회민주주의)에서부터 그람시, 비숍/멘아르트(유로콤뮤니즘), 그리고 프랑크푸르트 학파(비판이론), 라클라우/무페(급진민주주의), 오페(구좌파와 신사회운동의 동맹), 기든스(급진정치적 비판) 등이 있다. 제3의 길이란 이처럼 자본주의에 대한 비판, 공산주의에 대한 비판, 경우에 따라서는 사회민주주의에 대한 비판에 기초하고 있는 노선들을 말한다. 그러나 사회민주주의는 본래 제3의 길로 표방된 것이었다.

한국사회의 경우, 자본주의에 대해 비판적인 노선과 세력이 본격적으로 형성되고 성립한 것은 1940년대 광복 직후였다. 그러나 정부수립 이전까지 대세를 좌우해 왔던 이 진보/혁신세력은 세계적인 냉전구도와 반공주의적인 미군정의 영향과 탄압 속에서 무력화되었고, 반공적인 정부수립과 그에 뒤이은 한국전쟁을 통해 말살되다시피 하였다. 이를 통해 수립되고 공고히 된 한국적인 '제1의 길'은 사실 자본주의/자유민주주의 보다 더 나아간 급진적인 반공주의였다.

반공주의는 '공산주의에 반대하는 것'이기 때문에 그 자체로서는 특별한 내용을 담고 있지 않지만, 지난 수십년간 친미 사대주의, 유교적 권위주의, 국가주도 자본주의라는 3개의 축으로 이루어진 보수기득권 세력의 발전패러다임을 보호, 후견하는 방패막이로 작용해 왔다. 반공주의는 북한으로부터의 가능한 공격을 방어하고 예방하는 정신적 무기로 작용하였으나 국내적으로는 보수기득권 세력이 그들에 반대하는 민족자주 노선과 반독재 민주주의, 자본주의 비판 등과 같은 세력을 정치적으로 억압하는 강력한 명분과 수단으로 작용하였다.

억압적 국가기구와 강력한 반공주의의 헤게모니 하에서 한국의 진보/혁신세력은 70년대에 이르도록 자리를 잡을 수 없었다. 그러다가 70년대의 반독재민주화 운동(독재정부에 대한 정치적, 절차적 민주주의의 요구)과 80년의 광주항쟁, 그리고 이론/사상적으로는 프랑크푸르트 학파와 종속이론을 모태로 하여 80년대 중반에 복원되어 갔다. 80년대의 진보/혁신세력은 탈종속－자립발전 노선에 이어 반미－자주통일 노선, 반자본－민중민주 혁명노선으로 전개되었다. 이와 같은 노선들은 87년 6월 항쟁에 이르기까지 조직적으로 '민주화운동'으로 포괄되어 있었으나, 6.29선언 이후 '위로부터의 민주화'와 재야정치인들의 정치활동이 허용되면서 이들로부터 분리, 자립화하게 되었다. 민족·민중 운동 노선은 한편으로는 '정치적, 절차적 민주주의'를 추구하던 재야정치인들(김대중, 김영삼) 중심의 민주화운동 핵심세력과 분리되고, 다른 한편으로는 본격적으로 대중(노동자, 농민, 빈민, 교사, 화이트칼라 등)과 만나게 되었다. 이렇게 해서 87, 88, 89년의 대중들은 한국적인 '제2의 길' 민중민주주의의 깃발 아래 급속히 조직화되어 갔고, 합법적인 대중정당운동을 통해 사회민주주의적인 '제3의 길'도 시도하기에 이르렀다.

그러나 90년을 전후해 발생한 현실사회주의권의 연이은 붕괴현상은 한국적인 '제2의 길'에 대해 철퇴를 가했다. 이것은 불과 3년도 지나지 않은 시점이었다. '제2의 길'은 막 뿌리를 내리기 시작하는 상태에서 시대적 상황으로 인해 "대안이 될 수 없다."라는 판정을 받게 되었으며, 이로 인해 90년대 초 한국에서는 '제2의 길'에 대한 대안, 즉 '제3의 길'이 본격적으로 논의되기 시작하였다.

90년대를 통해 '제3의 길'로 가장 많이 주목을 받은 노선들은 '사회주의와 절차적, 다원적 민주주의를 결합'시키는 사회민주주의, '계급중심성을 폐기하고 다원적, 급진적 민주주의를 추구'하는 포스트 맑스주의, '탈중심적 다원주의'를 추구하는 포스트모던주의, '계급초월적인 시민적 권익을 대변하고 시민사회를 방어'하는 것을 목표로 삼는 시민운동론 등이었다.

제2절 '제3의 길'은 사회주의를 버리는 것인가

사회주의 사회란 생산수단을 공적·사회적으로 소유, 활용하고 생산과 분배의 문제를 시장을 통한 개별적 경쟁의 질서에 맡기지 않고 사회적, 계획적으로 해결하는 사회체제를 말한다. 사회주의 사상이나 운동은 바로 그러한 원리를 추구하는 사상이나 운동을 가리키는 것이다.

소련, 동구 현실사회주의권의 붕괴는 90년대 초 수많은 충격과 논란을 불러 일으켰다. 그 중에서 특히 사회주의를 추구하던 사람들은 사회주의가 무엇인지를 다시 생각하게 되었고, 사회주의가 좋은 원리인지 아닌지, 현실적으로 잘 기능할 수 있는 원리인지 아닌지를 다시 판단해 보게 되었다.

한 가지 커다란 쟁점이 된 것은 "사회주의 원리는 필연적으로 현실사회주의 체제들이 드러낸 문제점들을 야기시키는 원리"인가, 아니면 "현실 사회주의 체제들은 사회주의원리가 특수하게, 잘못된 형태로 실현된 역사적 사례들"인가 하는 점이었다. 우리는 후자의 견해가 더 옳다고 본다. 그리고 자본주의의 문제를 극복하기 위해서는 사회주의가 필요하다고 본다. 문제는 어떤 사회주의냐 그리고 사회주의를 어떻게 이룩하느냐 하는 데에 있다고 본다.

여기서 한 가지 인식을 새롭게 해야 하는 것은 사회주의 원리라고 하는 것이 자본주의가 그렇듯 정치원리가 아니라 경제원리라는 점이다. 즉 한 사회의 경제시스템을 어떻게 하느냐의 문제인 것이다. 사회주의 원리를 추구하고 그러한 원리를 실천적으로 실현하는 문제, 또 이를 위한 노력들은 정치적인 것이지만, 이러한 사회주의 정치에는 어떤 단일하고 표준적인 원리가 주어져 있지 않다. 이 말을 다시 정리하면 사회주의는 경제원리이고, 사회주의 정치라는 것에는 어떤 주어진 원리가 없다는 것이다.

사회주의 경제원리는 소수 권력자들의 강압에 의해 운영될 수 있고, 대중들의 주체적인 참여를 통해 운영될 수도 있다. 그것은 일당독재에 의해 운영될 수 있고, 다당제와 보통 비밀선거제를 통해 운영될 수도 있다. 바로 이런 이유 때문에 현실사회주의의 붕괴나 몰락은 자본주의의 대안인 사회주의 원리 자체의 붕괴나 몰락이라고 할 수 없다는 것이다.

혹자는 맑스나 레닌의 이론과 정책으로 문제를 소급시키기도 한다. 일면 타당한 면이 있기는 하지만 전적으로 옳은 것은 아니다. 그들이 말하는 사회주의 '정치'라는 것은 사회주의원리가 아니며, 사회주의 정치 원리인 것도 아니다. 문제는 그들의 정치를 '안(案)'으로 보지 않고 정치원리로 격상시킨 이른 바 '맑스주의'나 '레닌주의'에 있다. 그러나 사회주의 정치에는 다른 길들도 있다. 그람시의 헤게모니론, 시민사회론 그리고 사회민주주의가 그 대표적인 예들이다. 경제원리로서의 자본주의도 정치적으로는 민주주의와 결합될 수 있고 독재적으로 운영될 수 있듯이, 사회주의도 마찬가지이다.

우리가 현실 사회주의사회들로 구현된 사회주의의 특수형태들을 '(일당독재에 의한 권위주의형) 국가사회주의'라고 한다면, 이것의 가장 큰 문제는 민주주의의 결여였다. 이런 의미에서 사회주의 경제원리를 민주주의와 적극적으로 결합시키는 사회민주주의 또는 민주사회주의 노선이 '제2의 길'에 대한 가장 강력한 대안이 될 수 있었고, 서구 사회들은 이를 이미 오래전부터 많은 부분 실현하였다.

이 노선들은 사회주의경제의 운영을 민주적으로 해야 한다는 입장을 가졌을 뿐 아니라 사회주의로의 이행, 변혁도 민주적인 방법과 절차를 통해 이루어져야 한다는 입장을 가졌다. 합법적인 정당을 만들고 선거에 참여하여 득표하고, 이에 성공하면 기간산업을 국유화하고 노동자와 소외계층을 위한 복지제도를 확충해 나갔다. 즉 민주적이고 점진적인 변화를 추구해 나간 것이다.

그러면 이러한 사회민주주의적인 '제3의 길'은 사회주의를 버린 것으로 볼 수 있을까. 원칙적으로는 그렇지 않다.

물론 이들이 집권하지 못해 야당으로 남아 있는 한, 그리고 집권여당이 되더라도 반대당이 남아 있는 한, 사회주의 체제로 이행해 가는 것은 멈추어 지거나 단지 점차적으로만 이루어질 뿐이다. 이런 상황이 오랜 기간 지속된 서구사회들은 대부분 자본주의 체제이면서도 사회주의적인 원리가 상당 부분 도입되고 결합된 '혼합경제'의 모습을 하고 있다. 또한 사회주의 체제로의 이행을 포기하는 사회민주주의자들도 늘어나게 되었다. 혹자는 바로 이런 경향을 가리켜 사회민주주의라 부르기도 한다.[61] 그러나 어쨌든 사회민주주의가 절차적 민주주의와 선거를 통해 사회주의원리를 실현하고자 하는 희망을 가지고 있는 한, 사회주의를 버린 것이라고는 할 수 없을 것이다.

---

61) 사회민주주의의 이러한 위상과 스펙트럼으로 인하여 사회민주주의는 좌파에 의해서는 '중도좌파', 기든스와 같은 중도파에 의해서는 '좌파'로 분류되기도 한다.

제3절 한국에서의 사회민주주의 실험들

한국에서 사회민주주의는 제대로 자리를 잡아 본 적이 없다. 80년대 중후반에 형성된 진보/혁신세력 사이에서는 민중혁명노선과 비합법 전위당 노선이 지배적이었다. 합법정당과 선거를 통한 점진적인 개혁과 이행의 노선 즉 사회민주주의는 개량주의라 비판되며 내부적으로 억압당하는 위치에 있었다. 이러한 사정은 90년대 초 소련, 동구 사회주의권의 붕괴 여파로 크게 달라져 노동자/민중의 정치세력화 혹은 진보진영의 정치세력화를 둘러싼 논의에서는 합법정당운동론이 우세하게 되었다. 물론 이 문제와 관련해서는 비합법/반합법 정당운동론과 합법정당운동론 사이의 대립 이외에도 기성 정당의 도움을 받아 세력화해 나가자는 범민주연합론, 아직은 때가 안 되었다고 하는 시기상조론 등 입장들이 여럿으로 갈라졌다. 따라서 민중정당, 진보정당 등 독자적인 합법정당을 추진한 사실상의 사회민주주의 노선은 그 중 일부에 한하였다. 그리고 이 노선의 정치세력화 시도는 80년대 말부터 90년대 말까지 10년 동안 별다른 성과를 거두지 못한 채 제자리걸음을 해왔다.[62]

80년대의 진보/혁신세력이 본격적으로 합법정당을 통해 선거에 참여한 것은 88년이었다. 이들은 87년 대선에 백기완 후보를

---

[62] 이러한 상황은 그 후 98년 지방선거와 2002년 지방선거를 기점으로 변화하기 시작했다. 그리고 2004년 총선에서는 진보정당이 제3당의 자리를 굳히고 최초로 의회에 진출하는 상황으로 바뀌었다. 여기에 대해서는 이 책의 제8장에서 다시 논하기로 하겠다.

출마시켰으나 막판에 후보를 사퇴하였고, 88년3월 13대 총선을 앞두고 마침내 '민중의 당'을 결성하였다.

'민중의 당'은 당 강령에서 "반세기에 걸친 민중의 반외세, 반독재 민주화 투쟁을 계승하여 민중의 민주주의와 조국의 자주화, 통일을 보장할 민주정부의 수립 및 통일된 민주조국의 건설을 위해 전체 민중의 선두에 서서 민중과 함께 이의 실현을 추진해 나갈 것"이라고 선언하고, 다음과 같은 10개의 정강을 내세웠다(권희경, 1989: 196-206).

(1) 군사독재를 완전하게 종식시키고 민중이 주인되는 민주정부를 수립한다.
(2) 미, 일 등 외세의 지배 간섭 책동을 타파하여 민족자주를 완전하게 실현한다.
(3) 민중적 민족 자립경제를 수립하여 민중의 인간다운 삶을 완전하게 보장한다.
(4) 조국의 자주적 평화통일을 달성한다.
(5) 자주적 평화외교를 통하여 진정한 세계평화의 실현에 기여한다.
(6) 정치 경제 사회 문화 교육 등의 전영역에서 여성차별을 철폐하고, 남녀평등의 사회구조를 확립한다.
(7) 민족 민주 민중적 교육이념에 입각한 평등한 국민교육을 실현한다.
(8) 상업적 외래문화의 무분별한 도입과 민중의 정치의식 마비를 위해 조장되어 온 퇴폐적, 향락적 대중문화를 일소하고, 진취적이고 민중적인 민족문화를 창달한다.
(9) 민중의 쾌적하고 인간다운 삶을 보장하는 사회복지정책을 실시한다.

(10) 민중이 쾌적한 환경 속에서 건강하게 생활하고 창조적으로 노
동할 수 있도록 환경권을 완전하게 보장한다.[63]

'민중의 당'은 '민중이 주인되는 민주정부의 수립'을 최상위의
강령으로 내세웠고, 민족자주노선을 천명하였으며, 여성, 문화,
복지, 환경 정책을 주요한 정강으로 설정하였다. 이것은 한국적
사회민주주의의 표본을 잘 보여주는 정강정책이었다. 그러나
'민중의 당'은 이렇게 '좋은' 정강정책을 가지고 15개 지역구에
서 후보를 출마시켰으나 당선자를 1명도 내지 못했고, 정당유지
에 필요한 유효득표율에도 못미쳐 해산을 당하였다. 출마한 지
역에서의 평균 지지율도 4.3%에 불과하였다.

이렇게 지지율이 저조했던 이유는 무엇일까. 88년 이 시기만
해도 민중운동 역사상 운동도, 또 거기에 대한 대중적인 공감도
가장 활발하던 시기가 아니었던가.

그러나 그것은 판단착오였다는 것이 실제 선거결과를 통해 밝
혀진 것이다. '제2, 제3의 길' 노선에 대한 열렬한 지지층은 일부

---

63) 여기에는 소항목으로 "1.미, 일 등 외세의 경제적 침략, 지배를 타파
하고 우리 경제의 대외 예속성을 극복한다. 2.매판독점자본의 경제지배
를 타파하여 민중적 경제질서로 재편한다. 3.반민중적 세금제도를 개혁
한다. 4.노동자, 농어민, 도시빈민, 중소상공인 등 민중의 생존권을 철
저히 보장한다." 등이 들어 있으며, 다시 "IMF 협정을 비롯한 외세와의
일체의 불평등한 경제협정, 계약을 파기한다. 우리 민중의 이익과 배치
되는 외국 독점자본의 활동을 제한한다. 독점재벌을 해체한다. 주요산
업을 국유화한다. 노동조합의 정치활동의 자유를 철저하게 보장한다.
완전고용을 실현한다. 소상공인의 경제활동을 보장하고 보호한다. 여
성의 육아와 가사노동을 경감시킬 제도적 장치를 마련한다."는 등의
소항목들도 들어 있다.

소수의 지식인과 학생들에 한정되어 있었고, 절대 다수의 대중 아니 실제의 '민중'들은 그러한 인식으로부터 한참 먼 곳에 있었던 것이다.

이들은 오랜 세월 반공주의로 교육, 훈련, 무장되어 있었으며, 친미사대주의와 유교적 권위주의, 그리고 국가주도 자본주의를 몸으로 실행하며 지속시켜 온 사람들이었다. 믿고 싶지 않았겠지만, 이는 냉엄한 현실이었다. 그리고 이는 오늘날도 상당한 부분 유지되고 있다.

민중진영 혹은 진보진영의 정치세력화 시도는 80년대 말의 실패에서 그치지 않았고 90년대에 들어와서도 수차례에 걸쳐 반복되었으나 실패를 거듭하였다.

90년 4월 전국민족민주운동연합(=전민련)의 일부는 민중의 당, 한겨레민주당을 추진하던 세력들과 함께 '민중의 정당 건설을 위한 민주연합추진위원회'를 결성하였고 이 가운데 야당과 통합하자는 파가 이탈한 가운데 90년11월 '민중당'을 창당하였다. 51개 지구당에 2천여 명의 당원이 참가한 민중당은 91년 지방선거에 42명을 출마시켰으나, 단 1명의 당선자를 냈을 뿐이었다. 출마지역 득표율은 13.27%나 되었으나, 총 득표율은 0.8%에 불과하였다.

그 후 92년 14대 총선에서는 노동자들이 결성한 한국노동당 창당준비위원회와 통합하여 51명을 출마시켰으나 1명의 당선자도 내지 못하여 해산 당하였다. 출마지역 평균 득표율은 6.5%로 낮아졌다. 그러나 이들은 다시 92년12월 14대 대선에서 백기완 후보를 출마시켰고, 결국은 23만8천여 표 1.0%를 획득하

는 수준에 머무르고 말았다(노회찬, 1999).[64]

그 후, 4년 동안 진보정당은 건설이 추진되기는 하였으나 과거의 실패 여운 속에서 재건되지 못했다. 그러다가 97년 제15대 대통령 선거를 앞두고 노동자대중조직인 민주노총이 진보정당 건설 및 선거참여를 결정하여 '국민승리 21'이 결성되었고, 권영길 후보가 출마하였다. 그러나 권 후보 역시 30만6천여 표 1.2%를 득표하는 데에 그치고 말았다. 가장 지지가 높았던 곳은 울산으로서 6.1%였다.

국민승리 21은 98년 6월 지방선거에서도 민주노총과 함께 참여하여 49명의 후보를 출마시키고 지원하여, 기초단체장 3명을 포함하여 모두 23명을 당선시키는 성과를 보았다.

이러한 성과들은 80년대 말 90년대 초에 비교해 볼 때, 약간은 진전된 것이다. 대선에서의 성과는 24만표 1.0%(14대 백기완 후보)에서 31만표 1.2%(15대 권영길 후보)로 근소하게 늘어났으며, 지방선거에서의 성과는 비록 노동자밀집지역을 중심으로 당선가능성이 큰 지역에 한정된 출마이기는 하였으나 50% 가까운 당선율을 보여 91년도에 비해 훨씬 커졌다.

---

64) 국민승리 21 정책기획위원장 노회찬은 과거 한국 진보정당운동이 선거에서 실패하게 된 주 요인으로 (1)진보진영이 분열되었고, 진보성향의 정치세력을 최대한 규합하는데 실패한 점, (2)노동운동이 경제주의적인 편향을 지니고 있는 점, (3)선거관련법들이 소수당에게 불리하게 되어 있고, 금권정치를 조장하는 등 정치환경이 열악한 점 등을 들었다(노회찬, 1999).

제4절 사회민주주의적 '제3의 길'은 한국에서 가능한가

80년대 말~90년대 말 10년 사이에 이루어진 '합법정당을 통한 민중의 정치세력화 시도'들은 사실상 사회민주주의적 실험들이었다. 그러나 이러한 실험들은 대체로 기대수준에 훨씬 못미치는 실패의 연속이었다. 특히 대통령선거에 출마한 경험들은 희망을 일구어 내기 보다는 실망과 좌절을 더 크게 했을 뿐이었다. 반면에 사회민주주의 실험들을 통해 얻어낸 가장 큰 소득이라면 '실제의 민중과 노동자'와 진보세력이 파악하고 기대한 '민중과 노동자의 상'은 거리가 멀다는 사실이었다. 이것은 전국적으로 1% 내외, 전남지역에서는 0.2%에 불과했던 평균 득표율이 잘 보여주었다.

그러면 이와 같은 괴리가 발생하는 이유는 어디에 있었을까. 그리고 그러한 괴리는 극복될 수 있겠는가.

그러한 괴리를 야기시킨 가장 큰 이유는 무엇보다도 반공주의의 강력한 헤게모니에 있는 것으로 보인다. 우리나라에서 반공주의는 공산주의에 반대하는 논리로서 자본주의에 대한 비판과 그 대안을 범죄시하고 억압하고 무력화시키는 강력한 힘을 발휘해 왔다. 그런만큼 자본주의에 대한 비판과 대안은 설 자리가 빈약했으며, '제2, 제3의 길'은 민중과 노동자들에게 설득력을 갖지 못했던 것이다. 이런 점에서 민중노선을 걸어온 진보세력은 "절대다수의 민중과 노동자는 진보적이지 않다"는 사실을 직시해야만 한다. '민중이 주인되는 사회'를 만든다고 할 때, 거기서 민중은 과연 어떤 사람들을 말하는가. 민중노선을 취하는 소수의 민중인가, 아니면 민중노선에 동조하지 않는 다수의 '보수적 민중'인가.

분단 상황과 반공주의는 다른 한편으로 정치적 권위주의와 자본주의 성장논리에 정당성과 설득력을 가져다주었다. 지난 수십 년간 정치적 권위주의는 분단 상황 속에서 또 경제성장의 필요성 때문에 불가피한 것으로 인정되어 왔다. 그러는 사이 다수의 민중들은 권위주의와 자본주의 성장논리에 익숙해져 왔다. 그만큼, 거기에 대한 비판적인 '대안'(alternative)은 불안하고 낯설은 것으로 받아들여져 왔다.

87년 이후 한국의 상황은 몇 가지 커다란 변화를 겪었다. 정치적으로는 '형식적, 절차적 민주주의'가 소극적으로 도입되어 왔으며, 경제적으로는 성장이후 국면으로 진입하였다. 이와 함께 '제2, 제3의 길'이 정립되었고, 노동운동이 본격화되고 공정분배의 요구가 정당한 대안으로 자리를 잡아갔다. 이러한 변화들이 합법적인 정당운동, 그리고 노동운동에 기초한 정당운동을 가능하게 하였으며, 노사정위원회도 가능하게 하였다.

그러나 이러한 변화들은 거시적으로 볼 때, 다음과 같이 본질적인 변화는 아니었다.

첫째, 분단 상황과 반공주의의 헤게모니는 아직도 강고하며, 둘째, 친미적인 대외종속성과 사대주의 또한 강고하게 유지되고 있다. 셋째, 재벌과 빈부격차에 대한 성토, 공정분배의 요구는 있었으되, 자본주의 자체와 성장논리 자체에 대한 비판, '소유와 생산관계의 재구성' 문제는 본격적으로 제기되지 못해왔다. 넷째, 민주주의는 아직도 형식적, 절차적인 민주주의가 도입되는 가운데 시련(날치기통과와 보스, 붕당정치 등)을 겪고 있으며, 사회 차원에서의 민주주의와 생활 속의 민주주의는 유교적 권위주의에 의해 압도당해왔다.

이러한 상황들은 사회민주주의적 '제3의 길'을 어렵게 만들어왔으며, '진보적인 이론 속의 민중'과 '현실 속의 민중' 사이에 커다란 괴리도 만들어낸 것이었다.

실제의 민중들은 특히 호남지역의 투표경향에서 두드러졌듯 지역주의적이었으며, 정치적인 공약이나 정책에 대해서는 불신하고 오직 인물이나 정당(=정책정당이 아니라 누구, 어떤 사람, 어떤 보스징치가가 주도하느냐가 중요한 정당)에 한해서만 신뢰한 것이었다. 인간 김대중 씨에 대한 신뢰와 불신, 인간 김종필 씨나 이회창 씨에 대한 신뢰와 불신이 판을 가르고 있지, 정책상의 차이는 단지 부차적으로만 고려되었다.

민중을 포함한 국민들의 이와 같은 태도와 행동방식은 "아직 근대화가 덜 되어서" 혹은 "개화가 덜 되어서"라기 보다는 앞서 언급한 거시적인 구도 속에서 자구책의 한 형태로 형성된 '실리주의'의 영향이었던 것으로 보인다. 복지제도와 공적인 이익대변의 정치가 발달하지 않은 한국적 상황 속에서 개인들이 자신의 생계와 복지문제를 자기 자신의 능력이나 가족, 친척, 친지, 가까운 사람, 내고장사람, 우리지역출신 유력인사 등에게 기대어 해결하는 것이 합당하다고 보는 태도나 행동방식이 그것이었다. 이런 '자구적인 노력'과 그 정당성이 한국에 강력한 가족주의와 연고주의, 그리고 지역주의에 바탕을 이루어 온 것이다. 이와 같은 '공적인 사회와 정치'에 대한 불신과 그에 따른 '전근대적'

인 자구책에 대한 의존은 역사적, 구조적인 조건과 경험 속에서 형성된 것이며 따라서 진보적인 '제3의 길'과 커다란 마찰을 빚어낸 것이었다. 그래서 이런 점들이 사회민주주의의 길을 어렵게 만드는 것이다.

그렇다면, 과연 사회민주주의는 불가능한가.

그렇지 않다. 대세를 형성하는 것이 어려울 뿐이다. 선거를 통해서 보면 적어도 인구의 30만 명 정도는 '제3의 길'을 택하고 있다. 30만이면 하나의 도시를 이룰 수 있는 규모이며, 우리나라 군인수의 절반에 가까운 숫자이다.

그러나 한국적인 '제3의 길'은 숫자의 면에서나 정책의 면에서나 한국사회를 근본적으로 변화시킬 수 있을 정도의 정치력을 행사할 수 있으려면 많이 부족하다. 그래서 이런 방향으로 한 걸음 더 나아가기 위해서는 양면적인 노력이 필요하다. 한편으로는 자본주의에 대한 본격적이고 보다 치밀한 비판을 더 활발히 전개하여 '제3의 길'의 정당성에 대한 설득력을 높이도록 해야 할 것이다. 다른 한편으로는 이론 속의 민중이나 노동자가 아닌 실제의 다수 민중과 노동자에게 더 다가갈 수 있는 온건하고 일반적인 정책을 개발, 제시, 추진하여 그들과의 신뢰를 일구어 나가는 노력을 배가해야 할 것이다. 그리고 이를 위해서는 또 하나의 '제3의 길'로 선회하는 것이 필요하다. '노동자-시민 정치연대의 길'이 그것이다.

제5절 또 하나의 '제3의 길' — 녹색 사회민주주의의 가능성

80년대 중후반을 민중운동의 시대였다고 한다면, 90년대의 한국사회는 가히 시민운동의 시대였다고 할 수 있다. 그만큼 90년대 이후부터 민중운동은 퇴조 혹은 정체상태에 들어갔다. 새로운 사회운동으로서 시민운동은 활성화되고 한국적인 '좌파와 우파를 넘어' 승승장구해 왔다. 이는 김대중 정부 하에서도 마찬가지였다. 그래서 시민운동은 '제4부'로 일컬어지는 언론기관에 뒤이어 '제5부', '제5의 권력'이라 불리어 지는 상황으로 발전하였다. 적지 않은 시민운동가와 시민운동을 지지하는 언론인들은 시민운동을 심지어 '시민권력'을 수립하는 운동이라 묘사해 왔으며, 시민운동에 동참하지 않는 불특정 시민들에 대해 '무임승차자'라는 비난도 하고 있다. 즉 많은 시민들이 "시민운동의 성과를 아무런 대가도 지불하지 않고 그저 챙기기만 한다."라는 것이었다. 그러나 이는 부당한 주장이다.[65]

---

65) 실제의 민중이 다양한 위치에서 다양한 이해관심들을 가지고 살아가듯, 실제의 시민들도 다양한 위치에서 다양한 이해관심들을 가지고 있다. 따라서 획일적으로 시민적 주체성을 가장 강하게 갖는다는 것 혹은 가져야 한다는 것을 정치적으로나 도덕적으로나 강요할 수 없다. 가정이나 직장, 정치나 계급, 민족 등을 더 중시할 수도 있기 때문이다. 나아가서 시민운동이라고 하는 것은 다른 사회운동들의 경우와 마찬가지로 사회적으로 문제가 되는 것들이 정부, 정당, 이익단체들의 활동 등 제도적인 장치나 채널을 통해 해결되지 못하고 있기 때문에 생겨나는 운동이다. 실제의 시민들이 겪는 여러 가지의 문제나 자신들이 추구하는 이익의 실현은 운동 이외에도 이미 수많은 제도적인 장치와 채널

시민운동이란 그 주체가 형식상 '시민', 즉 시민권을 소지한 국민 모두라고 할 수 있지만, 실제에 있어서는 '시민이라는 주체성을 지닌 시민들'이 주체가 되고 있다. 그래서 이들이 주체가 되어 활동하는 시민운동은 '시민으로서의 권익을 주장하고 대변하는 운동'이라고 할 수 있다. 시민적 주체성은 계급적이 아닌 주체성을 중시한다는 특징과 성격을 지니고 있다. 우리나라의 경우, 시민운동이 운동의 목표나 방법의 면에서 온건개혁적이고 합법적인 성격을 지니고 있기 때문에 이러한 운동방법을 선호하는 경향도 시민운동에의 참여, 그리고 '시민적 주체성'의 다른 한 부분을 구성하고 있다. 또한, 실제에 있어서는 여기에 온건개혁적인 지식인층과 정치적으로 적극적인 도시중산층이 주도적으로 참여하고 있다.

이 모든 면에서 볼 때, 시민운동이라고 하는 것은 민중운동과 마찬가지로 특수한 성격의 운동이며, 이 역시 정치적으로 어떤 하나의 노선을 이루고 있다고 할 수 있다. 그 노선은 대체적으로 참여민주주의 혹은 급진민주주의라고 할 수 있을 것이다. 시민운동 역시 민중운동과 마찬가지로 '장외의 정치'를 해왔다. 각개 약진이라든지 녹색당이라든지 하는 방법을 통해 공식적, 비공식적으로 일정하게 '정치세력화'를 시도해왔다. 그러나 민중운동이 민중을 오판했듯이 시민운동 또한 시민을 오판해 왔으며, 시

을 통해 해결되거나 대변되고 또 실현될 수 있기 때문에, 무조건 시민운동에 기대하거나 참여할 필요는 없게 된다. 직장이나 노동조합, 각종의 이익단체, 그리고 정당, 정부 행정기관 등 제도적으로 이런 문제가 해결될 수 있는 장치와 채널들은 많이 있고, 집단적이 아니라 개인적으로 이를 추구할 수도 있기 때문이다.

민운동이론 속의 시민과 실제의 시민 사이에도 커다란 괴리가 존재해 왔다. 그 단적인 예가 대표적인 시민운동 명망가(서경석)가 선거에서 참패를 겪은 일, 그리고 시민들 사이에 시민운동에 대한 인지도가 여성보다 크게 낮다는 여론조사 결과들이었다.

민중운동론에서의 민중과 시민운동론에서의 시민은 그 범위가 대체로 일치한다. 거기에서는 기본적으로 국가와 자본이 제외되고 있다. 나머지 부분에 대해서는 대단히 포괄적이다. 민중운동과 시민운동은 여러 가지 차이점을 가지고 있지만, 그 중 두드러진 것은 첫째 궁극적인 목표가 다르다는 점이다. 전자는 사회주의를, 후자는 민주주의를 궁극의 목표로 삼고 있다는 점이다. 둘째로는 핵심주체를 달리 보고 있다는 점이다. 전자는 노동자층, 후자는 중산층을 핵심으로 보고 있다. 셋째의 차이는 주요한 이슈가 계급적인 것이냐 초계급적인 것이냐에 있다. 넷째는 보수적인 국가와 자본에 대해 상대적으로 비타협적이냐 타협적이냐 하는 데에 있다.

그러나 이러한 차이점에도 불구하고 이 두 가지의 '제3의 길'들은 연대하는 것이 서로를 위해 그리고 서로의 목표를 달성하는 데에 좋을 것이다.

민중운동 노선은 노동자를 신격화하고 추상화하는 '노동자주의'를 버리고, 노동자들의 계급이익만을 도모하는 '집단이기주의'를 벗어나야 한다. 그래서 민주주의와 시민적 권익을 위해 말이 아닌 실질적인 노력을 해야 하고 '개혁적인 중산층'과도 손을 잡아야 한다. 또한 시민운동 노선은 민중운동노선을 배제하는 반계급적 입장을 버리고 '노동자도 시민'이라는 점을 인정하는 가운데 민주세력으로서 상호연대해야 한다.

양대진영은 이와 같은 대화와 연대를 모색하기 위해 공적인 토론의 장을 만들어야 할 것이다. 이러한 노력들이 성공적으로 진행되는 경우 우리는 '노동자 – 시민 정치연대'가 구축되는 모습을 볼 수 있을 것이다. 이렇게 해서 '진보'적인 민중운동 세력과 '개혁'적인 시민운동 세력 사이의 연대가 이루어지면, 한국의 진보는 역사적으로 새로운 진보, 새로운 '제3의 길'을 개척한 것으로 기록될 것이다. 그리고 개혁적인 시민운동 노선을 상징하는 녹색을 합하는 '녹색사회민주주의'라는 새로운 진보는 30만 명이 훨씬 넘어서는 지지와 지역적 한계를 넘어서는 지지를 선거에서 받게 될 것이다.

칼럼 4
남북한 사이에 '제3의 길'은 가능한가

오늘날 서유럽 대다수의 나라들에서는 사회민주주의 계열의 정당들이 집권하거나 '제1야당'의 자리를 차지하고 있다. 이 정당들 가운데 특히 영국, 독일, 프랑스 등 주요국가들의 집권당들은 '신노동당' '신 사회민주당' '신 사회당' 등 기존의 좌파적 노선을 혁신하는 신노선들을 표방하고 있다. 이러한 신노선들은 흔히 '제3의 길'이라 불리고 있다. 이런 정치노선들의 공통된 특징은 서구의 복지국가 체제에 대한 '신자유주의'적인 비판의 목소리를 상당 부분을 수용한다는 점에 있다. 이들은 좌파적인 견지, 즉 경제와 노동, 복지와 재분배 문제에 대해 국가가 적극적으로 개입해야 한다는 입장을 유지하면서도 이를 시장의 기능, 시민사회의 자율조정 기능을 강조해 온 신자유주의의 입장과 절충하고 있다. 이런 이유로 전통적인 좌파나 우파 양측으로부터 비판을 받고 있지만, 국민들로부터는 다수의 지지를 얻고 있다.

그러면 우리나라는 어떠한가?

우리나라 국민들은 묘하게도 절충은 싫어하고 '이거 아니면 저거' 하는 식으로 분명한 것을 좋아한다. 절충은 애매하고 믿을 수가 없다는 것이다. 이같은 흑백논리가 어디에서 유래하는지, 또 우리나라 사람들이 과연 그런지, 하는 점들에 대해서는 의견이 분분하지만, 적어도 이데올로기 문제에 있어서만큼은 흑백논리가 지배적인 것이 분명하다. 그래서 우리나라에서는 이념적인 '제3의 길' 노선이나 정책은 별 호응을 얻지 못한다.

비로 이런 점 때문에 분단, 남북문제와 통일문제가 어려워져 커다란 진전을 보지 못하고 있다. 북한에 대해 조금더 개방적인 태도를 보이거나 개방적인 정책을 추구하는 경우, 얼마 못가 곧 비판과 비난의 화살이 쏟아진다. "도대체 색깔이 무어냐. 누구 편이냐. 곤란한 사람이다. 갈아치워야 한다."는 등등 소위 '색깔론'이 그것이다.

그러나 한걸음 떨어져서 보다 중립적인 위치에서 문제를 본다면, 이런 색깔론은 남북간의 상호비방과 갈등을 지속 시키는 주요원인이 된다. 그리고 남북간의 평화통일을 불가능하게 만드는 무서운 힘으로 나타난다. 이는 곧 남북한 사람들이 통일을 원하지 않거나, 오로지 힘에 의한 '우리식 통일'만 바라고 있다는 이야기가 된다. 그렇다면 남북간에 '제3의 길'은 과연 없는 것일까?

'제3의 길'이란 서구에서 나온 것이고, 서구적인 상황 속에서 성립하고 가능해진 정치 혹은 정책노선이다. 그런 의미에서 "우리 것"은 아니다. 하지만 거기서 배울 점, 아니 적어도 참고할 만한 점들은 많이 있다. 그것은 서로 적대적인 입장을 절충하고 이를 통해 자신들의 뜻을 펼쳐 나간다는 점이다.

이를 남과 북에 적용해 본다면, 남쪽은 사회주의의 장점을 인정하고, 북쪽은 자본주의의 장점을 인정하는 것이다. 어떤 체제이든 단점만 있는 것은 아니지 않겠는가. 남쪽은 대외적인 자주노선의 장점을 인정해야 하고, 북쪽은 대외적인 협력관계의 필요성을 인정해야 한다. 남북 모두는 정치적인 사상의 자유를 허용해야 한다. 남쪽은 이른 바 프롤레타리아 사상에 대해, 북쪽은 이른 바 부르주아 사상에 대해 자유를 허용해야 할 것이다. 물론 하루 아침에 완전히 개방하는 것은 위험하고 충격적일 것이다. 그렇기 때문에 제한적이고 단계적으로 자유화와 개방화를 추진해 나가야 할 것이다.

남북한 쌍방이 '만일 계속해서' 이 길로 나간다면, 그것은 아마도 새로운 형태의 한국적인 '제3의 길'에 이르게 될 것이다.

그것은 첫째, 통일의 과정에서 쌍방이 적대적인 관계에서 벗어나 상호이해와 협력을 증대시키는 길이 될 것이다.

또한 둘째, 양대체제의 이질성을 줄여 나가고 '새로운 혼합경제체제'를 만들어 나가는 길이 될 것이다. 이것이 더 진전이 되는 경우, 한쪽에는 사회주의적 경제 및 기업 모델이 주축이 되면서도 자본주의 시장과 기업모델이 혼합, 공존하는 질서, 다른 한쪽에는 자본주의 경제 및 기업 모델이 주축이 되면서도 사회주의 공영시스템과 복지제도가 혼합, 공존하는 질서가 각각 혼합경제의 두 부분들을 이루게 될 것이다. 이는 통일협상의 과정에서 양측이 서로 양보하고 타협해야 할 주요내용이 될 것이며, 통일 헌법의 몇 개 조항으로 명문화될 수 있을 것이다.

마지막으로 셋째, 정치적으로 다원적이고 민주적인 시스템이 될 것이다. 다양한 정치사상과 상이한 경제모델에 대해 상호인정하고 나아가서 법적인 차원에서 이를 명문화한다면, 그러한 상황은 이미 민주적인 것이다. 이러한 합의사항과 법적 내용들을 국민투표에 붙여 확정한다면, 그것은 더더욱 민주적인 것이다.

우리가 이런 식의 방안을 '한국판 제3의 길'이라고 부른다면,

아마도 이러한 길에 대해서는 역시 한국판 좌파와 우파 양측으로부터의 비난과 비판이 제기될 것이다. 그러나 이러한 비난과 비판을 경청하고 또 수용할 것은 수용하면서 그들과 함께 할 수 있는 길을 모색해 나가는 것이 바로 제3의 길이 아닐까 생각한다.

제7장 왜 사회민주주의인가

제1절 대안은 왜 필요한가

대안이라고 하는 것은 현재 채택, 적용되고 있는 방안이 무능하거나 불합리하고 부적합하다고 판단될 때 요구되거나 제기되는 "새로운 문제 해결의 방안"을 가리킨다. 그래서 세상이 잘 굴러가고 문제 해결이 잘 되는 경우에는 별도의 대안이 필요 없지만, 근래의 한국사회처럼 이런저런 문제는 많은데 현행의 제도나 정책들로는 해결될 기미가 보이지 않을 때, 새로운 대안이 요구되고 필요하게 된 것이다.

그러나 새로운 방안이라고 하더라도 그것이 문제를 해결할 수 있는 능력과 전망을 보유하고 있지 않은 경우에는 올바른 대안이라고 할 수 없으며, 문제를 더 복잡하게 만들거나 단지 정신적으로만 위안을 주는데 그치고 말 것이다. 그래서 올바른 대안이란 실현이 가능하고 문제 해결의 전망을 보여주는 것이어야 한다.

21세기에 처해 있는 한국사회는 어떤 면에서 보면 대단히 큰 발전을 이룩했다. 과거 수십년의 역사를 돌이켜 보면 아픈 역사도 많았지만, 경제적으로는 절대빈곤의 시대를 넘어 비약적으로 성장하였고, 세계에서 손꼽히는 경제대국의 하나로 발돋움하였다. 이와 함께 국민들의 일상생활과 소비, 문화생활도 매우 높은 수준으로 향상되었고, 정보통신기술 발달에 힘입어 국민들의 생활은 한층 더 풍요로워지고 편리해 졌다.

정치적인 면에서도 한국사회는 커다란 발전을 이룩해 왔다. 그 중 가장 큰 것은 수십년간 한국사회를 총체적으로 지배해 온 권위주의 군사독재를 벗어나 정부의 통치나 정당정치, 선거가 민간인들에 의해 민주적으로 이루어지게 된 점이다. 이와 함께 언론, 출판, 교육 등 사회문화적인 생활영역들이 정부의 권위주의적 통제로부터 벗어나 상당부분 자율화, 민주화되었다. 노동조합의 결성이나 집회, 시위, 파업 등이 노동자의 권리로서 합법적으로 인정되고 있다. 지방자치제 도입 실시 또한 정치적인 면에서는 빼 놓을 수 없는 중요한 발전의 한 측면이다. 국민들의 정치적인 의사가 지방의 정치와 행정에 직접 투입되고 반영될 수 있는 통로가 열린 것이며, 국민주권이 한층 더 구체적인 수준에서 실현될 수 있게 되었기 때문이다. 이와 같은 중앙수준, 지방수준의 민주화를 통해 지역의 주민과 농민들의 의견이나 요구사항들이 표출되고 전달될 수 있는 통로가 열렸으며, 각종 시민단체와 사회단체가 활성화된 것은 가히 풀뿌리 민주주의의 활성화라고 할만한 일일 것이다.

그러나 우리는 이러한 경제적, 정치적인 측면에서의 발전들이 '반쪽'에 불과하다는 사실을 직시해야 한다.

경제가 발전한 이면에는 자본의 지배, 재벌의 지배, 노동자에 대한 지배, 시민에 대한 지배가 늘어났으며, 소비, 교통, 통신, 문화생활 등에 대한 자본의 지배 또한 더 커졌다는 점을 인지해야 할 것이다. 오늘날 대기업, 재벌, 자본으로부터 자유로운 소비, 문화, 일상생활이라는 것은 생각하기 어려운 일이 되어 있다. 우리가 일상적으로 접하는 뉴스, 드라마, 광고 메시지 등 모두가 그들의 이해타산, 상업성, '입김'으로부터 대부분 자유롭지 못하다.

여기서 가장 큰 문제는 한국경제가 자본주의적으로 운영된다는 점이다.

자본주의경제는 성장은 잘하지만 항상 불안하고 위기를 넘나든다는 것이 약점이다. 결코 안정적이지가 못하다는 것이다. 빈부격차의 심화 또한 자본주의 경제원리의 하나이다. 오늘날 우리나라 전국의 사유지 중 50% 이상이 우리 국민의 5%인 상류층이 차지하고 있을 것이다. 나머지 국민들은 어떻게 살고 있는가? 50% 이상의 국민들은 전세, 월세 살이를 하고 있다. 아무리 한국경제가 풍요의 시대에 접어들었다고는 하지만 아직은 멀었다. 과연 다수가 풍요롭고 행복한가. 결코 그렇지 않은 것이다.

중소기업이 무너지고, 벤처기업이 부도나고, 농가가 부채에 시달리고 하는 것이 자본주의 경제의 귀결이다. 어디 먼 곳에 있는 원리가 아니라 우리 생활 주변에, 아니 우리들의 몸 속에서 작용하고 있는 것이 자본주의의 법칙인 것이며, 돈의 논리, 돈의 힘, 약육강식과 무한경쟁의 논리인 것이다.

그러나 돈이 지배하는 사회, 일자리가 불안한 사회, 먹고사는 문제가 불안한 사회, 그런 사회에서 살고 싶지 않은 것은 돈이 없고 일자리가 불안한 사람들이면 당연히 갖게 되는 불만일 수밖에 없다. 모두가 화기애애하게, 큰 걱정 없이 살고 싶은 것이 이들의 당연한 바람일 것이다. 재벌의 지배가 없고, 중소기업과 농민이 도태되지 않고, 일자리와 생계가 불안하지 않은 사회, 그런 사회를 꿈꾸는 것이 그들이다.

그렇다면, 이런 사람들이 나타나는 이유는 도대체 무엇이겠는가? 그것은 한국사회가 자본주의 경제원리를 취하고 있기 때문일 것이다.

그러나 이것은 우리나라만 그런 것이 아니다.

세계수준의 자본주의는 세계수준에서도 '빈익빈 부익부' '빈국과 부국'의 문제를 낳았다. 가령, 지구상의 얼마나 많은 나라와 국민들이 기아와 빈곤에 아직도 시달리고 있는지를 보면 자본주의 문제가 얼마나 심각한지를 알 수 있다. 세계은행 보고서에 따르면 1998년 현재 하루 2달러 미만의 식비로 연명하는 극빈층이 전세계인구의 절반인 28억 명이다.

과거 김영삼 씨가 설파한 바와 같이 오늘날의 세계는 '무한경쟁의 시대'인가. 그야말로 약육강식의 시대인가. 아니면 그런 시대이어야 하는가. 만일 그렇다면, 그것은 '지구촌'이라고 할 수 없을 것이다. '함께 잘사는 지구' '함께 잘사는 세상', '함께 잘사는 사회' 그런 것이 진정한 의미에서 지구촌이기 때문이요, 그것이 바로 세계화가 나아가야 할 방향이기 때문이다.

자본주의는 발전을 낳지만, 그 이면에는 '문제가 많은', 또 '문제를 낳는' 그런 원리이다. 우리나라 수준에서도 세계적인 수준에서도 그러하다. 그래서 우리는 이런 원리에 대해 과감히 제동을 걸어야 할 것이다.

자본주의 경제원리는 또 대기업이 중소기업에 대해 그러하듯이 약소국 자본주의 경제를 그대로 놓아두지 않는다. 그 결과,

한국의 자본과 경제는 항상 불안하고 더 큰 자본의 지배 하에 오랫동안 휘둘려 왔다.

흔히 한국경제는 규모면에서는 세계수준에 이르렀다고들 하지만, 적어도 미국경제와 금융자본, 일본경제와 기술로부터는 자유롭지 못하고 자립적이지도 못하다. 이로 인해 한국경제는 아직도 '거품경제'라는 소리를 듣는 것이다. 예를 들어 미국이 한국 기업의 수출에 대해 미국시장을 제한하거나 폐쇄한다면, 한국경제는 쉽게 망할 것이다. 또, 미국 월가(Wall Street)의 금융자본이 한국에 투입되어 교란작전을 편다면, 한국경제, 한국자본은 쉽사리 무너질 것이다. 한국경제는 그만큼 취약하고 대외종속성이 심한 상태에 있다. 일본에 대한 기술종속, 거기에 따른 무역적자에 대해서는 두말할 나위가 없다.

자본주의 한국사회는 또 서구와 달리 복지측면에서도 후진국을 면치 못하고 있다. 복지후진국 한국에는 '사회적 약자', 노동자, 농민, 여성, 노인, 장애인, 실업자, 소수 민족의 인권과 삶을 보호, 보장해 주는 사회보장제도, '요람에서 무덤까지'와 같은 평생 복지제도가 없다. 해외의 긴급재난을 항시 돕고, 아프리카 대부분의 나라들처럼 못사는 나라들에게 경제원조해 줄 능력이나 자세도 갖추고 있지 못하다.

환경문제, 교통문제, 교육문제, 중앙집중과 지역불균등발전의 문제, 언론권력의 문제 등도 심각하다.

그렇다면 과연 정치는 어떠한가.

한국정부 그리고 한국의 정치는 외세로부터, 특히 미국으로부터 결코 자유롭지 못했다. 취임하는 역대정권들은 — 마치 과거

중국에 대해 그러했듯이 — 미국을 방문하여 정당성을 인정받아야 했고, 미국의 도움과 후원을 받아야 안전하다고 처신했으며, 이러한 인식은 아직까지도 그대로이다. 즉 "미국의 눈에서 벗어나면 끝장"이라는 식의 친미사대주의 정치가 지속되어 왔다.

이러한 친미사대주의는 특히 국방과 안보의 면에서 더욱 심했다. 북한과의 교류, 화해, 협력 사업조차도 미국의 입김과 눈치 속에서 가능하지 않았던가? 이것이 오늘날 한국정치의 현실이다.

그렇다고 민주주의의 핵인 대의민주주의와 정당정치는 제대로 되고 있는가. 흔히 말하듯 한국의 정치는 국민들로부터 압도적인 불신을 받고 있다. 이념과 정책도 없고 보스정치와 명분, 정쟁만 일삼는, 그런 3류정치, 과연 누구를 위한 정치였는가 — 대단히 의문스러운 지점이다. 그렇다고 우리의 정치가 금권정치를 벗어난 것도 아니고, 학연, 지연, 붕당정치 수준을 벗어난 것도 아님은 많은 이들이 알고 있다.

분단이데올로기와 이데올로기적 대립 또한 예전과 다를 바 없다. 한국전쟁 이후 오늘날 수십년이 지났고, 전후 세대가 인구 면에서는 압도적인 다수를 차지하고 있음에도 불구하고 남북한 사이를 가로지른 '휴전선'은 아직도 냉전을 지속시키고 있다.

한국전쟁과 무관한 많은 신세대 젊은이들은 아직도 군대에 강제징집 당해 청춘을 군사훈련에 바치고 있다. 국민의 기본권인 '사상의 자유' '표현의 자유'를 억압해 온 국가보안법 또한 시퍼렇게 살아있고, 개폐될 전망도 불투명하다.[66]

---

66) 최근에는 열린우리당이 보안법 철폐를 추진하고 있어 전망이 밝아졌다.

이렇듯 종합적으로 보면 한국사회는 경제적으로나 정치적으로나 아직도 후진국을 벗어나지 못하고 있으며, '개발도상국' 수준에 머물러 있다. 세계속으로 진출은 많이 했으나 세계지구촌 발전에 별다른 도움도 주지 못했고, 별다른 영향도 미치지 못했다.

국내 기업의 해외매각, 주식시장 개방을 통한 국제 금융자본의 반입, 미국식 기업 구조조정과 합리화, 시장과 경제에 대한 국가 개입 축소와 자유방임 확대 등의 정책에서 보는 바와 같이 오히려 최근에는 세계적인 신자유주의 공세 속에 단지 살아남기 위한 방어에 몰두하는 후진성마저 보여주고 있다.

제2절 한국사회에 발전을 위한 대안은 있었는가

그동안 한국사회 발전을 위한 대안은 현실적으로 정당정치, 사회운동, 지식인의 3가지 차원에서 존재해 왔다.

그러나 과거의 정당정치는 물론 오늘날의 정당정치까지도 제대로 된 대안이 아니었다. 그렇다고 현실정치의 활동에서도 전망을 보여주지도 못하였다.

그렇다고 진보정당 운동이나 진보정당은 제대로 했는가.

첫째로는 현실정치의 벽을 뚫지 못했고, 국민들의 지지도 획득하지 못하였다. 민중민주주의 혹은 사회주의 혹은 사회민주주의적인 강령과 전망은 대중들에게 풍성하게 제시했음에도 불구하고, 실천의 면에서는 거의 항상 대중으로부터 스스로를 고립시켰고, 그로인해 대중들로부터 위화감을 자아냈다.

이런 점은 민중운동도 마찬가지였다.

노동운동은 시민들의 지지를 끌어내지 못한 문제를 시민의 보수성, 언론의 비협조 같은 데에 돌렸다. 80년대 말 기세있게 출발했던 민주 노동조합 결성운동도 그 조직율에 비추어 보면 15년이 지난 오늘에 이르기까지 후퇴 혹은 답보 상태를 거듭하고 있다. 민주노총으로 조직된 노조 조합원들은 오늘의 시점까지도 소위 '경제적 조합주의'나 '자사이기주의'를 크게 벗어나지 못하고 있다. 산별노조, 경영참가 운동도 답보상태에 있으며, '지도계급'으로 성장할 날도 요원한 상태에 있다.

노동운동을 사회변혁운동의 중심으로 생각해 온 지식인들의 대안은 80년대 후반 이래로 '민중민주주의혁명론'이었으며, 오늘날까지도 학생운동의 일부가 이러한 입장을 이어받고 있다. 그러나 이러한 입장은 한편으로는 노동자를 우상시하는 '노동자주의', 다른 한편으로는 '프롤레타리아 독재론' 사이의 모순에서 발생한 구소련, 동구 사회주의권의 문제를 답습하고 있다. 체제붕괴가 준 교훈(유팔무, 1994)을 진지하게 받아들이지 않는 교조주의를 벗어나지 못한 것이다. 그렇기 때문에 민중민주주의혁명론은 그 자체로서 바람직하고 실현가능한 대안이 될 수 없으며, 한국의 현실, 그 중에서도 가령 노동자들의 노동조합 가입률이나 정치의식 발달수준에 비추어 볼 때, 요원하기도 한 대안이다.[67]

---

67) 정부통계에 의하면, 우리나라의 노동조합 조직율은 1988년 19.5%에 이르렀으나 그 후 10년 동안 하락하여 96년에는 13.3%, 99년에는 11.9%로 저하되었다.(문화일보 2001년 7월 12일자)

이와 쌍벽을 이루어 온 구사회운동의 다른 한 축, 민족통일운 동과 민족해방론 그리고 오늘날까지도 한총련의 주류를 형성하 고 있는 자주통일론 역시 그 자체로서 대안이 될 수 없다. 통일 을 하자는 것은 좋으나 "어떤 통일이냐"가 문제이기 때문이다. 가령, 남북한 어느 한쪽 체제로 가거나 양체제를 공히 인정하는 연방제와 같은 통일방안은 그것이 통일이기는 하겠지만, 내용의 면에서 한국사회나 북한사회 자체를 바꾸는 그런 대안은 없기 때문이다. 긴장완화, 군비축소, 남북간의 경제협력, 이산가족상 봉 등의 면에서 그것이 가져다줄 이득은 물론 엄청난 것이지만 그것이 정치와 경제의 시스템을 바꾸는 대안은 아니기 때문이 다.

그나마 한국의 통일운동은 90년대 중반부터 흔들리기 시작하 여 김대중 정부 출현 이후로는 분화가 본격화되었고 한층 더 무 력화되었다. 통일운동의 큰 부분이 대중적으로 선회했으나 민화 협이라는 관변단체로 통합되었으며,[68] 구시대적인 정통노선 (범민련, 한총련)은 대중들로부터 철저히 고립되어 있다. 그리 하여 이제는 통일에 대해 진지하게 논하는 경우, 흡수통일이나 북한식 통일을 원하는 사람처럼 간주되고 있으며 심지어 통일문 제는 10년 뒤에나 논해야 할 먼 훗날의 이야기처럼 되어 버렸다. 그 사이 시민운동이 등장하였다. 시민운동 혹은 시민사회운동

---

68) 민족화해협력범국민협의회(민화협)은 "89년 방북후 범민련 노선과 갈등을 빚은 고 문익환 목사가 창립한 민족회의 등 진보적인 단체들과 한국자유총연맹 등 보수적인 단체, 새천년민주당, 자유민주연합 등 정 당이 98년9월 만든 기구로 현재 2백11개 단체가 참가"(중앙일보, 2001 년 8월23일자)하고 있다.

이라는 한국판 신사회운동은 90년대 들어와 10년 동안 활발했고 우리사회를 민주화 시키는데 많은 영향을 미치고 업적도 많이 쌓았다. 그러나 시민운동은 작은 이익의 대변, 작은 제도개선에만 매몰되어 거시적으로는 대안이라고 할 수 없는 문제들을 다루었다. 이런 의미에서는 시민운동이 실현가능한 거시적 대안이 없는 '임시방편'과 같은 역할을 해 왔다고도 할 수 있을 것이다.

물론, 참여민주주의라든가, 풀뿌리 민주주의, 생태주의, 페미니즘 등의 대안이 있었지만, 거시적이거나 총체적이지 못한 대안들이었다. 이들은 특히 경제문제, 소유문제를 어떻게 할 것인가 하는데 대한 대안을 결하고 있었다.

지난 10여년 사이 '대안'이라는 것을 생각해 보거나 추구해 온 한국의 지식인들은 돌이켜 보건대 앞의 대안, 대개는 실현불가능하거나 부적절하거나 진정한 대안, 즉 포괄적인 의미의 대안이라고 할 수 없는 대안들을 추구하였다. 진보적인 지식인들, 노동운동을 자문하는 지식인들, 시민운동에 참여하는 지식인들은 대개 앞서 언급한 대안들의 범위를 벗어나지 못하였다.

그러나 이들과 달리 사회운동에 직접적으로 결합되지 않거나 성격이 다른 대안을 추구한 지식인들이 있었다. 하나는 포스트모더니즘적 자유주의'와 '대안부재론', 다른 하나는 '사회민주주의'를 택한 지식인들이었다. 물론 이러한 입장들이 앞서 열거한 입장들과 명확히 구분되는 것은 아니지만, 이들의 행보는 많이 달랐다.

소련, 동구 사회주의권 붕괴 직후, 이념적인 혼란은 극심했고 이로 인해 종래의 것과는 판이한, 새로운 대안을 추구하는 새

흐름이 생겨났는데, 그중 하나가 포스트모더니즘이었다. 이들은 "자본주의와 사회주의 모두가 문제이며, 서구 계몽시대 합리주의의 소산"이라면서 "합리주의의 통일성과 획일성"을 벗어나기 위해서는 "큰 문제는 건드리지 말고, 어디로 가야할지 방향을 얘기하지도 말자."라는 식의 묘한 입장에서 활동했다. 그리고 많은 경우, 지식인주의, 지식인 게릴라주의 식으로 갔다. 결국, 시민운동과 유사한 방식으로 새로운 형태의 지식인운동을 전개했으나, 자유주의, 즉 개인적 자유주의의 틀을 벗어나지 못하였다.

또, 어떤 경우에는 "소련·동구 사회주의 붕괴 이후 더 이상 새로운 역사(後구야나), 새로운 내안은 없다."는 라는 식의 패배주의에 빠져들면서 90년대 이후 대세를 형성해 온 새로운 시대조류였던 신자유주의의 세계화 담론과 경쟁력 담론에 적응하고 호응하는 경향으로 나아갔다.

다른 하나의 지식인 부류는 자유주의와 사회주의에 걸쳐 있다고 할 수 있는 지식인들이었다. 이들은 주로 90년대 초 소련/동구 사회주의 몰락 이후에 형성된 사회민주주의 경향을 취했으나, 사회민주주의가 정통좌파로부터는 물론, 정통보수주의자나 새로 떠오른 포스트모던 자유주의로부터 모두 비판과 견제를 받았기 때문에 공식무대에 '정체'를 드러낸 경우는 흔치 않았다. 이러한 정황은 오늘날까지도 유사하다. 마치 1980년대 중, 후반에 자유주의 경향이 보수, 진보 양쪽으로부터 비판, 견제되었던 상황과 흡사하다.

그러나 사회민주주의는 한국사회 진보의 대안들 중에서는 가장 유력한 대안이다.

제3절 "어떤 사회민주주의냐"가 문제이다

1. 사회민주주의란 무엇인가

사회민주주의는 자본주의의 모순과 문제점을 비판, 극복하려는 지향을 가지며, 그 실현방안을 민주주의에서 찾는다는 점이 정통의 사회주의나 공산주의와 구별된다. 대안적인 경제체제의 구상도 혼합경제론을 취하기 때문에 '국유와 계획'을 핵심으로 하는 사회주의모델과 다르다. 사회민주주의 경제체제는 자본주의 모델의 '사유와 시장'을 사회주의 모델과 결합시킨 혼합경제 체제이다. 물론 그 혼합의 비율과 방식에 따라 서구식 사회민주주의 체제에서부터 동구식 시장사회주의 체제에 이르기까지 그 안에 스펙트럼이 다양하다.

사회민주주의는 정치적으로는 대의제 민주주의, 따라서 선거와 의사결정의 절차를 중시하며, 다당제를 취하고, 일체의 독재나 권위주의는 배격한다. 바로 이런 점 때문에 자본주의의 최대 피해자인 노동자의 이익을 대변하고 경영참여와 정치참여를 중시한다. 그러나 노동자만 자본주의의 피해를 보는 것은 아니기 때문에, 그리고 또 민주주의 원칙에 따라 노동자 외의 여성, 시민, 지식인, 중산층, 중소기업가들의 이익도 함께 추구하고 대변하는 입장을 갖는다.

2. 역사상의 사회민주주의

그러나 위와 같은 사회민주주의는 이론적인 모델들과 현실적인 체제들을 포함하여 역사상 여러 가지 형태로 존재, 변천해 왔다.

1) 18, 19세기의 서구 사회민주주의 형성

사회민주주의 사상이 본격적으로 형성, 표출된 것은 서양 봉건시대 말기 혹은 근대사회의 태동기에 해당하는 18, 19세기였다. 이 시기는 시민계급이 형성, 대두되고 자연법사상과 사회계약론, 민주주의사상을 핵으로 하는 계몽사상이 확산되고, 산업사회와 노동자계급, 그에 따른 노동문제, 분배문제가 대두되던 때였다.[69]

이 시기의 사회민주주의는 공상적 사회주의, 무정부주의, 맑스주의 등 사회주의와 구별되지 않는 형태로 출현했으며, 특히 민주주의가 강조되었다. 그러나 여기서 강조된 민주주의는 시민계급이 강조한 자유민주주의와 달리, 경제적이고 사회적인 민주주의였다. 그래서 소유, 생산, 분배의 문제를 민주주의의 관점에서 토론하고 구상하여 실천적으로 추구하였다.

---

69) '사회주의'라는 말은 영국에서는 1826년 오웬의 제자들을 지칭하는 말로, 프랑스에서는 1832년 쌩시몽주의자를 지칭하는 말로 처음 사용되었다고 한다. 이 말은 '개인주의'에 대한 대립개념으로 르루(Pierre Leroux) 등 프랑스의 사상가들이 「신백과전서」에서 사용함으로써 일반화되었으며, 1840년대에 이르러 쌩시몽, 푸리에, 오웬 학파들도 스스로를 사회주의라 표방하게 되었다(양호민, 1985, 11쪽).

그러나 그 구상과 실천의 면에서는 온건한 경향에서부터 급진적인 경향에 이르는 스펙트럼이 다양했는데, 분기점을 이룬 것은 국가와 시민계급, 그리고 혁명을 어떻게 보느냐 하는 점이었다. 아나키즘이나 맑스주의와 같은 급진성향에서는 국가와 시민계급을 '새로운 지배계급'으로 간주하면서 이들을 혁명적으로 타파해야 한다고 보았으며, 그 주체를 노동자와 지식인으로 보았다.

그럼에도 불구하고 혁명과 민주주의는 일정한 모순관계에 있기 때문에, 특히 그 방법과 절차의 면에서 심한 이견을 낳았다. 혁명을 민주적 방법과 절차에 따라 할 것인가 말 것인가, 대의민주주의와 선거를 혁명의 방법으로 택할 것인가 말 것인가 하는 문제들이 그것이다. 국가를 타파하고 권력을 장악한 이후의 혁명은 어떻게 할 것인가. 국가권력 없이 추진할 것인가, 새로운 과도적 성격의 '프롤레타리아 독재 국가'를 통해 추진할 것인가. 이러한 논란들은 이 시기 사회민주주의 급진파를 대표한 아나키즘과 맑스주의에 의해 주도되었고, 민주주의와 그것의 절차적 측면은 그 중요성과 필요성이 평가절하되는 방향으로 귀결되었다.

이들과 달리, 사회민주주의 온건파에서는 혁명의 과정에 국가권력의 협력이나 대의정치제도 및 선거제도를 용인하거나 필요한 것으로 간주하는 입장을 취했다.

19세기 초반 노동자계급에 기반을 둔 프랑스 사회주의의 주류는 루이 블랑과 프루동이 차지하고 있었다. 블랑(Louis Blanc, 1811-1882)은 국가가 자본을 투자하고 노동자가 관리하는

'사회작업장'을 창설할 것을 주장했으며, 후의 저작에서는 공유제를 기초로 하고 노동자 자신이 관리하는 사회주의를 주장하고 그 방법으로는 비폭력적이요 합법적이고 점진적으로 전진하는 민주적 의회제도를 지지함으로써 현대 사회민주주의자의 선구자가 되었다(양호민, 1985, 16쪽).

프루동(Piere-Joseph Proudhon, 1809-1865)은 국가권력을 통한 사회주의건설을 믿지 않았으며, 그 대신 협동조합, 노동은행, 노동단체, 가족의 유대 등을 강조했다. 이런 사회란 분권화되고 독점적 소유권에서 해방되고 국가권력이 없이 소생산단위의 신용협동조합 등으로 조직된 자유로운 협동체의 사회를 말하며, 아나키즘의 경향을 단적으로 보여주고 있다.

독일에서의 운동은 라쌀레(Ferdinand Lassalle, 1825-64)에 의해 주도되었다. 그는 1863년 '전독일노동자협회'라는 독일 최초의 사회주의정당을 조직하였고, 국가의 자금지원으로 노동자들의 공동경영기업을 창설해야 한다고 주장하였다. 그래서 국가를 '분쇄'할 것이 아니라 '민주화'해야 한다고 보았으며, 전국적인 보통선거제 실시를 쟁취하기 위한 운동을 벌였다(양호민, 1985 참조).

그리고 19세기말에 이르러서는 영국의 페비언주의와 독일의 사회민주주의 온건파 이론가(베른슈타인)를 통해 '수정주의'로 집약, 표출되었다.[70]

---

70) 페비언주의란 1884년 영국에서 시드니 웹 부부, 버나드 쇼 등의 지식인들에 의해 창립된 페비언협회(Fabian Society)의 사회주의를 가리키는데, 이들은 사회주의의 최종목표를 윤리적인 데에 두고 폭력혁명을 배격하고 점진적이고 의회주의적인 방법으로 목표에 도달해야 한다고 생

2) 서구의 사회민주주의

20세기 서구의 사회민주주의는 전반기와 후반기로 그 성격을 달리하였다.

전반기의 사회민주주의는 베른슈타인의 수정주의를 필두로 한 온건파 노선이 신주류로 등장하면서 1917년 러시아혁명을 통해 이어진 맑스주의, 레닌주의, 볼셰비즘 등의 급진파 노선과 분열, 대립하였다. 중심이 새롭게 소련, 동구로 옮겨진 급진파는 1919년 온건파를 배제하며 국제공산주의자대회(공산주의 인터내셔널, 코민테른)를 결성, 국제연대를 주도하였다.

제2차 세계대전을 거친 이후, 온건파는 이에 대립하여 1951년 프랑크푸르트에서 국제사회주의자대회(사회주의 인터내셔널, SI)을 결성, 분립하였다. 이들은 창립선언문("민주사회주의의 목적과 임무")에서 스스로를 '민주사회주의'로 자임하면서 다음과 같이 선언하였다.

> 공산주의가 사회주의의 전통을 계승하고 있다는 것은 거짓이다. 사실 공산주의는 사회주의의 전통을 알아볼 수 없을만큼 왜곡시켜 버렸다. …

각했다.
이들의 영향을 강하게 받은 독일사회민주주의 이론가 베른슈타인(Eduard Bernstein, 1850-1932)은 1899년 「사회주의의 전제와 사회민주당의 임무」라는 책에서 맑스주의의 기본명제들에 대한 근본적 수정을 요구했다. 특히, 폭력혁명론을 거부하면서 점진적이고 민주주의적인 방법을 제창하였으며, 노동자계급 뿐 아니라 모든 계층의 국민들에게 사회주의를 호소해야 한다고 주장하여 '수정주의'라 불리게 되었다. 양호민(1985), Vranicki(1983: 289-93), 이성형(1991) 참조.

사회주의자는 자유로운 가운데 민주주의적인 수단에 의하여 새로운 사회를 건설하고자 한다. 자유 없는 사회주의란 있을 수 없다. 사회주의는 민주주의를 통해서만 실현될 수 있으며, 민주주의는 사회주의를 통해서만 충분히 실현된다.(양호민, 1985: 385) (*밑줄강조는 저자)

이로 인해 사회민주주의 좌우파는 소련, 동구 중심의 자칭타칭의 '공산주의'와 서구가 중심이 된 '사회주의'로 명백히 분열되었으며, 후자가 민주주의의 가치를 중시함에 따라 자칭타칭 사회민주주의라 불리게 되었다.

이렇게 해서 사회민주주의는 20세기 중반 이후부터는 그 의미가 축소되어 공산주의와 대립되는 의미를 지니게 되었다. 내용면에서도 온건파가 강조한 민주주의의 가치가 중심적인 위치를 차지하게 되었다.[71]

이와 함께 혁명의 의미, 혁명의 방법, 혁명의 주체도 새롭게 규정되었다. 개혁이냐 혁명이냐 하는 논란은 "개혁의 합이 혁명"이라는 쪽으로 정리되어 갔고, 혁명의 주된 수단은 대의민주주의 정당정치와 선거로 되었으며, 선거를 통한 개혁과 혁명의 주체가 중산층과 일반국민으로 개방, 확대되었다.

그러나 이처럼 민주주의를 사회주의와 동격의 위치에 놓는 온건파 서구 사회민주주의의 경우도 나라마다, 시기에 따라 변형들이 존재해 왔으며, 그 내부에 좌성향, 우성향이 혼재하는 것이

---

71) 1959년 독일사회민주당이 바트―고데스베르크 대회에서 채택한 강령도 1951년 사회주의 인터내셔널의 '민주사회주의' 정신을 재천명하고 있다(양호민, 1985: 308-9).

일반적이다. 정당명칭을 공산당이라 하였으나 실제로는 '민주사회주의'를 표방했던 1970년대 남유럽의 이탈리아, 프랑스, 스페인의 '유로콤뮤니즘' 정당들이 좌성향을 대표하였다(유팔무, 1991b).

1990년대 이후에는 기존의 사회민주주의를 신자유주의적인 방향으로, 따라서 오른쪽 방향으로 혁신, 절충하는 '새로운 무엇무엇'(신 중도, 제3의 길, 신 사회민주주의, 신 사회주의 등)이 영국, 독일, 프랑스를 중심으로 득세하고 있다.

이 같은 경향은 국가의 경제개입 축소, 복지제도 축소, 시장원리의 강화, 공기업 민영화, 기타 민간부문 확대 등을 추진해 온 신자유주의 보수정당들의 정책을 수용하여 기존 사회민주주의 정책을 수정한다는 점에서 득표와 집권에 성공하고 있으나, 사회민주주의를 후퇴시킨 대가가 아니냐는 좌파의 비판에도 직면해 있다.

3) 동구의 사회민주주의

20세기 사회민주주의의 다른 한 흐름은 흔히 자주관리 사회주의, 시장 사회주의, 개혁 사회주의라 불리어 온 동구의 사회민주주의이다.

이러한 사회민주주의는 서구의 사회민주주의가 자본주의의 틀속에서 자본주의 내부로부터 개혁해 나가며 성립했고, 따라서 자본주의의 색채가 강한 것과 달리, 공산주의를 표방한 현실사회주의의 틀 속에서 사회주의 내부로부터 사회주의를 개혁해 나가는 가운데 성립한 사상, 모델, 체제이다. 이러한 모델과 체제는 비록 동구 사회주의에서 출발하고 있지만, 민주적 참여와 혼합경제를 추구하기 때문에, 사회민주주의의 한 유형에 속한다고 할 수 있다.

이 흐름에서는 국가의 경제적 역할을 축소하고 계획경제와 국유제를 축소하는 대신, 노동자의 경영참가(자주관리)를 강화하고, 시장과 기업의 조합소유 및 사유를 일정한 범위 내에서 허용, 수용하는 정책을 중시하였다. 말하자면 "사회주의의 단점을 자본주의의 장점으로 보완하는 정책"이 골간을 이룬다고 할 수 있다.

이러한 정책이나 모델은 1960년대의 헝가리와 유고에서 실현된 바 있었고 여러 가지 이유로 실패하였지만, 20세기말 소련, 동구 사회주의권의 붕괴를 전후해 '개혁사회주의'로 새롭게 표방되기도 하였다(유팔무, 1994 참조).

그러나 이러한 모델들의 공통적인 특징이자 문제점이라 할 수 있는 것은 경제체제 개혁에 치중하고 정치적 민주주의를 위한 개혁에는 소홀했다는 점이며, 자본주의요소를 도입, 절충하면서 그에 수반되는 문제점들을 민주적으로 통제하지 못했다는 점이다. 국가가 시장원리를 통제하지 않은 경우(유고)에는 경제적으로 실패했고, 국가가 시장을 강력히 통제하는 경우에는 국가가 민주적으로 통제되지 않아 특권층과 부패, 빈부격차가 발달하게 되었다.

물론, 20세기 서구의 사회민주주의(집권체제)는 소유제도의 개혁, 시장에 대한 공적인 통제가 약하고, 특히 오늘날에는 그나마 후퇴하는 추세에 있기 때문에 문제이다.

4) 제3세계의 사회민주주의

자본주의나 사회주의는 흔히 '포스트 모더니스트'들이 말한 바와 같이 그 진원을 보면 서양근대 문명임에 틀림이 없다. 그러나 그 후 200여년이 지난 오늘의 시점에서 보면, 그것은 좋든 싫든 세계의 문명이 되어 있으며 앞으로도 그러할 것이다.

제3세계 나라들은 서양 제국주의 나라들의 침략과 지배를 받으면서 서양문명을 받아들이게 되었으며, 자연히 자본주의와 사회주의도 받아들이게 되었다. 물론 제국주의와 이민족의 종교, 사고방식 등의 문명을 강제로 받아들이는 과정에서 저항적 민족주의가 형성되는 계기도 생겨났다. 그 결과, 제3세계의 자본주의가 그렇듯이, 제3세계의 사회주의(공산주의와 사회민주주의 포함) 역시 제3세계의 색채를 지닐 수밖에 없게 되었다.

제3세계의 사회민주주의는 서구중심의 사회민주주의나 공산주의의 판도변화에 따라 그 노선들이 형성, 변화, 분열되었으며, 대부분 자국의 민족주의와 교차하였다. 이와 함께 민족고유의 종교와 문화, 지정학적 위치, 서양문명과의 접촉시기 등에 따라 그 양상은 매우 복잡다단하게 전개되었다. 이런 사정 때문에 제3세계의 '특수한' 사회민주주의들을 종합하거나 일률적으로 규정하는 것은 불가능에 가깝다고 할 수 있다. 그래서 우리에게 파악되는 제3세계형 사회민주주의는 한국을 비롯하여 한국과 가까운 중국이나 일본, 유럽과 가까운 중남미 몇 나라들에 불과하다.

제4절 바람직한 사회민주주의, 한국에 적합한 사회 민주주의

이념적으로 보자면, 사회민주주의는 자유, 평등, 평화, 박애 등 서양근대 계몽시대의 정신이 조화롭게 실현된 사회를 추구한다고 할 수 있을 것이다. 그 가운데 상당한 부분은 근대 이후 오늘날의 자본주의와 사회주의를 통해 실현되기는 하였지만, 아직도 그 가치들은 충분히 실현되지 못하였다. 아직도 지구촌은 수많은 억압과 불평등, 전쟁과 갈등으로 얼룩져 있으며, 이런 상태가 얼마나 더 오래 지속될지도 예측할 수 없다.

세계 자본주의 질서는 특히 이러한 부정의와 반인륜적 지배와 갈등을 증폭, 재생산시키는 가장 큰 원인이 되고 있으며, 이러한 문제를 해결하고 완화시켜 나가는 방안의 첫 번째가 바로 사회민주주의인 것이다.

사회민주주의는 자본주의 모델의 '사유와 시장'을 사회주의 모델과 결합시킨 혼합경제체제를 지향한다. 물론 그 혼합의 비율과 방식에 따라 서구식 사회민주주의에서부터 동구식 개혁사회주의에 이르기까지 현실태는 다양할 수 있다. 정치적으로는 대의민주주의, 따라서 선거와 의사결정의 절차, 다당제를 취하며, 여성, 시민, 지식인, 중소기업가의 이익도 함께 추구하고 대변하는 입장을 갖는다. 이런 의미에서 사회민주주의는 민주적이고, 개방적이며, 다원적이다.

그러나 오늘날 21세기의 시점에서 바라볼 때, 그것만으로는 부족하다.

경제체제의 모델에 포함되어야 할 제도적인 장치로서 중요한 것은 소유·경영의 분리이다. 이는 국유기업, 조합적 공유기업, 사유기업 모두에게 적용되어야 할 원칙이어야 할 것이다. 혼합 경제 모델의 소유 다변화 원칙은 또한 순수 기업 뿐 아니라 교육, 언론, 의료기관과 같이 공익적 성격을 많이 지니는 사업체들에게도 적용되어야 한다. 국유, 공유, 사유가 적절히 혼합되어야 하며, 소유·경영의 분리 원칙도 적용되어야 한다.

기업의 생산, 수익활동 또한 환경친화적, 평화적이어야 한다. 자연을 일방적으로 파괴하거나 자연분해가 어려운 공해물질이나 에너지원을 사용, 폐기하지 않는 생산을 원칙으로 삼아 그 방향으로 변화해 나가거나 그렇지 않은 경우 불이익을 감수하도록 되어야 한다. 순전히 상업적인 목적으로 하는 무기생산, 판매, 판매촉진 활동은 제재되어야 한다.

또한 각급의 경제계획과 활동이 참여민주주의적으로 통제되도록 해야 할 것이다. 국가적인 수준에서의 경제계획이나 중요한 의사결정의 과정은 노동자, 시민의 직접적 참여를 통해 사전사후적으로 통제되도록 해야 한다. 이것이 '경제민주주의'인 것이며, 국가나 정치인, 경영인 등의 상호유착이나 일방통행을 방지하는 길이기 때문이다. 이러한 원칙은 기업경영에도 적용되어야 하며, 교육, 언론, 의료기관 등에도 적용되어야 할 것이다.

정치분야 역시 다당제는 물론이고, 참여민주주의 원칙이 적용되어야 한다. 이는 사법분야, 경찰분야도 마찬가지이다.

한국사회는 이와 같은 진정한 사회민주주의, 온건한 사회민주주의, 그리고 환경친화적, 평화적, 참여적인 사회민주주의를 해야 할 것이다. 그것은 바람직하고 적합하며 가능할 것이다. 이러한 기대는 1990년대 이후 커다란 선거 때마다 표출되었던 기성 정당에 대한 국민들의 불신정도[72]와 희망하는 새로운 개혁정치에 대한 적극적인 여론을 통해서도 알 수 있다.[73]

국가는 일부 재벌기업을 매입, 공기업화하는 정책을 추진해야 하고, 소유경영분리에 의한 전문경영인제도를 도입해야 한다. 조합적 공기업도 늘리고, 종업원 경영참가제도를 추진해야 한다.

의료, 교육, 언론기관의 공영화 역시 확대되어야 한다. 이러한 다양한 기업과 서비스부문에 참여민주적인 견제, 통제정치가 도입되도록 해야 한다.

그러나 한국에 적합하고 필요한 사회민주주의에는 한국적 특수성에 따르는 몇가지 정책이 더 포함되어야 한다.

한국사회의 종속성과 분단대치상황을 고려할 때, 한국의 사회민주주의는 대외적으로 자주적, 평화적, 협력적 외교노선을 가져야 한다. 경제적으로도 내수시장을 중심으로 하는 자기중심적 경제모델로 가면서 평화적이고 대외협력적인 정책을 펴야 한다.

그리고 아직 미완성 단계에 있는 지방자치제와 지방분권화를

---

72) 2000년과 2001년에 걸친 한겨레신문사의 여론조사에 의하면, 한나라당, 민주당, 자민련에 대한 지지율은 모두 합쳐도 40-50% 정도에 불과하다. "지지하는 정당 없음" 역시 40-50% 선을 오갔다.(한겨레신문, 2001년 7월21일자 참조)

73) 한 예로 1990년대 중반 국내외의 한반도 전문가들과 대학생들을 대상으로 한 여론조사에 의하면, 통일 후 한반도의 사회체제로 사회민주주의 체제 혹은 스웨덴식 복지국가를 원하는 사람들이 다수인 것으로 나타났다.(조선일보, 1994년 4월19일자; 신동아, 1995년 5월호 참조.)

지속적으로 확대 실시해야 할 것이다. 교육, 사법, 경찰 자치제를 실시하고, 주민직선 및 참여제도(예컨대 배심원제도 등)를 확충해 나가야 할 것이다.

칼럼 5

한국에 적합한 진보정당은 '새로운 한국적 사회 민주주의'

세계의 근 현대사를 통해서 보면, 진보정당의 이념적인 노선은 사회주의이거나 반제민족주의였다. 이미 19세기에 출현한 서구의 사회주의 정당들은 오랜 흥망성쇠의 역사를 거치면서, 20세기에 들어와서는 크게 두 가지 노선으로 분화, 발전해 왔다.

그 하나는 사회민주주의 계열이고 다른 하나는 공산주의 계열이었다. 사회민주주의의 기본적인 특징은 "민주주의 없는 사회주의 없다."라는 구호로 집약되듯이 사회주의로의 이행과 사회주의 사회의 운영을 절차적 민주주의로 해야 한다는 것이었다. 제2차 세계대전 이후에는 이러한 사회민주주의의 노선을 좀 더 분명히 하기 위해 '민주사회주의'라 부르기도 하였다.

다른 하나는 공산주의 계열로서 그와 같은 민주주의를 부르주아적인 제도, 사회민주주의 혹은 민주사회주의를 수정주의 혹은 개량주의라고 비판하면서 중앙 집중적이고 비합법적인 지하 전위정당과 국제적인 연대를 통한 혁명운동을 통해 사회주의로 이행하는 노선을 취했으며, 많은 경우 인민민주주의(people's democracy)를 표방하였다.

전자의 경우, 사회민주당, 사회당, 노동당, 공산당, 민주사회당 등 여러 종류의 정당명칭을 사용해 왔고, 서구에서는 노동자를 중심으로 한 막대한 지지를 획득하여 집권여당 혹은 제1야당의 위치를 고수하고 있다.

그러나 이들은 사회주의 혁명으로 나아가지 못했다. 그 이유는 절차적 민주주의의 굴레 때문이기도 하고 대중적인 지지의 한계 속에 머물러 왔기 때문이었다. 또한 노동자들의 경우도 전폭적으로 사회주의를 지지하지 않고 있기 때문이다. 이러한 한계와 정체 상태를 극복하고 더 많은 지지를 획득하기 위해 사회민주주의 계열의 정당들 가운데 상당 부분은 사회주의로의 이행을 포기한다든지, 노동자계급만의 정당이 아니라 국민의 정당임을 표방한다든지 하는 노선전환을 해 왔으며, 근래에는 신자유주의 노선을 수용하는 '제3의 길'(=새로운 사회민주주의)로 전환한 경우들도 많다.

후자의 경우, 러시아혁명을 통해 그리고 그 후 동구사회와 중국 등 제3세계 나라들에서의 집권과 혁명을 통해 노선이자 현실로 존재하는 '사회주의체제'가 되었다. 이 노선의 나라들은 국제적인 연대를 통해 혁명 운동을 지원하는 한편, 국내적으로는 국유화를 비롯한 혁명 운동을 전개해 왔다. 그러나 정치적인 혁명의 과정에서 뿐 아니라 그 후의 경제적인 혁명의 과정에서도 그 주체는 노동자만이 아니었기 때문에 대부분의 경우, 광범위한 계급/계층을 포괄하는 '인민'(=우리말로는 '민중')이라는 주체를 구호로 내세웠다(독일, 중국, 북한 등). 이 나라들은 노선 자체도 그러하지만, 오랜 내부적 혁명의 과정을 통해 권력의 중앙집중, 정치적인 독재와 경직성이 제도적으로 정착되었고, 1980년대 후반부터는 몰락의 사태와 체제존립의 위기를 겪게 되었다.

이와 같은 두 가지 사회주의 진보노선의 역사적 성공과 실패의 경험에 비추어 볼 때, 우리가 취할 수 있는 진보노선은 둘 중 하나이거나 어느 한 노선을 중심으로 한 새로운 진보노선이라고 할 수 있을 것이다. 사회민주주의 혹은 민주사회주의 노선과 공산주의 혹은 인민민주주의 노선을 비교한다면, 둘 다 불만족스럽기는 하지만, 전자의 노선이 — 적어도 오늘날까지는 커다란 힘으로 살아남아 있기 때문에 — 실현가능성의 면에서도 우월하다고 볼 수 있다.

물론 사회민주주의, 특히 서구의 사회민주주의는 정체상태를 극복하기 위한 혁신이 이루어져야 하며, 한국과 같은 제3세계적인 분단국가의 상황에 비추어 보면, 신식민지적 예속의 문제, 분단 상황의 문제 또한 진보의 커다란 과제가 아닐 수 없다. 그래서 21세기를 앞둔 오늘날의 한국적 상황에 맞는 진보의 노선과 진보정당의 이념으로는 새롭고 한국적인 사회민주주의가 적합하다는 것이다.

'한국적인 사회민주주의'는 대외적으로는 '자주', 북한에 대해서는 '사회민주주의적 진보'의 노선을 취하는 것이다. '새로운 사회민주주의'는 사회주의라는 오래된 이상을 복원, 유지하면서도 절차적 민주주의와 '참여민주주의'를 취하고, 계급적 민중적 문제들 이외에도 환경, 평화, 여성, 교육 등 계급초월적인 문제들(=이른 바 시민적인 문제들)도 진보의 과제로 취하는 방향에서 모색되어야 할 것이다.

이와 같은 노선이 급진적인 노선보다 한국사회의 진보에 더 적합한 이유 중의 하나는 서구 사회에 비해 우리 사회가 노동자, 민중을 포함하여 전반적으로 훨씬 더 보수적, 반공적이며, 훨씬 덜 계급적이기 때문이며, 사회주의적 사고나 태도보다는 연고주의나 지역주의, 그리고 가족주의가 더 강하기 때문이다. 또한 중남미 일부에서 나타나는 소위 '잘나가는' 제3세계적 사회주의 정당들이 있지만, 한국이 동아시아의 분단 국가인 점에서 특수하듯이 그들 나라 역시 여러 면에서 특수하다. 우리나라보다 사회적 위계서열과 빈부격차가 훨씬 심하며, 분단 상황도 아니고 동양적이지도 않기 때문에, 그 역시 그대로 우리의 교훈은 될 수 없다.

제8장 민주노동당, 진보적 이상과 보수적 현실 사이에서

제1절 2004년 우리나라에 '큰 일'이 났다

올해 우리나라 "대한민국"에는 정치적으로 큰 일들이 많이 벌어졌다. 대선 불법자금 공방에서 비롯된 탄핵소추사건이 벌어졌으며, 4월초까지 탄핵역풍과 촛불시위가 지속되었고 17대 총선도 있었다. 누가 그 촛불을 점화하고 주도했는가, 또 누가 거기에 적극적으로 참가했는가 하는 점은 제쳐 놓더라도 그 촛불의 위력은 대단했다. 그 위력은 4월 중순에 실시된 국회의원 선거를 '강타'했으며, 총선은 그 바람에 정책대결이나 정책선거가 실종된 가운데 치러졌다. 그렇지만 정당구도를 거의 혁신적으로 뒤짚어 놓았다.

역사와 전통을 자랑하던 거대야당 한나라당은 과반 의석을 열린우리당에 빼앗기고 국회의석 40%를 차지하는 제1야당으로 내려 앉게 되었다. 김대중 정부의 여당이었고 노무현 대통령을 배출했던 새천년민주당은 '새천년' '몇 년'만에 내란과 분당을 겪고 대통령에 대한 탄핵을 소추하면서 국민들의 심판을 받아 해체 일보직전까지 갔다. 자민련은 노대통령의 행정수도 이전 공약과 특별법안 통과, 탄핵소추에 동참한 것 등이 주된 이유가 되어 몰락했다. 반면, 어디에 있었는지 일반인들에게 많이 알려져 있지 않았던 민주노동당이 갑자기 혜성처럼 등장해 민주당과 자민련을 제치고 제3당이 되었다. 국회의석 10석-.

　민주노동당 의원들은 한결같이 운동권 출신들이다. 잠시 그 면면을 살펴보면, 다음과 같다.

* 권영길(창원을 지역구); 서울신문 파리특파원 → 언론노련 위원장
　　　　→ 민주노총위원장(96년) → 국민승리21 대표(97년) →
　　　　대통령후보(98년) → 민주노동당 대표(2000년).
* 조승수(울산북구 지역구); 민중당 → 진보정당추진위원회 → 울산
　　　　환경운동연합 → 울산 북구청장 → 울산참여연대 공동대표.

* 심상정(비례대표 1번); 1959년생. 구로동맹파업 → 서노련 중앙위
　　　　원장 → 전노협 쟁의국장 → 금속연맹 사무차장.
* 단병호(2번); 1949년생. 전노협 위원장 → 민주노총 위원장
　　　　(1999- 2001년); "앞으로는 저의 모든 것을 노동자 정치세
　　　　력화를 위해 바치고자 합니다. 두 개의 근본모순은 반드시 타
　　　　파되어야 합니다. 자본의 착취와 지배를 위해 만들어진 계급
　　　　모순과 분단으로 인해 발생되고 있는 민족모순이 바로 그것입
　　　　니다."(비례대표 '출마의 변'에서)
* 이영순(3번); 1962년생. 여성노동운동 → 울산 동구청장(1999-
　　　　2002년).
* 천영세(4번); 1992-1997년 전국연합 공동대표 → 2000년 통일연대.
* 최순영(5번); 1979년 YH 사건으로 구속 → 1987년 한국여성노동자
　　　　회 → 부천 시의회 재선의원, 시의회 운영위원장. → 경기여
　　　　성연대 공동대표, 부천YWCA 부회장, 민주노동당 부대표.
* 강기갑(6번); 1953년생. 경남 가톨릭농민회 → 전농 부의장.
* 현애자(7번); 1962년생. 제주여성농민회.

* 노회찬(8번); 1956년생. 인천민주노련 −> 진정추 −> 민노당 부대
　　표, 사무총장; 총선시기 TV토론을 통해 인기폭발, '얼짱', '몸
　　짱'을 대신해 '말짱'이라는 별명을 얻게 됨.

　이처럼 민노당 의원들은 모두가 노동운동이나 농민운동, 학생
운동, 시민운동과 조직활동에 경험이 많은 운동권 출신들로 짜
여져 있다. 연배나 직능, 성향을 고려해 볼 때 거의 환상에 가까
운 팀을 이루고 있는 것으로 보인다. 진보세력이 이같은 '드림팀'
을 이루어 의회에 진출을 하였으니, 그 자체가 '큰 일'이고, 앞으
로 이들이 또 다른 '큰 일'을 벌이게 되지 않을까 우려하는 목소
리, "어, 큰 일 났네!" 하는 목소리도 만만치 않다.

제2절 제17대 총선과 6.5 재, 보선의 명암.

　2004년 4월15일에 실시된 제17대 총선은 3,560만 명의 유권
자 중 2,158만여 명이 투표에 참여하여 60.6%의 투표율을 보
였다. 열린우리당이 국회 의석의 과반을 넘는 152석을 차지하였
으며, 한나라당은 전체 299석의 40%에 해당하는 121석을 차
지하였다. 민주당과 자민련은 대부분의 의석을 열린우리당에 빼
앗겨 각각 9석과 4석 밖에 차지하지 못하였다. 지방의회와 기초
단체에만 진출했던 민주노동당은 지역구 2석과 비례대표 8석을
차지하여 중앙정치 무대에 진출하게 되었고, 의석수 면에서나
정당득표율 면에서 제3당의 위치로 올라섰다.

<표 3> 2004년 제17대 총선 결과: 정당별 의석 수

정당명	지역구	비례대표	총 의석 수
열린우리당	129	23	152
한나라당	100	21	121
민노당	2	8	10
민주당	5	4	9
자민련	4	0	4
국민통합21	1	0	1
무소속	2	0	2
계	243	56	299

  총선을 통해서는 여러 가지의 '큰 일'과 판도변화가 일어났으나, 그 중 다른 하나는 소위 '물갈이'가 이루어졌다는 점이다. 열린우리당을 중심으로 정치신인들이 대거 국회에 진출하였고, 구시대 정치인들이 대부분 퇴출되었다. 17대 국회의원 299명 가운데 초선의원은 187명으로서 전체의 2/3에 육박(62.5%)하고 있으며, 지난 16대 현역의원들 중 재당선된 사람은 88명으로서 1/3에도 못 미치는 수준(29.4%)이었다.

  그러나 이런 물갈이에도 불구하고, 이른 바 '동서 분할의 지역 정치 구도'는 계속되었다. 한나라당이 대구·경북과 부산·울산·경남 등 영남 지역 68개 지역구 중 60곳을 차지했고, 강원도 지역에서도 8석 중 6석을 차지했다. 지역분할 구도를 깨고 전국 정당을 지향했던 열린우리당은 이에 실패, 민주당과 자민련을 대신하여 호남과 충청 지역 55곳 가운데 80%(44곳)를 차지함으로써 '서부지역당'처럼 되고 말았다. 수도권에서는 열린우리당이 2:1 정도로 한나라당을 제압하였다.

지역주의를 타파하고 전국정당을 지향했던 민주노동당은 지역구에서 울산과 창원 두 곳의 노동자 밀집지역에서만 당선되었으나, 정당득표의 면에서는 전국적으로 고른 지지를 얻어 지역을 넘어선 전국정당의 가능성을 보여주었다. 전국 평균 13.1%의 정당득표를 한 민노당은 대구, 경북에서 11.6%와 12%, 부산, 경남에서 12%와 15.8%, 울산에서 21.9%의 지지를 얻었으며, 광주(13.1%), 전남(11.2%), 전북(11.1%) 등 호남지역에서도 영남지역에서의 득표율 못지 않은 성과를 올렸다. 서울, 경기 등 여타 지역에서도 민노당은 10−15%의 고른 지지를 얻었다.

지난 4.15 총선에서 열린우리당 돌풍과 민노당의 약진을 불러온 가장 직접적인 요인은 말할 나위도 없이 탄핵사태이다. 흔히 말하듯, 민주당−한나라당−자민련의 합작으로 이루어진 대통령 탄핵소추에 대한 국민심판 때문이었다고 할 수 있다. 그러나 탄핵사태가 국민적인 공분을 불러 일으켰고 그로인해 열린우리당의 돌풍을 초래하였으며, 민노당에게는 어부지리를 가져다 주었지만, 탄핵사태 그 하나만으로는 그러한 돌풍과 선거의 전체적인 결과를 설명할 수 없다.

열린우리당과 민노당에 대한 지지에서 상당히 큰 몫을 차지한 것은 소위 '기성정치에 대한 환멸과 염증', 기성정당들의 부패행각과 정치적으로 무의미한 정쟁에 대한 심판이었다. 이런 점 때문에 '새로운 정당'과 '새로운 인물'들에 대한 감성적−무비판적 지지와 투표행위가 일어난 것이었다. 열린우리당이나 그 후보의 '이념'이나 '정책', '인물됨', '능력' 등은 투표에서 커다란 관심사가 아니었다. 이 점에서 특히 열린우리당 지역구 후보들에 대한 지지는 대부분의 경우, 인물보다는 그 소속 정당을 보고 투표한 '감성적인 정당투표'였다는 것이 정설이다.

민주노동당에 대한 지지에도 이런 부분들이 적지 않게 포함되어 있다. 즉, 민노당에 대한 정당투표 13.1% 가운데에는 적극적 지지라고 할 수 있는 부분은 대략 8% 정도였던 것으로 추정되지만, 나머지 5% 가량은 민노당의 이념이나 정책, 아니면 민노당 비례대표 '드림팀'의 면면을 알고 지지해서가 아니라 "노무현이나 열린우리당도 싫은" 사람들이 홧김에 투표한 소극적 지지였던 것으로 추정된다. (적극적 지지의 비율은 지난 2002년 지방선거에서의 민노당 정당득표율 8.1%, 이번 총선에서의 출마자 평균득표율 7.9%로 미루어 계산한 것이다.)

다른 한편, 탄핵반대의 배경에는 지난 2000년 총선 이후부터 진행되어 온 시민단체들의 적극적 선거개입 활동과 캠페인의 누적된 효과, 즉 "부패-보수정치 퇴출"을 위한 활동과 네거티브 캠페인의 누적된 효과가 작용하였다. '기성정치인 퇴출 및 정치신인들의 진출'을 통한 '물갈이'와 '세대교체'가 그것이다. 민노당도 이로 인해 득을 보았다.

또 다른 한편, 탄핵반대의 배경에는 역설적이지만 '정국안정'을 바라는 국민적인 '보수' 심리도 크게 작용하였다. 국민들은 대통령선거를 다시 치르는 '혼란'이 싫었고, "제발 먹살잡고 싸우지 말고 민생을 살피고 경제를 회생시켜라." 하는 주문들을 많이 했다. 사실 개혁이나 혁명을 하려면, 싸움과 갈등과 혼란은 필연적으로 수반되기 마련인데, 국민들은 싸우지 말고 여-야가 '상생의 정치'를 하기를 바랬다.

선거 막판 한나라당의 '거여견제론'은 그와 같은 보수심리를 잘 읽어낸 효과적인 캠페인이었으며, 그 결과 영남지역의 한나라당 아성을 지켜낼 수 있었다. 그것은 결국은 과거의 동서지역 분할구도를 유지하는 결과를 초래하였다.

그와 같은 국민적인 보수심리와 '안정회구'는 6월5일 치러진 재보선에서 가장 중요하게 작용했던 표심이었던 것으로 보인다. "열린우리당 참패-한나라당 싹쓸이-민주당 회생"이라 집약되는 재보선 결과에는 총선과 노무현 대통령직 복귀 이후 열린우리당과 노무현 대통령이 보여준 '지도력'에 대한 불신과 의문, 이로 인해 자극받은 보수심리가 크게 작용했을 것이나.

부산, 전남, 경남, 제주도 등 115개 지역에서 실시된 6.5 재보선은 투표참가율 평균 28.2%로서 매우 저조했다. 탄핵사태는 지나갔고, "총선 이후 벌어지는 새 정치를 보니 뭐 특별히 달라진 것도 없구만..." 하는 분위기 때문이었을 것이다. 이런 분위기 속에서 열린우리당은 광역단체장(시장, 도지사) 4곳에서 전패한 것은 물론 기초단체장(시장, 군수, 구청장) 선거에서도 충청권 3곳을 제외한 16곳에서 졌다. 그 결과, 16개 시, 도 광역단체장 중 13곳을 한나라당이 차지했으며 여당인 열린우리당 소속은 전북 한 곳 밖에 없게 되었다. 기초단체장의 분포도 이와 마찬가지로 한나라당 일색이 되었다. 모두 163명 가운데 한나라당과 열린우리당 소속의 시장, 군수, 구청장 수는 "141 대 22"가 되었다.

이렇게 해서 정치권력의 판도는 두 개의 선거를 통해 새롭게 재편되었다. 중앙정부는 노무현 대통령과 열린우리당이 계속 장

익하게 되었으며, 국회는 행정부에 대한 영향력과 지도력이 약하고 현실정치 경험과 결집력도 부족한 초선의원 중심의 열린우리당이 과반의석을 조금 넘게 되었다. 한나라당은 거대 야당으로서 정부-여당을 충분히 견제할 수 있는 위치에 있게 되었으며, "지방자치와 분권"이 강화되고 있는 시대에 동부지역과 수도권에 이르기까지 지방정부와 지방의회의 지방권력 대부분을 유지하게 되었다.

제3절 민주노동당의 약진과 그 이면의 그림자

흔히 민주노동당은 지난 총선에서 제도권으로 진출하는데 성공하였다고들 한다. 그래서 한마디로 '민노당의 약진'이었다고 평하고 있으며, 이제 제도권으로 진출을 했는데, 그럼 과연, 그리고 어떻게 현실정치의 두꺼운 벽을 뚫을 수 있겠는가 하는 관심을 불러 일으키고 있다.

민주노동당은 2000년 제16대 총선에 참가하여 21명의 후보를 냈다. 선거결과, 출마자 전원이 낙선하였다. 득표율은 대개 4-5%선이었으며, 모두 22만3천표를 얻었다. 이번 총선에서는 지역구에 123명이 출마하여 울산북구(조승수)와 창원을(권영길)에서 2명이 당선되었고, 평균 7.9%의 득표율을 보이며 모두 91만 9천표를 획득하였다. 16대 총선 시기에 비하면, 엄청난 성장이 아닐 수 없다. 전국의 지역구 2곳 중 1곳에 출마할 정도로 당의 세가 전국적으로 확산되었으며, 2명을 당선시켰을 뿐 아니라 평균 득표율도 8%에 육박하는 수준에 이르고 있기 때문이다. 여기에 정당명부 투표에서는 277만여 표(13.1%)를 득표하여 8명의 비례대표를 당선시키는 쾌거를 올렸다.

민노당은 이미 2002년 지방선거에서 정당명부 투표에서 134만여 표(8.1%)를 득표하여 광역의원 비례대표 9명을 배출한 바 있고, 모두 218명이 출마해 구청장 2명, 광역의원 11명(비례대표 9명 포함), 기초의원 32명을 당선시켜 제3당의 위치로 발돋움하였다. 민노당의 약진은 이미 이 때부터 예고된 것이었으며, 이번 17대 총선의 결과는 정당득표의 면에서 득표수가 약 2배로 늘어났고, 득표율은 8.1%에서 13.1% 수준으로 1.5배 가량이 높아져 약진의 약진을 거듭하고 있다고 할 수 있다. 민노당에 대한 국민적 지지는 근래의 한겨레신문(6월12일) 여론조사 결과에 의하면, 2004년도 중반 총선과 재보선을 거치면서도 15% 이상을 안정적으로 유지하고 있으며, 열린우리당에 대한 지지가 급상승했다, 급락하는 것과는 매우 대조적인 것으로 나타나고 있다.

민노당은 사실 조직의 측면에서도 계속 약진해 왔다.

2000년 1월 창당할 무렵, 민주노동당 당원수는 6천여 명이었고, 당비를 내는 진성당원 비율은 50%에 못 미쳤다. 그 후 당원수는 급속히 불어나 2004년도에는 5만 명을 넘어섰고, 진성당원 비율도 80% 수준에 달하는 것으로 알려지고 있다. 지구당 조직은 시도지부가 16개, 지역구가 130여개에 이르고 있다. 당원들의 직업별 구성을 보면, 생산직과 사무직 노동자가 대략 50%를 점하고 있으며, 그 다음으로는 전문직이 15% 가량이고,

도시 자영-서비스업 종사자가 10% 정도, 학생이 10% 수준이며, 농민과 전업주부가 각각 3% 내외에 달하고 있다(2004년 4월 현재, 내부자료).

그러나 이상과 같은 민노당 약진에도 불구하고, 그 이면에는 어둡고 불안한 그림자가 드리워져 있으며, 집권과 사회주의적 평화혁명을 향한 민노당의 원대한 포부를 실현해 나가는 데에는 험난한 가시밭길이 가로 놓여 있다.

우선은 민노당에 대한 지지의 일정한 부분이 유동적이고 가변적이라는 점이다. 기성의 거대 제도정당들이 소위 정치를 잘하거나 열린우리당 보다 약간 더 개혁적이고 신뢰를 받는 신당이 출현하는 경우, 이 부분들이 쉽게 민노당을 이탈할 것이다. 이 유동적-가변적인 민노당 지지층은 현재 5% 내외인 것으로 짐작되는데, 이들이 과연 민노당의 이념과 정책에 동의하고 지지를 보내는 것인지 의문스럽다.

지난 총선은 앞서 언급한대로 탄핵반대와 관련한 감성투표가 열린우리당 바람을 불러 일으켰으며, 민노당은 양비론을 펴면서 대응을 하여 '열린우리당도 싫은' 부동층의 지지(약 5%)를 획득하게 되었다. 이 부분은 민노당에 대한 적극적인 지지도 아니고, 따라서 지난 지방선거 시기의 정당지지보다 이번에 5% 정도 더 늘어난 지지는 적극적인 지지가 늘어난 것이 아니라는 이야기이다. 이는 지난 총선에서 오로지 탄핵심판이냐, 거여견제냐 하는 쪽으로 쟁점이 모아졌을 뿐, 민노당을 포함하여 정당들의 이념이나 정책이 거의 선거의 이슈나 쟁점이 되지 않았던 점과 밀접한 상관이 있다.

앞서 언급한 대로, 탄핵반대의 의미로 열린우리당을 감성적으로, 인물은 중시하지 않고 당 간판만 보고 찍는 식의 투표행위 이면에는 '국정안정'을 바라는 국민적인 보수심리가 작용하였다. 한나라당의 거여견제론 또한 안정과 보수를 바라는 국민정서에 호소하는 전략이었던 것이다. 열린우리당에 대한 높은 지지의 이면에는 보수심리에 입각한 보수표가 일시적으로 몰렸다는 것이며, 이들의 경우는 열린우리당이 진보이거나 개혁이라고 판단했기 때문에 찍은 것이 아니라 여당이기 때문에, 대통령을 구하고 보좌하여 나라를 안정시키는 여당이 필요하다고 보았기 때문에 찍었다는 것이다. 총선 이후에 보여준 대통령과 열린우리당의 불안한 정치행각은 그와 같은 보수적 지지층의 이반을 불러왔으며, 6.5 재보선에서의 선거불참과 열린우리당 참패도 거기에서 유래했다고 보아야 할 것이다.

민노당은 지난 총선에서 정책을 홍보하고 선전하여 보수의 벽을 허물고 새로운 지지층을 획득하고 넓혔느냐 하는 측면에서 보면, 결코 성공했다고 할 수 없다. 정책선거를 통한 대결, 이를 통한 지지확대가 이루어진 것이 아니라 현상유지를 하면서 탄핵이라는 어부지리를 얻은 결과, 턱걸이로 '제3당'의 위치에 올라서게 된 것이었다. 바로 이 점이 민노당을 드리우고 있는 어두운 그림자의 하나이다.

또한 당원 5만명에 지역구 130여개를 가지고 있는 제3당임에도 불구하고, 민주노동당은 아직까지도 노동자 밀집지역 몇 곳만 제외하고는 지역구에서 당선 가능한 곳이 거의 없다. 이같은 지지폭의 한계와 내부의 조직적, 재정적 취약성으로 인해 지난 재보선에는 제대로 대응하지 못했고, 따라서 민노당의 약진도 볼 수 없었다.

또 다른 하나의 그림자는 정치적-이념적 통일성과 구심이 약하다는 데에 있다. 이 점은 민주노동당이 진보정당이고, 또 범진보 세력을 아우르려고 하기 때문에 갖는 취약점으로서 부득이한 측면이 있다. 범진보로 나가려고 애쓴 이유는 10여 년 전의 민중당 실패에서 얻은 교훈, "진보정당 운동은 노동자, 민중을 기반으로 해야 하고, 최소한 정파를 초월하는 범진보 세력의 지지를 받아야만 성공할 수 있다."는 교훈 때문이었다. 그렇지만 이 점은 과거와 현재, 그리고 앞으로도 상당한 기간 동안 당내의 불안요소로 작용하게 될 것이고, 따라서 앞으로 당과 민노당 의원 '드림팀'이 한 목소리를 내고 통일된 정치력을 발휘하는데 혼선을 주거나 어려움을 줄 수 있다. 또한 민노당이 현실정치를 통해 당의 정책을 알리고 신뢰를 얻어내고 지지폭을 넓혀 나가는 등 소기의 목표를 달성하는 데에도 어려움으로 작용하게 될 것이다.

제4절 민주노동당의 주된 이념과 정책

그렇다면, 민주노동당이 추구하는 이상은 무엇이고, 그 이상은 보수가 지배하는 현실정치의 벽을 뚫고 실현이 과연, 그리고 어떻게 가능하겠는가.

민주노동당의 이상은 당 강령과 주된 정책 그리고 공약으로 표현되고 있다. 그래서 그 속에 담겨져 있는 주된 이념과 정책을 민노당의 이상이라 할 수 있고, 그러한 이상을 실현하기 위해 민노당은 '선거제도를 통한 의회 및 국가권력의 장악'을 수단으로 삼고 있다. 2006년 지방선거에서는 정당 지지율을 20%대로 확보하고, 2008년 총선에서는 80석 이상의 의석을 확보하여 제1야당의 위치를 점하고, 마침내 2012년 대선에서 집권한다는 것이 현재까지의 목표로 되어 있다.

민노당의 정책으로 일반인들에게 가장 잘 알려진 것은 지난 대선 이후 '부유세 도입'과 '무상교육, 무상의료'이지만, 사실 이 것들은 '빙산의 일각'이다. 잘 알려지지 않은 민노당의 주된 이념과 핵심정책은 2000년 1월에 작성된 민노당 강령에 잘 표현되어 있으며, 이번 총선에서의 공약까지를 포함하여 4년이 지난 오늘의 시점까지도 그 골간이 유지되고 있다. "민노당을 찍으면 부유세가 도입될텐데..." 라는 우려는 그래서 좀 빗나간 것이다. 그보다 더 급진적이고 중요한 정책들이 많이 있으며, 이번에 의회에 진출한 민노당 의원 '드림팀'이 '부유세 신설'을 추진하게 될 지, 과연 그것이 먹힐지, 모두 의문스러운 상황이다. 한나라당은 물론 열린우리당이나 민주당, 자민련 각 당은 '발등에 떨어진 불'(내부단속, 입장정리 등)부터 꺼야하는 상황이고, 민노당의 손을 들어줄 이유가 아직까지는 없는 상황이다.

그렇다면 민노당의 기본 이념과 핵심정책들은 무엇인가.

강령 전문에서 민주노동당은 "외세를 물리치고 반민중적인 정치 권력을 몰아내어 민중이 주인되는 진보정치를 실현하며, 자본주의 체제를 넘어 모든 인간이 인간답게 살 수 있는 평등과 해방의 새 세상으로 전진해 나갈 것"이라고 시작하고 있다. 민노딩이 이상으로 심고 있는 이 '평등과 해방의 새 세상'이란 노동자, 민중이 직접 참여하여 통제하는 '자주적-민주적-사회주의적 시장경제'라고 요약할 수 있다.

앞에서 "외세를 물리친다."고 하는 것은 비단 미국과 일본 등의 정치적 간섭과 지배에 대하여 저항하고 자립을 도모하는 것뿐 아니라 경제적인 지배와 종속으로부터도 자립해 나간다는 뜻을 포함하고 있다. 그래서 정치적-경제적으로 자립적이고 자주적인 정부와 경제시스템을 말하는 것이다.

물론, 정치적인 차원에서의 '자주'에는 '자주-평화-통일'이라는 한반도 통일의 목표와 자주-평화라는 방법이 수반되어 있다. 여기에는 외세개입에 반대하는 입장이 담겨져 있으며, 평화통일의 입장이 담겨져 있다. 좀 더 구체적으로는 '남쪽에 의한 일방적인 흡수통일'에 대해 반대하면서 '북한식의 연방제 통일'에 대해서도 찬성하지 않는 입장을 취하고 있으며, "궁극적인 통일체제는 남한 자본주의의 천민성과 북한 사회주의의 경직성이 극복되면서 민중의 권익과 민주적 참여가 보장되는 체제여야 한다."는 입장을 천명하고 있다. 이 양쪽 체제의 문제점을 극복, 지양한 민노당의 대안이 바로 자주적이면서도 민주적-사회주의적인 시장경제 체제이다.

민노당은 강령에서 "국가사회주의의 오류와 사회민주주의의 한계를 극복하는 한편,""인류사에 면면히 이어져 온 사회주의적 이상과 원칙을 계승 발전시켜, 새로운 해방 공동체를 구현할 것"이라는 식으로 대안적인 경제체제의 윤곽을 다소 모호하게 그려놓고 있지만, 이것을 적극적으로 표현하면, "민주적-사회주의적 시장경제"이다. 이는 사회주의적 소유 및 경영의 경제질서가 중심을 이루면서도 노동자 중심의 민주적 참여와 통제가 이루어지는 범위 내에서 시장경제질서와 사유재산권이 '수용'되는 그런 시스템이다. 이런 방향으로 가는 과정에서는 재벌기업의 해체 및 일부 공기업화, 노동자의 기업소유 참여 및 경영참여, 협동조합기업과 한겨레신문사와 흡사한 '국민주' 기업의 설립 및 육성, 노동자, 시민이 참여하는 각급 단위의 경제(조절)위원회 설립, 운영 등 커다란 변화들이 일어나게 될 것이다. '국가 사회주의의 오류'에 대해서는 민주적 참여와 시장에 대한 소극적 활용을 통해서, '사회민주주의의 한계'에 대해서는 '사회주의적 이상과 원칙의 계승'을 통해서 극복하는 '진보적인 제3의 길'이라 할 수 있다.

이러한 모델은 사회주의적 색채가 더 강하기 때문에 영국이나 독일식의 '중도적 제3의 길'과 뚜렷한 차이를 지닌다. 유럽식의 중도적 제3의 길이란 현대판 자본주의에 해당하는 '신자유주의'의 기조와 정책을 일정부분 수용하는 가운데 사회민주주의보다 오른 쪽에서 제3의 길을 찾는 것, 따라서 왼쪽에서 출발한 중도노선인 반면, 민노당은 유럽식 사회민주주의보다 왼쪽에서 제3의 길을 찾고 있기 때문이다.

민노당은 그러나 사회주의 못지않게 민주주의를 강조하고 있으며, 당의 의사결정이나 활동의 면에서도 민주주의를 철저히 지키려고 애쓰고 있다. 그러지 않으면 당내의 '저항'과 '심판'을 받기 때문이다. 그래서 민노당의 대표나 원내에 진출한 '드림팀' 조차도 리더십이나 자율성과 정치력을 마음껏 발휘하지 못하게 되는 '제약'이 따른다. 말하자면, 민노당 간부와 활동가들은 민노당의 이념과 정책을 실현하는데 '복무'한다는 자세를 갖지 않으면 안 되게 되어 있다.

민주주의에서는 절차를 중시하고, 따라서 의사결정을 하는 과정이 복잡하고 시간과 비용이 많이 들며 효율성도 떨어진다는 비판들이 있지만, 실제로 민노당 내에서는 "민주주의가 너무 과잉된 것 아니냐", "그 놈의 민주주의 때문에 문제다."라는 식의 볼멘 소리들도 심심치 않게 나올 정도로 절차적인 측면에서는 민주적이다. 그래서 민노당의 정치강령에서 다소 급진적인 민주주의가 추구되고 있다는 데 대해서도 사실은 놀랄 일이 아니다.

정치분야의 강령 중 전문에 표현된 것으로는 "국민이 공직 대표자를 소환, 탄핵, 통제하고 발의권을 가지며 국가의 주요 정책을 결정하는 직접민주주의를 실현할 것"이라는 항목이 대표적이다. 어떻게 보면, 진정한 진보정당의 입장에서는 사실 당연한 주장이라고 할 수 있다. 강령 본문에서는 "국가보안법의 철폐, 완전한 비례대표제의 도입과 선거공영제의 실현, 국민의 소환권과 발안권 등으로 직접 민주제를 적극 실시"할 것을 천명하고 있다.

이와 같은 당 강령의 기조 속에서 만들어진 지난 4.15 총선에서의 주요 공약들 중 주목할만한 것들은 다음과 같다.

- 국민소환제 및 국민발의제 즉각 도입
- 지역구와 비례대표의 비율을 1대 1로 하는 '독일식 정당명부비례 대표제' 도입
- 지역평등세제(역교부세제)를 도입하고, 주민이 자치단체 예산을 짜는 참여예산제 도입

- 이라크 파병부대를 귀환시키고, 침략전쟁 파병을 결정한 전범을 처벌
- 부유세 도입
- 노동자소유기금을 설치하고 노동자 경영참가법을 제정하여, 재벌과 대기업을 민주적 참여기업으로 전환
- 아파트 원가공개, 저소득층에 대한 주거비 보조.
- 핵발전소 건설을 중단하고 단계적으로 폐쇄하며, 핵 없는 대안에너지 체제로 전환을 추진
- 공공대중교통·자전거·보행자 중심 교통정책으로 전환
- 서울대학교를 해체하고 모든 국공립대를 통합하여 특성화

이러한 공약들 중 많은 것들은 참여민주주의 성격을 띠고 있다. 그래서 사실은 '참여정부'를 내세운 노무현정부나 열린우리당이 추진해야할만한 사항들이다. 그래야 노무현 정부나 열린우리당이 "약간은 진보 근처에 가 있구나" 하는 평판을 들을 수 있을 것이다. 물론 오늘날 반공—보수적인 대다수의 국민들, 한나라당, 조선일보 쪽에서는 노무현 정부와 신생 열린우리당을 '좌경 아니면 진보'라 '오판(?)'하고 있다.

그러나 노무현 정부나 열린우리당이 민노당 총선공약을 통해 제기된 앞의 문제들에 대해 어떤 일관성 있는 입장이나 정책을 가지고 있느냐 하는 점에 대해서는 매우 의심스럽다. 특히, 이라크파병 문제나 행정수도 이전 문제, 아파트 분양원가 공개 문제 등에 대해서는 정책적인 측면에서 한나라당과 대동소이한 입장이었다. "미국에 대해 할 말은 하겠다."던 대통령은 국민적 반대 여론에도 불구하고 한나라당과 합작하여 "국익을 위해서라면,

디수 국민들이 반대해도 좋다."는 식으로, 그러니까 그 중요한 자신의 공약과 정책을 일거에 뒤집어 버렸고, 이는 아파트 원가 공개 문제도 마찬가지이다.

파병문제는 이미 노무현정부와 열린우리당을 빼도 박도 못하는 딜레마에 빠뜨렸다. 하루 빨리 입장을 재정리하여 결단을 내리지 않으면, 아마도 향후 수년간은 노무현정부와 열린우리당을 끈질기게 괴롭히고 불안하게 만들 것이다.

행정수도 충청권 이전 문제도 사실은 당리당략적 차원에서 대선 득표전략의 일환으로 대선 전 '마지막 승부수' 비슷하게 던져진 '카드'였고, '필름'을 뒤로 감아 보면, 사실 한나라당이 선수를 빼앗겼을 뿐이었다. 그러나 정부와 열린우리당, 그리고 한나라당까지도 결국은 이 문제 때문에 심각한 고민과 혼란에 빠지게 되었다. 한나라당의 경우, 의회에서는 정부의 손을 들어 주었으나, 서울, 인천, 경기 등 수도권의 지방정부권력과 지방의회들은 지역의 이해득실을 따져 반대하고 나서 곤혹스러운 상황에 처하게 되었다. 탄핵열풍 때문에 가리워지고 잠복했던 이 문제가 정식으로 불거져 나온 것이다.

사실 이 문제는 다수의 반대여론도 여론이니 만큼 국민투표로 가야할 것이다. 아니면, 국민투표를 대신해 수도이전(행정수도 이전 아니면 천도) 자체 뿐 아니라, 이전의 범위, 이전 장소 등에 대해서는 엄정한 국민 여론조사가 이루어지고, 거기에 따라 정책이 수정되어야 할 것이다. 지난 시기 대선후보 자리를 놓고 정몽준 후보와도 여론조사로 승부를 걸지 않았던가. 수도이전 문제는 그보다 훨씬 더 크고 심각한 문제이며, 그렇기 때문에,

당연히 국민투표나 여론조사로 가야할 것이다.

열린우리당과 대통령이 이런 딜레마와 앞으로 예상되는 난국을 피해 나가는 길은, 아니 열린우리당 보다는 대통령이 할 일은, 차제에 다수당도 되었고 하니, 민주적으로 국민여론을 받들면서 입장정리를 분명히, 그리고 새롭게 해야 할 것이다. 다시는 말을 바꾸지 말고, 제 갈 길을 계속 가는 쪽으로 가라는 것이다.

제5절 민주노동당, 어디로 갈 것인가

민노당은 현재까지 제 길을 걸어왔고, 지금도 가고 있다. 그렇지만 앞으로가 문제이다.

지금까지 민노당은 힘겨운 길을 꿋꿋하게 걸어 나왔다. 그러나 앞서 본 바와 같이, 민노당에 대한 지지에는 '거품'이 많이 있으며, 실제의 노동자, 민중, 국민들은 민노당이 생각하는 것보다 훨씬 더 보수적이며, 기성정치인들, 그리고 상당수의 초선 의원들도 그런 압도적인 국민적 보수성향을 잘 읽고 있기 때문에, 표 떨어질까봐 왼쪽으로 올 가능성이 희박하다. 민노당의 입장과 노선이 '자주적 민주사회주의'라고 요약한 것이 맞다면, 그리고 그런 민노당의 입장과 노선을 국민대중들이 정확하게 알게 된다면, 과연 민노당에 대한 지지가 더 늘어날 수 있을 것인가, 대단히 의문스러운 지점이다. 또 집권으로 가기 전에라도 한국적인 반공—보수의 분위기 속에서 가히 혁명적이라 할만한 그런 '혁명적 개혁' 정책과 법안들을 구현시키고 제도화시켜 낼 수 있을 것인가 하는 점도 심각하게 고민해야 할 사항이다.

물론, 핵심당원들 중에는 "그런 고민 누가 안 하느냐"고 반문할 사람들이 많이 있을 것이다. 그렇지만 다른 한 쪽에서는 아직도 혁명적인 정서와 투쟁의 정서가 앞서 '제도정치'에 대해서는 소극적－비판적인 자세를 가지고 있다.

민노당 내에서는 최근 NL 혹은 전국연합파라 통칭되는 온건파가 득세하고 있고, PD 계열 내에서도 온건파(＝사회민주주의 계열)가 득세하고 있지만, 아직도 논쟁의 구도는 "개량이냐 혁명이냐"를 벗어나지 못하고 있다. 총선 이후, 민노당 최고위원 선거과정에서 이루어진 게시판 논쟁에서 두드러졌던 것 하나가 바로 그 점이었다. PD, NL 양쪽에서 공히 상대방을 비난할 때 꺼내는 말이 바로 '개량주의'였으며, 많은 경우, "개량주의자는 열린우리당으로 가야 맞다."는 식으로 결론을 냈다. 이런 논쟁은 내부에서의 논쟁이기 때문에, 아니면 게시판 논쟁이기 때문에, 상관없다고 말할 사람들이 있을 것이다. 그러나 국민들이 그러한 논쟁을 보고, 또 그러한 논쟁을 알게 된다면? 그래도 무방할 것인가... 이런 점이 문제이다. 민노당은 "나를 따르라, 우리를 따르라, 아니면 개량주의나 보수" 식의 정서가 팽배한 폐쇄적인 분위기이다.

어쩌면 이것은 '노동운동 중심의 재야 진보정당운동'의 결실이라 할 수 있는 민주노동당의 '태생적 한계'이자 딜레마일 것이다. 한편으로는 선거를 통해 평화적 정권교체와 자주적－민주적 사회주의 시장경제를 추구하면서, 다른 한편으로는 스스로 그런 수단과 방법, 그리고 사회민주주의 노선을 개량주의라 비판하고, 국민정당, 대중정당을 표방했으면서도 운동권 스타일을 답습한다든지 하는 점 등은 뭔가 앞뒤가 잘 안 맞는 것이다.

그래서 저자는 민노당의 당명 제정과정에서부터 "사회민주주의를 표방해야 한다."고 주장 한 바 있고, 지난 대선전 민노당 정체성 확립을 위한『이론과 실천』지상토론에서도 "솔직히 사회민주주의를 주장하자"는 주장도한 바 있었다. 민노당이 소기의 꿈과 이상과 목표를 실현하고 달성해 나갈 수 있으려면, 살아서 숨쉬는 진짜 대중들에게 더 다가가 친해지고, 더불어 문호도 더 개방하지 않으면 안 될 것이다.74) 사실은 이런 노력을 부단히 한다 해도 전반적으로 반공─보수적인 우리나라 노동자 국민 대중들에게 민노당의 이념과 정책에 대한 공감을 얻어내고, 20% 이상으로 정당지지를 끌어 올리는 길은, 이대로 가다가는 '좌절'될 가능성도 적지 않다.

---

74) 저자는 국민승리21에 이어 당시 민노당에서 정책자문교수를 했었다.

제3부
참여민주주의
교육개혁과 시민운동

제3부 "참여민주주의 교육개혁과 시민운동"은 제1부와 2부에 이은 속편이다.

제9장 "참여민주주의와 대안적 교육체제의 모색", 제10장 "서울대학교 해체론 등에 대하여"에서는 참여민주주의가 무엇인지, 교육이 무엇인지에 대해 논하고, 오늘날 여러 가지 심각한 문제들을 안고 있는 우리나라 초중고대학교에서의 교육이 '정상적인 상태'로 가려면 어떻게 해야 할 것인지, 교육개혁, 대학개혁, 서울대 문제 등에 대해 쓰고 있다.

이런 맥락에서 저자가 독일에서 유학을 한 것은 스스로 잘한 일이있다고 생각한다. 어떤 때는 행운이었다는 생각도 든다. 독일에서의 경험이 정치나 교육 문제, 또 맑스나 사회학 이론, 반전–평화–환경운동, 참여민주주의와 공동결정제(Mitbestimmung) 등을 공부하고 체험하는 기회가 되었기 때문이다. 일부 사람들, 또 일부 동료교수들은 저자가 "특권층, 귀족, 엘리트층에 속하는 사람 아니냐, 그런데 왜 그런 못사는 사람들의 입장을 대변하느냐, 이해할 수가 없다"라는 식으로 이상한 말을 하기도 한다. 그러나 나는 나이고, 배운 것을 써먹을 뿐이다. 머리말에 쓴 것처럼 나는 "허무와의 전쟁"을 하는 사람이고, 그런 지식과 체험들을 그 전쟁에 써먹고 있는 것이다.

그런 의미에서 나는 미국에서 공부하지 않기를 잘했다는 생각도 한다. 본래 마음에도 내키지도 않았지만, 별로 배울 것이 없다고 생각했기 때문이다(=편견?). 한국사회에서는 미국출신 학자들이 학계의 헤게모니를 쥐고 있다. 그렇지만, 나는 나이고, 나는 세상을 거슬러 올라가고 싶은 '삐딱한 사람' 중의 하나이고,

미국의 패권주의에 도전하는 것도 필요하다고 보는 사람이다. 서울대학교를 나온 내가 서울대 해체론을 포함하여 명문대해체론, 대학평준화론, 대학무상교육론 등을 편 것(제10장)은 나의 이런 '삐딱한 성향'을 감안한다면, 자연스러운 일이었을 것이다.

제11장 "한국의 시민운동, 어디로 가야하나"는 시민운동에 관한 글이다. 내용에 비추어 제목을 바꾼다면, "1990년대 한국 시민운동에 대한 평가와 반성"이라고 할 수 있다. 여기서는 시민운동이라는 것이 도대체 무엇인지, 시민운동이 지난 10여년 동안 어떤 활동을 해왔는지, 잘한 일은 무엇이고, 못한 일은 무엇인지에 대한 평가와 반성, 그리고 그것을 기반으로 삼아 앞으로 나아가야할 방향에 대해 논하였다.

제9장 참여민주주의와 대안적 교육체제의 모색

오늘날 한국사회는 개혁해야 할 수많은 과제들을 안고 있다. 그 중의 하나는 교육문제이다. 교육문제는 개인과 가족의 삶에서 중대한 일 일 뿐 아니라 정치, 경제, 문화를 비롯한 제반의 사회생활 영역과도 밀접하게 연관되어 있는 대단히 복합적이고 다면적인 성격의 것이다. 그렇기 때문에 문제의 심각성이 크며, 문제를 해결하는 일 또한 간단치가 않다.

교육을 통해 개인은 인성을 형성하고 지식과 규범, 그리고 문화를 습득하며, 이를 통해 사회의 일원으로서 원만히 적응해 살아갈 수 있게 된다. 개인은 교육을 통해 장차 정치생활에 필요한 덕목과 가치관을 습득하게 되며, 지식과 기술을 습득함으로써 직업생활과 경제생활에 필요한 덕목과 능력, 자격 등을 갖추게 된다. 그리고 가족과 성, 집단, 사회생활에서 요구되는 인간관계의 관습과 기술 등 여러 차원의 문화를 습득함으로써 한 사회의 문화를 계승시키고 비판적으로 창조해 나갈 수 있는 소양을 갖추게 된다.

이처럼 교육은 개인과 사회의 생활 전반에 걸쳐 커다란 비중을 차지하고 있기 때문에, '잘못된 교육', 그리고 교육을 체계적으로 잘못되게 만드는 교육제도와 교육환경은 그만큼 심각한 문제가 아닐 수 없다.

우리 사회에서 전통적으로 가장 큰 교육문제가 됐던 것은 대학입시위주의 암기식 교육, 그로 인한 각종의 병폐였다. 그것은 무비판적이고 비창조적인 사고와 정신, 도구적 합리성과 경쟁주의, 학벌주의 등을 강화시키고 재생산하였으며, 과외, 학원 등을 통한 엄청난 사교육비 지출은 개인 뿐 아니라 사회적으로도 고통과 비효율, 비정상을 초래하였다. 초중고 학교교육은 이런 점에서 제기능을 하지 못해 왔으며, 대학교육 역시 그 연장선상에 서 있다.

다른 한편, 한국의 교육은 권위주의 정치권력의 통제 하에서 정권을 정당화시키고 사회 전반의 권위주의를 재생산하는 역할을 수행해 왔다. 권위주의는 비단 국가와 교육기관 사이의 관계에만 존재했던 것이 아니라 학교 내부의 의사결정과정과 학급내 교육현장에까지 연장되었으며, 결국 사회적으로 권위주의를 재생산하는데 기여하였다.

이 장의 목적은 이 두 가지의 병폐를 근원적으로 치유할 수 있는 방안을 모색하는 데에 있다. 그리하여 우선 한국교육의 문제를 주로 경쟁주의와 권위주의의 관점에서 평가한 다음, 이를 개선할 수 있는 대안적인 교육체제의 기본모형들을 검토할 것이다. 그리고 나서는 참여민주적 교육체제의 구체적인 대안들로서 해외의 몇 가지 사례들을 검토해 보고자 한다. 마지막으로는 이러한 대안에 비추어, 한국사회에서 정부를 비롯한 교육관련 주체들이 맡아야 할 교육개혁의 과제들이 무엇인지에 대해 종합하여 논하고자 한다.

제1절 한국 제도교육의 주요특성과 병폐

1. 교육을 권위주의화하는 조건들

오늘날 한국사회의 교육(학교를 통한 제도교육)에서 가장 큰 특징을 이루는 것은 '권위주의'이다.

권위주의란 '권위에 의존하는 강제와 복종'으로서 한편으로는 "권위를 배경으로 삼아 자신의 의사를 타인에게 강제하는 것", 다른 한편으로는 "권위를 가진 사람에 대해 무비판적, 맹목적으로 복종하는 것"을 말한다. 여기서 권위란 위계서열적 지위에 따른 권력, 또는 전문가적 명성에 따른 영향력을 가리킨다.

우리 사회에서는 제도교육과 관련된 주요한 행위주체들의 태도에 이와 같은 권위주의가 공통적으로 존재해 왔다. 교육에 대한 국가의 권위주의적 통제, 교사의 권위주의적 교육방법, 피교육자의 권위주의적 학습방법이 그것이다. 이와 같은 권위주의로 인해 우리나라 교육은 권위주의적 교육과 인간형을 재생산해 내는 결과를 낳고 있다. 나아가서는 우리 사회 전반의 정치, 경제, 사회, 문화생활 부문에서 권위주의를 재생산 혹은 유지, 강화시키는 작용을 하고 있다.

우리 사회의 권위주의 교육에서 가장 중요한 매체가 되어 온 것은 대학입시 제도와 교과서 제도이다.

대학입시제도란 대학진학과 입학을 희망하는 사람들이 시험을 통해 선발되는 제도를 말하는데 한국사회에서는 이를 국가가 주로 통제하였다. 대학입시제도에 대한 국가의 통제방식은 국가고

사처럼 입시를 직접 관리히거나 대학별 대학입학정원을 규제하는 등 직접적인 것과 대학이 별도의 본고사를 치르도록 하거나 고등학교에서 내신성적을 평가토록 하여 각각 입시성적의 일부로 반영토록 하는 등 간접적인 것이 있으며, 통제의 방식과 정도는 지난 수십 년간 다양하게 변천해 왔다(윤정일 외, 1991). 그리고 정부는 입시제도를 전형제도로 바꾸는 등 입시자율화 및 모집정원 자율화를 통해 직접적인 통제방식을 완화하고 간접적인 통제방식으로 전환하려고 해왔다(유팔무, 1996b; 한국대학교육협의회, 1997; 이우모, 1998 참조).

정부의 이러한 정책전환의 노력은 교육에 대한 통제의 성격이 탈권위주의화 되어감을 의미한다. 그러나 이러한 전환이 입시의 폐지나 완전자율화에까지 이른 것은 아니며, 단지 입시에 대한 정부의 통제방식이 간접적인 방식을 강화하는 방향으로 전환하고 있음을 의미할 뿐이다. 예컨대, 수학능력시험 제도를 국가가 직접 관리하는 것, 시험의 출제범위를 교과과정 및 교과서 내용으로 제한하는 것 등 직접적인 통제의 정책은 아직도 유지되고 있으며, 이것과 병행하여 수능시험 성적과 내신성적, 면접성적 등을 일정한 비율로 반영하도록 하는 등 간접적인 통제가 이루어지고 있는 것이다.

대학입시에 대한 정부의 직, 간접적인 통제가 권위주의적인 가장 큰 이유는 교육의 내용, 그리고 시험의 범위를 정부가 지정하고 통제한다는 데에 있다. 정부는 하나의 초중등 교육과정을 편성하여 전국의 학교에서 획일적으로 준수하도록 강제하고 있으며, 이러한 교육과정에 충실한, 정부에서 지정 혹은 인정한 교과서만을 사용하도록 하고 있다. 그리하여 학교 현장에서의 교육은 그러한 교육과정과 교과서의 범위를 벗어날 수 없게 되어 있고, 시험 역시 그 범위를 벗어날 수 없게 되어 있다. 이로 인해 학교학급에서 이루어지는 교육도 권위주의적으로 되며, 획일적인 교육내용이 국가로부터 학교에게, 또 학교교사를 통해 학생들에게 주입되고 있는 것이다.

정부는 또 대학입시의 큰 부분을 직접 통제하면서 문제출제의 범위를 교과서 내의 범위로 한정하고 있다. 이로 인해 우리나라 교육은 '대학입시 위주의 주입식 교육'을 벗어나지 못하게 되었으며, 교과서의 '정답'이 전국의 학생들에게 획일적으로 주입, 암기되는 병폐를 반복하게 되었다. 이러한 현상은 오늘날 시험이 '교육평가'라는 주된 기능을 상실해 가고 그 대신 상급학교 진학이나 사회진출의 가능성 및 기회를 제공하는 '선발기능'에 복속되어 가고 있는 현실로 인해 한층 더 강화되고 있다. 시험이 교육을 위해 존재하는 것이 아니라 교육이 시험을 위해 존재하는 것 같은 전도된 양상이 바로 그것이다.

이와 같은 권위주의가 낳는 병폐들 가운데 과거에 가장 많이 지적된 것은 교육이 정권의 정치적인 도구로 이용되기 쉽고 또 실제로 그렇게 이용되었다는 점이었다. 그 다음으로 많이 지적된 것은 전인교육과 창의성교육이 이루어지지 않는다는 점이었다. 일면적이고 무비판적인 내용의 교육이 그것이다. 그 다음은 과외, 학원, 보충학습 등 학부모들의 과중한 사교육비 부담75)과

---

75) 윤정일(1997: 54)에 의하면, 1996년도 우리나라 사교육비(교재대, 학용품비, 과외비, 교통비 등)는 약20조원으로 추정되며, 이는 GNP의

낭비, 이를 둘러싼 치맛바람과 교사들의 부패, 그리고 학생들에게 가해지는 과중한 부담과 심리적 긴장, 갈등의 문제 등이었다.

이러한 문제들의 제도적인 중심고리는 대학입시제도였으며, 대학입시제도와 입학정원에 대한 정부의 통제였다. 물론 대학입학을 둘러싼 학부모와 학생의 과열경쟁 또한 이것과 함께 다른 하나의 중심축을 이루어 왔다. 전자를 권위주의의 문제라고 한다면, 후자는 경쟁주의의 문제이다. 그러나 이러한 경쟁주의 또한 여러 가지 면에서 권위주의와 결합되어 있다.

2. 대학입시를 통한 경쟁주의와 권위주의

대학입학을 둘러싼 과열경쟁은 흔히 말하듯 유교적인 전통에 기인하는 바도 없지 않겠으나 이보다 더 큰 이유는 학력을 사회적인 신분상승의 도구로 여기는 학벌주의에 있다.

'학벌주의'는 여러 가지 요소들로 이루어져 있으나, 그 중 핵심이 되는 것은 첫째 어떤 사람을 평가할 때 그 사람의 학력수준이나 출신학교의 명성을 중요한 기준으로 삼는 경향이고, 둘째로는 그러한 경향 때문에 학력을 신분상승의 도구로 간주하는 경향, 셋째로는 그렇기 때문에 가능한 한 많은 수단을 동원하여 학력수준을 높이거나 명성이 높은 학교로 진학하려고 노력하는 경향이다. 논리적으로 볼 때, 첫 번째의 학벌주의 가치관이 두 번째의 학벌 도구주의 사고와 세 번째의 학벌 추구행위를 불러

5.7%에 해당하는 규모이다.

일으킨다고 할 수 있으며, 이 두 가지가 다시 입시과열을 초래하는 것이라고 할 수 있다.

이같은 학벌추구행위는 현실적으로 학벌의 문호가 한정되어 있고, 입시를 통해 목표를 달성할 수 있기 때문에, 학벌획득을 위한 치열한 학습경쟁을 초래하였다. 이러한 학습경쟁은 경쟁주의적인 동시에 권위주의적인 성격을 가진다.

학생들은 교육과 학습 자체를 통해 경쟁을 배우기도 하지만, 이러한 교육을 통해 의도되지 않은 학습효과로서 경쟁을 배우게 되며, 이를 통해 경쟁주의적 인간형으로 교육된다. 다른 한편 이러한 경쟁은 학벌자체에 높은 권위를 부여하고 이를 추구하는 행위이기 때문에 그 자체가 권위주의적인 것이며, 그러한 권위를 획득하기 위한 경쟁, 즉 학습방법 자체도 권위주의로 만든다. 왜냐하면 이들의 학습방법은 교과서의 정답에 대해 무조건적으로 권위를 인정하고 이를 암기식으로 습득하는 것이기 때문이다.

이런 측면에 주목해서 볼 때, 우리나라 교육은 대학입시제도를 통해 권위주의적이면서 경쟁주의적인 인간형을 양산해 내고 있다고 할 수 있다. 정부의 직, 간접적인 통제 하에 놓여있는 대학입시와 입학정원 제도는 학벌주의와 만나면서 과열입시경쟁을 불러 일으켰으며, 교육의 비정상화와 낭비, 그리고 의도하지 않은 권위주의와 경쟁주의 교육을 초래하였다.

권위주의는 인간들 사이의 자유와 평등을 크게 제한한다. 권위주의적 사고와 그런 인간관계는 권위를 지닌 소수의 인간들에게는 특권적인 지위를 부여하고 또 향유할 수 있게 해주는 대신, 권위를 갖지 못하거나 적게 소지한 인간들에게는 그만큼의 부자유와 불평등으로 작용한다. 교사와 학생들은 정부가 제시한 교육과정과 교과서로부터 자유롭지 못하며, 그만큼 교육—학습 과정에서의 자율성과 권리를 제약 받는다.

또한 권위주의는 비판적이고 창의적이고 새로운 것, 그리고 합리적인 것을 제약한다. 교과서에 담겨진 '정답'을 무조건적으로 교육—학습하도록 하는 것, 그리고 교육—학습하는 것은 그에 대한 비판을 허용하지 않으며, 그 내용과 다른 창의적인 것이나 새로운 것을 허용하지 않는다. 그래서 다양한 상상력을 위축시키며, 여러 사람의 중지를 모으는 과정이나 이를 통해 얻어질 수 있는 합리성을 차단하거나 제약한다.

경쟁주의는 경쟁을 중시하는 태도나 그러한 태도에 입각한 행위라고 할 수 있다. 경쟁과 관련하여 우리는 흔히 '지나친 경쟁'이니 '선의의 경쟁'이니 하는 말들을 한다. 이것은 경쟁이 사람들 사이의 협동적인 관계를 해치는 성격을 지니고 있다는 사실을 표현해 주는 것이며, 경쟁이 사회적인 협동이나 우호 관계보다 우선시 되어서는 안 될 것이라는 사실을 표현한 말들이다. 그런데 입시를 둘러싼 경쟁은 그러한 도를 넘어섰으며, 그렇기 때문에 '과열'이라는 수식어가 따라붙고 있는 것이다. 소위 입시경쟁에서 낙오된 인간들은 사회에서 열등한 인간으로 대접받는 것이 현실이라고 한다면 이는 잘못된 것이다. 사회에서는 경쟁보다는 협동 그리고 공공성이 무엇보다 더 긴요하고 소중한 가치이기 때문이다.

3. 대안모색의 방향

그러면 이와 같은 권위주의와 경쟁주의, 거기에 수반되는 병폐들을 벗어나기 위해서는 어떤 정책들이 필요하겠는가.

여기에 대해서는 그동안 여러 가지의 대안들이 제시되어 왔고, 정부차원의 노력과 교원단체, 학부모단체, 시민단체 등 민간차원의 노력들도 있어 왔지만, 우리 사회의 교육은 보다 근원적이고 총체적인 개혁 조치들을 필요로 하고 있다.

앞서 검토해 본 바와 같이, 문제의 고리는 대학입시제도와 입학성원제한, 그리고 학벌주의에 있다. 그리하여 그 해결방안은 첫째로 대학진학을 희망하는 사람은 대부분 진학할 수 있도록 대학의 문을 개방하고, 둘째로 대학진학의 필요성을 줄여 진학희망자수를 원천적으로 감소시키는 것이다. 이를 위해서는 대학입시제도의 폐지, 명문대학 폐지를 비롯한 대학간 격차의 해소, 대학에 대한 정부 재정지원 방식의 전환, 기업 등의 채용과정에서 학력에 따른 제한과 차별의 해소, 산학협동과정의 설치를 통한 고교졸업생의 조기취업 기회의 확대 등의 정책이 필요하다.

다른 한편, 문제의 또 한 가지 고리는 교육행정 및 교수–학습방법과 관련된 권위주의와 경쟁주의 시스템이다. 이러한 시스템을 민주적이고 협동적인 시스템으로 전환해 나가야 하며, 이를 위해서는 교육자치제의 확대, 학교운영의 민주화, 교수–학습방법의 민주화 등 참여민주주의적 교육 정책이 필요하다.

제 2절 교육체제의 모형과 참여민주주의적 대안

1. 교육체제의 구성요소와 모형들

한국사회 교육문제를 근본적으로 해결하고 교육개혁의 기본방향을 설정하기 위해 무엇보다 긴요한 것은 전체적인 교육의 과정을 모두 포괄하는 교육체제의 상을 정립하는 것이다. 그리고 그러한 상에 비추어 바람직하고 실현 가능한 요소들을 선택, 한국사회 교육개혁의 방향으로 삼는 일일 것이다. 또한 우리가 교육체제(educational system)를 교육목적을 실현하기 위해 만들어진 제도들의 총합이라고 한다면, 우선은 교육의 기본목적을 살피고, 그와 관련된 주요한 제도적인 요소들을 검토하는 것이 필요하다.

사회적으로 볼 때, 교육의 기본목적이란 "미숙한 개인들에게 사회생활과 사회에 필요한 지식과 기능을 길러주는 활동으로서 궁극적으로는 사회의 유지, 발전에 기여할 수 있는 사회인을 만드는 것"이다. 이런 목적에 비추어 보면, 교육체제를 구성하는 요소들 가운데 중요한 것은 오늘날 고전적인 분류법에 해당하는 Hopper(1968)가 지적하듯이 학생의 선발(selection), 교육(instruction), 그리고 직업할당(allocation of trained personnel)이라고 할 수 있다. 우리는 각각의 요소들이 어떤 성격을 지니느냐 하는 것을 기준으로 교육체제의 유행을 분류할 수 있을 것이다. 그러나 학생선발의 방법, 시기 등에만 치우친 Hopper(1968)의 유형분류 대신, 우리는 세 가지 요소들을 모두 고려하면서 특히 교육 부분에 초점을 두어 분류하고자 한다.

따라서 첫째, 교육을 누가 통제하는가, 특히 교육에 대한 국가의 통제가 어떠한가 둘째, 교육이 이루어지는 과정에서 교사-학생의 관계는 기본적으로 어떠한가, 셋째, 교육의 목적은 사회의 기본 규범에 비추어볼 때 어떤 성격의 것인가 등 교육에 직접 관련된 요소들, 그리고 넷째 학생의 선발, 특히 대학입시제도의 개방성이 어느 정도인가, 다섯째, 직업할당, 즉 졸업생의 취업이 주로 어떤 방식으로 이루어지는가 하는 교육기관에의 입출방식과 관련된 요소들이 교육체제를 구성하는 요소들이 된다.

이러한 요소들을 준거로 하여 현대사회의 교육체제 모델들을 구성해 보면, <표 4>과 같이 크게 3가지의 유형, 즉 자유민주주의 모델과 국가사회주의 모델, 그리고 양자의 중간적인 형태에 해당하는 참여민주주의 모델로 나누어 볼 수 있다. 자유민주주의에 근접하는 예로는 미국, 국가 사회주의의 전형으로는 구소련, 참여민주주의에 근접하는 예로는 독일이 해당한다.

<표 4> 교육체제들의 특징 비교

교육체제 교육체제의 요소	한국 사회	자유 민주주의	국가 사회주의	참여 민주주의
국가의 교육통제	권위적	절충적	권위적	민주적
교수-학습 방법	권위적	절충적	권위적	민주적
교육내용	획일적	절충적	획일적	다원적
우선적 교육목표	경쟁주의	경쟁주의	협동주의	협동주의
교육기회 제공	제한적	제한적	제한적	개방적
졸업 후 취업방식	자유경쟁	자유경쟁	사회보장	절충적

제도교육에 대한 국가의 통제는 감독과 규제, 인허가, 인사, 재정지원 등 여러 가지 방식으로 이루어지지만, 내용면에서 가장 중요한 것은 교육목표와 교육내용의 기본골격을 이루는 교육과정과 교과서 제도를 통한 통제라고 할 수 있다. 학교와 교사는 국가가 정한 교육과정과 한 종류의 교과서만을 가지고 교육을 하도록 강제되는 경우가 있는가 하면, 정해진 교육과정과 교과서 없이 자율적으로 교육하는 경우가 있다(한국교육개발원, 1995). 전자는 교육에 대한 국가의 통제와 교수-학습 방법을 모두 권위주의적으로 만들며, 교육내용 또한 획일적으로 만든다. 그 반면, 후자는 민주적이고 다원적일 수 있게 된다.

그래서 특히 교과서를 통한 통제방식을 중심으로 국가의 교육에 대한 통제방식을 민주적인가 권위적인가 하는 점을 비교해 보면, 한국사회는 국가사회주의와 함께 권위적인데 반해, 자유민주주의는 권위주의와 민주주의가 절충된 형태, 참여민주주의는 민주적인 형태를 취하고 있다.

이러한 성격은 교수-학습 방법의 면에서도 마찬가지로 나타난다고 할 수 있다. 그리고 교육내용에도 그대로 반영되어, 한국사회는 국가사회주의와 같이 획일적인 반면, 참여민주주의는 다원적, 자유민주주의는 절충적인 것으로 나타난다.

그 다음 중요한 것은 내용적으로 가장 우선시되는 교육목표가 무엇이냐 하는 점인데, 교육이 사회적인 측면, 즉 인간들 사이의 관계 및 개인과 사회의 관계 면에서 볼 때, 어떤 유형의 인간을 만들어 내는데 초점을 두고 있느냐 하는 것이다. 여기서 가장 전형적인 인간형은 경쟁주의적인 형과 협동주의적인 형이라고 할 수 있다. 이런 교육목표에 비추어 보고, 대학입시경쟁과 같이 명시적으로 의도되지는 않았으나 실질적으로 효과를 발휘하는 '잠재적인 교육목표'에 비추어 보면, 한국사회는 자유민주주의 모형과 함께 경쟁주의, 즉 경쟁적인 인간형을 길러내는 교육체제를 가지고 있다. 반면에, 국가 사회주의나 참여 민주주의는 협동주의를 교육의 우선적인 목표로 삼고 있다.

그 다음 교육체제의 성격을 규정하는데 중요한 요소는 교육체제가 개방적인가 제한적인가 하는 점이다. 이것은 진학과 학생 선발의 방법이 어떠하냐, 그리고 교육의 재정적인 기초가 어떠하냐, 즉 그것이 공적인 데에 있는가, 사적인 데에 있는가 하는 데에 따라 달라진다. 한국사회의 경우, 학생들이 치열한 시험을 통해 선발되고 학교운영과 학비가 주로 사적인 재원으로 조달되기 때문에, 자유민주주의 모형과 함께 제한적이다. 국가 사회주의 모델에서는 국가가 교육재정을 조달하기 때문에 경제적인 차이에 따른 교육기회의 제한은 없으나, 엄격한 선발과정을 통과해야 진학이 가능하기 때문에 교육기회는 제한적으로 주어진다. 반면에, 참여민주주의 모델에서는 국가가 교육재정을 조달할 뿐 아니라 진학기회도 대체로 개방되어 있기 때문에 교육기회는 개방적이다.

끝으로 한 가지 더 고려해야 할 사항은 교육의 성과를 사회에 나가 발휘할 수 있는 기회, 즉 졸업 후의 취업이 사회적으로 보장되는가 그렇지 않은가 하는 점이다. 국가 사회주의에서는 이것이 보장되어 있는 반면, 한국사회나 자유민주주의 모형에서는 보장되어 있지 않고 자유경쟁을 통해 제공된다. 참여민주주의 모델에서는 취업과정을 국가가 적극적으로 매개해 주기 때문에 절충적인 방식으로 제공된다.

취업문제가 교육체제에서 중요한 이유는 그것이 대다수 교육 수혜자의 관심사이고, 그것이 불안하냐 보장되느냐 하는 데에 따라 교육에 대한 학생들의 태도가 경쟁적이냐 그렇지 않느냐 하는 방향으로 영향을 주기 때문이다. 이것은 또 교육기관의 인력공급 기능이 적절히 이루어지느냐 하는 점과도 연관되어 있다.

한국사회의 교육은 앞에서 지적한 바와 같이 권위주의와 경쟁주의라는 병폐를 안고 있으며, 이러한 병폐는 학벌주의와 한국적인 교육체제에 의해 계속 유지, 재생산되고 있다. 이러한 문제를 근원적으로 해결하는 방향은 크게 보아 앞의 세 가지 모형 가운데 하나일 터이지만, 자유민주주의 모델과 국가사회주의 모델은 바람직한 모델이라고 할 수 없다. 자유민주주의 모델은 여전히 경쟁적 인간형을 만들어 낼 뿐 아니라, 경쟁과 경제적인 격차를 통해 교육기회를 제한하고, 취업을 불안하게 함으로써 경쟁주의를 더욱 강화시키기 때문이다. 국가 사회주의 모델은 이런 면에서 장점을 지니고 있기는 하지만, 기본적으로 민주적이 아니라 권위적인 성격을 지니는 것이기 때문에 대안으로 부적합하다. 여기에 비해 참여민주주의는 양자의 장점들을 절충하는 형태를 취하고 있기 때문에 대안으로서 가장 적합한 형태라고 할 수 있을 것이다.

2. 대안적인 교육체제로서의 참여민주주의

혼히 자유민주주의는 형식적 민주주의이고, 국가사회주의와 인민민주주의는 실질적 민주주의라고 말한다.

자유민주주의가 실질적이지 않고 형식적으로만 민주주의라는 이야기는 두 가지 의미를 지니고 있다. 첫째는 자유민주주의가 정치적으로는 민주주의를 취하고 있으나 경제적으로는 자유주의를 전제함으로써, 생산수단에 대한 소유권을 가진 소수 계급이 의사결정권을 독점하고, 이로 인해 경제 차원의 민주주의를 결여하고 있기 때문이다. 즉 정치적으로는 민수수의, 경제적으로는 독재를 하고 있다는 것이다. 둘째는 자유민주주의가 대부분 대의민주주의를 취하고, 선거를 통해 권한을 위임받은 정치적 대리인들이 그들의 재임기간 동안 유권자들로부터 직접적인 통제를 받지 않으면서 자립적으로 의사결정을 해나가기 때문에 형식적인 민주주의라는 것이다.

그렇기는 하지만, 그 반대로 인민민주주의가 실질적 민주주의는 아니다. 인민민주주의는 소수의 독재와 소수계급의 독재를 반대하는 의미에서 다수계급의 독재를 진정한 민주주의로 간주해 왔다. 그러나 다수 계급의 독재는 실질적으로 다수 계급에 대한 소수 대리인들의 독재로 대체되었으며, 이런 의미에서는 이 역시 형식적인 민주주의로 전락하였다. 그 예로 대리인들에 대한 자유로운 선거가 결여되었으며, 이들의 교체도 대부분 소수 대리인들 사이의 의사결정이나 권력관계를 통해 이루어졌다는 점을 들 수 있다.

참여민주주의는 이 두 가지 형태의 형식적이고 배재적인 민주주의를 비판하는 가운데 형성되었다. 자본주의권에서는 자유민주주의를 급진화하는 방향 속에서 그리고 사회주의권에서는 사회주의적 개혁노선을 통해서 성립하였다. 그리하여 그것은 두 가지 형태를 절충하는 성격을 지니고 있다.

참여민주주의란 우선 "정치, 경제, 사회 각 분야의 의사결정이 가능한 한 자주 해당사회 구성원들의 참여에 의해 이루어지는 것"을 말한다. 이것은 두 가지 요소들로 이루어져 있다.

하나는 다수에 의한 의사결정이라는 민주주의 원리를 정치에만 적용하는 것이 아니라 경제 및 사회 차원에까지 확대 적용하는 것이며, 이런 의미에서 '민주주의의 확장'(Gould, 1990: 25, 255)이라고 할 수 있다.

경제분야에서 이루어지는 참여민주주의의 대표적인 형태는 노동자 경영참여이며, 사회분야에서는 교육, 언론기관 등 시민사회의 조직체들 내부에서 이루어지는 의사결정과정에 교직원이나 학생, 일반언론인과 직원이 직, 간접적으로 참여하는 형태가 바로 그것이다.

참여민주주의의 다른 한 가지 요소는 대의제 원리를 대신하여 공적인 의사결정의 과정에 주권자가 자주 참여하여 의사를 반영하고 대리인의 독단적인 의사결정과 자립화를 통제하는 원리이다. 후자는 가능한 범위 내에서 직접민주주의를 적용하는 원리라고도 할 수 있다. 공청회를 통한 정책설명과 주민의견수렴, 주민투표의 실시, 의사결정 기구에의 주민참여 확대, 주민을 상대로 한 아이디어 공모 같은 것들이 그 대표적인 예이다.

이와 같은 참여민주주의의 원리가 교육에 적용될 때, 그것은 참여민주적 교육이라고 부를 수 있을 것이다.

우선 학교를 통한 제도교육은 공공의 성격을 지니는 것이기 때문에 국가의 통제가 필요한 것은 당연한 일이라고 할 수 있다. 그러나 국가의 통제는 그 국가가 시민들의 민주적인 통제 하에 놓여 있을 때 정당한 것이고, 반드시 권위주의적일 필요는 없다. 참여민주적인 통제의 방식은 국가의 일방통행적이고 권위적인 통제도, 그렇다고 자유방임도 아닌 그 중간형태로서, 교육과 관련된 주체들(교사, 학부모, 학생, 교육전문가 등)의 민주적이고 자발적인 참여와 통제를 중심으로 하는 가치적인 제도이다.

둘째, 이러한 원리는 교수 ― 학습의 과정 그리고 그 주체인 교사 ― 학생의 관계에 대해서도 마찬가지이다. 이러한 과정 역시 상의하달식의 일방통행이 아니라, 교사의 주체성과 창의성, 그리고 학생들의 자발적인 참여가 중심이 된 가운데 쌍방통행적으로 이루어 질 수 있다. 이러한 교수―학습의 과정은 권위주의적이기는 하나 자유방임적인 것과는 달리 교육과정과 교사의 전문성을 기초로 학생의 관심과 동기를 살리면서 이를 통해 자아실현과 창의성 발휘의 가능성을 높이는 방법이 될 것이다.

셋째, 교육내용 특히 교과서와 관련해서도 이와 마찬가지이다. 교과서에서 주어진 정답을 있는 그대로 가르치고 배우는 것이 아니라, 규격화되지 않은 다양한 학습자료와 교재들을 통해 교사와 학생들이 정답을 함께 찾아나가는 것이다.

넷째, 참여민주적 교육이 기본적인 목적으로 삼고 지향하는 인간상은 개인적인 자유와 권리에 바탕을 둔 공동체적 협동주의이다. 이것은 자유방임적 경쟁주의나 획일적인 공동체주의 혹은 협동주의와 다르다.

다섯째, 참여민주적 교육은 교육기회를 제공함에 있어서 사회적인 차이와 능력의 차이를 지닌 사람들에게 개방적으로 기회를 주고, 이를 통해 그러한 차이를 줄여 나가는 것을 목표로 삼는다. 이것은 능력에 따른 경쟁을 통해 기회를 실질적으로 불평등하게 제공하는 자유민주주의 체제나 그 반대로 국가가 획일적, 강제적으로 차이를 없애려고 하는 국가사회주의 시스템도 아닌 그 중간형태이다.

여섯째, 교육을 통해 사회에서 필요한 능력을 배양받은 인적자원을 사회의 적재적소에 할당하는 방안 역시 자유방임적인 것이거나 국가에 의해 획일적으로 보장되는 것이 있을 수 있다. 그러나 참여민주적인 방식에서는 이와 달리 개인의 능력과 적성에 기초하되 국가가 인재할당의 과정에 보조자의 위치에서 조정 역할을 담당한다.

이와 같은 참여민주적 교육체제의 요소들은 이론적 또는 현실적으로 볼 때, 역사적인 과정을 통해 국내외에서 제안되거나 실현된 경우들이 적지 않다. 그 중에서 특히 우리가 초점을 맞추고자 하는 것은 교과서 제도와 입시제도, 그리고 교수-학습 과정에 관한 대안적인 이론과 실천이다.

제3절 참여민주적 교육체제의 요소들 - 국내외의 사례

1. 교과서와 대학입시

한국교육개발원(1995: 13)은 "우리나라 교과서제도는 정부의 엄격한 통제하에 놓여있다."고 하면서, 다음과 같이 우리나라 교과서 제도의 특징을 지적하고 있다.

> 첫째, 교과용도서 발행에 관한 모든 권한은 정부, 즉 교육부에 집중되어 있다. 그리하여 언제 개편하고, 무슨 과목을 1종 혹은 2종으로 편찬할 것인지에 대한 기본계획으로부터 교과서의 조직, 구성, 판형, 쪽수에 관한 기술적인 사항에 이르기까지 모든 사항을 교육부가 일괄적으로 관장해 왔다. … 셋째, 교과서의 내용은 대부분 해당 학문영역의 내용을 정선하여 압축한 형태로 제시된다. … 자연히 수업은 교과서 해제를 위주로 하는 방식에서 벗어나지 못하고, 교과서를 해설한 참고서의 남발을 부추겼다.(11)

우리나라의 교과서는 1995년 현재 국정인 1종 교과서, 국가의 사전 검정을 거친 2종 교과서, 교육부장관의 사후 인정을 받은 인정교과서 등 세 가지가 제작, 채택, 사용되고 있는데, 학교에서 어떤 교과서를 채택할 것이냐에 관해서는 거의 학교의 재량이 없고, 중앙통제식으로 운영되고 있다.

1종 도서의 경우 교육부가 편찬하여 모든 학교에 일률적으로 배포되고 사용된다. 각급학교에서는 대통령령에 의해 1종 도서가 있을 때에는 무조건 이를 사용해야 하고, 1종 도서가 없을 때에는 2종 도서를 선정, 사용할 수 있게 되어 있다. 그러나 2종 도서인 검정교과서의 경우도, 국가는 자격을 갖춘 발행사의 신청을 받아 이를 선정하는 단계에서부터 집필을 마친 심사본을 전문가집단으로 하여금 검토, 심의하는 절차를 거쳐 최종 합격, 불합격을 판정하는 과정까지 전적으로 관여한다. 합격본의 수도 교과별로 8종 이내로 제한하여 오다가, 95년부터 이를 철폐, 확대하였다(한국교육개발원, 1995: 12-13).

반면 우리와 달리 독일의 경우, 교과서는 민간출판업자가 중심이 되어 편찬되며, 정부차원에서 개발되는 것은 없다. 학교에서의 교과서 채택은 주로 교과교사들 간의 협의에 의해 이루어지며, 학교에서 채택, 사용할 경우에는 각 연방주 교육부장관의 승인을 받도록 되어 있다(한국교육개발원, 1995: 40-1).

영국의 경우는 이보다 더 자율적으로 이루어지고 있다. 정부나 지방교육청 수준에서 표방하는 획일적인 교과서 정책은 없고, 자유발행제도를 채택하고 있다. 교과서 저술에서부터 출판, 공급에 이르기까지 완전히 개방되어 있으며, 교과서에 대한 체계적인 검정 혹은 인정의 절차가 없다. 교과서의 채택 역시 법적으로는 지방교육청의 권한에 속하지만, 실제로는 학교장에게 위임되어 있다. 일반적으로 교과서채택은 출판사에서 한 학교에 교과서 견본을 배포하면 교사와 교장이 협의하여 결정한 후, 지방교육청에서는 교과서 공급업체를 통해 출판사에 주문하는 형식을 취하고 있다(56-8).

미국의 경우, 교과서의 편찬은 자유발행제도에 입각하여 원칙적으로 상업출판사들에게 맡겨져 있으며, 출판사들은 교과서로 인정, 채택되기 위해 각 주의 교육과정을 교과서내용에 반영하고 있을 뿐이다. 교과서의 채택은 연방주에 따라 제도가 다르나, 주정부가 권한을 가지고 교과서를 선정하는 방식, 지방학교구가 권한을 가지고 선정하는 방식 두 가지로 나누어져 있다. 각각의 경우에도 지방학교구나 주정부의 역할은 주마다 상이하다. 또한 주 수준에서 교과서를 채택하는 경우에도 교과당 5권 정도의 목록을 채택하는 주가 있는가 하면, 기준에 부합되는 모든 책의 목록을 채택하는 경우들도 있다(47-51).

한편, 학교에서 이루어지는 수업방식의 특징을 이루는 중요한 요소의 하나는 수업에서 교과서가 어떤 방식으로 활용되느냐 하는 점이다. 우리나라의 학교교육은 거의 교과서 위주로 이루어져 왔다. 모든 교과수업에서 교과서는 가장 중심이 되는 교재 및 학습재로 사용되고 있으며, 수업의 순서도 교과서의 순서를 따라 전개된다. 따라서 교과서 이외의 내용, 즉 교과서를 벗어나거나 교과서와 맞지 않는 내용을 다루는 경우는 거의 없다. 교과서 이외의 교재를 수업중에 사용하는 것은 법으로 금지되어 있으며, 이 때문에 교사들은 교과서 내용을 부연하는 범위 내에서 보충설명을 덧붙이는데 그치고 있다(한국교육개발원, 1995: 70-1).

미국의 경우, 학교의 수업에서 교과서는 주된 역할을 수행하고 있으나, 교육과정에 비해 부차적인 위치에 있다. 그래서 교과서를 채택하지 않는 교과도 많이 있다. 교과서를 채택하지 않는 교과의 경우, 교사들은 백과사전, 신문기사, 각종 문학서적, 참고자료 등을 자유롭게 편집하여 활용한다.

영국의 경우, 미국에서보다 교과서 의존도가 더 낮다. 국어, 수학, 사회, 과학, 외국어 등의 주지교과에서는 교과서를 사용하고 있지만 다른 나라에 비해 수업에서의 교과서 의존도는 낮은 편이다. 이외의 교과들에서는 학교단위의 교과서 채택이 거의 드물고, 교과서 외의 교수−학습 자료들이 많이 활용된다. 또한 학급에서는 학생들의 능력에 따라 개별 또는 능력집단별로 수업을 하기 때문에 같은 교실에서도 수준과 종류가 다른 다양한 교과서와 교재를 사용하는 경우가 많다(한국교육개발원, 1995: 77−9).

우리나라의 이와 같은 교과서중심의 교육에 대해 허승희(1996: 106)는 학교교육의 '닫혀있음'이라고 하면서 "국정교과서를 위주로 한 교육과정의 닫힘, 학교 및 교실공간의 획일화에 의한 공간의 닫힘, 교사위주의 수업에 의하여 제한되는 학습의 자유의 닫힘 및 경직된 시간표에 의한 시간의 닫힘" 등이 오늘날 한국사회에서의 대안적인 교육개혁운동, 즉 '열린 교육운동'76)을 불러일으키고 있다고 한다.

그러나 이와 같은 운동은 제도적인 측면에서의 개혁, 즉 교과서제도 자체와 대학입시제도 및 대학입시위주의 학습동기에 있어서의 개혁과 함께 병행되지 않으면, 그 의미가 전혀 달라질 수 있다.

---

76) 그는 '열린 교육 운동'을 첫째, 경직되어 있는 교육의 내용을 열고 둘째 획일화되어있는 교실공간을 열고 셋째 시간표에 따라 획일적으로 운영되고 있는 닫힌 시간을 열어서, 좀더 아동을 존중해 주는 교육을 새로운 방법론적 차원에서 다시 구현해 보고자 하는 교육실천운동이라고 정의하고 있다(106).

왜냐하면, Bowles/Gintis(1977: 245)가 지적하듯, 이러한 운동은 학교교육의 억압적 측면들이 학교 바깥의 현실을 반영하는 측면이 있기 때문이다. 그들이 말하듯, "교육 내부에 국한된 해방은 궁극의 해결책이 될 수 없고, 경우에 따라서는 학교바깥의 억압적인 기존 질서를 유지, 재생산"(251-2)하는 것으로 그칠 가능성도 있기 때문이다.

대학입시제도들과 관련해서는 독일의 제도가 가장 모범적인 것으로 보인다.

구소련의 헌법과 교육관계법들은 성, 인종, 민족, 종교, 사회적 출신, 재신상대 등과 상관없이 모든 시민들에게 고등교육을 받을 수 있는 권리를 부여하였다. 또한 모든 교육이 무료였다. 그러나 고등교육기관에 입학을 하려면 몇 단계의 입학시험 경쟁을 거쳐야 했으며, 학업성적이 특별히 우수한 자(우등졸업생), 전문화된 중등교육기관 졸업생, 직업기술학교 우수졸업생 등은 1차시험을 상급으로 통과해야 나머지 시험이 면제되었다(Clark/Neave, 1992: 652).

이와 같은 경쟁의 결과, 실질적인 교육기회는 계급/계층에 따라 차등적으로 주어졌다. 즉, 계급/계층적 출신배경과 이들의 실질적인 대학진학 정도를 보면, 노동자계급, 집단농장 농민, 전문사무직 종사자 등 사이에 심한 차별적인 결과가 나타났는데, 그 주된 이유는 상층출신들이 사강사를 통한 과외를 통해 이미 중등학교에서 성적이 우수하게 된 점(Dobson, 1977), 그리고 대학입시가 경쟁을 통해 이루어진다는 점 때문이었다. 이러한 차등현상, 형식적 기회균등과 실질적 기회균등 사이의 괴리현상은 자유민주주의 교육제도 하에서 일어나는 것과 유사했다.

독일의 대학 입시제도는 1976년 구서독의 '대학기본법'(Hochschulrahmengesetz)에 따라 골격이 마련되었다. 대학입학의 자격은 원칙적으로 인문계 중등학교 졸업시험인 동시에 대학입학 자격시험에 해당하는 아비투어(Abitur) 시험에 합격한 자에게 부여된다. 이것은 국가시험으로서 각 중등학교에 조직된 시험위원회가 주관하는데, 이 시험위원회는 연방 교육당국의 대표를 위원장으로 하여 최종학급 담임교사 등으로 구성된다. 필기시험, 구술시험(또는 실기시험)으로 나뉘어 지며, 성적은 1등급-6등급으로 평가되고, 4등급 이상이면 모두 합격으로 된다. 아비투어 시험에 합격한 학생들은 누구나 원하는 대학의 학과에 입학자격을 획득하며, 대학별 시험이 없기 때문에 원칙적으로 지망한 학생들은 모두 입학하게 된다. 단지, 의·약·치의계 등 일부 학과들은 정원제한이 있고, 이 경우 초과인원은 대기자 명단에 들어가 결원이 생겼을 때나 다음해에 입학을 하게 된다(이규환, 1992; 373-4; Hoffman, 1993: 340).

2. '대안교육'의 이론과 실천

오늘날까지 서구 자유민주주의적 교육방식에 대해 비판을 가하면서 대안으로 제시된 교육방식으로서 대표적인 것은 급진 자유주의적인 것과 사회주의적인 것 두 가지이다.

급진 자유주의의 대안은 '자유학교' '탈학교' '대안학교' '열린

학교'(허승희, 1996) 등 세부적으로 여러 형태들이 있지만, 이들의 공통점은 첫째, 교사가 정답을 제시하고 가르치는 것이 아니라, 학생들이 교육의 주체가 되어 스스로 학습과제를 설정하고 '자기주도적'으로 정답을 찾아나가면 교사는 단지 조력자로 참여하는 방식이라는 점(이병진, 1998: 24-5), 둘째, 교실과 학교라는 공간, 교과서와 시간표라는 틀을 벗어나 자유롭고 개방된 공간과 교육의 틀 속에서 교수-학습을 한다는 점이다.

이러한 대안은 자유민주주의의 틀 내에서 이루어져 온 제도교육이 실제에 있어서는 획일적, 권위주의적이고, 아동과 학생의 동기와 능력을 무시한 비효과적인 교육이라는 비판에서 출발하였다. 서구에서는 이미 19세기말 그 단초들이 형성되었으며, 독일과 영국에서는 20세기 초, 미국에서는 1950년대 말, 그리고 한국에서는 1990년대로 접어들면서 그러한 대안들이 제기되고 실천되기 시작하였다.

Groddeck/Schultze(1983)에 의하면, 서구에서는 정치적 해방과 계몽, 그리고 아래로부터의 사회혁신을 추구하는 인격지향적, 공동체지향적인 대안적 교육의 전통이 캄파넬라, 꽁도르세에 이어 레싱, 피히테, 폰 슈타인, 폰 훔볼트 등에게로 이어졌다. 그리고 19세기에 이르러 독일에서는 그것이 '새로운 학교'라는 실천으로 발전하였다.

이 학교는 어린이들의 잠재능력에 대한 신뢰에 입각하여 자율적인 학습의 방법을 추구하였다. 학교는 개인적인 해방과 자기실현을 위한 도구가 되어야 한다고 보았다. 이러한 전통 속에서 1918년과 22년 사이에는 '생활공동체학교'라는 대안학교들이 생겨났는데, 이 학교들에서는 학년구분이 없었고, 학생들에 의한 자치행정이 이루어졌다. 수업에서는 종합교육(Gesamtunterricht)이 이루어졌고, 교사-학생 관계는 상호존중의 관계였다. 이러한 학교들 가운데 일부는 그 후 오랜 전통을 쌓는 학교들로 발전하였다. 농촌교육원(Landerziehungsheim), 발도르프 학교(Waldorfschule), 몬테소리 학교(Montessori-Schule), 페터-페터센 학교(Peter- Petersen-Schule)가 그 대표적인 예들이다.

그리고 다시 1970년대에 이르러 이와 유사한 대안학교들이 활발하게 생겨났다. 이 학교들의 교육원칙은 '학생의 자율, 공동결정, 영향력행사'이며, 특히 교수-학습의 과정에서 '아동의 생활세계'를 학습대상으로 중시하는 것, 그리고 학생선발 과정에서 사회적 처지가 열악한 층의 아동들을 특별히 배려하는 것이었다(327-9).[77]

---

[77] 1972/73년에 설립된 하노바의 글록제 학교(Glocksee-Schule)는 정부가 재정지원을 하는데, 성적평가, 선발, 성적 등이 없으며 연속적인 학습상황보고만 있다. 학년체계가 개방되어 있다. 교수·학습 활동은 학생자율의 원칙에 따라 이루어진다. 빌레펠트 실험학교(Laborschule Bielefeld)는 74년 다른 학교와는 달리 정부가 설립한 것인데, 역시 10학년까지 성적평가가 없고, 전통적인 학급 대신 대형교실들에 소규모 학습집단들이 학습하는 형태로 운영된다. 학습과정에서 교사는 조언자이자 협력자의 위치에서 활동한다. 74/75년에 생긴 프랑크푸르트 자유학교(Freie Schule Frankfurt)에서도 학생들은 학년도 없고 시험이나 성적표, 시간표가 없이, 열려진 교과과정에 따라 자유롭게 학습한다. 이밖에도 이와 유사한 대안학교들로는 에쎈 자유학교(Freie Schule Essen), 베를린 작업장학교(Werkschule Berlin), 함부르크 자유학교(Freie Schule Hamburg), 보쿰 자유학교(Freie Schule Bochum) 등이 있다(Groddeck/Schultze, 1983: 332-5).

70년대 서구의 대표적인 대안학교의 한 예는 덴마크의 트빈트 (Tvind) 학교이다. 이 학교는 '탐방대학', '필수세미나', '야간직업학교' 등 상호연관된 세 개의 프로그램으로 이루어져 있었다.

탐방대학은 1970년 트빈트라는 한 농가에 설립된 것인데, 제3세계 나라중의 하나를 탐방한 다음, 거기서 얻은 경험을 덴마크 사회에 대한 탐구로 연결짓는 교육기관이었다. 그 후, 1972년에는 이 프로그램과 연계해서 4년 짜리 '필수세미나' 과정이 생겨났는데, 다시 국제탐방 단계, 국내탐방 단계(학비조달 및 문제의식 형성을 위한 국내 공장, 농촌에서의 아르바이트), 학교수업단계 등 3단계로 구성되있다. 그 후 74/75년에는 학교를 다니지 못한 청소년을 위한 보조학교가 정부지원으로 설립되었다. 그 학교 학생들은 소공동체들을 이루어 노동과 학습을 함께 겸하는 과정을 거쳤는데, 인쇄, 자동차기술, 건축기사, 언론인 등 다양한 직업분야를 3개월씩 경험하였다(Groddeck/Schultze, 1983: 325).

이와 같은 70년대 서구의 대안학교들은 1950년대 말부터 시작된 미국에서의 대안학교 운동에 많은 영향을 받았다.

미국에서의 '반학교운동'은 공립학교 비판에서부터 시작되어 소규모 학교들의 형태로 실천되었다. 사회비판, 그리고 대규모 과학기술적 교육개혁 시도에 대한 비판을 가한 운동가들은 '자유학교'를 표방하였으며, 아동의 생활세계에 착근한 교육, 자유롭고 반권위주의적인 교육을 지향하였다. 이 학교에서는 아동과 성인들로 구성된 소그룹이 어떤 한 장소 또는 가정집에 모여 서로 가르치고 배웠으며, 특정한 순서나 형식이 없이 옛날이야기

를 하고, 춤추고, 노래하고, 그림 그리고, 자연을 학습하였다
(Groddeck/Schultze, 1983: 323-4).

그러나 교육정신은 위와 같지만 형식은 다른 학교들도 있었다.
'열린 학교'는 학생수가 500명에 이르는 상대적으로 규모가
큰 학교로서 수요에 따른 공급의 모델을 통해 따라 교육하고,
학생들에게 코스를 선택하도록 했으며, 학생들의 내적 동기에
입각한 자율학습의 정신을 따랐다.

'벽 없는 학교'는 개방적인 학습기회를 제공하는 중등교육 네
트워크였고, 학습은 주로 야외와 현장에서 이루어졌으며, 교실
이나 학교건물은 없고 단지 교사나 강사와 학생, 그리고 학습장
소를 서로 연결지어 주는 활동을 하는 사무실 하나만을 가지고
있었다.

'공동체학교'는 소수 인종집단들이 해방적 관심과 시민운동적
관점에서 운영한 학교들로서 상대적으로 조직성이 더 강했다.

미국의 이와 같은 다양한 '반학교'들은 1965년 몇 개의 '개척
학교(안티스쿨)'들로만 존재했으나, 1970년에 이르러서는 100
개 이상으로 늘어났고, 1974년에는 600개를 넘어섰다(324).

그러나 이와 같은 '열린 교육'은 80년대에 이르러 급속히 쇠퇴
하기 시작하였고, 본격적으로 열린교육을 실시하는 학교는 소수
만 남게 되었다(허승희, 1996: 112).

이종태(1998)에 의하면, 우리사회에서 이와 같은 '대안교육'
의 학교들이 등장한 것은 90년대 초를 전후해서 였다. 그 대표적
인 예들로서는 초중고생을 대상으로 한 서울의 『다솜학교』(90
년), 초등학생을 대상으로 하는『광명 창조학교』(92년), 대구의

『민들레학교』(93년), 『자유학교 물꼬 준비모임』(93년), 『부산 창조학교』(94년), 『성남의 여럿이 함께하는 학교』(94년), 중고생을 대상으로 하는 『따로 또 같이하는 학교』(95년) 등이 있다 (한국교육개발원, 1996도 참조.).

대안교육이란 "기존의 학교교육과는 다른 형태와 내용을 가진 교육이되, 그 다름의 내용은 제도나 교사보다는 학습자 개개인의 요구와 특성이 중시되는 교육이라는 점과 근대 문명이 소홀히 했던 인간과 인간, 인간과 자연의 협동과 조화를 지향"(이종태, 1998: 58; 한국교육개발원, 1996: 160)하는 것인데, 이러한 지향 속에서 1991년에는 '한국열린교육연구회'가 발족되어 국내 및 해외의 교사연수, 학교공개, 열린교육 관련서적의 번역과 출간을 하였으며, 94년에는 지역별 열린교육연구회들이 발족, 전국적으로 100여개의 학교들이 열린 교육을 실시하기 시작하였다(허승희, 1996: 114).

이들은 95년 초 대전에서 『새로운 학교를 만드는 모임』이라는 연대모임을 만들었다. 그 후 96년8월에는 고려대학교에서 제1회 '대안교육 한마당' 행사가 열려 다양한 대안교육 실천사례가 발표되었고, 사례집 '대안학교의 모델과 실천'이 출간되었다. 97년7월에는 성공회대학교에서 두 번째 대안교육 한마당이 개최되었다(이종태, 1998: 60).

그 사이 정부도 이러한 시도들의 가치를 인정하여 1993년에는 『영훈고등학교』를 비롯하여 10여개의 초등학교가 시, 도, 군 교육청에 의해 '열린교육 실험 및 시범학교'로 지정되었고, 그 후 계속 확대되고 있다(허승희, 1996: 116). 또, 97년 하반기에는 중등학교 가운데 6개교를 인성교육 중심의 특성화 고등학교로 지정하였고, 98년 신학기에는 서울의 『성지고등학교』, 산청의 『간디 청소년학교』, 광주의 『한빛고등학교』, 청주의 『양업고등학교』, 합천의 『원경고등학교』, 경주의 『화랑고등학교』가 정규학교(특성화학교)로 개교하였다(이종태, 1998: 60).

이와 같이 대안학교, 대안교육은 기성의 자유민주주의 체제 하에서, 그리고 한국사회에서 이루어진 학교교육이 권위주의적이고 획일적이고 덜 효과적인 교육방식이라는 비판에서 제기된 대안이고 실천운동이었다. 이것은 교육을 민주화시키고 또 아동과 인격 중심의 교육을 함으로써 교육의 목적에도 부합하기 때문에 진일보한 교육이라고 할 수 있을 것이다.

그러나 그 자체로 문제가 없는 것은 아니다.

그동안 대안학교들에 대해서는 찬성도 있었지만, 비판도 많이 제기되었다. 그 중 대표적인 것들은 '자유방임적 교육', '온실 교육', '무질서 교육', '엘리트 교육', '유토피아 교육'이라는 비판들이다. 또 보는 입장에 따라서는 공산주의적이다 혹은 반동적이다 라는 평가도 있었다(Groddeck/Schultze, 1983: 338).[78]

여기서 문제의 핵심은 교육이 권위주의적인 모습으로 해서도 안 되겠지만, 그렇다고 무정부적으로 이루어져서도 안 된다는 점이다. 따라서 '열린 학교', '열린 교육'이라고 하더라도, 일정한 국가의 통제 속에서 이루어져야 하는 것이다. 그러나 국가 역시 학교에서의 교사처럼, 보조역의 위치에 서야 할 것이다. 또한 과

---

78) Bowles/Gintis(1977)는 사회주의적 입장에서 자유학교운동을 경제적, 철학적, 정치적인 측면으로 나누어 비판한 바 있다.

거에 비해 교사의 자율성이 커지는 만큼, 그만큼 교사의 자질향상이 이루어져야 하고, 학교 내부의 교육적 의사결정 과정도 한층 더 민주화되어야 할 것이 요구된다. 또한, 열린 교육 또는 대안 교육이라는 것이 실효를 낼 수 있으려면, 교과서제도나 대학 입시제도, 그리고 입시위주의 교수－학습 자세, 학벌주의를 재생산하는 사회적 조건들을 함께 고쳐나가지 않으면 안 될 것이다.

제4절 참여민주주의를 향한 한국교육의 개혁과제

이상에서 살펴본 바와 같이 한국사회 교육의 권위주의와 경쟁주의 및 그에 따른 각종의 병폐들을 혁신하기 위해서는 참여민주적인 교육대안을 도입하는 것이 가장 바람직하며, 교육체제를 구성하는 제도적인 요소들 역시 개혁하는 것이 필요하다. 이같은 개혁에 필요한 구체적인 개혁과제들을 정리, 제시하면, 다음과 같다.

(1) 국가의 교육통제
→ 정부는 교육과정의 대강만 제시하고, 세부적인 교육과정의 편성은 시도 교육자치단체에 일임한다.
→ 교과서제도를 근본적으로 혁신하여 국정교과서제를 폐지하고, 다수의 인정교과서를 두는 제도로 전환한다. 교재의 선택은 학교와 교사의 재량에 맡기도록 하며, 정부와 교육청은 이를 평가, 감독하는 역할을 주로 한다.

(2)교수-학습방법

→ 학교와 교사의 민주적, 자율적 결정에 의한 실행 교육과정 편성 및 다수의 교재선택에 따라 실시하며, 정답을 주입하는 교수법을 최소화 하는 대신 학생들이 주체적으로 참여하여 정답을 찾고 만들어 가는 '자기주도적 학습'을 확대해 나간다.

→ 학교운영을 민주화하기 위해서는 교무회의를 의결기구화 하고, 교과담당교사회의를 설치하여 준의사결정기구화한다.

(3)교육내용

→ 획일적인 교과서를 대신해 다양한 학습자료와 실기를 통한 다원적이고 창의적인 내용의 교육을 실시한다.

(4)우선적 교육목표

→ 상급학교 입학시험과 내신성적 점수를 목표로 한 경쟁적인 교육과 학습을 대신하여 교육적 가치가 있는 학습과제를 교사-학생이 함께 선정하여 풀어가는 협동적인 교육과 학습, 이를 통한 협동적인 인간형의 양성을 최상의 교육목표로 삼는다.

(5)교육기회 제공

→ 고교 및 대학입학 시험을 통한 선발제도를 전면 폐지하고, 원칙적으로 모든 진학 희망자에게 문호를 개방한다.[79]

---

79) 한국교육연구소(1992)는 대학입시제도 개혁의 대안적 모형에서 "원칙적으로 대학에서 공부하기를 원하는 사람은 누구나 대학공부를 할 수 있도록 하고, 대학입학시험 대신 고교 내신성적을 기초로 삼아 각 대학이 자율적으로 선발할 것, 대학입학정원에 대한 정부 제한의 폐지

→ 대학수능시험제도를 폐지하고, 대입정원을 완전 자율화한
다.

→ 대학을 포함하는 각급학교의 평준화, 그리고 재정적으로 취
약한 학교들에 대한 특별재정지원을 실시하여 학교간 차이를 줄
인다.

→ 대학간 학점교류와 교수교류를 확대, 활성화하여 전대학에
걸쳐 이루어지도록 한다.

→ 학부모의 등록금 부담을 줄이고 학생에 대한 교육기회를
널리 개방하기 위해 국고지원을 늘린다.

(6)졸업생의 취업;

→ '학업'과 '교육열', 그리고 '학력인플레'의 가장 큰 동기가
되어온 것은 졸업후 취업과 사회적 지위획득이기 때문에, 교육
과 취업을 긴밀하게 연결짓는 정책과 제도를 마련하는 일이 절
실히 필요하다. 이를 위해서는 무엇보다도 정부의 적극적인 역
할이 요구된다.

→ 정부는 인문, 실업, 예체능계를 불문하고 중등교육 과정에
산학연계성을 높이는 협동과정을 설치하여 고등교육에 대한 필
요이상의 수요를 줄이도록 한다.

→ 정부는 고등교육에 대해서도 산학협동과정의 설치 등 연계
성을 높이고, 졸업생에 대한 취업알선 활동을 적극 실시한다.

→ 기업과 관공서는 채용시 학력제한이나 채용 후 학력에 따른

등을 제안한 바 있다. 윤정일(1997)은 수능시험을 고교학력고사로 전환
해야 하며, 시험주체를 대학에서 고교로 전환할 것을 제안한 바 있다.

근로조건의 차별을 두지 말아야 하며, 정부는 이를 제도화하고 감독하는 역할을 한다.

→ 기존의 대학들 대부분은 전문기능인력을 양성하는 기관으로 성격을 전환하고, 소수의 광역단위 대학들만 전문 연구인력을 양성하는 기관으로 한다.

칼럼 6
민주주의와 참여민주주의의 이해

민주주의란 그리스 도시국가 시대에서 연원하는 고전적인 의미로 '민의 지배'(democracy)라는 뜻이다. 귀족지배, 소수엘리트에 의한 지배 시스템에 반대되는 말이다. 여기서 민(people)이란 모든 사람을 가리키는 말이 아니라 '평범한 사람', 즉 귀족 아닌 평민을 가리키는 말이다. 민주주의는 자치를 뜻하기도 한다. 평민은 본래 통치와 지배의 대상인데, 이들이 지배하고 통치한다는 민수수의란 사실상 스스로가 스스로를 통치, 지배하는 것, 즉 자치이기 때문이다. 그 다음, 평민은 수적인 면에서 다수를 점하기 때문에 민주주의는 '다수의 지배'를 뜻하기도 한다. 그래서 다수의 지배는 민주주의 원리로 되어 왔고, '다수결원칙'이라는 것도 거기에서 파생되었다. 그러나 다수 의사의 지배(=다수결)가 실질적인 '다수의 지배'와 동일한 것은 아니며, 오히려 불일치하는 경우가 더 일반적이었다. 예를 들어, 노동자−농민이 다수를 점하고 있으면서 민주주의를 채택한 나라들 중에서 과연 실질적으로 노동자−농민, 즉 다수가 지배할 수 있었던 나라가 몇이나 되었는가.

이같은 '내용과 형식 사이의 괴리' 현상이 생겨나게 된 중요한 원인 중 하나는 다수의 의사를 간접적으로 표출하고 집약하는 '대의제' 때문이었다. 의사결정 과정에 모든 당사자들이 사사건건 직접 참여해서 토의, 결정하는 것이 인구문제 등 기술적인 어려움 때문에 대의원을 선출하여 그들로 하여금 민의 의사를 모으고 대변하고 집행하도록 했기 때문이었다. 선거제도와 의회제도가 그 대표적인 '대의민주주의 제도'이다. 행정부와 자치단체의 장을 선출해 권한을 위임하는 제도, 즉 '대리통치제' 또한 간접민주주의에 해당한다. 그러나 대의원제도와 대리인제도는 민의 뜻으로부터 어느 정도 거리가 떨어져 있고, '자립화'할 소지를 가지고 있다. 그래서 사람들은 임기제를 두어 대의원과 대리인을 몇 년에 한번씩 재선출, 재신임하는 선거를 통해 '통제'하는 시스템을 만들었다.

그럼에도 불구하고, 그 간극은 실제에 있어서는 상당히 넓은 것이었다. 선거제도만 하더라도 그것은 수없이 다양한 방식으로 구성할 수 있으며, 이런 것들을 통해 민의와 실제 정치나 행정 사이의 거리는 어떤 제도를 취하느냐에 따라 더 가까워 질 수도, 더 멀어질 수도 있게 된다. 그 대표적인 왜곡장치의 하나는 공식, 비공식의 '금권선거' 제도들이다. 재산을 기준으로 선거권을 주고 안주고 많이 주던 차등선거권제라든지, 돈 없는 사람들에게는 대의원이나 대리인으로 피선될 자격을 주지 않는다든지 또는 불리하게 만들거나 실질적으로 선거운동을 못하게 한다든지 하는 다양한 제도들(기탁금제도, 돈 드는 선거제도 등)이 그 간극을 더 벌리고 왜곡해 왔다.

참여민주주의란 이같은 간극을 좁히고 대의민주주의의 약점을 보완하려는 구상에서부터 출발하는 시스템이다. 또한 참여민주주의는 정치, 행정적 의사결정의 과정에 시민들이 직접, 가급적 자주 참여하여 그 간극과 약점을 메우는 시스템이다. 그러나 이 것은 1차적인 의미에서의 참여민주주의이고, 좀 더 나아간 참여 민주주의는 정치나 행정 뿐 아니라 경제와 사회의 각급 기관에 서 이루어지는 의사결정 과정에도 시민과 이해당사자들이 직접, 가급적 자주, 참여하는 시스템을 말한다. 그렇지만, 우리나라에 서는 참여민주주의를 전자로 이해하는 경향이 지배적이다.

우리나라에서 참여민주주의 사상이 도입되기 시작한 것은 90 년대 초 시민운동단체들이 등장하면서부터였다. 경실련에 이어 참여연대가, 그리고 그 후 수많은 지역의 시민단체들이 참여민 주주의를 채택, 표방하였고, 2003년에 출범한 노무현 정부도 '참여정부'라 하여 사실상 참여민주주의를 채택, 표방하는 모습 을 취하였다. 이러한 모습은 정부의 참모진들 중 시민운동 출신 지식인들이 영향을 미쳤던 것으로 보인다.

그러나 한 가지 답답한 것은 그렇게 중요한 위상을 차지해 온 '참여민주주의'라 하는 이념이 그동안, 그러니까 대략 10년 동안 그 뜻과 의미에 대한 규명도 없이 "그거 뭐 다 아는 거 아니냐" "대충 이러저런 것 아니겠느냐" 하는 식으로 무규정된 상태에서 사람들 입에 오르내리고 사회운동과 정치의 이정표가 되어 왔다 는 점이다. 현재까지 우리나라 사람들, 그리고 시민단체의 지도 자들이 이해하고 있는 '참여민주주의'란 대체적으로 '시민참여' 수준이다. 정부나 자치단체의 정책결정과정에 시민 아니 시민단 체 대표들이 참여해서 시민들의 의견을 반영하는 것으로 이해하 고 있다는 것이다. 그래서 참여민주주의는 시민의 정치참여, 행성참여를 뜻하며 그래서 자치라는 것이다.

그러나 이같은 인식에는 몇 가지의 결함, 혹은 왜곡이 숨어 있다.

첫째, 참여의 주체가 사실상 몇몇 시민단체, 즉 우리단체(?) 대표들로 한정되어 있다는 점이다.

그러나 관변단체들을 중심으로 한 시민참여는 오래전부터 이루어져 왔다. 그들의 참여는 왜 시민참여가 아닌가? 새로운 비관변 시민단체들의 시민참여 또한 적지 않은 경우 '들러리'에 불과한 실정이다. 이 두 가지 모두 결코 자치가 아니며, 좋게 말하더라도, '관민합작'이거나 요즈음 유행하는 말로 '가버넌스'(=협치, 공치 =관민합작통치)에 불과하다.

이런 의미에서 우리는 참여라고 하는 것도 최소한 두 가지, 그리고 참여 이후에 이루어지는 의사결정의 방식도 최소 두 가지 방식으로 이루어진다는 점을 되새겨 볼 필요가 있을 것이다. 참여의 방식으로는 자발적인 참여 외에도 음양으로 강제된 참여와 동원에 의한 참여, 들러리 서기 위한 참여가 있다는 것이다. 의사결정 방식도 수평적-민주적 의사결정 방식이 있는가 하면, 수직적이고 권위적인 의사결정 방식이 있다는 것이다. 참여라고 하여 다 같은 참여가 아니며, 그 결과도 다 같은 것이 아니라는 것이다.

둘째, 실제로는 시민단체의 대표들이 참여하는 것임에도 불구하고, 과연 그것을 '시민참여'라고 할 수 있겠느냐 하는 것과 그러면 그것이 대의제와는 과연 얼마나 다르냐 하는 것이다. 그들은 또 어떤 과정을 거쳐 참여하고 있는가. 과연 누구를 대표하며, 대표성은 있는 것이냐 하는 점이 사실은 논란거리이다.

셋째, 정치나 행정 분야에 참여하는 것만이 참여인 것처럼 폭이 제한되어 있다는 점이다. 그러나 참여민주주의란 "정치, 경제, 사회적인 의사결정의 과정에 이해당사자들이 공동으로 참여해 민주적으로 의사를 결정하는 제도로서 한마디로 공동결정제"라고 할 수 있다. 그러나 분명히 해야 할 것은 참여민주주의가 직접민주주의를 이상으로 삼고는 있지만 사실은 직접민주주의가 아니며, 민주주의를 '의사결정과정'에의 참여와 민주주의로 긴주하고 있기 때문에, 사회적 민주주의, 혹은 사회민주주의와 달리 '소유문제'를 건드리지 않는 차이를 지니고 있다는 점이다.

참여민주주의가 무엇이고, 그 내용을 분석, 종합해 보기 위해서는 결국 "누가, 어디에, 어떻게" 참여해 결정하느냐 하는 점을 주목해야 할 것이다.

1. 시민의 참여; 정치참여, 행정참여, 경영참여, 학교운영참여 등
2. 정치, 경제, 사회 각 부문 내부의 이해당사자 대표들의 공동 참여에 의한 민주적 의사결정.

3. 종합
   시민과 이해당사자 공동참여에 의한 민주적 의사결정 시스템 = 참여민주주의.
   1) 참여정치 시스템; 예, 당내민주주의, 국민참여 경선제,

공직후보공천제.

2) 참여행정 시스템; 시민의 행정참여와 행정기관 내 공동
   결정제.

3) 참여경제(경영) 시스템; 예; 노사정위원회, 사외이사제,
   노동자경영참가제.[80]

4) 참여사회(교육, 언론 등) 시스템; 예; 학교운영위원회,
   시청자위원회 제도.

---

80) 이러한 시스템은 경제민주의와 산업(기업, 작업장) 민주의라 불
   리어 왔는데, 의사결정과정에의 참여에 한정되고, 소유참여는 아니다.
   소유참여의 시스템으로는 소액주주로 참여하거나 우리사주제로 참여
   가 이루어지는 경우에서부터 자주관리 사회주의(＝기업을 노동자들이
   공동소유하여 자주관리하는 기업 참여자치 시스템), 국가사회주의(＝
   공동소유, 공동생산에 의한 경제자치 시스템)에 이르기까지 다양하다.

칼럼 7
교육개혁에 관하여[81]

정부는 1995년 초 초등학교 주5일 수업제를 비롯하여 고교평
준화제도의 단계적 해제, 국정교과서의 검정교과서로의 전환,
국립대학의 지방공립대로의 전환, 기부금 입학제도의 허용 등
여러 가지의 교육제도 개선안들을 입안, 추진하였다. 그러한 제
도개선안은 전반적으로 학교교육에 관한 중앙정부의 역할과 지
휘, 감독 기능의 상당부분을 축소하고 이를 각급학교와 지방자
치단체로 이양하는 교육자율화 및 지방화라는 기조를 띠는 것이
었다. 국립대를 지방공립대로 전환한다는 안이 들어있는 재정경
제원 보고서의 제목도 '교육개혁'이듯이, 그러한 일련의 전환조
치들은 사실상 개혁이라는 의미를 지니고 있었다. 개혁정책이
실종되지 않았나 하는 상황 속에서 정부가 그런 개혁적인 구상
과 노력을 보인다는 것은 환영할만한 일이었다.

이 개혁안들은 당시 많은 자리에서 화제가 되었는데, 한번은
어느 사석에서 한 지방국립대 교수는 국립대를 지방공립화하자
는 안에 대해 한참 열을 올리다가 다음과 같이 말했다.

"답답한 사람들아, 그래서는 문제가 해결되지 않아요. 서울대
학을 없애고 명문대학을 없애는 길 밖에 없어요."

그런데 더 흥미로운 것은 이런 파격적인 주장을 듣고 있던 다
른 대학 교수들 가운데 몇 명이 그런 주장에 대해 별다른 주저함

---

81) 이 글은 1995년 1월 20일 『한겨레21』에 실렸던 시론이기 때문에 시
제를 과거형 문체로 손질하였다.

도 없이 "맞다"고 동조하는 것이었다. 이들은 대부분 자신들도 명문대학 출신이면서 이런 주장에 대해 공감하는 것이었다. 서울과 지방에 골고루 포진한 이 교수들 가운데에는 다행히 명문대학 교수가 없어서인지 더 이상의 논란이 벌어지지는 않았다.

사실 전체적으로 보아 우리나라 교육만큼 비정상적이고 차등화되고 도구화된 경우도 드물 것이다. 또한 부패한 구석도 많다. 대학입시제도 때문에 쓸데없는 것을 획일적으로 가르치고 배우는 측면이 많고, 그 대신 가르쳐야 할 것을 가르치지 않는 측면도 있다. 초중등교육은 대학입시를 준비하는 방향으로 초점이 맞추어져 있으며, 이로 인해 학교교육이 비정상화되고 이것도 부족하여 사설학원과 과외공부 등 학교외 사교육을 통해 보충해야만 하는 것이 현실이다. 대학합격률, 특히 '명문' 대학에의 합격률을 높이는 것이 고등학교 교육에서 사실상의 교육목표가 되어 있다. 이러한 기형적인 교육의 결과는 이루 말할 수 없겠지만, 이러한 병폐들은 대학교육에까지 영향을 미친다.

대학에서 이루어지는 교양교육이 그 한 예이다. 고등학교까지의 교육에서 얼마나 교양을 쌓지 못했으면, 기껏 대학에 들어가 국어, 영어, 수학, 국사 등 교양과목을 새로 배워야 하느냐는 것이다. 그렇다고 해서 전공과목은 또 제대로 가르치고 배우는가. 이미 잘 알려진 바와 같이, 적지 않은 학생들이 적성이나 관심분야와는 무관하게 학과를 선택하여 '오직 대학에' 진학했기 때문에, 전공공부에 흥미를 갖지 못하는 학생들도 그만큼 적지 않다. 다른 한편으로는 졸업 후 취직문제에 관심이 커질수록 학교에서 이루어지는 교육으로부터는 관심이 멀어진다. 고등학교 교육에 서처럼 대학에서도 취직시험공부를 위해 사설학원 등 학교 밖의 사교육이 대학교육을 보충(?)하고 있다. 그 결과, 적지 않은 대 학생이 고등학교 학생을 과외지도하면서 자신은 또 사설학원에 나가 취직시험공부를 하는 학교 밖 진풍경이 연출되기도 한다.

우리나라 교육문제의 중심고리는 대학입시제도와 이를 향한 치열한 경쟁이다. 그리고 이러한 경쟁을 그처럼 치열하게 만드 는 배후의 동력은 취직과 좋은 일자리를 둘러싼 경쟁관계이다. 앞서 교육부나 재정원이 제시한 바 있는 일련의 교육개혁안은 이런 점에 비추어 보면, 대학입시제도의 개혁과 같은 교육문제 의 핵심을 겨냥하고 있지 않기 때문에 한계를 지니고 있다.

개혁안 가운데 특히 고등학교 평준화를 단계적으로 해제시키 는 안은 그 방향을 반대로 잡지 않았나 생각된다. 이를 통해 고 교입시와 명문 고등학교가 부활하는 것은 그동안의 경험에 비추 어 볼 때 중학교에서의 과외공부를 한층 더 만연하게 하고 학교 에서 벌어지는 부조리를 확대시키는 등의 결과를 낳을 것이기 때문이다. 그럼에도 불구하고 해야하는가. 방향은 오히려 그 반 대로 잡아야 할 것이다.

평준화는 해제가 아니라 더욱 확대시켜 대학에까지 적용되도 록 해야할 것이다. 앞서의 어느 교수의 제안처럼, 대학입시를 없 애고 '명문'대학을 없애는 정책을 통해 대학을 평준화시키는 방 향으로 나아가야 할 것이다.

대학평준화안은 여러 가지가 있을 수 있겠으나, 우선 당장에는 수학능력시험제도와 본고사제도를 없애는 대신, 국가자격시험 제도를 두어 지역별로 대학정원규모에 해당하는 수의 학생에게만 대학입학자격을 부여하는 안을 생각해 볼 수 있다.

대학교육을 포함한 모든 학교교육이 기본적으로 '공개념'에 입각해서 이뤄져야 정상적일 것이다. 교육을 받고자 하는 국민들에게 교육기회는 널리 균등하게 주어져야 하며, 거기에 들어가는 비용은 원칙적으로 중앙정부나 지방자치단체와 같은 공공기관이 책임지는 무상교육제가 되어야 한다. 학교교육에 수익자부담원칙이 적용되어 학부모가 과중한 수업료나 등록금을 부담하는 것은 맞지 않으며, 국민들이 대학까지 교육받을 권리는 사회가 보장해 주어야 한다. 그리고 대학에 가지 않아도 취업이나 결혼에 별다른 지장이 없도록 되어야, 마침내 우리 교육은 정상화를 이루었다고 말할 수 있을 것이다.

제10장 서울대학교 해체론 등에 대하여

서울대문제가 공론화된 것은 서울대가 1995년 서울대학교법 제정을 추진하여 96년3월 서울대학교법(안)을 만들어 내던 무렵부터이다. 그 후 여론의 비난과 지방국립대학들의 반발 속에서 이 법안은 97년8월 서울대특별법(안)으로 수정되었으며, 그 후에는 잠잠했다. 그러나 이 문제는 당시 김영삼 정부가 미국과 유럽의 '세계화' 압력에 밀려 이를 수용하고 '개혁과 시장개방, 국가경쟁력 제고'를 국가정책의 기조로 확립한 후, 이에 부응하는 교육개혁정책[82]을 입안, 추진한 것을 직접적인 배경으로 하면서 비롯되었다.

1. '서울대 폐교론' 공방

1996년 초 정영섭 교수(건국대 경제학과)는 월간 『윈』(96년 2월호)에 "교육황폐화의 주범 국립서울대를 폐교하라"는 원고를 통해 '서울대 폐교'를 주장하였고, 같은 시기 『한겨레신문』에 김종철 논설위원이 "서울대 '폐교론'"이라는 제목의 사설을 실었다. 이 두 글은 서울대를 없애는 것이 우리나라의 교육발전과 민주화를 위해 바람직하다는 의견을 표명했고, '서울대 폐교론'

---

82) 대통령자문 교육개혁위원회, 『신교육체제 수립을 위한 교육개혁 방안』, 1995년5월31일, 제2차 대통령보고서를 참조.

이라는 말을 공론의 영역에 출현시켰다.

그런데 여기서 '서울대 폐교'라는 것은 정영섭 교수의 경우, 서울대가 문을 닫고 모두 해산하는 것을 암시하기도 하지만, 서울대의 독점적 지위, 즉 정부 재정지원의 특혜와 우수학생 독점 두 가지를 없애야 한다는 뜻이 더 강하다. 이런 의미에서 그는 98년9월 KBS의 시사 프로그램에서 다음과 같은 요지의 말을 했다고 한다.

> 서울대는 독점공기업과 마찬가지로 정부의 자금지원과 조세특혜를 등에 업고 인재를 독점하고 있다. 물론 서울대도 세계적으로는 랭킹 수백위권으로 부실기업에 가깝지만, 국내시장 지배자로서의 지위는 견고하다. 특히 서울대 입시제도는 다른 대학들에게는 바이블이나 마찬가지이고, 그렇기 때문에 대학간 서열화가 강화되었고, 우리나라 대학들의 경쟁력이 더욱 떨어졌다.
>
> 서울대를 없애야 대학 사이에도 공정한 경쟁이 가능하다. 대학간 서열을 없애야 한다. 모든 대학을 국립대학으로 바꾸면 좋겠지만, 불가능한 일이므로 국립대를 민영화하는 방법도 생각해 볼 수 있다. 국립대나 일부 사립대에 집중되어 있는 지원이나 특혜를 없애야 공정한 경쟁이 이루어질 수 있다.

이같은 주장에 대해 송호근 교수(서울대 사회학과)는 96년 초 한국일보(2월15일자)에 실린 기고문에서 다음처럼 반론을 폈다.

> 서울대 폐교론의 핵심적 주장은 수단합리적 행위에서 경쟁요소를 제거하자는 것으로 요약된다. 그것은 자유민주주의를 움직이는 가장 중요한 동력인 개인적 모티브를 없애자는 말이고, 이

를 과도하게 해석하면 모티브의 균등분배라는 사회주의적 발상과 일맥상통한다. … 승리를 향한 경쟁모티브가 약한 국가는 발전할 수 없다. … 서울대를 그런 병폐의 주범으로 간주하는 것은 … 패자의 심리적 보상행위일 수도 있다.

여기에 대해 강준만 교수(전북대 신방과)는 1996년 6월에 출간된 그의 저서 『서울대의 나라』에서 다음처럼 반박하였다.

경쟁을 살리자는 게 그 뜻인데도 불구하고 경쟁요소를 제거하자는 것으로 요약을 하다니, 그것 참 놀라운 해석력이다. 거기다가 '사회주의적 발상' 운운해대니 더욱 기가 막히다. 국가가 개입해 특정 대학을 키워야 한다는 게 사회주의적이지, 어찌 자유경쟁을 하자는 게 사회주의적이란 말인가? …

서울대특별법에 반대하거나 서울대의 문제를 지적하는 사람들이 서울대를 가지 못한 콤플렉스 때문에 그렇다는 말인가? … 재벌을 비판하는 경제학자는 재벌이 못 된 콤플렉스 때문에 그러는가? … 여성이 남성우월주의 사회를 비판하면 그것도 남성이 되지 못한 콤플렉스 때문이란 말인가? …

나는 서울대의 폐교에 반대한다. 서울대는 과감하게 자기축소를 해야 한다. 학생 수에 있어서 지금의 2분의 1로 축소하라. 우리가 가야할 길은 대학별 특성화며, 정부는 … 단과대학별, 학과별로 수많은 명문대학을 키워야 한다.

그 후 그는 다른 글("서울대 망국론은 살아 있다.")에서도 이같은 특성화안을 반복하였다.

나는 서울대를 없애자는 주장을 한 적은 없다. 그러나 서울대를 없애자는 주장의 선의엔 100% 공감한다. 그런 주장을 하는 사람들은 서울대 문제의 심각성을 이야기하고자 한 것이지 서울대를 없애는 것이 가능하다고는 생각하지 않았을 것이다.

나는 서울대를 없애는 건 사회 각계를 장악하고 있는 서울대 출신들의 필사적인 반대로 불가능하다고 보기 때문에 그런 주장을 아예 하지 않는다. 내가 중요하게 생각하는 해결책은 의외로 간단하며 온건하다.

대학별 특성화다. 전국에 걸쳐 전공분야에 따른 수십 개의 명문대학을 만드는 것이다. 이건 전공이 무엇이든 학교 이름만으로 서열을 매기는 기존의 풍토를 혁명적으로 바꿀 수 있으며, 더 나아가 대학입시 전쟁을 완전히 종식시키지는 못해도 크게 완화시키는 효과를 거둘 수 있는 방안이다. 정부가 돈줄을 쥐고 있기 때문에 이건 정부가 마음만 먹으면 얼마든지 가능하다. 그러나 서울대 출신이 장악한 정부는 서울대의 눈치를 보지 않을 수 없으니 그게 문제다.

폐교론에 대한 다른 한 가지 반론은 다음처럼 언론인 박강문 씨가 서울신문 칼럼(1998년 6월5일자)에서 제기한 것과 맥을 같이 한다.

서울대학교를 없애기만 하면 고등학교들이 입시학원처럼 되는 것을 막을 수 있는가. 이 학교가 문 닫으면, 망국병으로까지 표현되는 과외학습 열병이 과연 저절로 숙어질까. 서울대학교가 사라지면 또다른 서울대학교가 나타나지는 않을 것인가.

없애야 할 것은 서울대가 아니라 바람직하지 않은 이런저런 '서울대 현상'일 것이다. 그 현상의 원인을 고치지 않으면 서울대를 암만 없애도 소용없다.

이상의 공방에서만 보더라도, '서울대 문제'는 복합적이고 서울대폐교론 논쟁을 통해 제기된 쟁점도 여러 가지이다. 여기서는 대학의 경쟁력 향상, 공정경쟁, 우수학생 독점 등의 문제를 비롯하여 서울대 패권주의, 서울대 출신들의 패권주의, 학벌주의(학벌에 따른 특권향유와 차별대우, 학벌지향풍조 등) 등의 문제들도 제기되었다.

저자는 '서울대를 포함하는 명문대의 해체'[83]를 주장한 바 있는 사람으로서 서울대폐교론 등의 비판에 동의를 많이 하지만,

---

83) 저자는 95년1월 『한겨레21』에 기고한 논단("교육개혁에 관하여")을 통해 "대학입시를 없애고 '명문'대학을 없애는 정책을 통해 대학을 평준화시키는 방향으로 나아가야 할 것"을 주장하였고, 수학능력시험제도와 본고사제도를 없애는 대신, 국가자격시험제도를 두어 지역별로 대학정원규모에 해당하는 수의 학생에게만 대학입학자격을 부여하는 대학평준화안을 제안한 바 있다(이 책의 칼럼 7을 참조)
　96년5월에는 『대학교육』 5/6월호에 실리고 한국산업사회학회 춘계 학술대회에서 발표된 글("대학입시제도의 변화와 교육개혁의 과제")을 통해 "개성과 전통과 특성을 가진 대학은 존재하되, 전국의 대학과 학과를 수능점수로 서열화시키게 만드는 '명문대학'은 없애 나가야 한다"는 것을 주장하였고 그 방안으로 프랑스의 '파리 1대학' '2대학' 식으로 서울 지역의 대학을 '서울 1대학', '서울 2대학' 식으로 개명하는 방안, 서울의 주요 대학들을 여러 지방으로 분산, 이전시키는 방안, '강자'와 소위 경쟁력 있는 대학에 집중되는 각종의 행, 재정적 지원을 그 반대로 '약자'와 경쟁력 약한 대학으로 전환시켜 가야 할 것 등을 주장한 바 있다.

몇가지의 이견도 가지고 있다.

우선, 경쟁력 담론이다. 정부가 서울대학을 편애하고 집중 지원하는 정책은 분명 문제가 있고 시정되어야 한다. 집중지원의 목표와 명분은 대학 경쟁력 향상이고, 경쟁력이 있는 대학(서울대학을 비롯)에 집중지원을 함으로써 효율적으로 전체 대학의 경쟁력을 향상시킬 수 있다는 것이다.[84] 그런데, 정영섭, 강준만 교수도 모두 같은 논리, 즉 공정경쟁의 논리로 대응하고 있다. 그러나 대학의 운영이나 교육, 연구활동을 경쟁논리로 이해하거나 풀어가는 것은 적절치 않다.

교육이나 연구는 시장논리(즉, 경쟁논리)보다는 그 자체의 논리나 합리성을 가지고 있다. 사실은 시장논리조차도 상당한 부분 공적으로 통제되어야 한다. 요즈음 추세처럼 모든 공기업을 민영화하고, 모든 재벌그룹을 해체, 분리시켜 자유시장경쟁논리에 맡기자는 '시장주의적 처방'이 과연 올바르다는 것인가. 더 공적인 관리와 지원이 필요한 분야가 바로 대학이다. 교육과 연구의 공공성에 비추어 본다면, 정부는 오히려 사립대학에 대한 지원 폭도 넓히고 점차 공영화해 나가는 방향으로 정책을 펴야 할 것이다.

대학이나 교수들 사이의 관계 역시 경쟁관계 위주로 보아서는

---

84) 이러한 논리의 일단은 정부의 BK21 사업을 통해서도 나타났다. 2000년2월 교육부가 대통령에게 보고한 '99년도 두뇌한국 21 사업실적'에 의하면, 총사업비 2,000억원 가운데 '세계적 수준의 연구중심대학 육성' 사업에 1,180억을 지원했는데, 그 중 '대학원전용시설 구축사업'으로 500억원을 "파급효과가 큰 서울대에 지원"했다고 명기하고 있다(교육부 홈페이지 자료실 http://www.moe.go.kr/dataroom/dataroom.html).

안 된다. 학술적인 교류와 협력, 교육차원에서의 교류와 협력 같은 것은 오히려 경쟁보다 더 중요하며, 그 자체가 소위 경쟁력(즉, 교육, 연구의 질)도 높혀 준다. 학생들 사이의 관계와 학습활동도 마찬가지이다. 이것이 내신성적과 수능점수, 명문대 입학, 출세 등을 둘러싼 치열한 '경쟁'으로 이루어지는 점이 문제 아닌가. 입시위주 교육의 병폐, 낭비와 비합리성, 대학의 서열화, '학벌 카스트'의 형성, 작용은 바로 그러한 경쟁주의와 상승작용(악순환)을 하는 관계에 있는 것이 아닌가.

이런 맥락에서 볼 때, "전국대학의 국, 공립화는 불가능하기 때문에 포기하고 서울대를 민영화하여 공정경쟁질서에 맡겨야 한다"는 정교수의 의견에는 문제가 있고, "서울대 출신들이 뭉쳐 서울대폐교를 막을 것이기 때문에 폐교가 불가능하고, 따라서 그런 불가능한 주장 대신 서울대를 축소하여 공정경쟁시켜야 한다."는 식의 강교수의 '현실주의'도 적절치 못하다.[85]

2. 서울대 평준화 및 특성화론

서울대 문제에 대해 보다 본격적으로 비판하고 체계적인 대안을 제시한 것은 97년 대통령선거 국면에서 국민승리21의 공약으로 개발되어 정책토론회("국립대학정책과 교육개혁 - 서울대

---

85) 강 교수는 "서울대 출신들이 한통속"이라는 편견을 가지고 있으나, 서울대 출신들 가운데에도 서울대폐교 혹은 해체를 주장하는 사람들이 많이 있으며, 민주화교수협의회나 지방대학에 속한 교수들 사이에 특히 많다는 사실을 알아야 할 것이다.

재편없이 교육개혁 가능한가." 11월24일)에 부쳐진 박거용 교수(상명대 영어교육과)의 발표문("국공립대 통폐합의 필요성")이었던 것으로 보인다.

> 서울대는 재벌기업보다도 더욱 악성인 문어발식 학교 운영의 표본이다. 학과가 100여개. 서울대를 비롯한 국공립대학의 통폐합은 한국 대학교육은 물론이고 초중등교육의 시급한 정상화와 지역간 균형발전을 위하여 필수적인 사업이며, 학연주의의 확대 재생산과 문화자본의 불평등분배 재생산, 그리고 엘리트의 권력중독증을 혁파하고 치유할 수 있는 거의 유일한 방안일 것이다. 정부는 국공립대학을 지역별, 대학별 조건을 고려하여 한 지역 국공립대학에 4-5개의 단과대학만을 특성화 차원에서 운영하도록 하여서, 지역간 격차와 대학간 격차를 줄이고 교수의 이동배치를 가능하게 하여 전체 국공립대학을 상향 평준화하고 자생적 학문(재)생산 구조의 기초를 다지도록 해야 한다. 이제 국내학위가 외국학위에 주눅드는 풍토를 더 이상 방치해서는 안 된다. 사립대학에 대한 국고지원도 늘려야 한다.

이 자리에서는 또 이부영 전교조 부위원장의 "학교교육정상화를 위한 몇가지 제안"이 발표되었다.

> 대학의 특성화와 다양화를 지향하되 대학별 서열화를 완전히 지양해야 한다. 인재양성의 지역균등화를 위하여 서울대를 비롯한 세칭 일류대학의 지방이전을 적극 유도한다. 서울대를 비롯한 국립대는 전국적인 평준화를 원칙으로 하고 … 비인기 분야의 연구와 장기적인 투자가 필요한 분야 등에 대한 집중육성을 국공

립대의 임무로 해야할 것이다. 교육을 받고자 하는 사람들이 모두 교육을 받을 수 있도록 대학의 문호를 개방해야 한다. ... 국립대의 경우 국가가 요구한 중등교육과정을 마친 사람은 누구라도 입학을 할 수 있어야 한다.

저자는 이 두 사람의 주장과 대안에 대해 거의 전적으로 동의한다.

그 후 유시민 씨도 주간 뉴스 플러스(News Plus)의 한 칼럼에서 다음처럼 '교육혁명론'을 폈는데, 내용은 위와 흡사하다.

'혁명'의 제1조는 의사와 변호사, 화가와 피아니스트 양성에 이르기까지 모든 영역에서 우수인재를 독점하고 국가재정을 끌어다 쓰려는 '서울대 패권주의'를 혁파하는 것이다. 제2조는 기초학문과 첨단 이공계 등 국가 경쟁력에 직결되는 전략 분야의 우수 인재 유치를 위해 '법대와 의대의 인재독점'을 깨뜨리는 것이다. 제3조는 지방 국립대학을 나락에 밀어 넣는 '서울 중심주의'를 완화하는 것이다. 제4조는 국민 세금으로 운영할 필요가 없는 분야를 국립대학에서 잘라내는 '국립-사립대의 역할 재조정'이며, 제5조는 백화점 같은 대학들이 지역적, 산업적 연관을 고려해 스스로 '특성화'하는 것이다. 가장 중요한 것은 '우리 나라 교육의 99%'라는 서울대부터 교수들이 연구에 매진하지 않을 수 없도록 모든 것을 '경쟁의 원리'에 따라 재조직하는 일이다.

한편, 김경근 교수(전북대 사범대학 사회교육부)는 99년9월에 출간된 그의 저서 『대학서열깨기』(개마고원)에서 '대학입학추첨제'를 제시하였다. 국가전체의 대입정원을 1차 선발한 다음,

점수와 상관없이 제비뽑기로 대학을 배정하자는 안이었다.

이 안은 매우 단순하면서도 급진적이어서 서울대학과 명문대학, 그리고 대학간의 서열화현상, 입시지옥 등을 일소시킬 수 있을 것처럼 보인다. 그러나 문제점도 있다. 우선은 서울대학과 명문대학에 배정될 수 있는 '8학군' 같은 곳(서울 관악구?)으로 이주하는 붐이 일어날 수 있으며, 학생들은 전공을 자유롭게 선택할 수 없게 되고, 그로인해 대학들은 특성이 약해지게 된다. 대학들은 전문성과 특성이 살아야 하고, 학생들은 원칙적으로 누구나 대학입학 자격만 갖추면 자유롭게 대학과 전공을 선택할 수 있게 되어야 바람직 할 것이다.

김 교수와 함께 '학벌 없는 사회를 위한 모임'(http://www.antihakbul.org)을 만들어 활동하고 있는 김동훈 교수(국민대 법학과)는 중앙일보의 한 기고문("학벌독점해소만이 과외를 없앤다", 2000년 5월26일자)에서 보다 온건한 대안을 내놓고 있다.[86]

> 첫째로 학벌독점 체제의 정점에 서 있는 국립 서울대를 변혁시켜야 한다. 국,공립대를 통폐합해 서울대의 특권적 지위를 박탈하는 것이다. 흔히 서울대를 없애면 제2, 제3의 서울대가 생길 것이라고 하지만 그 경우 학벌독점 체제는 훨씬 더 완화하고 가변적인 서열화가 이뤄질 수 있다.
> 둘째로 대학입시의 단계적인 평준화를 도입해야 한다. 현재 대학간의 인적. 물적 시설의 차이가 현격한 가운데 전체적인 평준

---

86) 본래 그는 '대학이 망해야 나라가 산다'(1999)는 책에서 대학 자체를 모두 없애야 한다고 주장한 바 있다.

화는 불가능하나, 예컨대 지역을 대표하는 국립대학과 그에 상응하는 큰 사립대학 정도를 아우르는 선에서의 평준화는 받아들여질 수 있다.

여기서 우리는 서울대를 없앤다고 하는 것이 문자 그대로가 아니라 '특권적 지위를 없앤다.'는 것을 뜻하고 있음을 알 수 있고, 앞의 김 교수와 달리 '단계적, 부분적 평준화'를 주장하고 있음을 알 수 있다. 그러나 이러한 평준화안이 전국대학의 서열을 다단계를 2단계로, 즉 1류 대학군과 2류 대학군으로, 김 교수 표현식으로 1류대 출신 '학벌카스트'와 2류대 출신 '학벌카스트'로 재분류하는 결과를 초래하기 때문에, 형태만 바꾸는 처방이라는 것도 알 수 있다.

이상의 안들이 통폐합론과 평준화론이라고 부른다면, 이 밖에도 서울대의 해체, 이전을 강조하는 해체론이 있다.

3. 서울대 해체론

시사평론가 정태인 씨(서울대 경제학과 박사과정)는 한겨레 신문의 한 기고문("재벌과 서울대 너무 닮았다." 1999년 6월 7일자)에서 다음처럼 폐교가 아니라 해체를 주장했다.

　　이제 서울대를 해체하자. 사회대는 ㄱ도로, 공대는 ㄴ도로, 자연대는 ㄷ도로 보내자. 각 지방국립대학은 한 분야에서 일단 국내 1위가 된다. 학생들이 서울로, 서울로 올라가야 할 이유가 없다. 정부가 돈을 한곳에 몰아주고 욕먹지 않아도 된다. 여타 대학이 한두 분야에 집중하면 그 분야에서 1등으로 올라설 가능성도 열린다. 시간이 지남에 따라 서울대 인맥은 점점 힘을 잃게 된다.

일석십조쯤 되는 이런 일이 왜 이루어지지 않는 것일까? 그만큼 서울대 기득권이 크기 때문이라면 바로 그 때문에 서울대는 해체되어야 한다. 일부가 모든 것을 독식하면 언제나 문제가 발생한다. 우리의 재벌이 바로 그 증거가 아닌가?

현택수 교수(고려대 사회학과)도 교양잡지『샘이 깊은 물』에 실린 글("BK21 철회하고, 서울대 해체해야", 1999년9월)을 통해 역시 '해체'를 주장했다.

두뇌한국21 사업을 대다수 교수들이 반대하는 주요 이유는 무엇인가. … 대학원중심대학을 몇 개 선정해 집중 육성하여 결국은 수십 년간 정부의 지원없이 자력으로 육성해온 지방 대학원들을 몰락시킬 우려가 있다는 것이다. '선택과 집중'의 원칙으로 소수 대학에게만 특혜지원을 하여 대학의 서열화를 고착화시키고, 수도권 편중지원에 따른 지방대학의 소외감을 심화시켜 교육을 황폐화시키는 것이다. 정부는 모든 대학에게 여건과 기회를 똑같이 만들어 주고 이후의 실적으로 대학을 평가하여 차등지원을 하는 것이 옳다.

서울대는 이미 수십 년간 정부의 엄청난 지원 특혜를 받아 온 대학임에도 불구하고 세계 대학순위가 7백등 정도밖에 안되는 대학이다. 이제 더 이상 기득권세력을 위한 서울대 지원은 중단하고 서울대 해체 등의 혁신적인 개혁정책이 우선 실시되어야 할 것이다. 즉 서울대학교의 각 단과대학들을 지방에 각각 분산시킨다면 서울대 집중 지원 문제나, 수도권 지역 대학 집중 지원

문제뿐만 아니라 나아가 대학입시 지옥, 학벌주의 사회 문제도
상당히 해결될 것이다.

이 두 해체론에서는 공히 단과대학의 분리, 지방이전, 그리고
정부재정지원의 분산과 공평한 경쟁이 주장되고 있다.

4. 종합대책의 모색

지자는 이상의 논의과정에서 제시된 대안들에 대해 전반저으
로 동의한다. 다만 세부적인 사항들에 대해서는 의견이 조금씩
다르며, 그에 대한 것은 이 장의 중간 중간에 밝힌 바 있다.
한 가지 더 분명히 해야 할 것은 문제가 문제이니 만큼, 그 대
책도 한 두 가지여서는 안 된다는 점이다. 몇 가지의 대안들이
서로 결합하여 추진될 수 있으며 또 그렇게 되어야 한다고 본다.
서울대에 대한 정부의 집중지원을 지방국립대와 사립대학으로
분산하는 방안, 서울대와 기타 국공립대를 특성화, 통폐합하는
방안과 해체, 지방이전 방안, 그리고 대학입학 무시험전형제(자
격시험제도로 축소) 도입방안 등은 서로 결합될 수 있고, 되어야
할 것이다.
그리고 서울대 문제는 서울대만의 문제가 아닌 것처럼, 그 원
인과 대책도 다각적으로 마련되어야 할 것이다.
정부는 경쟁주의적, 시장주의적 교육관을 대폭 수정해야 한다.
그리고 단기간에 실용적인 효과가 잘 안 보이는 교육, 연구 분야

에 대한 투자와 재정지원이야말로 소위 경쟁력의 기초가 된다는 점을 인식해야 한다. 연구중심대학, 교육중심대학도 기초과학과 응용과학으로 다시 나누어 균등히 지원하는 방식을 취해야 하며, 공기업이 그렇듯, 소위 '장사가 안 되는 분야'(교육, 기초과학연구 등)는 국공립이 더 많이 맡도록 해야 한다.

그 다음, 대학입시, 학벌, 교육을 출세도구로 생각하고 거기에 돈과 시간을 집중 투자하는 기형적인 국민적 교육열이 정상화되어야 하고, 여기에 편승하는 사설학원과 언론의 상업주의와 과외가 규제되어야 한다.

출신학교와 학벌이 취업과 사회생활 전반에 걸쳐 그다지 중요하지 않도록 사회전반의 의식과 질서를 바꾸고 그에 필요한 제도를 만들어 나가는 일 또한 중요하다.

칼럼 8

서울대 위기론, 해체론, 그리고 시장주의 논리

김영삼 대통령 시절부터 우리사회에서는 세계화 시대니, 무한
경쟁시대라는 말들을 많이 해 왔다. 그만큼 외압이 심해졌고, 우
리 내부에서도 '눈에는 눈, 이에는 이' 하는 식으로 국민들끼리의
경쟁을 강화하는 방향으로 정책을 펴왔다. 교육정책도 마찬가지
였다. "능력 없는 자는 대학에서도 퇴출당해야 한다!"

그런데 2002년 서울대 신임총장이 된 정운찬 교수가 한 TV
방송과의 인터뷰에서 서울대 신입생을 수능시험 쿼터, 내신 쿼
터, 지역 쿼터 등으로 나누어 뽑는 방안을 검토, 도입하겠다고
발언하여 반향을 불러 일으킨 바 있다. 이러한 쿼터제는 여성인
력할당제나 지역인재할당제와 같이 능력에 따라, 시장에서의 자
유경쟁 결과에 따라 자리를 차지하는 순수한 형태의 능력본위나
시장주의, 경쟁주의 논리와는 다른 성질의 것이다.

서울대 총장의 쿼터제 발언

정 총장은 IMF 직후, 재벌체제와 우리나라 경제성장체제의 개
혁이 필요함을 강조한 개혁적인 인물로서, 취임 직후 밝힌 쿼터
제는 개혁적인 측면이 있고, 그래서 일부 보수적인 사람들에게
서 비판과 우려를 자아냈다.

그러나 사실 쿼터제 같은 것만으로는 서울대 자체의 문제 뿐
아니라 서울대로 상징되는 대학입시 문제 등 일련의 '서울대 중

후군'을 해결하는 데에는 그 효과가 미미할 수밖에 없을 것이다. 서울대 증후군은 문제의 뿌리와 범위가 깊고도 넓다. 그리고 기본적으로는 학벌문제와 취직문제, 두 축으로 되어 있는데, 서울대는 그 정상에 위치하고 있다.

본래 서울대가 소위 일류대학으로 발돋움하게 된 가장 큰 이유는 그것이 국립이었고 대부분의 대학들, 즉 사립대학들보다 등록금이 훨씬 쌌기 때문이었다. 전국 각지에서 주로 가난한 집 출신의 소위 똑똑한 학생들이 죽기 살기로 국립대를 갔고, 그래서 높은 성적을 증명하지 못하면 낙방했다. 서울대에 합격하고 졸업한 소위 '똑똑한 학생'들은 졸업 후에도 사법시험, 행정고시, 그리고 '언론고시' 등에서 가장 높은 합격률을 자랑하게 되었으며, 결과적으로 정치, 경제, 문화 등의 분야에서 요직을 차지하게 되었다. 그래서 서울대 출신 하면, 일단 '똑똑한 사람', '능력을 믿을만한 사람', '품질이 보증된 사람' 하는 식의 이미지가 형성되었고, 이같은 이미지는 다시 취직에는 물론, 결혼하는 데에도 유리하게 작용하였다. 그 결과, 서울대 출신들은 한국사회의 요직을 독점하다시피 하였고, 이를 통해 이득을 보고 패권도 누리게 되었다.

대학서열화와 학벌피라미드 구조의 문제

그리고 역사가 흐르는 사이, 우리 사회에는 서울대를 정상으로 한 대학의 서열화 및 학벌 피라미드가 형성되었다. 또, 지방도시들에서는 지방 명문고 출신들을 정상으로 한 피라미드와 독점 및 패권의 구조가 형성되었다. 이 모든 문제를 우리는 '서울대 증후군'이라 할 수 있을 것이다. 서울대가 최정상에 놓여 있고, 그곳에 오르는 것이 많은 이들의 지상목표가 되어 있으며, 그에 따르는 사교육비 투자와 치열한 입시경쟁, 경제적, 교육적 낭비 등이 포괄되어 있기 때문이다.

물론 이러한 증후군이 서울대 자신의 잘못이라고만 할 수는 없다. 서울대를 바라보는 일반인들의 시각, 좋은 일자리를 향한 치열한 경쟁시스템, 이런 데에 더 본질적인 문제가 있다. 핵심이 되는 것은 '좋은 일자리'를 차지하기 위한 거국적인 경쟁이며, 이 경쟁은 다음과 같은 연속적인 과정들로 되어 있고, 그 정상에 서울대가 있을 뿐이다.

좋은 학교, 좋은 학벌 → 좋은 일자리 → 요직의 독점과 패권 → 재생산과정;
과외비, 학원비 투자 → 입시위주교육 → 성적향상 → 좋은 학교, 좋은 학벌 → 좋은 일자리 → 요직의 독점과 패권 → 반복 재생산;

서울대 증후군의 해법

그동안 제기된 '서울대 해체'론이나 '대학평준화'론 같은 것들은 결국 이러한 피라미드구조를 해체하고 평준화하자는 것이다. 물론, 이러한 서울대 비판들에 대해 보수-기득권층 사람들의 반론은 한결같이 "그거 사회주의 아니냐", "빨갱이 아니냐", "하향평준화 아니냐", "능력 있는 사람도 함께 못살자는 것이냐" 하는

식이었다. 이들의 사고에 바탕이 되어 있는 것은 바로 서울대
문제를 떠받치고 있는 시장주의, 경쟁주의 논리, 바로 그것이지
만, 그러나 그렇게 해서는 결코 문제를 풀어갈 수가 없을 것이다.
그 반대로 공공의식과 상호부조의 정신에 입각해야 하나씩 하나
씩 풀려 나갈 수 있을 것이다.

칼럼 9

능력본위와 경쟁주의의 허와 실

현대사회는 흔히 능력본위사회라고들 한다. 가문이나 혈통, 피부색, 성별, 출신지역 등 선천적으로 타고난 특색에 따라 본인의 능력 여하와는 상관없이 특권을 누리거나 차별대우를 받는 봉건 신분제 사회와 달리, 능력과 노력에 의해 얻어진 업적에 따른 보상과 지위가 부여되는 사회가 능력본위 사회이다.

이같은 능력본위 사회의 원리는 역사적으로 서양 근대의 산물로서 봉건귀족사회를 무너뜨리고 신분제를 철폐하고 새로운 사회체제를 이룩하는 방향타로 작용하였다. 이에 따라 민의를 대변하는 의회제도와 선거제도가 생겨났으며, 국민들의 대의원이 법을 만들고 통치자도 선출하여 국민들이 만든 법에 따라 통치하도록 권력을 위임하는 대의민주주의 법치국가제도도 만들어졌다.

이러한 능력본위주의는 역사와 전통이 뿌리 깊어, 구시대적 유산과 저항이 잔존했던 서유럽에 비해, 전통사회의 역사와 전통, 그리고 문화가 없거나 짧았던 미국사회에서 훨씬 더 발달하였다. 19세기말까지 미국은 영국, 프랑스 등 서유럽의 식민지 모국들과의 전쟁, 미대륙의 원주민 인디언들과의 전쟁, 멕시코와의 전쟁, 그리고 남북내전 등 수많은 전쟁을 통해 서부지역으로 영토를 확장함으로써 비로소 국가를 완성하였다. 식민지와 서부개척을 통해 국토를 확장하고 국가를 완성하는 과정에서 미국이 금과옥조로 신봉한 원리는 바로 능력본위주의였다.

이 원리는 특히 해외의 노동력을 미국으로 유입하는 광고 홍보물에서 가장 중요한 카피(혹은 키워드)였다. "미국에 오면, 본인의 능력과 노력 여하에 따라 잘 살 수 있고 부자가 될 수 있다"는 것이었고, 이런 카피들이 그 후 '미국은 기회의 나라, 기회의 천국'이라는 말을 낳았으며, 결국 '어메리컨 드림'으로 작용하여 미국으로 향하는 세계 각지의 이주민들의 꿈이 되었고, 미국사회 자체의 '꿈'으로도 되었다.

그러나 꿈은 꿈이었지, 실제가 아니었다. 그 이유는 간단하다. 누구에게나 좋은 일자리와 기회가 주어질 수는 없는 것이며, 누구나 다 로또 1등에 당첨될 수도 없기 때문이다.

우리 나라에 이런 원리가 도입된 지는 꽤 오래되었다. 이미 수십년 전에 도입되어 오랫동안 중, 고교 교과서에서 가르쳐졌고 각종 시험에도 문제로 출제되고 '정답'으로 처리되어 왔다. 그러나 그 오랜 세월동안, 현실은 능력본위제가 아니었다.

사바사바를 잘하고 눈치 빠르고 힘이 있거나 빽이 있는 사람들이 높은 자리, 좋은 일자리, 많은 돈과 권력과 땅덩어리, 빌딩 등등을 차지했다. 힘 있는 군인들이 국가권력을 탈취했고, 기업가들에게 갖은 특혜를 주고 반대급부로 그들을 등치며 치부하기도 하였다.

그러다가, 10년 전 김영삼 씨가 집권한 이후부터는 이 원리가 단지 교과서에서만 정답이던 시대는 끝나고, 현실 속의 정치와 사회에 대한 '개혁' 원리로 자리잡기 시작하였다.

그러나 반봉건적인 특권제만 문제인 것은 아니다. 능력본위제 또한 좋기만 한 것이 아니라 숱한 문제들을 안고 있다.

능력본위주의는 한마디로 말해 '경쟁주의'이며, 능력이 부족한 자에 대한 사회적 배려가 없는 속에서의 능력본위주의란 능력만능주의이고 경쟁만능주의이다. 거기에는 '공생의 원리'가 빠져 있으며, 공생의 원리가 빠진 능력본위주의와 경쟁주의는 '약육강식주의'와 다를 바 없다. 같은 민족, 같은 나라, 같은 사회, 같은 회사에 속하는 구성원들끼리 이런 식으로 산다면, 결코 '한 식구'라 할 수 없을 것이다.

사회적 배려와 협동, 그리고 공생의 원리는 능력본위주의 원리만큼 혹은 그보다 더 중요한 원리이다. 능력본위사회의 전형이라 할 수 있는 미국에는 이런 원리가 취약하며, "요람에서 무덤까지"와 같은 복지제도나 '복지마인드'가 없다. 이런 의미에서 미국이라는 나라는 우리의 표준이나 모범이 될 수 없으며, 능력본위주의 또한 일면적으로만 도입, 적용하면 안 되는 것이다.

김영삼 정부 이래로 오늘날까지 개혁이라는 이름 하에 진행되어 온 '경쟁주의' '경쟁력주의' 등은 이런 맥락에서 보아야 할 것이다. 그리고 근래에 이슈가 되고 있는 바, 경쟁과 업적을 통해 봉급과 일자리를 차등적으로 제공하는 업적급, 성과제나 연봉제, 교수업적평가에 의한 연봉계약제, 치열한 경쟁과 '능력에 따른' 고액과외와 사교육 등을 통한 고교입시, 대학입시 제도 또한 마찬가지 맥락에서 보아야 할 것이다.

제11장 한국의 시민운동, 어디로 가야하나

제1절 시민운동의 성격과 유형

1. 시민운동이란 무엇인가

시민운동을 한마디로 정의하자면, "시민적 주체성을 지닌 시민들이 시민적 권익을 대변, 추구하는 조직적, 의식적, 지속적인 집단활동"이라고 할 수 있다. 여기서 '시민'이라 함은 정치적 주권자이면서 현대적 헌법에 보장된 제반의 시민권(civil rights)을 향유하는 시민자격(cirizenship)을 인정받은 사람을 말한다.

서구에서의 시민운동은 중세말기 도시상공업자 부르주아계급과 그 사상적 대변인에 해당한 계몽사상가 지식인층이 주축이 된 혁명운동에서 비롯되었다. 이들이 주장한 권익, 즉 주권과 제반의 시민권은 근대법, 근대국가, 근대정치제도 등으로 관철되어 오늘에 이르며, 그 사이 이들의 권익은 노동자, 농민, 여성 등에게로 확장되었다. 이와 함께 시민의 개념과 범위가 확장된 것이다.[87]

---

87) 서구에서 시민이라는 말의 뜻은 역사적으로 여러 단계에 걸쳐 변천해 왔다. 우리는 그 단계를 크게 셋으로 나누어 파악할 수 있다. 첫 번째 단계는 고대 그리스, 로마 시대의 시민으로서 재산, 자유, 참정권을 가진 고대도시국가의 주민이자 지배신분층을 뜻하였다. 두 번째 단계는 중세 말기에 생성되어 경제적, 정치적, 문화적으로 영향력을 확대해 간 상공업자층을 뜻하는 것으로서 흔히 말하는 시민계급 혹은 부르주아계급이다. 세 번째 단계는 시민계급의 이해와 의지와 사상과 힘에

여기서 우리는 두 가지 사항을 주목해 보아야 한다.

첫째는 부르주아의 경우도 그렇지만, 노동자, 농민, 여성 등의 계급과 집단들이 시민자격과 시민권을 쟁취해 나간 과정과 운동은 각각 노동운동, 농민운동, 여성운동이면서 동시에 시민운동이었던 것이다. 그 결과, 이들은 각각 부르주아-시민, 노동자-시민, 농민-시민, 여성-시민이라는 이중적인 지위와 주체성을 획득하게 되었던 것이다.

둘째는 왜 아직도 시민운동이 계속되느냐 하는 점, 그리고 왜 한국에 그것이 활발히 진행되고 있느냐는 점이다.

그 원인은 기본적으로 같은 데에 있다. 법으로 명시되고 보장된 권익이 제대로 실현되고 있지 않은 경우, 시민권의 내용과 범위를 더 확장하고자 하는 경우, 시민자격을 인정받지 못한 특수집단들이 새로운 시민으로서의 권익을 주장하는 경우 등은 시민운동을 지속하게 만드는 동력이 되고 있다. 서구에서의 인권운동, 소수자운동, 20세기 중반 미국의 흑인 민권운동, 90년대

의해 주장되고 실현된 시민권(즉, 자유, 평등, 재산, 생명, 참정권 등 시민으로서의 제반의 권리)을 공유하는 모든 사람을 가리키는 것으로서 오늘날 가장 일반적으로 사용된다(이 책의 제2장을 참조하라).

이 세 번째 의미, 즉 현대적 의미에서의 시민은 공직자와 미성년자를 제외한 여성, 노동자, 농민, 기업가 등 광범위한 층의 사람들을 포괄하는 것이지만, 시민운동에는 이 가운데에서 시민으로서의 주체성 혹은 정체성을 비교적 강하게 지닌 일부의 시민들이 참여하고 있다. 노동자, 농민, 기업가 층은 '시민자격을 획득한 시민'임에도 불구하고, 시민적인 주체성보다는 노동자, 농민, 기업가로서의 주체성을 더 강하게 지닌 경우들이 많아 다른 형태의 권익추구나 대변활동에 더 많이 참여하는 경향을 보이고 있다.

한국의 시민운동(특히 '정치적'인 성격을 지니는 시민운동)과
노동운동 등이 그러한 경우이다.

한국의 경우, 법적-정치적으로 명시, 보장된 시민적 권익은
현실과 커다란 괴리를 지녀왔으며, 개선 혹은 확장되어야 할 내
용들(예컨대, 87년까지의 대통령간선제라든가, 노동관련 악법,
현재의 국가보안법 등)을 포함하고 있었다.

이런 점에서 보면, 한국의 민족-민주-민중운동, 특히 민주화
운동은 시민운동의 성격을 지닌 것들(유팔무, 2001a: 176)이
었으나, 한국에서는 그 차이점이 강조되어 왔을 뿐이다.

90년대 초 시민운동을 주도한 활동가들과 이를 지지한 이론가
들은 스스로 시민운동의 차별성을 강조하기 위해 기존의 운동들
과 부르디외식의 '구별짓기'를 하였다.(경실련 창립선언문 참
조) 그 핵심적인 '담론'은 다음 세 가지이다.

(1) 시민운동은 특수이익이 아니라 보편이익('공공선')을 대변, 추
    구하는 운동이다.
(2) 시민운동은 평화적, 합법적인 방법으로 운동한다.
(3) 시민운동은 합리적인 대안을 제시, 추구한다.

이러한 담론은 기존의 민족-민주-민중운동을 겨냥한 것으로
서 뒤집어 놓은 것이 기존의 사회운동이며, 시민운동이 그보다
더 '우월하고 좋은 운동'이라는 평가를 함축하고 있다. 나아가
이 담론들은 그 후 10여년간 막대한 영향을 미쳐 민족-민주-
민중운동을 위축시키는 반면, 많은 시민운동 지지자를 이끌어내
고 시민운동을 활성화시키는데 기여하였고 한국 시민운동의 이

정표(혹은 마인드)로 작용하였다.

이러한 담론에 대한 시시비비("민족-민주운동은 '공공선'을 추구하는 운동 아닌가" 등)는 뒤로 제쳐놓고, 그 대신 우리는 이와 비슷하지만 다른 시민운동 담론들 혹은 성격규정들을 세 가지만 간략히 짚어 보고자 한다. 한국 시민운동의 현주소를 밝히는 데에 의미가 있기 때문이다.

(4)시민운동은 신사회운동이다(김성국, 2001: 90).
(5)시민운동은 시민사회운동이다(강문구, 1995).
(6)시민운동은 NGO운동이다.

이러한 담론들은 시민운동에 관한 이론적-실천적 입장을 보여주는 것이기도 하고, 시민운동 내부의 노선 혹은 경향을 암시해 주는 것이기도 하고, 시민운동의 유형을 구분하는 데에도 시사를 준다.

2. 한국 시민운동의 담론과 유형

첫째, 90년대 한국의 시민운동은 1980년대 이래 서구의 신사회운동과 같은가.

같지 않다. 우선, 본래적 의미에서의 시민운동은 앞서 언급한 바와 같이 서구에서는 오래된 역사를 지닌 사회운동이었으며, 한국의 시민운동은 '전통적인 시민운동'과 현대서구의 '신사회운동'의 성격을 동시에 지니고 있다.[88] 물론 실제의 시민운동

영역과 단체들에 따라서는 어느 한쪽의 성격을 더 강하게 지니
는 등 그 혼합의 비율은 다양할 것이다. 여성운동은 전자 쪽, 환
경운동은 후자 쪽에 가까울 것이다.[89]

둘째, 일단의 활동가들과 이론가들은 시민운동을 '시민사회운
동'이라고 부르는데 그 이유는 무엇일까.

이 명칭은 '시민운동+기타사회운동'이라는 식으로 연합적 성
격을 표현하거나 시민운동을 애매모호하게 표현하는 방식으로
도 사용되지만, 본래는 그람시의 시민사회 개념과 사회운동을
합쳐놓은 말에서 쓰인 것이다(강문구, 1995 참조). 즉, "시민사
회 안에 진보적인 변혁의 진지와 헤게모니를 구축하는 운동"이
라는 뜻이다.[90]

---

88) 조대엽(1999: 144)은 신사회운동을 "일상적 생활세계와 탈물질적 가
치를 중심으로 전개된 사회운동"이라고 요약하면서, 90년대 한국의 시
민운동이 일종의 '새로운 운동'으로서 "서구 새로운 사회운동의 패러
다임을 전제로 하기 보다는 한국에서 전개된 운동정치의 패러다임 내
에서 새로운 운동"이라고 성격지우고 있다.

89) 박형준(1998)은 경실련이 신사회운동 단체라고 하는데, '경제정의,
분배정의 실현'이라는 목표와 이슈는 탈물질주의적 가치를 중심으로
한 서구 신사회운동과 정반대의 측면이다. 신철영(1995: 115 이하)은
경실련의 주요활동사업을 정리하면서 첫째가 '부동산투기 억제활동',
'금융실명제 실시활동', '한국은행 독립활동' '재벌의 경제력집중 억제
활동', '세제 및 세정 개혁활동' 등을 들고 있다. 또한, 경실련은 '서모
씨 개인의 단체가 아니냐'는 비난, 대필사건 등도 있어왔지만, 그 조직
적 특성이 개방성, 소규모성, 신축성, 수평성 등을 특징으로 하는 '네트
워크형'이라고 보기도 어려운 점이 많다.

90) 이런 명칭은 운동의 주체를 규정하지 않고 목표를 규정하는 경우에
해당한다. 통일운동, 환경운동, 그리고 여성해방운동이나 노동(해방)운
동 등은 이런 경우에 해당하고, 이에 상응하는 학생운동, 시민운동, 여

이들은 '시민운동'이라는 표현에 대해 거부감을 갖고 있으며, 그들과는 달리 진보적인 성향을 취하기 때문에 그람시적 표현을 시민운동이라는 명칭에 덮어 씌우기를 하고 있다.[91]

셋째, 왜 갑자기 NGO인가.

본래 NGO란 국제연합 활동과 직결되어 있는 '국제 비정부민간단체'를 가리키는 말이다(김영래/김혁래, 1999: 4). 이것이 한국에 수입, 인플레, 적용되어 근래에는 '시민단체=NGO', 'NGO=시민단체' 식으로 의미변환이 이루어졌다.

그러나 우리나라에서 국제적인 사안에 참여하여 활동해 온 비정부민간단체는 적십자사, 국제사면위원회 정도였으며, 적십자사와 같은 경우, 우리나라에서는 준정부기구 혹은 관변단체로서 대접받으며 활동해 왔다. 수재의연금 모집과 남북대화 창구역은 주로 누가 해 왔는가. 진정 NGO는 정부기구처럼 활동해 왔고, 시민운동 활동가나 이론가들은 거기에 대해서는 눈길도 주지 않고 자신들이 NGO라고 동일시하게 되었다.[92]

물론, 정황을 따지지 않고 "남들이 쓰는 유행어니까 나도 NGO"하는 식으로 시민운동을 NGO라고 부르는 경우들은 '명실

성운동, 노동자운동 등의 호칭은 운동주체를 통해 운동을 부르는 경우들이다.

91) 참여연대와 이런 경향에 동조하는 각 지역의 '참여+자치' 계열의 시민단체 활동가들 및 여기에 참여하는 지식인, 이론가들 사이에 이런 명칭을 선호하는 사람들이 많이 있다는 사실은 우연이 아니다.

92) 시민단체를 NGO라고 부르게 된 배경에는 시민운동에 국제적으로 공인된 성격을 부여함으로써 스스로 위상을 높이고자하는 동기, 그리고 비판적으로 보면, '자기품격 부풀리기'식 상업주의나 친미사대주의가 작용한 것으로 보인다.

상부'하고자 한다면 국제적인 사안에 개입하여 국제적인 비정부 민간단체 활동으로 방향을 선회해야 할 것이다. 예컨대, 국제난 민보호활동이라든가, 신자유주의 반대하는 국제시민모임, 미국의 MD에 반대하는 국제평화시민운동, 황사현상퇴치를 위한 동아시아 시민연대활동 같은 것들이 예이다.

그러나 국내에서 NGO 라는 명칭이 사용되면서 특히 강조된 것은 시민운동의 자율성, 즉 정부권력으로부터의 자율성이다. 시민운동은 GO, 즉 정부기구가 아니라는 점이 1차적으로 강조되었기 때문이다. 시민운동은 정부의 통제나 지원을 받지 않고 시민들이 자율적으로 전개하는 활동이라는 것이다.

이처럼 위의 세 가지 명칭들(신사회운동, 시민사회운동, NGO)은 시민운동의 성격을 어떻게 볼 것이냐 하는 상이한 이론이나 관점을 보여주고 있지만, 다른 각도에서 보면 이런 이론과 관점이 실제에도 투영되는 점이 있기 때문에, 실재하는 시민운동단체들의 유형을 구분하는 데에도 커다란 시사를 던지고 있다.

시민운동 단체들은 우선 역사가 오래된 '전통적인 시민운동'을, 혹자는 민주화운동, 혹자는 시민권운동(civil rights movements)이라 불리어 온 운동을 주로 하는 단체들, 탈물질적 가치와 비정치적인 생활 속의 민주주의를 추구하는 '신사회운동'(=현대서구의 시민운동)을 주로 하는 단체들로 구분될 수 있다. 전자는 정치적 시민운동, 후자는 생태-문화적 시민운동이라 부를 수 있을 것이다.

그 다음은 '민중지향적, 혹은 변혁지향적 시민운동', '진보적 시민운동' 등으로 불리어 왔고 또 그러한 지향을 갖고 활동하는 경향이 강한 단체들과 80년대의 전통을 계승하는 민족-민주-민중운동에 대해 비판적이거나 자립적인 입장을 갖고 활동하는 단체들이 구분될 수 있다. 우리는 전자를 진보적, 후자를 보수적이라고 할 수 있겠지만, 모두 기본 성격이 자유주의이고, 중도적인 경향도 또 고려해야 하기 때문에,93) 진보적-중도적-보수적 자유주의의 시민단체들이라 구분할 수 있을 것이다.94)

끝으로 우리는 정부권력으로부터 자율적인 순수 시민단체와 정부 예속적-의존적인 관변 시민단체를 나누어 볼 수 있다.

그러나 그 자율성과 관변성은 여러 차원과 단계들로 이루어져 있기 때문에 구별이 긴딘하지 않으며, 역사적으로, 또 상대적으로 변화한다. 그래서 '제2중대' '신관변단체'라는 말도 생겨났으며, 과거의 관변단체와 준관변단체 중에는 이제 탈관변적인 경우들도 있을 것이다. 또한, 적십자사와 같은 곳이 있는가 하면, 농협이나 노총처럼 시민단체가 아니면서도 관변화된 NGO들도 있다.

이러한 사정은 역사적으로 한국사회의 정치민주화 과정, 정권

---

93) 여기서 '진보'란 분단질서과 종속적 자본주의 질서를 비판, 극복하는 변혁운동의 지향을 말하는 것이며, 이러한 운동이나 세력에 대해 지지, 연대, 후원하는 입장을 '진보적'이라고 하였다. 그러나 시민운동의 기본지향은 전통적으로 자유주의와 민주주의를 추구해 왔기 때문에 보수-진보의 스펙트럼에서 보면, '보수-보수적 자유주의-중도-진보적 자유주의-진보'의 사이에 위치해 있다. 물론, 이 스펙트럼의 보수와 진보에는 극우와 극좌가 각각 포함되어 있다. '진보'의 의미에 대해서는 이 책의 제5장을 참조.

94) 이런 입장을 대표하는 단체들로는 참여연대-환경운동연합-경실련을 들 수 있을 것이다. 이 단체들의 입장차이는 특히 그 창립취지에서 드러난다. 유팔무(2001b 참조).

의 교체, 그 밖의 사회운동 환경의 변화에 의해 영향을 받으며 달라져 왔다.

제2절 시민운동의 판도 변화와 평가의 흐름

1. 1990년대 이후 한국 시민운동의 판도변화

1990년대 이전의 한국 사회운동은 민족, 민주, 민중운동으로 그리고 변혁운동으로 불리어 왔으나, 앞서 언급한 바와 같이 일정한 정도의 시민운동의 성격도 함께 지녔다. 특히 반독재 민주화운동은 그러한 성격이 강했다. 다만 이러한 운동을 '시민운동'이라 부르지 않았을 뿐인데, 1990년대 초부터 자칭타칭의 시민운동이 새롭게 형성되기 시작하였다. 이런 의미에서 우리는 1990년대의 시민운동을 그 이전의 것과 구별하기 위해 '새로운 시민운동'이라 할 수 있을 것이다.

1990년대에 새롭게 출발한 시민운동은 앞서 지적한 새로운 담론 (1)(2)(3)을 이정표로 삼아 활동하였고, 따라서 그 성격상 변혁적인 민족, 민중운동과 대조적이면서 경쟁, 비판적인 입장을 취했다. 이러한 경향은 1993년 시민단체협의회를 결성함으로써 소위 '민민운동권'과 확연히 구별되는 '시민운동권'을 형성하였다.

정부권력이 이 두 계열의 운동권에 대해 상이한 입장으로 대하였음은 이미 잘 알려진 사실이다. 정부는 전자에 대해서는 억압적, 후자에 대해서는 헤게모니적으로 대응하였으며, 김영삼 정부 하에서는 한층 더 적극적으로 이 후자의 주장과 요구를 수용하였다. 이로 인해 민족-민중운동은 위축과 고립이 된 반면 시민운동은 활성화되어 정부의 '제2중대' '신관변단체'라는 용어도 생겨났다.95)

이러한 과정을 통해 90년대의 사회운동권은 여러 측면에서 새로운 흐름들을 낳으면서 재편되어 갔다. 가장 큰 흐름은 구시대의 운동권과 비운동권이 전반적으로 시민운동 쪽으로 이전해 갔다는 점이다.

첫째, 민족(통일)운동의 커다란 한 부문은 시민운동의 '방법'을 채용하면서 시민운동적 민족운동으로 선회해 갔고, 주로 지방의 조직과 활동가들은 직접 시민운동단체를 만들어 직접 시민운동을 통해 민족운동의 목표를 구현하고자 하는 방향으로 나아갔다.

둘째, 민중운동(특히 노동운동)의 일부는 직접 시민운동 활동가로 변신하는 흐름도 보였다.

셋째, 구시대에 반관반민적이었던 사회단체들(YMCA, YWCA 등) 따라서 운동권이 아니었던 단체들이 시민운동을 전개하거나 새롭게 시민운동단체를 결성하여 활동하는 흐름이 생겨났다.

넷째, 과거에는 단순한 비판적 지식인이었으나 새롭게 시민운

---

95) 이들은 기존의 관변단체지원특별법을 폐지하고, 자신들을 포함한 순수한 시민단체들을 정부가 행정, 재정적으로 지원해 줄 것을 거듭 요구했으며, 이로 인해 1998년에 이르러서는 민간단체지원법이 제정, 통과되어 정부의 지원이 본격화하게 되었다. 그 히스토리에 대해서는 유팔무(2001b)를 참조

동적 실천에 참여하는 흐름이 생겨났다.

다섯째, 주류적인 시민운동에 대해 비판적이면서 민족-민중운동을 보완하기 위한 목적으로 시민운동을 전개하는 새로운 흐름이 생겨났다.

1990년대 이래로 한국의 사회운동권은 이러한 흐름들이 교차, 합류하면서 크게 민족-민중운동권과 시민운동권으로 재편, 양분되었으며, 양진영이 다양하게 분화되었으나 대체로 민족-민중운동권은 노동운동(민주노총 등)을 구심으로, 시민운동권은 '진보적 시민운동'(참여연대 등)을 구심으로 '네트워크형 연대구조'를 이루고 있다.

2. 시민운동에 대한 평가와 새로운 흐름

한국의 시민운동은 이상에서 개관해 본 바와 같이 여러 가지 흐름을 통해 형성, 변화하고 있으며 어느 정도 상이한 성격의 단체들에 의해 이루어지고 있기 때문에, 거기에 대한 평가도 사실은 구분되어야 한다. 그래서 추상수준을 높여 본다면, 시민운동 일반에 대한 평가가 가능하지만 구체수준으로 내려올수록 평가가 엇갈릴 가능성이 커질 수밖에 없다. 어떤 단체는 정부와 친화적인 관계에서 활동하고, 어떤 단체는 민족-민중운동 단체와 연대하는 방향으로 활동한다. 또, 어떤 단체는 외부지원금에 크게 의존하는가 하면, 어떤 단체는 주로 회원회비로 운영하는 편차를 지니는 것이다.

이런 점을 염두에 두고 일반적인 수준에서 평한다면, 시민운동은 주로 시민들의 권익을 향상시키고 대변해 왔으며, 이를 통해 지난 10여 년간 정치, 경제, 사회적인 차원에서의 민주주의를 촉진시키고 확대하는 데에 커다란 기여를 하였다.

시민운동단체들은 특히 국가권력과 정당정치에 대한 감시와 비판, 정책제안과 압력행사 등을 통해 제도정치나 행정을 통해 해결되지 못하거나 잘못 되어가는 일을 지적하여 환기시키고 바로잡아 가는 활동을 해왔다. 이 점에서는 대의제 민주주의정치의 허점과 약점을 참여민주주의적 활동을 통해 보완하는 역할을 해 왔다고 할 수 있다. 또한 평범한 시민들에게 민주적인 시민의식을 갖도록 교화시키고 또 일부는 시민운동단체의 회원으로 가입, 활동하도록 동원, 조직화하여 활동가로 변신, 참여시키기도 하였다.

한편 제한적이나마 정치 이외에도 노동문제나 기업활동, 성폭력과 가정폭력의 문제, 미군기지 주변의 오염이나 피해, 의약분업과 언론문제 등 경제 및 사회, 문화의 차원에도 개입하여 문제를 완화시키고 해결하려는 활동을 전개하였다.

이런 점에서 보면, 90년대 한국의 시민운동은 기본적으로 '참여민주주의'의 성격을 가장 강하게 지녔다고 평할 수 있다.

그렇다고 시민운동이 일부 언론에서 보도하는 바와같이 무소불위의 권력이거나 '제5의 권력'이라고 하기에는 무리가 있으며, 잘한 일만 있는 것도 아니다.

우선, 시민운동 단체들의 영향력이나 힘이 과연 기업인들의 연합체나 노동조합총연맹, 교회나 학교, 언론기관 등에 비해 더 큰

가 하는데 대해서는 회의적이다. 실제로 시민단체들이 개입하는 영역이 상당히 제한되어 있는 현실도 이런 점들과 밀접하게 상관된 '성역'이 되어 있다.

그동안 시민운동단체의 문제이자 약점의 하나로 자주 지적되어 온 사항은 언론기관에 대한 지나친 의존성이었다.[96] 단체의 활동이 마치 언론에 보도되고 매스컴을 타는 데에 목적을 두고 있는 듯한 경우가 종종 있어 왔다. 이런 경우는 대개 일회성으로 활동이 끝나고 후속작업이 없기 때문에 '한탕주의'라는 비난도 받았다. 실제로는 활동내용이 없거나 빈약하면서도 활동은 언론에 의해 과대포장되어 홍보만 되기 때문이다. 시민단체의 활동(따라서 홍보)은 주로 언론을 통해 이루어지기 때문에 언론기관은 마치 '성역'과 같이 시민운동단체들의 감시와 비판, 견제 등의 대상에서 자연스럽게 제외되는 경향을 낳았으며, 전경련, 노총, 교회, 학교 같은 '힘 있는' 다른 곳들도 '성역'과 같은 대우를 받았다.

정부로부터 재정지원을 받는 일 혹은 정부와의 친화관계도 바로 이런 맥락에서 커다란 논란거리가 되어 왔다.

정부에 대한 재정지원 요구는 시민운동단체들의 재정적인 취약성에서 비롯된 것이었으며, 적지 않은 단체들은 자신들의 활동이 공익적인 것이기 때문에 국민세금을 지원받을 자격이 충분하다는 생각을 하였다. 그러나 모든 시민운동단체의 활동들이 공익적인 것이냐 하는 문제도 논란의 소지가 있는 것이지만(유팔무, 2001b: 223 이하), 시민단체가 정부로부터 재정지원을

---

96) 시민운동에 대한 그동안의 비판에 대해서는 조희연(2001a: 247)도 참조

받는 경우, 그만큼 활동의 자율성이 약해지고 정부에 대한 예속성이 생길 우려가 있기 때문에, 이 문제는 시민운동 활동가들 내부적으로 심한 찬반논란을 일으켰다(220). 그 결과, 한쪽에는 다수의 단체들이 정부의 지원사업공모에 응모하여 높은 경쟁률을 보이는 현상, 다른 한쪽에는 일부 단체들이 "우리 단체는 정부의 재정지원을 받지 않습니다."라고 공개적으로 입장을 천명하는 현상도 생겨났다.

그러나 정부, 기업 등 외부기관으로부터의 재정지원에 의존하여 활동하는 경우, 다양한 방식으로 활동의 자율성이 침해당하기 쉬운 것은 사실이다. 수익사업의 경우도 음악공연, 바자회, 선물판매, 일일호프, 일일찻집 등 그 비중이 커지면 커질수록 시민운동단체의 본래 설립목적과는 다른 활동에 시간과 활동력을 소비하게 되므로 수단-목적이 뒤집어 지는 문제를 야기시킨다. 이와 같은 문제점들은 흔히 말하는 '시민 없는 시민운동' 때문에 생겨나는 것이다. 그렇지만 이런 일들은 재정이나 조직운영상의 문제에 불과한 것이 아니라 단체의 주요활동 내용에 크고 작은 영향을 미치고 그만큼 단체의 독자적이고 자율적인 활동내용을 약화시키기 때문에 그 이상의 문제를 야기한다.

이러한 문제점들 이외에도 시민운동 단체들은 '일부 명망가들이 출세 혹은 정치진출의 도구로 이용하는 수단'이라든가, '정부의 제2중대' 혹은 '신 관변단체'가 아니냐는 비난과 의혹을 사기도 했다. 실제로 적지 않은 시민운동 활동가, 특히 '지도층인사'들이 시민단체경력을 발판으로 삼아 정계진출을 시도한 바 있으며, 김영삼 정부 시기나 김대중 정부 시기 또, 노무현 정부 하에서도 적지 않은 인사들이 정부나 그 산하기구에 영입되어 활동했고, 하고 있다.[97] 또한 합법적이고 개혁적인 시민운동단체들의 활동은 자연스럽게 '개혁 정부'의 정책기조와 공명을 울리기 쉽다.

IMF 위기 직후의 국면에서 이루어진 소액주주운동에 대해(정종권, 2001: 268), 그리고 2000년 봄 낙천낙선운동에 대해서도 그러한 '2중대' 설과 "시민단체가 공익을 대변할 수 있는 대표성이 있느냐", "내부 운영문제에 있어서 투명성이 있느냐" 하는 등의 의혹과 비난이 제기된 바 있다. 의약분업 분쟁에서도 의료계 일각에서는 시민단체들에 대해 '정부의 끄나풀', 심지어는 '출세주의자들의 집합'이라는 식의 비난이 가해진 바 있으며, 언론개혁과 관련해서 일부 언론들을 정부에 동조하는 시민단체들을 서슴지 않고 '홍위병'이라 낙인찍기도 하였다.

낙천낙선운동 이후, 시민운동과 민족－민중운동(특히 노동운동) 사이의 연대 문제, 그리고 시민운동의 정치세력화 문제가 새로운 논란거리로 등장하였다. 그 가운데 하나는 참여연대가 주축이 된 낙천낙선운동의 과정에서 총선 연대가 소위 '네거티브 전략'을 구사함으로써 선거과정에서 민주노동당을 축으로 한 '노동자－민중의 정치세력화'를 직접적으로 돕지 않았고, 따라서 민족－민중운동과 연대하지 않았다는 비난에서 비롯된 논란(이광일, 2000; 조희연, 2001b: 316 이하; 장상환, 2001)이다. 이는 이들과의 적극적 연대를 표방했던 '진보적 시민운동', 독자적

---

97) 이 점에 있어서는 경실련이나 여성단체연합만 그런 것이 아니라 참여연대도 마찬가지였다.

인 정치세력화에 대해서도 소극적이었던 시민운동이 스스로의 위상과 거취를 새롭게 정립해야 하는 계기로도 작용하였다.

제3절 시민운동, 어디로 갈 것인가

시민운동은 지금까지 그래왔듯이, 스스로에 대한 비판과 평가를 귀담아 듣고 반성할 것은 반성하면서 궤도를 조금씩 수정해 나가야 할 것이다.

그러니까 90년대 이후 한국의 '새로운' 시민운동은, 기본적으로 80년대 민주화운동의 연속이다. 다만, 대외적으로는 탈냉전 시대로의 전환, 대내적으로는 탈권위주의 시대로의 전환, 자본주의적 성장 이후의 국면 등 시대상황의 변화에 부응하여 새로운 형태로 진행되고 있을 뿐이다.

이런 의미에서 시민운동은 지금까지 해 왔던 그대로 시민의 정치적 주권과 기본권과 시민적 제 권리를 실현하고 확대하는 전통적인 의미의 시민운동을 지속해야 할 것이다.

그러나 고쳐 나가야 할 것은 첫째 시민운동에 성역이 있어 왔다는 것이다. 언론이나 정부, 중소기업과 교회 등의 지원과 후원이 재정운영의 면에서는 불가피한 선택이기는 하지만 이것은 어디까지나 전략이 아니라 전술적인 차원에서 선택한 것으로 보아야 할 것이다. 누구를 위해 시민운동의 종을 울렸는가ㅡ 이 점을 생각해 보면 그 답은 자명하다. 성역이 있어서는 안 된다는 것이다.

둘째, 이런 의미에서는(즉, 전략적인 의미에서는) 정부와의 거리도 계속 유지될 필요가 있다.

셋째, 민족-민중운동과의 연대,[98] 그리고 독자적인 정치세력화의 문제 또한 마찬가지의 맥락에서 사고해야 할 것이다.

모든 사회운동이 그렇지만, 시민운동도, NGO도 기본적으로 정치적이다. 더욱이 90년대 한국의 전형적인 시민운동들의 경우는 그 정치색이 강했다. 공공선이나 순수성을 주장한 경우, 그리고 NGO를 참칭한 경우도 사실은 '담론의 정치'를 해왔다. 민족-민중운동에 대한 비판이나 견제, 혹은 연대나 후원 같은 입장도 사실은 '장외의 정치'였고 현재진행형의 정치이다.

그들과의 연대나 세력화 문제에 대한 입장을 가지려면, 시민운동 단체들 자신이 자신의 '정치적 입장'을 명확히, 투명하게 정립하는 일이 선행되어야 할 것이다. 그렇게 해야 그것을 기준으로 어떤 연대를 하고 말며, 정부나 기업, 또 다른 운동단체들과의

---

98) 시민운동단체들의 민족-민중운동단체에 대한 연대의식은 단체에 따라 차이가 난다. 가톨릭대 사회과학연구소가 1995년 말, 96년 초 경실련, 참여연대, 여협, 여연, 환경련, 배달녹색연합 등 6개 시민단체 활동가들과 회원을 상대로 한 설문조사(유효응답자 523명) 결과에 의하면, 다음의 <표 5>와 같이 입장의 차이가 존재한다(조돈문, 1995a: 5).

<표 5> 민족-민주운동 단체에 대한 시민운동 단체별 연대 선호도 비교

변수	평균	경실련	참여연대	환경련	배달녹색	여협	여연
노동운동	1.248	0.961	2.323	0.951	0.677	0.560	2.015
한국노총	0.173	0.181	0.091	0.163	0.104	0.482	0.014
민주노총	1.075	0.780	2.233	0.789	0.573	0.077	2.001
전국연합	0.921	0.707	1.315	0.852	0.686	0.241	1.725

* 조돈문(1995a: 5)의 <표.2-1>을 수정, 인용.
* 여기서 점수는 연대의 우선순위가 높을수록 최고 4점까지의 높은 점수를 주었고, 연대 대상이 아닌 경우는 0점을 주어 전체 평균 혹은 단체별 평균을 낸 것이다.

관계 및 연대정책을 일관되게 수립, 추진하는 문제를 결정할 수 있을 것 아닌가.

시민운동이 돈을 벌거나 개인적으로 출세하기 위한 사업의 수단이 아닌 것, 또 그렇게 '흐리멍덩' 해서는 안 될 것임에 대해서는 재론의 여지가 없다. 그렇다면 시민운동 활동가들, 그리고 특히 그 지도자들은 "왜 시민운동을 해야하나", "왜 시민운동을 하는가", "누구를 위해 하고 해야 하는가" 하는 점들을 짚어 보아야 한다. 그리고는 목표를, 특히 이념적인 목표가 애매하지 않도록 분명하게 재정립하는 일이 필요할 것이다. 그리고 모든 회원들에게 논의에 부쳐 공감을 얻고, 공유하도록 해야 할 것이다. 이것이 바로 풀뿌리 민주주의 혹은 참여민주주의 아니겠는가. 심지어는 단체 내의 반란("우리의 입장을 바꾸자"는 식의 반란 등)이 일어날 소지도 열어 두어야 할 것이다.

넷째, '진보적인 시민운동'을 위해서는, 진정 진보적인 운동을 하고자 한다면, 이제 시민운동의 자유주의적 지평을 넘어서는 이념 예컨대 '참여사회 민주주의' 등을 새롭게 정립해야 할 것이다. 지금까지는 진보적 시민운동도 이념적 입장이 불투명했다. '이념적 투명성 확보'가 이루어져야 민족—민중운동 단체들과의 연대문제나 정치세력화에 대한 입장의 정립이 가능하고, 정부와의 관계설정 문제도 일관되게 이루어질 수 있을 것이다.

다섯째, 민족—민중운동의 두 축, 민족(자주통일)운동과 노동(조합)운동은 90년대를 거치면서 상당한 부분이 분화되어 한 가지 성격을 갖고 있지 않으나, 그 가운데 80년대식 변혁운동의 맥을 잇는 전형적인 운동들은 종종 법을 넘나들고 전투적인 방법을 사용하고, 이런 부분은 정부로부터 강력한 통제와 탄압을 받고 있다. 전자는 이념적인 급진성을 가지고 있으며 때때로 전투적인 운동방법을 사용한다. 후자는 파업이나 시위와 같은 운동방법의 급진성과 특수이익의 실현을 목표로 하는 경우들이 잦은 편이다.

이러한 급진성은 시민운동에 대한 연대의 필요성을 크게 느끼지 않게 만든다. 연대의 필요성을 느끼는 부분들은 이미 스스로가 변신, 이탈하여 관변화 혹은 시민운동화해 왔다.[99]

노동운동의 경우, 시기에 따라 시민운동단체와의 연대가 약하거나 강조되거나 하는 등 정책적인 변화가 있어 왔으며,[100] 한국노총과 민주노총 계열이 차이를 보이고 있다(황석만, 1995 참조). 그러나 90년대 중반 이후부터는 대체로 노동자를 중심축으로 하며 연대를 기다리는 '소극적인 노동자주의'가 주축을 이루어 왔으며 시민운동에 대해 배려하거나 베풀고자하는 적극적인 자세는 결여되어 왔다. 이러한 상황 속에서 이루어지는 연대는 황석만(1996: 70 이하)이 말한 바 있듯이[101] '호혜적 연대'

---

99) 민화협, 우리땅 미군기지 되찾기 운동의 경우가 그러하다.

100) 90년대 초중반 노동운동이 '사회개혁운동'을 강조하던 시기에는 시민단체와의 연대활동이 활성화되던 시기였다. 이 시기 한국노총은 시민단체와의 연대활동의 의의를 "노동운동이 중산층 및 사회여론으로부터 고립되는 것을 막고, 사회 각계각층의 지지기반을 확충"하는데에 있다고 정리하고 있다(한국노동조합총연맹, 1994: 443-48; 황석만, 1995: 80에서 인용).

101) 그는 다음처럼 말하고 있다. "전노협의 연대사업은 다른 사회운동 단체와 공동의 목표를 성취하여 가는 호혜적인 관계였다기 보다는 노동운동을 보호하려는 다른 단체들의 도움을 주로 받는 입장에 있었다. 물론, 이러한 일방수혜적 연대는 무엇보다도 조직의 생존이 중시되

가 아니라 '일방수혜적 연대'라 하겠다.

시민운동 쪽에서는 민족－민중운동과의 연대가 합법성에 시비가 따르기 쉽고 정부로부터 탄압받을 가능성이 있고 그에 따르는 위험부담과 비용이 더 많이 들기 때문에 기피하는 경향이 있었다.

그러나 어려움이 있음에도 불구하고, 합법적인 테두리 내에서는 연대 가능한 사안에 대해서는 연대해야 하며, 나아가서는 민족－민중운동의 과제도 스스로의 운동과제로 포함시켜 나가야 할 것이다.

물론, 민중운동을 대표하는 노동운동 쪽에서는 '일방적 수혜'를 바라지 말고 '호혜적 수혜'를 원칙으로 삼아 적극적으로 '사회개혁운동'에 동참함으로써 운동권을 아우르는 '큰 형님' 같은 지도력을 발휘해야 할 것이다(정태석 외, 1995: 289 이하 참조).

끝으로, NGO와 관련해서는, 앞서 암시한 바 있듯이, 한국의 시민운동은 능력이 닿는 범위 내에서 '국제적인 사안'에 개입해 들어가야 하며, 국제적인 연대활동을 추진해야 할 것이다. 말로만 NGO가 아니라 실제로 그렇게 되기 위해서라도.

─────────────

는 절박한 상황 속에서 이해되어야 할 것이다."

칼럼 10
시민운동의 정치진출, 올바른 선택인가

　시민운동 단체들과 활동가들은 대부분 선거때만 되면 특히 지방선거를 앞두고는 정치진출을 시도할 것인가 말 것인가를 고민해왔다.

　사실, 시민단체들의 정치진출 문제는 어제 오늘의 문제가 아니라 90년대 지방자치제가 도입된 이래로 선거때마다 제기되어온 논란거리였다. 상대적으로 문턱이 낮은 지방선거를 앞두고는 한층 더 그러했다. 이 문제에 대해 가장 적극적이었던 것은 여성단체, 그 다음이 환경단체 쪽이었다. 나머지는 소극적인 분위기에 묶여 단지 개인적인 결정과 자격으로 진출을 시도한 경우들이 대부분이었다. 참여방식은 기성정당의 공천을 받고 출마하는 방식과 독자적인 무소속후보로 진출하는 방식 두 가지 중 하나였다.

　그렇다면, 이와 같은 '적극적인 선택'은 과연 시민운동으로서 올바른 선택이라 할 수 있겠는가. 만일 아니라면, 그 반대의 '소극적인 선택' 혹은 '입장'은 올바른 것인가.

　이러한 질문에 대한 해답은 시민운동을 무엇으로, 또 어떻게 볼 것이냐, 그리고 정세를 어떻게 판단하느냐 하는 문제와 밀접히 상관되어 있다.

　요즈음에는 흔히 시민운동을 NGO 운동이라고 부른다. 이것은 그냥 유행이기 때문에, 그리고 영어라 품위가 있고 멋있어 보이기 때문에 불리는 측면이 있지만, 시민운동을 NGO, 즉 비정부

민간단체의 운동이라 성격 지우는 경향, 즉 정부로부터의 재정적, 정치적 자립성을 강조하는 경향이 커졌기 때문이기도 할 것이다. 이는 곧 시민운동이 관변적이어서는 안 되며, 기성의 정치권력과 정당으로부터 자립적으로 운영되고 활동해야 한다는 윤리적인 기준이기도 하다. 이런 기준에서 보면, 시민운동은 정부나 정당으로부터 재정지원을 가급적 받으면 안 되고, 정치진출도 가급적 삼가해야 마땅하다.

그러나 시민운동의 '순수성'을 강조하는 이런 입장과는 달리, 시민운동의 정치적 역할을 강조하는 또 하나의 입장이 있다.

시민운동은 민주화운동이 연장이며, 참여민주주의 운동이고, '생활의 정치'와 '장외의 정치'를 하며, '준정당적 기능'을 대행하고 있다는 생각이다. '불특정 다수'(=시민일반)의 권익을 대변해야 하고, "세상을 바꾸어야 한다"는 생각도 여기에 포함된다. 이런 입장에서 보면 시민운동의 정치진출과 정치세력화는 자연스러운 귀결이기도 하다.

시민운동은 사실 '세상을 바꾸는 일'이라고 할 수 있다. 기성의 제도나 기성의 정치가 잘못 되어 있고 무능하기 때문에, 여기에 대해 문제의식을 가진 시민들이 직접 나서서 세상을 '올바르게' 바꾸어 보고자 노력하는 것이다.

물론 세상을 바꾸는 방법은 여러 가지이다. 혁명을 통해, 선거를 통해, 일상적이고 합법적인 감시, 비판, 성토, 제언, 여론조성, 압력행사 등을 통해 가능하다. 이 모든 것은 한마디로 '장외의 정치'라고 할 수 있다. 만약 이러한 '장외의 정치'를 통해서도 잘 안 되는 경우, 시민단체가 직접 제도정치로 나서는 일, 혹은 정치세력화를 도모하는 일은 자연스러운 일일 것이다.

이런 맥락에서 보면, 시민단체들이 모두 획일적으로 정치진출을 하는 것도 문제이고, 아무도 정치진출을 시도하지 않는 것도 문제이다. 따라서 정세판단에 따라 필요하고 가능하다는 판단을 갖는 단체들은 그러한 것들을 시도해야 할 것이다.

그러나 여기에는 두 가지 정도의 단서가 필요하다.

첫째, 조직적인 결의를 통해 조직적으로 진출해야 한다는 것이다.

지금까지의 경험상, 정치에 나서는 일이 개인적인 판단이나 결정에 의해 개인적인 차원에서 이루어지는 것은 부정적인 결과들만 초래했다. 성공하는 경우, 정치권에 들어가 제도정치에 회석되어 버리는 경향이 지배적이었으며, 실패하는 경우, 시민운동을 이모저모로 훼손시키는 결과를 초래했기 때문이다. 그러므로 시민단체들의 조직적인 결정에 의해, 조직적인 연계 속에서 정치진출이 시도되어야 이같은 피해를 줄일 수 있을 것이다.

둘째, 조직적으로 정치진출을 시도하는 경우에도 그 명분과 이념을 뚜렷이 세워야 할 것이다. 그렇지 않은 경우, 그 의의는 성패와 상관없이 반감될 것이다.

적절한 예가 될지 모르겠으나 소액주주운동과 같은 경우, 이미 논란이 되었으나, 누구를 위해, 그리고 궁극적으로 무엇을 바꾸고자 했는지 불분명했다. 따라서 그 의의는 반감되었다. 낙선운동의 경우도 이와 비슷한 문제가 있었다. 운동의 결과, 시민운동은 '제2중대'설, '홍위병'설에 시달리게 되었고, 입지가 줄어들었으며, 정작 이런 설을 유포하는데 앞장 선 일부의 보수정치가,

보수 보스정치가들에게는 면죄부를 주고 입지를 강화시켜 주었다. 누구를 위한, 무엇을 위한 운동이었나를 되돌아볼 때, 의문이 남는 운동이었다.

시민운동이 과연 세상을 바꾸고자 한다면, 다음 번 선거에서 정치진출을 시도하든 않든 상관없이, 오늘의 세상을 규정하고 있는 보수주의는 물론, 자유주의와 신자유주의, 자본주의와 분단을 넘어서는 이념적 목표와 전망(가령 생태주의나 사회민주주의)을 뚜렷이 정립해야 할 것이다.

특별보론

특별보론 1

춘천지역의 시민운동과 춘천시민연대 3년

1. 시민운동의 성격과 그 위상

시민운동은 서구에서 흔히 '구사회운동'이라 불리기도 하는 민중운동과 비교해 볼 때, 운동의 이슈와 주체, 목표와 방법의 면에서 크게 구별된다(이하 유팔무, 1995c 참조).

첫째, 시민운동은 계급적, 민중적 이슈가 아니라 '초계급적'인 문제를 이슈로 삼았다. 예컨대, 『경제정의실천시민연합』(경실련)은 자신들이 초계급적인 공공선을 추구한다고 명시적으로 밝히고 있으며, 환경 및 생태계 보전문제도 초계급적인 성격을 지닌다고 할 수 있다.102) 둘째, 시민운동의 새로운 점은 운동의 주체, 특히 운동에 참여하는 주체들의 주체성이 다르다. 흔히 민중운동의 주체는 민중이라고 말하지만 실제의 민중들은 잠재적인 주체일 뿐 실제적인 운동주체는 주관적으로 민중적 주체성을 가지고 민중운동에 참여한 사람들이다. 그러나 시민운동의 경우, 주체로 나서는 사람들이 스스로를 민중과 동일시하지 않는다. 그들은 민중적, 계급적 주체성과 구별되고 그것을 초월하는 주체성, 일반적으로 시민이라고 하는 초계급적 주체성을 갖는다.

---

102) 서경석(1993, 16쪽)은 『경실련운동의 평가와 전망』에서 근래의 변화한 상황 속에서는 " … 특정 계급이나 계층의 이해관계를 초월해서 사회적 공공선을 추구하는 시민운동이 각광을 받을 수밖에 없다"고 말하고 있다.

셋째는 운동의 목표이다. 민중운동은 사회체제의 근본변혁을 목표로 삼는 변혁적인 성격을 지니는 반면, 시민운동에서는 사회체제의 부분적인 변화를 목표로 삼는 개량적 혹은 개혁적인 성격을 지닌다. 물론 여기서 말하는 민중운동과 시민운동은 '전형적'인 경우에 한한다. 실제로 이루어져 온 노동운동이나 농민운동의 상당부분은 엄격하게 말하자면 개량적이며, 시민운동 가운데에는 장기적으로 사회변혁을 추구하는 경우도 있기 때문이다.

넷째, 운동 방법상의 차이이다. 민중운동은 흔히 비합법적, 반합법적인 투쟁방법을 취해 온 반면, 시민운동은 대개 합법적인 운동방법을 택해 오고 있다. 이러한 방법상의 차이는 특히 국가권력과의 관계를 다르게 만든다. 전자는 국가권력의 정당성 자체를 인정하지 않으면서 적대시하는 경향이 있어 국가권력으로부터 직접적인 탄압을 받게 되는 반면, 후자는 국가권력의 정당성 보다는 적법성만 문제삼고 국가권력의 정당성 자체를 부인하지 않기 때문에, 탄압을 받아도 그 강도가 상대적으로 낮다.

이와 같이 한국의 시민운동은 민중운동과 비교할 때, 운동의 모든 중요한 구성요소에서 성격이 다르다. 그러나 이상에서 지적한 차이점들은 시민운동을 '전형적'인 형태의 민중운동과 비교할 때 그러하고, 전형적이지 못한 광의의 민중운동들과 비교하면 공통적인 점도 있다. 시민운동은 개량적인 형태의 민중운동과는 목표와 방법의 면에서 유사하고, 변혁적인 성격의 민족, 민주운동과는 이슈와 주체가 초계급적이라는 점에서 유사하다. 이런 특성들을 고려하여 운동의 유형을 분류하면 아래의 <표 1>과 같다.(유팔무, 1995c)

<표 1> 한국 사회운동의 유형과 시민운동의 위치

		목표와 방법	
		변혁적	개량적
이슈와 주체	계급적	전형적 민중운동	개량적 민중운동
	초계급적	민족/ 민중운동	시민운동

시민운동은 초계급적이고 개량적(혹은 개혁적)이다. 그 운동은 초계급적, 시민적인 문제를 이슈로 삼고 시민적 주체성, 즉 초계급적 주체성을 가진 '시민'들이 주체로 나서며, 목표와 방법의 면에서는 개량적, 합법적인 성격을 지닌다.

이처럼 성격이 복합적이기 때문에 한국의 시민운동은 무엇이라 한마디로 정의하기 어렵다. 그러나 우리는 그 점을 고려하면서 다음처럼 정의하고 있다. 시민운동이란 '시민으로서의 정체성을 지닌 시민들이 시민적 권익을 추구, 대변하기 위해 벌이는 사회운동, 즉 조직적, 의식적, 지속적으로 벌이는 집단활동'이다(유팔무, 2000c).

나아가 정부와의 관계나 정치적인 측면에 주목한다면, 그것은 또 '참여와 자치를 위한 운동'이라 할 수 있다. 시민운동은 일정하게 정치적인 성격을 지닌다. 비록 제도화된 정치는 아니라고 하더라도 그 바깥 영역에서 이루어지는 정치, 즉 '장외의 정치'(유팔무, 1997c)이기 때문이다.

이런 의미에서 시민운동을 벌이는 시민운동단체는 단순한 시민단체와는 성격이 구별된다. 우리가 시민단체를 시민들이 다양한 목적으로 결사하여 활동하는 단체들을 총칭한다고 할 때, 그 중에는 그 활동의 주내용이 참여와 자치를 향한 경우가 있는가 하면 그렇지 않은 경우가 있다. 이때 우리는 전자의 경우에 한해서만, 순수한 의미의 운동단체, 즉 시민운동단체라 할 수 있을 것이다.

반면에 시민운동단체는 "어떤 특수한 계급, 계층, 직업종사자들의 한정된 이익을 주로 도모하는 활동"을 벌이는 '이익단체'와 달리, '시민'이라고 하는 광범위한, 그래서 불특정다수의 권익을 추구하고 대변한다는 점에서 그 성격이 다르다.[103]

시민운동단체는 또한 기본적으로 자치적인 성격을 지니는 것이기 때문에, 정부에 의해 주도되거나 주로 정부의 재정지원에 의해 조직, 운영되는 단체들, 이른바 '관변단체'와도 대조적이다. 이런 의미에서는 시민운동을 NGO(비정부기구)라고 할 수 있다. 또한 영리추구를 목적으로 하지 않는다는 의미에서 NPO(비영리기구)라고도 할 수 있다. 즉 NGO-NPO로서 두 가지 성격을 함께 가지고 있다.

그러나 시민운동단체들은 이러한 성격으로 인해 여러가지의

---

103) 물론 시민운동단체들이 추구하는 목표와 활동의 내용이 '실제로도 공익적인 것이냐' 하는 문제는 별개이다. 특히, 지역개발과 관련된 주민들의 문제제기나 요구는 특수이익을 포함하는 경우들이 많이 있다. 반면에 여성운동이나 노동, 농민운동 등에서 제기하는 문제나 요구의 많은 부분은 모두 획일적으로 특수이익이라고 할 수 없으며, 시민적 권리에 해당하는 것들도 많이 있다. 그래서 문제는 주요한 활동의 내용이 어느 쪽으로 치우쳐 있느냐 하는데에 달려있다.

제약을 받는다. 그 중 가장 큰 것이 재정적인 어려움과 그에 따른 영세성, 활동가들에 대한 저임금 지급 등등의 문제이다.

NGO가 중요한 사회문제의 해결 대안으로 자리잡기 위해서는 NGO의 자발성과 비영리성을 유지할 수 있어야 하며, 그와 동시에 활동을 위한 자원을 충분하고 안정적으로 확보 할 수 있어야 한다. 정부는 정부에 부여된 강제력을 바탕으로 활동에 필요한 인적·물적 자원을 확보하고 있으며, 기업은 이익추구 활동을 통하여 활동에 필요한 대부분의 지원을 확보한다. 하지만 NGO는 영리를 추구하지 않는 자발적인 민간조직이기 때문에 정부가 갖고 있는 강제력도 없으며 영리활동을 추구하지도 않는다. 따라서 NGO는 활동에 필요한 자원을 회비, 후원금, 기부금 등 시민의 자발적인 참여를 통하여 확보한다(김선호, 2002).

이러한 어려움으로 인해 한국의 주요한 시민운동단체들은 이미 초창기인 93년 무렵부터 정부와 영향력 있는 정치가들에게 관변단체에 대한 특별지원제도를 폐지하고 순수한 공익활동을 하는 민간단체들을 지원하도록 요구해 왔으며(유팔무, 2001b 참조), 마침내 2000년 1월12일 '비영리민간단체지원법'(법률 제6118호)이 제정되었다. 이에 따라 정부는 중앙(행정자치부)과 광역단체에 등록한 단체들에 대해 해마다 150억 원(2000년도의 경우, 행정자치부가 중앙에서 237개 사업, 175개 단체에 75억, 전국의 광역 지방자치단체들이 모두 75억 원)을 지원하고 있다(김선호, 2002).

강원도의 경우 2002년도에 91개 단체를 선정하여 총 3억 7천여만 원을 지원하였다(<부록 1> 참조).

그러나 정부의 재정지원을 받는 문제는 오랫동안 시민운동단체들 사이에서 '관변단체 시비'를 불러왔다. 이로 인해 어떤 단체들은 지원을 받지 않기로 하거나 제한적으로만 받기로 결의하기도 하였다. 그리고 많은 경우, 회원들의 회비를 중심적인 재정기반으로 삼으면서 기부금을 받거나 한정된 수익사업을 통해 단체를 운영하는 것을 불문율로 삼고 있다. 그렇지만 일반인들의 회원가입이나 기부행위가 소극적이어서 재정적인 어려움, 거기서 파생되는 영세성 문제 등은 해소되지 않고 있는 실정이다.

우리 나라는 아직 시민참여와 기부금 문화가 매우 낮은 수준에 있다. 시민들은 공공(公共)의 이익에 대한 참여의식이 빈약하다. NGO의 활동에 대하여 찬성하고 그 필요성을 인정하면서도 자신의 수입 일부를 기부하는 의식을 갖고 있지 못하다.

'함께하는 시민행동'에서 2000년 4월 24일부터 6월 19일까지 전국 5개 도시(서울, 부산, 대구, 광주, 대전)에 거주하는 만 19～59세의 남녀 2,407명을 대상으로 조사한 자료. "시민운동에 대한 참여 의향에 대한 질문"에 응답자의 41%가 '참여하고 싶지 않다.'고 응답했다. 또한 '나에게 이익이 되는지 생각해보고 결정하겠다.'에는 13.6%, '회원으로 가입하고 자원봉사도 하고 싶다.'라는 질문에는 10.5%가 응답하였다.(김선호, 2002)

2002년도 현재 행정자치부에 비영리민간단체로 등록된 단체는 2,193개 단체(중앙 265, 지방 1,928)로서 다음의 <표 2-1>과 같이 80년대 이후 설립된 단체가 전체의 88.0%로 나타나고 있으며, 90년대 이후에 설립된 단체들도 59.6%에 이르고 있다. 등록된 지역별 분포를 보면 <표 2-2>와 같이 서울지역 9.4%, 경기지역 11.0%, 인천지역 6.3%로 약 27%가 수도권 지역에 분포하고 있다. 지방에서는 경북이 9.1%, 부산이 6.7%로 다른 지역보다 상대적으로 많다. 강원도는 3.9%로 전국에서 가장 적은 수의 단체가 등록되어 있다.

한편 상근자 수가 기재된 447개 단체들 중 상근자 수가 10명 이하에 그치는 단체가 약 86%를 차지하고 있어 그 영세성을 잘 보여주고 있다(김선호, 2002).

그리고 강원도에 등록된 민간단체는 2002년 4월6일 현재 총 140개로 회원수 500인 미만의 단체가 109개(77.8%)를 차지하고 있다. 설립 시기별로는 90년대 이후가 105개로서 전체의 75%에 달한다. 그나마 전체의 절반 이상(74개)이 96년 이후에 설립되었다. 강원도내 시군별로는 전체 140개 가운데 춘천시에 38개 단체, 나머지 6개 시 지역에 75개가 분포되어 있어 모두 113개 단체(전체의 80.7%)가 시 지역에 몰려 있다. 나머지 9개 군 지역에는 27개(19.3%)가 분포하고 있다.(김선호, 2002: 강원도 홈페이지 정보게시판)

<표 2-1> 전국 비영리민간단체 설립 시기별 분포현황

구 분	계	59년 이전	60년대	70년대	80년대	90~ 95년	96년 이후
계	2,193 (100)	50 (2.3)	94 (4.3)	120 (5.4)	621 (28.3)	482 (22.0)	826 (37.7)
중 앙	265	7	9	8	22	72	147
지 방	1,928	43	5	112	599	410	679

<표 2-2> 전국 비영리민간단체 등록현황 (2000. 6. 30 현재)

계	서 울	부 산	대 구	인 천	광 주	대 전	울 산
1,928 (100%)	182 (9.4)	168 (8.7)	90 (4.7)	121 (6.3)	98 (5.1)	81 (4.2)	78 (4.0)
경 기	강 원	충 북	충 남	전 북	전 남	경 북	경 남	제 주
212 (11.0)	75 (3.9)	105 (5.4)	95 (4.9)	125 (6.5)	129 (6.7)	175 (9.1)	90 (4.7)	104 (5.4)

* <표 2-1> 은 설립시기별 분포, <표 2-2>는 등록지역별 분포이다.
* 자료 : 행정자치부, 「비영리 민간단체 현황」, 민간협력과. 김선호(2002)에서 발췌.

2. 춘천지역 시민운동의 역사

오늘날 춘천지역의 주요한 시민운동단체들로는 경실련, 환경연, YMCA, YWCA, 소비자연맹, 여성민우회, 춘천시민연대 등이 있다(이하 김원동, 1999; 유팔무/김원동, 2000 참조). 견해에 따라서는 YMCA나 YWCA와 같은 경우, 시민운동 단체라기보다는 단지 시민단체에 불과하다고 보는 시각 또 심지어는 경실련까지 포함하여 '종교단체'라고 보는 시각도 없지 않다. 그러나 단체들의 복합적인 성격 그리고 그 성격의 변화를 고려할 때, 칼로 자르듯 재단하는 것은 용이하지도 적절하지도 않다. 사회운동이 '생동하는 특성'을 지닌다는 점을 고려할 때 더욱 그러하다. 따라서 우리는 이 단체들을 모두 시민단체들로 간주하되, 운동적인 성격이 강하거나 약하다는 차이, 또 그러한 점에 있어서의 변화에 주목하고자 한다.104)

<표 3> 춘천지역의 주요 시민운동단체

단체명	창립일시	관련 전국 단체명 (창립연도)
춘천YMCA	1949.2.21	YMCA (황성기독교청년회, 1903)
춘천YWCA	1966.3.17	YWCA(1922)
한국소비자연맹 강원 춘천지회	1983.7.1	한국소비자연맹(1970)
춘천경제정의실천시민연합	1993.10.28	경제정의실천시민연합(1989)
춘천환경운동연합	1993.11.12	환경운동연합(1993)
춘천여성민우회	1999.6.4	한국여성민우회(1987)
참여와 자치를 위한 춘천시민연대	1999.9.17	참여연대(1994)

* 춘천시민연대는 참여연대의 지부가 아닌 별도의 단체이지만 운동의 성격상 참여연대와 유사한 지향성을 갖고 있다는 점에서 함께 표기함.
* 김원동(1999)에서 인용.

---

104) 이러한 복합적인 성격은 인권활동이나 사회복지활동을 적극적으로 벌이는 종교단체들의 예에서도 찾아 볼 수 있다. 이러한 경우, 이 단체들은 2중적인 성격을 지니고 있기 때문에 어느 한쪽으로 선을 갈라 구획짓는 것 역시 용이하지도 적절하지도 않다.

1) 춘천지역 시민운동의 성립

춘천에 본격적인 시민운동이 성립 성장하게 된 것은 1991년 지방자치제가 도입된 직후이면서 김영삼 문민정부가 집권한 1993년도부터이다. 춘천을 대표하는 '순수한 시민운동단체'인 경실련 춘천지부, 환경연 춘천지부는 각각 93년 10월28일, 11월12일 "합리적인 대안과 공공선의 추구", "푸른 산, 맑은 물, 깨끗한 춘천"을 기치로 내세우며 앞을 다투어 출범하였다(김원동, 1999: 177). 이 시기는 김영삼 정부가 출범하여 개혁의 바람을 일으키고 '개혁'적인 성격의 시민운동에 대해 적극적인 태도를 보임으로써 '시민운동의 붐'이 형성되고 확산되던 시기였다. 이 시기는 중앙에서 경실련(1989년 7월 창립)에 뒤이어 환경운동연합(93년4월 전국연합조직으로 창립)을 비롯한 각종의 시민운동 단체들이 속속 결성되어 활발한 활동을 전개하기 시작하였고 이러한 기운이 전국의 여러 지방으로 확산되던 시기였다.[105]

---

105) 경실련의 경우, 대전(89.12), 대구(90.6), 제주(91.2), 인천(92.10) 등의
    지역 지부들이 93년도 이전에 결성되어 활동하였으며, 춘천을 포함하
    여 안산(93.7), 수원(93.10), 안양(93.12) 등은 93년도에, 전주(94.2), 청주
    (94.4), 거제(94.11), 부천(94.11) 등은 94년도에, 안동(95.2), 하남(95.3),
    강릉(95.7), 부산(95.9), 구미(95.10), 경주(95.11), 정읍(95.12) 등은 95년
    도에 결성됨으로써 대부분 93-95년 사이에 활동을 시작하였다(김기식,
    1997; 유팔무, 2001b).
    환경연의 경우도, 목포(88.8), 마산/창원(91.12) 지역조직은 이미 그 이전
    부터 창립하여 활동했으나, 대구(93.1), 부산(93.4), 진주(93.4), 광주전남
    (93.4), 울산(93.6), 대전(93.9), 원주(93.9) 등의 지역이 93년도에 결성되
    었고, 그 뒤를 이어 전북(94.2), 청주(95.4), 서안태안(94.4), 거제(94.10),

『춘천경실련』(http://www.hellongo.org)은 '합리적인 대안과 공공선(公共善) 추구를 모토로' 창립한 이후 '춘천 시군통합의 방향과 대책'에 관한 정책토론회(94년), 국회의원 후보 초청토론회(96년, 2000년), 쓰레기 줄이기 위한 시민 대토론회(97년), 경춘선 역사이전 문제에 대한 정책토론회(97년), 시장후보 초청토론회(98년) 등 시의 행정, 의정, 선거에 시민여론에 영향을 미치는 토론회들을 개최해 왔으며, '중앙로 지하상가 건설에 관한 시민공청회'(94년), '경륜장 반대를 위한 대시민 캠페인'(94년), 공명선거 가두 캠페인(96년), '깨끗한 선거문화 정착을 위한 캠페인'(98년) 등 이와 유사한 공청회, 캠페인도 벌여 왔다(김원동, 1999: 179-81).

경실련은 이외에도 96년에는 지방의회 의원들의 활동을 관찰, 평가하는 등의 목적으로 결성된 연대활동기구인 '의정참여단'에 참여하여 활동하고[106], 쓰레기매립장 설치문제로 발생한 춘천시와 지역시민 사이의 분쟁을 중재하는 활동을 벌여 성공을 거두기도 하였다.[107]

경기북부(94.10), 인천(94.12), 충주(94.12) 등의 지역조직이 94년도에, 속초(95.9), 시흥(95.11) 등의 지역에는 95년도에 결성되었다(시민의 신문, 1997; 유팔무, 1998).

106) 춘천시민 의정참여단에는 96년4월 춘천지역사회연구소, 춘천경실련, 춘천기독교윤리실천운동, 춘천환경연, 춘천YMCA, 춘천YWCA, 전국주부교실 강원지부 등 7개 단체가 참가하여 춘천시 의정을 감시, 평가하는 활동을 벌였다.

107) 쓰레기매립장 건설문제는 시에서 선정한 후보지의 주민들의 반대에 부딪혀 어려움을 겪어 오던 중 1996년4월 춘천경실련, 춘천환경연 등의 시민단체들이 나서 이를 중재하였다. 시민단체의 건의로 시에서는 마을발전기금 30억원을 책정하여 후보지를 공모하였고, 시민단체의

그리고 2002년도에는 '춘천시민운동네트워크'에 참여하여 활동하고 있으며, 현재 지방분권화 운동을 적극 전개하고 있다.

 * 회원, 재정; 450여명의 회원으로 운영되고 있다. 회원들은 매월 1만원씩의 회비를 내고 있으며 이는 연중(年中)예산의 약 30%정도를 차지한다. 회비수입은 매월 120만원 정도이며 그래서 출판서적에 광고를 실어준다거나, 정부로부터 지원을 받는 사업비와 강의 등을 통해 부족한 재원을 조달하고 있다.(2002년 10월 상근자 인터뷰)

『춘천환경연』(http://chunchon.kfem.or.kr/)은 춘천 인근 지역의 환경을 조사 연구하고, 지속적으로 개선해 감으로써 시민의 삶을 보다 쾌적하고 풍요롭게 가꾸어 나가기 위한 제반 활동과 사업을 추진하고자 하는 것을 목적으로 설립되었다. 그리하여 '시민환경학교' 개설, 운영(94년, 96년), '청소년 환경수련학교' 개설, 운영(94년, 97년, 98년), 춘천환경보전 시민헌장선포(94년), '소양강 맑은 물 지키기 운동본부' 설치, 운영(96년), 금병산 생태기행(95년), 환경음악회 개최(95년, 96년, 97년), 환경문제 관련 심포지엄 및 토론회(95년, 96년, 97년, 98년), 대기오염 측정(94), 강촌유원지 일대에서 벌인 국토대청결운동(97), 야생조류 모이주기(98년), 구곡폭포/등선폭포 자연정화 활동(98년) 등의 사업을 통해 주로 환경과 관련된 의식교육, 캠

중재로 7개월간의 난항 끝에 혈동리 주민들과 춘천시 간에 합의서가 조인됨으로써 매립지로 최종 타결되었다.(김원동, 1999)

페인, 환경개선활동을 벌여 환경문제와 관련된 '전문적인 시민운동'을 해왔다(김원동, 1999: 185-6). 이 밖에도 '공지천 복개 반대' 성명발표(96년)라든지, 의정참여단 참여(96년도), 공선협 참여(97년), 쓰레기문제 해결을 위한 시민운동협의회에 참여(98년), 한강상수원 수질관리 특별대책안에 대한 토론회 개최(98년) 등 참여자치적 운동을 하였는데, 이 경우는 다른 단체들과 함께 한 연대사업인 경우가 대부분이었다.

그리고 2001년도에는 '경춘선 복선전철 시내구간 전철화대책위'에 참여하여 서명운동 등을 전개하였으며, '춘천환경감시단'을 발족시켰다. 연대기구인 '우리 땅 미군기지 되찾기 춘천시민모임', '춘천시민운농네트워크', '건강한 학교급식을 위한 춘천시민모임'에 참여하여 활동하였다.

* 회원, 재정; P씨에 의하면, 1999년 현재 회원 숫자는 대략 400명 정도다. 월 회비는 일반회원 5천원 이상, 단체회원 3만원 이상, 가족회원 1만원 이상, 청소년회원 2천원 이상(춘천환경운동연합, 1999)인데, 회비를 내는 회원들은 대부분 5천원을 납부하고 있다. 98년의 경우(기준 기간 : 1997년 12월 1일~1998년 10월 30일) 전체 예산 중 회비의 비중은 약 23%였다(춘천환경운동연합, 1998; 김원동, 1999)

2) 시민단체의 운동단체화

춘천지역의 시민운동은 앞서 언급한 바와 같이 1990년대 초 전국적-거시적인 수준에서 '정치지형'이 변화하고, 정치민주화가 본격적으로 진행되는 상황 속에서, 또 다른 한편으로는 중앙에서 비롯된 '시민운동의 붐'의 여파로 성립, 성장하게 되었다. 이와 같은 '운동적 분위기'의 확산은 단지 중앙-지방 사이의 지역간 상호작용과 네트워크를 통해 지역지부 성격의 단체들을 만들어 냈을 뿐 아니라 운동적인 성격이 약하던 '시민단체'를 운동단체화하는 영향도 주었다.[108] 이 과정에서는 특히 지역 내 단체들 사이의 경쟁과 협력(특히 연대사업)이 강력한 촉진제로 작용하였다. 그리고 이를 통해—주로 경실련과의 경쟁-협력 관계를 통해—운동적 성격을 가장 많이 획득한 시민단체는 YMCA였다.

『춘천YMCA』(기독교청년회: http://www.iloveymca.com)는 1949년 2월21일 창립되어 이미 그 역사가 50년을 넘고 있으

---

108) '진정한 의미의 시민운동'이 언제부터 생겼느냐는데 대해서는 이견이 있다. 역사가 오래된 단체들의 경우는 90년대 이전부터 이미 시민운동이 있었다는 견해를 취하는 경우들이 있으며, 저자처럼 80년대 말 90년대 초, 그리고 춘천에서는 93년 무렵부터 본격적인 시민운동이 시작되었다고 보는 견해가 있다.

　예컨대 변지량(1997: 658)은 다음처럼 말하고 있다. "강원도 시민사회에 있어서 시민운동이라고 하는 것은, 생소하고 척박한 토양 속에서 YMCA, YWCA정도가 전개한 정도였지만, 진정한 시민운동으로서의 역할의 시작은 경실련의 출범 이후로 보고 있다."

　김종경(1999) 또한 다음처럼 서술하고 있다. "그러나 지역시민단체의 활동이 시민운동으로서의 모양새를 갖추고 본격적인 활동을 전개하게 된 것은 1993년 우루과이라운드 협상 타결과 곧이은 1995년 민선자치 시대의 개막과 더불어 시작되었다. 지역사회내에 본격적인 시민운동의 시대가 열리기 시작한 것이고 그 배경은 다음과 같았다."

나 그 동안 선교와 의식계몽, 교양교육, 친목, 오락 등의 활동을 위주로 해 온 종교적 친목단체의 성격을 강하게 지녔기 때문에 설사 시민운동적인 요소를 부분적으로 포함하고는 있었다고 하나, 순수한 시민운동단체로 인식되지는 않았다. 그러다가 90년대 초, 중반 경실련과 환경운동 등 소위 '시민운동의 붐'이 이루어지면서 이에 자극을 받아 96년 무렵부터는 지역차원의 시민운동적 사업을 시작하였다.

  YMCA는 90년대 초반까지 양담배 불매운동, 공선협활동 등 시민운동적 사업도 부분적으로 전개했으나 대부분 전국적인 수준에서 이루어지는 형태의 것들이었다. 그러다가 96년4월에 결성된 '춘천시 의성참여단'에 참여해 활동함으로써 지역적인 운동사업을 시작하였다. 그리고 97년부터는 자체적으로 시민운동사업부를 두는 한편 경실련, 춘천지역사회연구소 등과 함께 '춘천포럼'을 공동으로 조직, 운영하면서부터 시민운동사업을 본격화하였다. 이 포럼은 교수 등의 전문가들을 포함하는 정례적인 토론 모임으로서 행정, 의정 담당자들과의 의견교환, 시민단체들의 정책제안, 시민여론의 조성 등을 도모하는 활동을 하였다. 97년에 '춘천지역발전의 방향과 전략' 등 5회, 98년에 '민선자치시대 이렇게 열어야 한다' 등 12회를 공동으로 개최하였다. 이와 함께 98년에는 보행환경 개선과 보행권 조례제정을 위한 토론회, 제2건국운동과 새로운 지역만들기 토론회 등의 토론회와 교통, 음식물 쓰레기처리 등과 관련된 생활환경 실태조사를 실시하였고, '실업극복을 위한 시민운동협의회'[109]를 구성, 정

---

109) 이 협의회에는 춘천YMCA, 춘천YWCA, 소비자연맹 춘천지회, 춘천

부가 지원하는 관련 사업들을 연대사업으로 진행하였다(김원동, 1999; 춘천YMCA, 1999). 2000년 상반기에는 춘천총선연대에 참여해 활동하였으며, 2001년부터는 '춘천시민운동네트워크'에 참여하고 있다.

 * 회원, 재정; 약 400여명의 회원수를 보유하고 있으며, 이들은 3천원 이상의 회비를 내고 있다. 일반적으로 대학생들은 1만원, 일반인들은 2~3만원을 회비로 내고 있다. 회비가 예산에서 차지하는 비중은 약 10%가량이다. 그러나 행정자치부나 지방자치단체로부터 재정적인 지원을 받고 있지 않다. 자체적으로 운영하는 수영장 이용료와 아기스포츠단(유치원의 일종)을 통해 부족한 재원을 조달하고 있다. 또한 회원들에게 수영장 무료 이용 등을 혜택을 주는 등 회원확충에 힘쓰고 있다(2002년 10월 상근자 인터뷰).

『춘천YWCA』(여성기독교청년회)는 1966년 3월17일 각 교회의 여성대표들을 중심으로 창립한 이래로 선교활동, 지역사회 봉사활동, 농촌부녀자 생활교육, 여성복지활동, 소비자교육, 밝은 가정/바른 사회 캠페인 등의 사업을 주로 전개해 왔다. 98년의 경우도 건전한 청소년 육성(봉사활동, 클럽활동, 놀이마당, 유해환경감시활동 등), 기혼여성 직업교육(간병인, 파출부, 산간인 등), 맞벌

경실련, 춘천환경연, 한국노총 춘천지부, 민주노총 춘천지역협의회, 강원 노인복지회, 춘천 지역사회선교협의회, NCC 춘천인권위원회, 21세기 복지사회경제연구원, 춘천 기윤실 등 12개 단체가 참가하였다.

이가정의 유아보육을 위한 어린이집운영, '일하는 여성의 집'(노동부지원사업)을 개관, 운영하였다(김원동, 1999: 196-7).

95년도에는 공선협, 96년도에는 의정참여단에 참여해서 활동하는 등 지역적인 운동적 연대사업을 벌이기 시작하였고, 98년부터는 실업극복 시민운동협의회에 참여해서 활동하였다. 또, 99년5월에는 춘천YMCA, 소비자연맹과 함께 『춘천의료원』 매각문제에 대해 공동성명을 발표한 바 있고, 2000년 상반기에는 춘천총선연대에 참여, 활동하였다.

2001년도에는 '아나바다 나눔터 상설매장'을 운영하였고, 취업예정자 및 미취업 여성 정보화 교육, 지역 여대생들의 직업선초와 자기 개발욕구에 따른 취업률 향상 방안 모색 등의 여성발전기금 보조사업을 수행하였다. 그리고 '춘천시민운동네트워크'에 참여하여 활동하고 있다.

 * 회원, 재정; 약 2000명의 회원을 보유하고 있다. 『춘천YMCA』와 같이 회비를 크게 3분류로 나누어 받고 있다. 중·고등학생은 5천원 이상, 대학생은 1만원 이상, 일반인은 2만원 이상의 연회비를 내고 있다. 이들이 내는 회비는 연중예산의 20% 정도를 차지하고 있으며 나머지는 임대사업과 정부로부터 지원받는 사업비 등으로 부족한 재정을 충당하고 있다.

또한 '춘천 YWCA'는 정부로부터 지원을 받아 직업사업을 시행하고 있다. 직업사업을 통해서는 일반시민들에게 파출부 및 기타 가사에 도움이 되는 여성인력들을 교육시키고, 소개시켜주고 있다. 이들을 일반시민들이 고용하고자 할 경우에는 일정한 정도의 소개비를 주어야 한다. 그러나 회원으로 가입하고 연회비 2만원을 납부하였을 경우 소개비없이 주선해 주고 있다. 이런 제도는 새로운 회원을 확보하는데 매우 유용한 방법이 되고 있다(2002년 10월 인터뷰).

『한국소비자연맹 강원 춘천지회』는 중앙본부 산하 7개 지회의 하나로 1983년7월1일 창립하여 비교적 오랜 역사를 지녔다. 소비자연맹은 그 동안 소비자교육, 조사사업, 토론회, 캠페인 등의 사업을 중심으로 활동해 왔다. 그리하여 94년에는 소비자교육, 공산품 가격비교조사, 통합공과금 납부 관련한 의식조사, 95년에는 합리적인 소비생활, 자원절약을 주제로 한 교육, 검정콩 원산지 표시 실태조사 및 실량 검사, 의료사고 및 의료분쟁 관련 토론회, 에너지절약을 위한 토론회, 음식물 찌꺼기 줄이기 환경 캠페인 등의 활동을 벌였다. 96년부터 98년 사이에도 합리적이고 건전한 소비생활을 중심으로 한 소비자교육 프로그램을 운영했으며, 에너지소비 및 자원절약, 재활용 관련 조사활동과 캠페인을 벌였다. 96년에는 '물가감시단'을 발족시키고 소비자결의 대회를 개최하였으며, 98년에도 YMCA와 함께 물가감시단을 구성, 활동하였다(김원동, 1999). 99년5월에는 춘천YMCA, YWCA 와 함께 춘천의료원 매각문제에 대해 공동성명을 발표하고, 2000년 상반기에는 총선연대사업에 참여, 활동하는 등 운동적 연대사업을 해 오고 있다. 그리고 2001년부터는 '우리 땅 미군기지 되찾기 춘천시민모임', '춘천시민운동네트워크'에 참여하여 활동하고 있다.

　*회원, 재정; 약 350명의 회원을 보유하고 있으며, 각 회원들은 연회비로 2만원씩을 내고 있다. 이들이 내는 회비는 전체예산 중 10%를 차지하고 있다. 그러나 춘천지역의 다른 시민단체와는 다르게『한국소비자연맹 서울지회』로부터 전체예산의 약 30~40% 달하는 금액을 지원받고 있다. 나머지는 다른 활동을 하면서 받는 교통비 등 기타 지원비와 원고료·강의료로 재정적인 문제를 해결하고 있다(2002년 10월 상근자 인터뷰).

3) 1990년내 후반 새로운 단체들의 출현과 연대

　춘천지역의 시민운동은 크게 두 가지 조건들에 의해 영향을 받으며 성립, 변화해 왔다. 하나는 거시적-외적 조건이라 할 수 있는 것으로서 전반적인 한국사회의 정치적 민주화 추세와 지방자치제의 실시, 그리고 수도권을 중심으로 한 시민운동의 활성화 등이다. 다른 하나는 미시적-내적 조건이라 할 수 있는 것으로서 지역사회의 사회단체와 시민운동단체들 사이의 상호작용과 연대활동이다. 비교적 운동적 여건이 취약한 춘천 지역사회에서는 작지만, 새로운 성격의 운동단체가 생겨 활동하는 것은 기존의 시민단체들에게 자극도 주고 힘도 주는 것으로 작용했고, 새로 생겨난 시민운동단체들의 경우도 혼자 힘으로는 부족한 부분을 다른 단체와의 연대를 통해 힘을 모으려는 경향이 많았다. 그러나 그럼에도 불구하고 춘천의 시민운동은 지역사회를 좌우할 만큼 크게 성장하거나 활성화되지 못한 상태에 있다.

시민들의 인지도[110])나 참여정도, 긍정적 평가도 낮은 수준에
속해 시민운동단체들은 대부분 재정난과 시민참여 부족에 커다
란 어려움을 겪고 있다(김원동, 1999). 시민들의 참여부족은 시
민단체의 재정난과 인력난을 통해서 뿐 아니라 시민단체들이 주
관하는 토론회, 공청회 등 각종 행사에 소위 순수한 일반 시민들
이 참여하는 경우가 적다는 점, 그래서 관계자나 활동가들만이
모이는 자리처럼 되어 버리는 모습에서도 나타난다.

이런 현상, 즉 시민들의 관심부족과 참여부족, 또 그런 여건
속에서 이루어지는 시민운동은 언론을 통해 시민운동단체의 활
동과 주장을 홍보하는데 의존하는 경향을 빚어냈으며, 시민운동
의 활동상이나 영향력은 다시 이를 통해 과장되는 효과도 생겨
나게 되었다. 이것이 바로 '시민없는 시민운동', '소수 활동가,
엘리트에 의한 시민운동'이라는 현상이며, 이것은 춘천 지역의
경우, 여실히 들어맞는 이야기가 아닐 수 없다.

다른 한편, 춘천 지역의 시민운동은 춘천이라는 도시가 분단경
험에서 비롯된 반공—보수적인 이데올로기 지형이 형성되어 있
는 점, 행정 수부도시로서 공무원 수가 많고 이로 인한 관료적
권위주의 풍조가 비교적 강하게 유지되는 점, 그러면서도 비산
업적인 소규모 도시지역으로서 공동체적 성격과 연고주의가 강
하여 이른 바 '전근대적 전통성'이 강한 점(한림대 사회조사연구
소/춘천문화방송, 1999: 143 이하, 198-211) 등 몇 가지의

---

110) 서울의 경우도 시민운동에 대한 시민들의 인지도는 그다지 높은
편이 아니었다. 참여연대의 회보인 『참여사회』(99년1월호)가 서울 시
민 400명을 상대로 한 여론조사에 의하면, "시민운동에 대해 잘 안다."
고 답한 경우는 42.9%였다.

지역적 특성으로 인해 시민운동이 지니는 '참여와 자치를 위한 운동'으로서의 성격은 시간이 흐르면서 점차 왜곡되거나 퇴색해가는 경향을 보이기도 하고 있다.111)

'지역 시민운동의 탈정치화'라고 부를 수 있는 이러한 경향은 지역사회 일각에 비판적인 흐름을 불러일으키기도 하였다.112) 그 결과, 98, 99년을 거치면서 '새로운, 제대로 된 시민운동'을 추구하는 소모임들이 결성되기 시작하였고, 그 대표적인 예가 『춘천여성민우회』와 『참여와 자치를 위한 춘천 시민연대』이다.

『춘천여성민우회』(http://www.womenlink.or.kr,cafe.daum, net/womlink)는 99년 6월4일 '마침내 모든 여성이 인간답게 살 수 있는 진정한 민주주의 그날이 올 때까지' '열린 마음으로 함께 참여하는 생활 속의 여성운동'을 전개할 것을 표방하며 출범했다.

---

111) 시민운동은 여러 가지 점에서 '근대적'인 성격의 운동이라 할 수 있다. 그 중 가장 두드러진 특성은 '무사성(無私性)'이라고 할 수 있는 것으로서, 다른 인간들을 대할 때, 판단과 행동이 신분이나 연고, 사적인 친근감 같은 것에 의해 좌우되지 않고, 보편적인 조건이나 업적성을 기준으로 삼는 특징이 있다. 이와 같은 근대성은 마치 선거에서 후보의 능력이나 정책을 보고 투표하는 행위와 같이, 시민으로서의 활동, 그리고 시민운동 활동가로서의 활동에서 중요한 기준이 된다. 연고주의나 공동체적 성격이 강한 마을 같은 곳에서는 그러한 근대적 무사성을 지키는데 어려움이 많이 따르며, '공사(公私)'가 상충하는 경우, 시민 혹은 시민운동 활동가의 판단과 행동이 왜곡될 가능성이 커진다.

112) '시민운동의 탈정치화' 경향에 대한 비판적 흐름은 김대중 정부 출범과 IMF 사태를 계기로 생겨난 정부의 시민운동 지원과 제2건국운동 등에 대해 지역의 다수 시민운동단체들이 적극적으로 참여하는 경향 (실업극복운동 협의회구성 및 활동, 제2건국운동에 대한지지 및 위원회에의 참여)을 보인 점이 계기를 이룬 것으로 보인다.

춘천여성민우회는 회원을 비롯한 지역 여성들을 상대로 '잃어버린 나를 찾아서─가정과 사회 속에서 자아정체성을 찾기', 호주제 폐지, 여성학, 지역여성운동과 민우회, 여성노동자의 현실과 과제 등과 같은 주제의 강연개최를 통해 여성의 정체성 확립과 성차별적 사회구조에 대한 인식을 제고하려 노력해 왔다. 또한 언론 모니터교육을 실시하고 미디어감시단을 발족함으로써 '시청자주권확립을 위한 지역시청자 운동'을 벌였다. 월1회의 '수다카페 가는 날'을 운영함으로써 여성토론문화의 활성화를 도모하고 있으며, 춘천총선연대, 춘천시의 지방의제21 제정, 환경포럼 등을 다른 시민운동단체들과 연대사업으로 펼쳐왔다.

2000년 5월에는 여성민우회 부설 여성노동상담소를 개설하여 지역내 여성노동운동의 활성화에 관심[113]을 기울이고 있다 (유팔무/김원동, 2000). 2001년부터는 '춘천시민운동네트워크'와 시정평가단에 참여하여 여성관련 시 예산 분석·평가 등의 활동을 하고 있으며, '건강한 학교급식을 위한 춘천시민모임'에 참여하고 있다.

 * 회원, 재정; 2002년 현재 약 150명의 회원을 보유하고 있으며, 회비납부는 정회원 월1만원과 평생회원 1백만원이며, 재정 후원을 하는 후원회원을 두고 있다.

---

113) 2000년 5월 18일부터 7월 28일까지의 집계에 의하면, 여성노동상담소에서는 퇴직금, 월급, 법정수당, 폭언, 결혼퇴직 강요, 성희롱, 실업급여 등의 문제에 관한 전화상담과 내방상담이 17건에 이르고 있다(춘천여성민우회, 2000a).

4) 춘천시민연대 3년과 지역운동 연대

『춘천시민연대』(http://www.jinbochunchon.org/)는 99년 9월17일 "시민 있는 시민운동", 그리고 "주민자치와 참여의 활성화, 춘천시민의 삶의 질 향상"을 기치로 내세우고 출범하였다(춘천시민연대, 1999a). 99년 창립기념토론회와 2회의 회원강좌를 개최한 이래, 2000년에는 춘천시장 업무추진비 내역공개 요구, 공명선거 및 부적격자 낙천, 낙선을 위한 춘천총선연대 활동, 제1회 참여자치시민강좌(주제: 시민운동. 총 8회) 개설, 춘천시 주민감사청구조례 제정을 위한 공청회 개최, 국민기초생활보장법 관련 워크숍 및 토론회 개최 등의 활동을 벌었다.

또한 2000년 6월 이후부터는 미군기지대책위원회를 구성하여 캠프페이지에 대한 춘천시민 의식조사, 미군부대 하수오염실태조사, 미군기지 현안해결 위한 토론회를 개최하였으며, 2001년에는 근화초교 피해조사, 미군부대 앞 1인 시위 참가, 근화동 주민 청력상태 조사 등의 활동을 벌었다. 또한 춘천지역 연대기구인 '우리땅 미군기지 되찾기 춘천시민모임'을 결성(2001년 7월)하여 주도적으로 활동하였으며, 이로 인해 2002년3월29일 한미 연합토지관리(LPP)협정을 통해 춘천지역의 미군부대도 2010년까지 반환, 이전하도록 결정(중앙일보, 2002년3월30일자)하게 되는 데에 상당 부분 기여한 것으로 평가받고 있다

지방자치위원회에서는 춘천시장, 강원도지사 업무추진비 정보 공개청구 및 분석 후, 평가의견발표, 춘천시와 강원도 예산안 분석 및 결과발표, 각종 조례제정 관련된 사업 등을 전개하였다. 2001년 6월부터는 춘천지역내 시민단체들의 연대기구인 '춘천

시민운동 네트워크' 결성에 참여하여, 시정평가단 활동(참여단체들 공동의 시 예산 분석, 평가작업 등)에 적극 나서고 있다. 또한, 그 연장선상에서 2002년 여름 지방선거에 즈음해서는 '춘천개혁의제 – 2002년 업그레이드 춘천'을 참여단체들과 분업, 협업을 통해 작성, 발표하기도 하였다(부록 2 참조). 이 외에도 2001년 4월에는 강원지역내 시민운동단체들의 연대기구인 '도정감시 강원연대'를 발족시키는데 주도적으로 참여하여 활동하였으며, 2000년 6월부터는 전국적인 연대기구인 '판공비 공개운동 전국네트워크'에 강원도 간사단체로 참여하고 있으며, 전국연대기구인 '참여자치지역운동연대'에도 적극 참여하고 있다.

한편, 분과모임인 '작은 권리 찾는 사람들'에서는 춘천시내의 자전거 도로 실태조사 및 자전거백서를 발간하는 등의 활동을 하였으며, '학교건강급식을 위한 춘천시민모임'에도 적극 참여하고 있다.

춘천시민연대의 이러한 활동들은 지역의 시민운동단체에 대해 새로운 자극제로 작용한 것으로 보인다. 특히 행정, 의정 관련 감시, 평가, 제안 활동들, 또 이것과 관련된 춘천지역내 연대활동, 강원지역 차원의 연대활동, 그리고 전국적인 수준에서의 지역운동단체간 연대사업 등이 그러하다.

* 회원, 재정; 99년 9월17일 73명의 창립회원으로 출범하여 2000년 9월1일에는 97명, 2001년 1월31일에는 141명, 2002년 4월25일에는 238명으로 늘어났으나, 회비를 장기 미납한 회원들을 회적에서 정리하여 2002년 10월31일 현재 203명이 되

었다.

'시민연대'는 창립당시부터 정부로부터 지원을 받지 않는 것을 원칙으로 하고 있기 때문에 전체예산의 90%가량을 회비로 충당하고 있다. 회원들은 매달 5천원 이상을 내고 있으며, 회비수입은 한 달에 약 130만원 정도(연회비 제외)이며, 회원들의 회비 납부율은 65%~70%에 달한다.

* 춘천시민연대가 참여하고 있는 연대기구들

(1) '우리땅 미군기지 되찾기 춘천시민모임'
 - 2001년 7월4일 발족. '캠프페이지 반환', 불평등한 SOFA 개정이 주 목표.
 - 참가단체: 춘천민주사회단체협의회, 민주노총 춘천시 협의회, 소비자연맹, 환경련, 춘천YMCA, 여성민우회, 춘천시민연대, 춘천 홍천 생명의 숲 가꾸기 국민운동 본부
(2) 춘천시민운동 네트워크
 - 2001년 6월 결성
 - 참가단체 : 춘천시민연대 외에 가정법률상담소, 나눔의 집, 춘천 YWCA, YMCA, 춘천여성민우회, 소비자연맹, 춘천환경련, 경실련
(3) 건강한 학교 급식을 위한 춘천시민모임
 - 2002년 6월 결성
 - 참가단체 : 춘천생활협동조합, 춘천여성민우회, 춘천환경운동연합, 전교조 춘천화천지회, 춘천시민연대

（4）도정감시 강원연대
  – 2001년 4월 결성
  – 참가단체 : 춘천시민연대, 원주참여자치시민센터, 강릉경실련,
    속초경실련, 횡성참여자치군민연대
（5）참여자치지역운동연대
  – 참가단체 : 참여연대, 부산참여자치시민연대, 대구참여연대 등
    15개 단체
（6）미군기지반환운동연대
（7）예산감시네트워크
（8）판공비 공개운동 전국네트워크

3. 춘천지역 시민운동 ― 몇 가지 평가와 과제

앞서 본 바와 같이 춘천지역의 주요한 시민운동단체들은 다양
한 영역에서 활발히 활동하고 있으며, 21세기로 넘어오면서 단
체들끼리 상부상조하는 연대의 구조가 형성되고 있다. 또한 예
산감시, 조례제정 등 이른 바 권력감시운동도 자리를 잡아가고
있다.

그러나 아직도 춘천지역의 시민운동단체들은 재정의 면에서나
단체규모나 활동의 측면에서는 영세성을 면치 못하고 있다.

지역의 주요단체들 상근자들을 인터뷰한 김선호(2002)의 말
을 빌면, 다음과 같다.

   춘천지역 NGO들의 경우, 활동에 가장 중심적인 역할을 담당

하는 상근자의 수가 2~3명뿐 이었으며, 이들에 대한 급여는 50만원 정도였다. 상근자들의 연령층은 30대로서 한창 가정을 꾸리고 왕성한 경제활동을 통해 자신의 계발에 매진해야할 사람들에게 참으로 적은 월급이 아닐 수 없다. 결국 이와 같은 적은 급여는 NGO들의 재정적인 열악함에서 나오는 것이며, 상근자들의 활동에 많은 제약을 주는 요인으로 손꼽히고 있다. NGO들의 대부분은 회원들로부터 월 1만원정도의 회비를 받고 있었으나, 회비를 매달 내는 회원보다는 그렇지 않은 회원이 많았으며 전체예산 중 회비와 후원금이 차지하는 비중은 전체의 35%정도였다. 결국 나머지는 프로젝트 사업을 통하여 충당하고 있었다.

재성운영의 측면에서 보면, 회원들의 회비를 기본으로 움직이는 단체는 거의 없었다. 대부분의 단체들은 회비 의존비가 30%를 넘지 못하고 있으며, 춘천시민연대만 재정의 90% 가량을 회비로 운영하고 있다. 시민연대의 경우, 그나마 회비수입은 월평균 130~150만원에 불과하여, 상근자(2명) 급여와 사무실 임대료, 약간의 경상비와 사업비를 충당하기에도 힘겨운 실정이다.

그래서 결국은 시민단체의 전반적인 활동은 2~3명의 소수 상근자들을 중심으로, 또한 일부 임원들과 활동적인 회원들 몇 명에 의존하고 있어, 활동의 규모나 질이 취약하게 되고 자치단체나 언론기관 등 외부에 대한 의존성이 큰 비중을 차지 할 수밖에 없다.(부록 1 강원도 2002년 민간단체 선정결과 참조.)

그러나 정부에 대한 의존성은 어느 정도 시민운동의 '자율성-관변성 시비'를 수반할 수밖에 없으며, 언론기관에의 의존성은 언론감시운동을 불가능하게 만들거나 약화시킬 수밖에 없다.

결국, 시민운동단체들이 자신들의 활동을 더욱 자율적으로, 또 더욱 내실있게 해 나가기 위해서는 재정조달을 건실화하면서 확대해 나가야 한다. 그리고 많은 단체들이 그러하듯이 회원확보에 '혼신의 힘'을 기울일 수밖에 없다. 그러나 물론 무조건적인 '백화점식 사업방식'은 해법이 아니며, 사업의 범위를 한정하여 전문성을 늘리고 내실을 기해 나가는 방향으로 가야 할 것이다.

『춘천시민연대』의 경우, 다른 단체들과 비교할 때 두드러진 특징은 '독립성'과 '연대성'인 것으로 보인다. 시민연대는 중앙 어느 단체의 지역 지부도 아니고, 지난 3년 동안 회비중심 운영원칙을 강하게 유지해 오고 있다. 그리고 그에 따르는 여러 가지 취약성을 내부적으로는 상근자들과 열성회원들의 희생정신과 꿋꿋한 자세, 성의, 단합 등으로 보완하고 있으나, 무엇보다도 대외적인 연대활동을 통해 보완하고 있다.

우리는 이런 일들이 '잘한 일'이라고 평가하고 싶다. 춘천시민연대는 '독립성'을 바탕으로 다른 단체들이 소극적이던 미군부대사업, 권력감시활동을 전개할 수 있었으며, 능력에 넘치는 다양한 연대사업들을 해낼 수 있었다. 춘천지역내 민중단체들과의 연대라든가, 강원도 내의 다른 지역단체들과의 연대는 시민연대의 개성과 특성을 잘 보여준 일이라고 평할 수 있을 것이다.

물론 '못한 일'도 여러 가지로 많다. 초창기에 기획했던 여러 가지 사업들이 역부족인 상황 때문에 실패로 끝났다. 그래서 시민강좌 및 회원프로그램, 언론감시활동, 주민자치센터, 교육개혁운동, 삶의 질 향상운동 등과 같은 여러 사업들의 추진은 아직 엄두를 못내고 있다. 가장 힘겨운 일은 '회원들이 적극적으로 참여하는 구조'를 만들어 내는 일이었는데, 이 또한 성공하지 못했다. 따라서 이것은 향후의 중요한 과제로 아직 남아 있다.

그럼에도 불구하고, 『춘천시민연대』는 그 독자성과 강점이 있다. 특히, 박봉에 시달리면서도 긴 안목과 흔들리지 않는 자세로 시민운동을 일구어 나가는 상근자들(유정배, 유성철)과 사심없이 헌신적으로 단체활동에 기여하는 대다수의 임원들(김홍영, 이춘실, 김원동, 권오덕, 이정열 외)과 일부의 열성회원 - 그들이 있기에 시민연대는 그동안 못한 일, 지금보다 더 좋고 많은 일, 그런 일늘을 해낼 수 있을 것이다.

부록 1

2002 민간단체지원사업 심사·선정결과

[강원도]

□ 사업개요

　○ 사업기간 : 2002. 4. 1~12. 31

　○ 총사업비 : 370,045천 원

□ 신청서 접수현황(2.1~3.20, 공문) : 99개 단체 99개 사업

　777백만 원

□ 선정주관 : 공익사업선정위원회(위원장 : 김종식)

　- 지원결정 : 91개 단체 91개 사업

　- 선정제외 : 8개 단체(후보사업 6, 선정제외 2)

　- 지원 상한액 : 1단체(사업)당 1천만 원

□ 선정결과

사업 유형별

(단위 : 천원)

사 업 유 형 별	신청규모		사업선정 및 금액결정(안)			비고
	사업수	금액	단체수	사업수	금액	(%)
①국민화합	12	89,911	11	11	49,200	13.3
②문화시민운동	7	59,695	7	7	32,500	8.8
③투명사회만들기	3	27,400	3	3	15,300	4.1
④자원봉사·안전문화	14	118,708	13	13	60,645	16.4
⑤인권·여성·청소년 권익신장	13	82,984	13	13	49,900	13.5
⑥자원절약·환경보전	35	252,983	29	29	105,700	28.6
⑦NGO기반구축·국제교류	1	9,000	1	1	4,200	1.1
⑩ 시민참여확대	14	136,014	14	14	52,600	14.2
계	99	776,695	91	91	370,045	100

2002 비영리민간단체지원사업
단체(사업)별 지원금액 결정내역

```
(범 례)
①유형 : 국민화합 ②유형 : 문화시민운동
③유형 : 투명사회만들기 ④유형 : 자원봉사·안전문화
⑤유형 : 인권·여성·청소년 권익신장
⑥유형 : 자원절약·환경보전
⑦유형 : NGO기반구축·국제교류
⑧유형 : 시민참여확대
```

(단위 : 천원)

유형	번호	단 체 명	대표자	사 업 명	보 조 결정액
계		91개 단체		91개 사업	370,045
①	1	국민화합운동 강원도연합	백태열	국민화합운동, 한민족서로돕기운동	3,000
①	2	민족통일강릉시협의회	조광남	안보정세설명회 및 국민화합 한마음대회	3,400
①	3	민족통일강원도협의회	배선문	남북강원의 교류협력방안 토론회	3,800
①	4	민족통일평창군협의회	김건하	국민화합 군민촉진대회	3,400
①	5	밝고 힘찬나라운동 속초지회	윤중국	국민대통합 시국강연회	3,800
①	6	새마을운동강원도지부	이상준	이웃사랑실천 김장나누기운동	10,000
①	7	새마을운동중앙회 동해시지회	신승열	사랑의 김장나누기운동	4,500

①	8	새마을운동중앙회 춘천시지회	정태섭	이웃사랑 실천운동	5,100
①	9	새마을운동중앙회 태백시지회	김호철	이웃사랑 김장나누기 실천운동	4,700
②	5	은빛큰사랑봉사회	홍돈하	은빛사랑 문화교실	3,300
②	6	춘천여성응접실	천희숙	여성 문화교실 운영	3,300
②	7	한국민족예술인총연합 강원지회	엄상빈	시민문화감리단 조직 및 교육	1,900
③	1	속초·고성·양양 반부패국민연대	임덕수	CLEAN-SORAK 2002 맑은사회 만들기 한마당	2,400
③	2	춘천경제정의실천 시민연합	김종식	어린이 바른경제학교	10,000
③	3	한국교통시민협회속초 지부	김용만	뺑소니사고 없는 속초 만들기 운동	2,900
④	1	(사)강원노인복지회	고제국	찾아 가는 노인상담 서 비스를 통한 알찬노후 생활 만들기	2,000
④	2	강릉문화복지봉사단	서성윤	2002 지역문화 활성화 운동	4,300
④	3	강릉시 종합 자원봉사센터	김홍규	자원봉사 길거리 홍보전	5,000
④	4	강원도 자원봉사 센터협의회	서성윤	청소년자원봉사 중국체험 캠프	5,000
④	5	동해시 자율방범연합회	김진엽	야간방범 순찰활동	3,300
④	6	베트남참전전우기념 사업회 강원도회	변장수	지역사회 발전을 위한 자원봉사 활동	7,500
④	7	베트남참전전우회 춘천시지회	연정규	지역사회 봉사활동	3,400
④	8	새마을운동중앙회 인제군지회	홍방래	2002이웃사랑나누기 실천운동	5,400
④	9	설악산산악구조대	전서화	산악 구조사업	6,145
④	10	원주YMCA	한용표	어린이에게 안전한 교 통문화 만들기	5,700

④	11	춘천YMCA	김종경	풀뿌리 자원봉사 활성화와 1% 나눔운동	5,300
④	12	한국아마추어무선연맹 강원지부	장병학	강원도 각종행사 홍보 및 재난통신 지원	4,300
④	13	해병대전우회 철원군지회	김형국	지역사회 하계자원봉사 및 안전문화활동	3,300
⑤	1	강릉지역사회교육 협의회	조현묵	청소년의 정체성 확립을 위한 인성교육 프로그램	3,100
⑤	2	강릉YWCA	조옥순	따뜻한 학교 만들기	2,300
①	10	춘천YWCA	신경자	여성평화지도자과정	4,500
①	11	화백회	황두영	화백정신 계승발전 및 안보계몽사업	3,000
②	1	(사)21세기정책연구소	김정삼	문화재 지킴이 시민운동	2,400
②	2	강원도여성단체협의회	정선자	여성의 힘으로 미래를 바꾸자	5,800
②	3	바르게살기운동강원도 협의회	안태석	친절·질서·청결운동	10,000
②	4	원주지역사회교육협의 회	박경숙	바른 마음가짐, 바른 몸가짐으로 생활 개혁	5,800
⑧	2	민족통일양양군협의회	노좌현	통일기원대회 및 안보 강연회	2,000
⑧	3	바른선거실천 춘천시민모임	송홍식	올바른 선거문화 확립을 위한 시민계도 홍보	3,000
⑧	4	사랑의장기기증운동 강원지역본부	안형순	장기기증운동 활성화를 위한 도민의식 개혁사업	4,500
⑧	5	속초경제정의실천 시민연합	최진철	민선3기, 주민참여자치 실현을 위한 한마당	5,000
⑧	6	원주시바른선거 시민모임	김동길	주민자치참여	3,000
⑧	7	원주참여자치시민센터	김진희	주민자치 참여와 민·관 파트너십 구축	2,400

⑧	8	춘천지역사회교육협의회	정진완	미래를 준비하는 민주시민교육	3,000
⑧	9	태봉바른선거시민모임	양명천	공명선거활동 및 투표 참여 권장	3,000
⑧	10	한국가정법률상담소 동해지부	이진석	예(YES)·예(禮) 부부교실	1,300
⑧	11	한국소비자연맹 강원춘천지회	김흥수	소비자대학 운영 및 상담사례집 발간	6,000
⑧	12	한국야생동물보호협회 강원지회	박행호	수렵지역에 대한 밀렵 감시 및 예방교육	1,800
⑧	13	한국자유총연맹 강원도지회	왕종배	청소년들의 생활속의 민주시민의식 실천교육	10,000
⑧	14	홍천 바른선거 군민모임	김명숙	공명선거 실현을 위한 시민의식 개선	3,000
⑥	11	속초YWCA	김경하	음식물쓰레기 줄이기 운동	4,500
⑥	12	영북해군동지회	김하규	수중정화사업	4,800
⑥	13	원주YWCA	지은희	푸른 산 맑은 물 회복을 위한 어린이 환경교실	4,200
⑥	14	자연보호 강원도협의회	김정곤	환경보전 국민참여 홍보	3,100
⑥	15	자연보호 홍천군협의회	권혁화	환경보전 자원절약 홍보 및 감시활동	2,000
⑥	16	자전거타기운동연합 속초지부	이태선	자전거타기 생활화홍보 및 교육	4,400
⑥	17	춘천홍천 생명의 숲 가꾸기 국민운동	정성헌	생명의 숲 21-「봉의산을 시민에게」	7,000
⑥	18	치악여성환경보전 연합회	장옥희	원주시 시민 수질환경 감시 프로그램의 개발	4,200
⑥	19	태백 생명 의숲 가꾸기 국민운동	이상진	태백산 도립공원 등산로 생태복원사업	2,000
⑥	20	홍천해병대전우회	하성광	환경보호활동 및 수중 정화활동	1,400

⑥	21	환경보호국민운동본부 강원도지부	송기노	자연환경보존 및 환경 의식고취 교육	1,500
⑥	22	환경보호국민운동본부 동해시지회	박수현	폐원목 재활용 및 환경 보전사업	3,500
⑥	23	환경보호국민운동본부 양구군지회	김영조	전국 제1의 청정 우리 군 지키기운동	4,700
⑥	24	환경보호국민운동본부 철원군지회	김일영	자연보호운동 및 오폐 물 감시활동	5,200
⑥	25	환경보호국민운동본부 춘천시지회	이성복	자연환경보존 및 산림 보호, 생태계보전	2,400
⑥	26	환경보호국민운동본부 태백시지회	남년수	자원절약, 환경보존	2,300
⑥	27	환경보호국민운동본부 화천군지회	이영천	환경보호활동	4,100
⑥	28	환경운동연합강원연대	최준길	강원환경 실태조사 및 강원지역 환경 단체 네 트워크 구축사업	6,100
⑥	29	횡성환경운동연합	김윤수	자연생태교실 프로그램 개발과 운영	2,500
⑦	1	속초·고성·양양 환경운동연합	장석근	영북지역 환경고발센터 운영을 통한 시민환경 교육·홍보·실천활동	4,200
⑧	1	민족통일양구군협의회	곽병구	안보강연회 개최	4,600
⑤	3	동해YWCA	정영옥	나눔과 섬김의 사랑 공동체	1,900
⑤	4	바르게살기 홍천군협의회	박남선	청소년 보호	5,600
⑤	5	사회문화연구회	남귀우	2002청소년 문화학교	3,000
⑤	6	속초YMCA	박준규	설악 실버문화 축제	5,500
⑤	7	원주시사회복지협의회	김대호	우리역사·문화 바로알 기 탐방 프로그램	2,000
⑤	8	원주여성민우회	용정순	"내 몸의 주인은 나" 캠페인	4,900

⑤	9	춘천여성민우회	엄혜숙	건강한 가족문화 만들기	2,900
⑤	10	한국가정법률상담소 강릉지부	윤양소	사랑의 릴레이 가족캠프	8,700
⑤	11	한국가정법률상담소 춘천지부	백명임	매매춘 근절을 위한 홍보사업	4,200
⑤	12	한국민족예술인총연합 동해지부	김형순	우리 소리를 찾아서	4,500
⑤	13	한국이웃사랑회 강원지부	박거종	아동학대 예방에 관한 세미나	1,300
⑥	1	(사)시민환경센터	목영주	주민이 참여하는 마을의제만들기 사업	4,900
⑥	2	강원영북환경보존운동 본부	허영수	자연환경보존운동	1,400
⑥	3	동해환경사랑회	박남순	환경지킴이	3,400
⑥	4	바다가꾸기실천운동시 민연합강원본부	윤의구	"우리 변산반도에서 만나요" 이벤트행사 참가 사업	2,600
⑥	5	바다살리기국민운동 강원본부	이용출	수중정화사업	5,400
⑥	6	베트남참전 전우기념 사업회 고성군지회	박상회	환경보전	3,900
⑥	7	베트남참전 전우기념 사업회 삼척시지회	김광욱	친환경적인 생활문화 조성을 위한 자연보호 운동 전개	4,000
⑥	8	베트남참전 전우기념사 업회원주시지회	황인화	자원절약, 환경보전	3,800
⑥	9	새마을운동중앙회 정선군지회	최진규	환경 안내표지판 설치	2,800
⑥	10	설악환경보전운동본부	최무일	설악산 환경정화 및 녹색휴가보내기 운동	3,600

부록2
춘천의 시민단체가 선정한 춘천개혁의제 - 2002 업그레이드 춘천」

춘천시민운동네트워크
(가정법률상담소, 나눔의 집, 춘천YWCA, 춘천YMCA, 춘천
여성민우회, 한국소비자연맹 강원·춘천지회, 춘천환경운동연합,
춘천시민연대)

1. 열린행정 · 투명행정을 추구하여 참여에 의한 지방 자치가 이루어지는 기틀을 만든다.

1) 행정정보를 소극적인 공개에서 적극적인 공개로 전환
현재 행정정보공개는 정보공개청구가 있어야만 이루어지
는데 시민의 알권리와 행정의 투명성 확보를 위해 홈페이지와
기타 수단을 통해 정기적으로 정보를 공개할 수 있는 제도를 만
들어야 한다. (열린 행정정보공개조례 제정)
2)「정책실명제」및「성과공시제도」를 도입
예산지출 성과를 평가할 수 있도록 투자된 예산에 대해 평
가 지표를 만들고 주기적으로 공정하게 평가되어야 한다.
3) 기금운영실적 관리체계 공개
춘천시의 각종기금은 일반회계, 특별회계와는 달리 예결산
내역에 해당 기금의 조성목표액과 매년 예산 편성액만 공개될 뿐
관리나 운영은 공개되지 않고 있다. 따라서 현재 조성되어 있는
각종기금의 관리체계와 운영실적이 체계적으로 공개되어야 한다.

4) 인사기준 공개 및 사전예고제 실행

단체장이 인사권을 행사할 때 객관적인 인사기준을 제시하고 다른 자치단체가 시행하고 있는 사전예고제를 도입하여 단체장의 자의적인 인사관행을 예방하고 의회나 시민사회의 의사가 반영되는 창구를 마련해야 한다.

5) 청렴계약제 시행

홍천군수 수뢰 사건에서도 볼 수 있듯이 지방자치단체가 공공사업의 발주에서 계약이행까지 내부 고발자의 제보가 없으면 부정행위를 막을 수 있는 방법이 없다.

청렴계약제를 시행해서 입찰등록 단계부터 이행단계까지 청렴계약 전담 위원회의 모니터를 거치도록 하여 행정의 투명성을 획기적으로 높여야 한다.

6) 공약이행상황 정기적으로 발표

단체장의 선거공약을 실질적으로 정책에 반영된 사항과 집행되지 않은 사항으로 구분해서 공개하여 단체장의 선거공약 이행실적을 시민에게 알려야 한다.

7) 행정서비스헌장 개정

행정서비스헌장을 주민참여를 통해 개정한다. 헌장내용은 선언적이 아니라 실천가능한 의제 중심으로 구체적으로 제기하고 헌장수행결과를 정기적으로 공개해야 한다.

2. 행정에 주민이 참여 할 수 있는 실질적인 통로를 만들고 풀뿌리 주민자치가 꽃피울 수 있도록 구체적인 지원을 하며 제도를 정비한다.

1) 예산편성, 정책수립과정에 주민참여 제도화

춘천시의 예산 운영과정과 정책수립과정을 보면 형식적인 공청회가 있을 뿐 실질적으로 주민들이 참여할 수 있는 제도적인 장치가 전혀 마련되어 있지 않다. 예산 편성과정과 정책 수립과정에 시민들이 참여할 수 있는 제도를 강화하여, 예산과 정책의 심의와 집행, 결산 과정까지 주민참여가 보장되도록 해야 한다.(시민참여예산제 조례제정)

2) 주민자치위원회 대표성 실질화

주민자치센터가 제대로 운영되기 위해서는 막대한 예산을 투자하는 것보다는 주민자치위원회의 자치력이 높아지고 주민자치위원의 대표성이 실질적으로 보장되는 절차와 방식이 더 중요하다.

현재 주민자치위원을 읍면동장이 직권으로 위촉하는 방식에서 공개모집을 거쳐 적격자를 위촉하도록 변경하는 행정자치부 지침이 있는 만큼 주민자치위원회 구성방식을 변경해야 한다.

3) 읍면동 개발자문위원회 주민 참여의 대표성 강화

읍면동 개발자문위원회가 주민의 이익을 대표하는 기능보다는 행정이 추진하는 정책을 말단에서 동의해주는 역할을 하고 있다는 비판이 있다. 읍면동 개발자문위원회의 주민 대표성을 강화하기 위해 위원회를 공개모집 등 개방적인 방법으로 구성하고 주민의 보편적 요구가 최대한 반영되도록 해야 한다.

4) 각종위원회 운영 전면 개선

1회성 혹은 명목상으로 운영되고 있는 위원회가 많으며 순수 민간위원의 참여비율이 높지 않고 기능이 중복되는 위원회도 있다.

자문기구 성격의 위원회를 실질화 하기 위해서는 위원회에 대한 전면적인 실태조사를 통해 평가시스템을 도입하고 회의록·안건 등을 전면 공개하여 위원회가 주민의사를 실질적으로 반영되는 창구가 되도록 개선해야 한다.

5) 행정, 관련기업, 시민이 참여하여 사안을 해결하는 시민협약의 전통을 세워 갈등을 합리적으로 해결하는 방안을 모색해야 한다.

3. 미래지향적인 지역공동체를 정착시키기 위해 관행적인 시책 수정, 주민의 문화예술 참여권을 확대한다.

1) 주민홍보용 신문 구독 예산 단계적 폐지

전국 지방자치단체에서 예산대비 최고인 춘천시의 주민홍보용 예산을 지역 언론의 공익적 역할이 훼손되지 않는 방안을 제도화하면서 단계적으로 폐지하여 불필요한 예산낭비를 줄이고 언론이 지역공동체를 구성하고 주민합의를 도출하는 순기능을 강화해야 한다.

2) 임의 보조금관리 조례 개정

보조금 관리조례에서 단체장이 자의적으로 집행할 수 있는 조항을 삭제하고 보조금관리의 공정성을 확보하기 위해 심의위원회를 구성해야 한다.

3) 시민문화감리제도의 도입

춘천시 예산이 지원되고 있는 지역축제에 대해 시민의 자발적인 참여를 유도하고 객관적인 평가를 통해 개선방안을 마련을 위한 시민문화감리제도를 도입해야 한다.

4. 시민의 삶의 질이 향상되고 사회적 약자의 권리가 우선적으로 보장되는 더불어 사는 춘천을 만들기 위해 사회복지 및 기초 생활 관련 인프라를 구축한다.

1) 정기적인 시민 복지욕구조사를 통해 지역사회 복지종합계획 수립

춘천시 사회복지정책이 주민들의 욕구에 부합하지 못하는 점이 있고 현실적이지 못하며 춘천지역 사회복지판들노 재정적인 이유로 지역조사를 통한 주민여론을 충분히 반영한 지역사회 복지계획을 수립하고 있지 못하므로, 춘천시가 적극 나서 정례적으로 주민기초욕구조사를 실시해서 기존사업에 대한 평가와 합리적인 지역사회복지계획과 실천 가능한 현장중심의 프로그램을 개발해서 시책에 반영해야 한다.

2) 노인공경의 사회적 분위기 확산

65세 이상 노인들을 대상으로 춘천시 실버카드를 도입하고 경로당 활성화 사업 추진, 농촌 노인을 위한 건강증진 사업 활성화등의 정책을 구체적인 실태를 조사해서 시행한다.

3) 치매전문센터 설치

보건소에 노인들을 위한 장기요양시설이나 전문요양시설 등이 구비된 치매전문센터를 설치해서 치매로 고통받는 가족, 노인들에 대한 공공의료체계를 구성한다.

4) 장애우의 시민권 확대

장애우 편의시설 실태조사를 장애우 단체 등 민간에 위탁해서 매년 실시, 계획수립에 반영한다. 또한 장애우의 이동권이 단계적으로 보장 되도록 보행환경을 개선해야 한다. 그리고 시설 중심의 재활서비스체계를 재가복지서비스중심으로 전환해서 사회통합력을 높이고 사회적 비용을 줄인다.

5) 기초생활보장기금 조성

2002년 현재 8,800명에 이르는 춘천지역 수급자들의 자활능력을 높이기 위해 국민기초생활보장법에 규정된 기초생활보장기금을 조성해야한다.

현재 강원도 내에서는 속초시가 3억을 조성하였고, 춘천시는 기금을 조성하지 않고 있다. 따라서 시 예산 중 기초생활보장 예산의 10%선을 연차적으로 배정해서 기금을 조성하여 자활사업의 기반을 확대해야 한다.

5. 여성의 권익증진과 사회참여 보장을 위한 기반을 마련한다.

1) 여성관련 예산의 대폭 확대

춘천시 여성인구는 127,098명, 이에 대한 여성예산은 1인당 11,199원으로 전체 예산의 0.4%에 불과하다. 여성정책의 수립 및 실현을 위하여 여성예산을 확대해야 한다.

2) 여성정책을 전담할 수 있는 여성정책전담과의 신설 및 여성정책 전문인력의 확충

양성평등 실현을 위한 여성정책이 개발진행될 수 있도록

인적, 물적 구조가 마련되어야 한다.

 3) 춘천시 여성발전기금의 목표액 달성

여성발전기금은 양성평등의 촉진, 여성의 사회참여 확대
및 복지증진을 위한 기금으로 2002년 3억원의 기금을 조성하였
으나 2004년까지의 목표액 10억원에는 턱없이 부족한 액수이
다. 여성발전기금의 실질적 운영을 위해 목표액은 반드시 달성
되어야 한다.

 4) 성주류화 정책의 실현을 위한 성별 분리통계의 수립 및
    공무원 양성평등의식교육의 의무화

지역 여성정책 수립을 위해 가장 기본이 되는 성별분리통
계가 마련되어져야 하며, 성인지적 정책 수립을 위해 공무원에
대한 양성평등의식교육를 의무화해야 한다.

 5) 가정폭력, 성폭력 피해자를 위한 장기 쉼터 설치

가정폭력, 성폭력 피해자들에 대한 안식처를 제공하고 그
들의 자립을 도울 수 있는 장기 쉼터가 마련되어져야 한다.

 6) 농촌 여성을 위한 농가도우미 제도의 실질화

출산 여성농민의 가사와 농사일을 지원하는 농가도우미 지
원기간을 현재 1개월에서 최소 2개월로 확대하는 등 농가 도우
미제도가 실질적으로 이루어지도록 해야 한다.

 7) 여성의 사회참여 확대를 위한 24시간 보육시설 및 방과 후
    교실의 확대

전 사회적 아동을 대상으로 한 보육정책의 수립과 여성노
동인력 확보를 위한 24시간 보육시설과 초등학교 저학년 대상
의 방과후 교실이 확대되어야 한다.

8) 「춘천시 여성회관」의 여성전문인력 개발시스템으로의 전환

현재 여성들의 기술, 취미, 교양 교육을 위주로 실시하고 있는 춘천시 여성회관의 교육내용은 강원도 여성회관이나 여성 인력개발센터, 여타 문화센터와 중복된 프로그램이 운영되고 있는 실정이다. 한 지역에서 한 가지 교육을 중복해서 운영하는 것 보다는 타 기관들과의 차별성을 갖춰 춘천지역 여성들의 다양한 욕구를 충족시키고, 의식향상을 도모할 수 있는 전문교육 기관으로의 전환이 필요하다.

6. 춘천발전의 정책목표를 「개발」이 아니라 「생태」로 하고 춘천을 도농교류, 그린 투어리즘의 중심지로 전환해서 인간과 자연이 공존하는 도시, 지속가능한 발전이 이루어지는 생태도시로 가꾼다.

1) 인구수용용량(환경용량)을 산정하여 도시계획 수정

춘천시 장기발전계획은 2015년까지 인구 50만 수용이 가능한 수준으로 개발하는 것으로 예정되어 있는데 춘천발전의 정책 방향, 인구수용용량을 객관적으로 검토하여 시민이 동의하는 춘천의 미래상을 만들어야 한다.

2) 고층아파트 일색의 개발을 지양하고 저밀도 주거 단지의 확대

경관계획에 의거 스카이라인을 설정하여 도시 전체의 조화로운 발전을 도모하며 환경 친화적인 주택단지를 건설하기 위해 적정밀도를 200인/ha로 하고 공원녹지면적을 최소 30%이상

확보하도록 한다.

3) 생태 교육장 조성 및 확산

우선 춘천의 상징인 봉의산과 공지천을 생태학습장으로 만들고 생명이 숨쉬는 생태공간을 춘천시 곳곳에 확보해서 도시의 차별성을 높여 시민의 생태 교육장소와 그린 투어링 면적을 늘여 나간다.

4) 녹색 띠 조성 및 확충

도심 내 녹지공간, 공원을 단계적으로 확충하고, 공공기관, 학교 등의 담장을 녹색띠로 만들어 열린 공간으로 재조정해야 한다.

5) 쓰레기 재활용률 제고

재활용을 쓰레기 정책의 최우선으로 두고 실질적으로 재활용율을 획기적으로 높여나가야 하며, 일회용품 규제에 대한 특단의 대책을 마련한다.

6) 도시경관과 조화되는 광고물 정책 시행

불법광고물에 대한 단속을 강화하고 도시 경관과 어울리는 간판문화를 조성하기 위한 지속적 노력이 필요하다.

7. 인간중심의 교통, 친환경적 교통문화를 정착시켜 안전하고 편리한 녹색교통도시를 실현한다.

1) 민과 관이 함께 참여하는 「춘천시 교통문화 향상을 위한 운동본부」 구성

춘천시 교통문화 수준을 향상시키기 위해 춘천시, 춘천시

의회, 춘천경찰서, 춘천교육청, 시민단체, 주민조직, 지역언론, 운송업체 등 행정기관과 기업 그리고 민간단체가 함께 참여하는 「춘천시 교통문화 향상을 위한 운동본부」 구성하여 체계적이고 지속적인 노력을 해야 한다.

2) 보행환경 개선과 보행권 확보를 위한 「보행권 조례」 제정

교통에 있어 사회적 약자인 보행자를 무엇보다 우선하여 보호하기 위해 서울시(97년)와 제주시(99년) 부산시와 광주시(2000년), 수원시(2001년)처럼 「보행권 조례」를 제정하고, 「보행환경 개선을 위한 5개년 계획」을 수립하여 좀 더 체계적이고 지속적으로 보행환경 개선을 위해 노력해야 한다.

3) 시내버스 서비스 개선을 위한 「시민협약」 제정

시내버스의 서비스 향상을 위해 춘천시, 시내버스 운송업체, 시민단체가 공동으로 「시내버스 서비스를 어떻게 개선할 것인지」에 대한 협약을 맺고, 서비스 개선사업을 함께 추진해 나가야 한다.

4) 춘천시 자전거 정책 전면 재검토

자전거도로의 확대 설치 이전에 보행환경 개선에 우선적으로 예산을 편성하고, 뚜렷한 목적성과 이용자가 있는 곳을 우선적으로 설치해야 하며, 단순히 자전거도로의 설치뿐만 아니라 자전거의 붐 형성을 위한 프로그램, 자전거 이용자의 안전과 편의를 위한 시설 등에 예산을 편성해야 하는 등 현재의 자전거 정책을 전면 재검토해야 한다.

5) 도로건설 비용의 비율을 연차적으로 줄이고, 녹색교통의 활성화를 위해 과감한 예산 투자

현재 춘천시의 교통정책은 도로건설 위주의 교통정책, 자동차 중심의 교통정책으로 표현할 수 있다. 춘천시는 녹색교통의 활성화를 위해 건설교통국 전체예산에서 도로건설이 차지하는 비율을 연차적으로 줄이고, 녹색교통(보행, 자전거, 대중교통 등)에 좀 더 과감하게 예산을 투자해야 한다.

6) 「어린이 보호구역」에 대한 전면 재조사 및 안전한 통학로 만들기

춘천지역 「어린이 보호구역」에 대한 전면 재조사를 통해 문제점을 발굴하고, 안전한 통학로를 만들기 위해 구체적인 계획을 세우고 예산을 확보해야 한다.

7) 차고지 증명세 노입을 위한 조례제정

심각한 주차문제를 해결하기 위해 기존차량과 신규차량의 형평성이나 영세업자의 생계형 차량 등록 문제 등을 고려하면서 차고지 증명제를 도입해야 한다, 이를 위해 차고지 증명제 시행을 위한 조례를 제정하고, 기본계획을 수립해야 한다.

8. 아동과 청소년의 건전한 성장을 돕는 정책을 확대한다.

1) 유해환경으로부터 청소년을 보호하기 위해 청소년 안전지대 확대

유해환경으로부터 청소년을 보호하기 위해 청소년 안전지대를 확대하고, 철저한 단속과 홍보가 이루어져야 한다.

2) 청소년의 지역사회 참여 확대

청소년들이 사회구성원의 하나로서 의견을 반영할 수 있는

통로(청소년시의회, 청소년위원회 참가 등)를 확보하도록 노력해야 한다.

3) 청소년 문화공간 및 전용시설의 확대

지역의 청소년들이 쉽게 이용할 수 있는 청소년 문화공간 및 전용시설을 지역별로 확대해야 하며, 청소년 문화공간 및 전용공간을 확충하는 과정에서 청소년들의 욕구를 조사하여 지역별 내용을 특성화시켜야 한다.

4) 학업중단 청소년 예방과 지원 강화

학업 중단 청소년들이 계속 교육, 훈련받을 수 있도록 지원체계를 마련해야 하고, 중도탈락 가능성이 있는 학교 부적응 학생을 대상으로 사전 예방 교육 프로그램을 제도화해야 한다.(예 : 서울의 「하자센타」 / 다양한 대안학교 추진 등)

5) 고졸 미취업자의 취업 촉진을 위한 대책 마련

고졸 미취업자의 취업을 촉진하기 위해 취업상담 강화, 취업 알선 기능 강화, 일자리 창출과 같은 종합적인 대책이 마련되어야 한다.

6) 어린이 놀이터 안전기준 마련 및 시설관리 체계 확립

어린이 놀이터의 안전성을 위해 「춘천시 어린이 놀이터 안전기준」을 마련하고, 정기적으로 점검을 실시해야 한다. 또한 놀이터 시설의 관리 및 보수의 효율화를 위해 시설관리 체계를 정확하게 만들어야 한다.

9. 수도권에 집중되어 있는 경제력을 분산시키는 노력을 해서 지역경제회복의 제도적 기반을 마련하고 도농통합 도시에 맞는 영세상인 경쟁력 강화, 농촌경제 회생 정책을 현실화한다.

1) 비 수도권의 입장이 반영된 「지역 균형발전법」 제정을 위해 노력

지방자치단체는 지역균형발전을 위한 적극적 사고를 가지고 중앙정부에 건의하며 비 수도권 지방자치단체와 연합하여 특별법 제정 운동을 전개하고 비 수도권의 현실이 반영된 법 제정을 위해 노력해야 한다.

2) 지역농산물 소비 제도화 및 농산물 인증제 확대

지역에서 생산된 농산물을 지역 내 공공기관이 우선적으로 소비하도록 권장하는 제도를 만들고 춘천시가 지역농산물에 대한 인증제를 확대하여 부가가치를 높여나가 도농통합도시의 장점을 살려 나간다.

3) 영세농민 보호정책 시행

30정보 미만을 경작하는 영세농민들이 소규모 자연재해를 입었을 때 보상해주는 보상제도를 확립해야 한다.

4) 지역상인 경쟁력 제고 방안 시행

재래시장은 자체 경쟁력을 확보해야 고사위기를 넘길 수 있다. 시장현대화를 위해 컨설팅 기능 지원, 예산지원 등의 협력을 하고 공동구매를 위한 물류시설부지 지원 등을 하여야 한다.

特別補論 2

독일 시민사회의 형성과 분열, 갈등, 통합의 역사

제1절 독일 시민사회의 형성과 제도화의 역사

1. 18세기 말~19세기 독일의 자유주의 혁명운동

1789년 프랑스 시민혁명의 자극을 받아 1790년대 독일에는 시민혁명 사상을 수용하고 실현하려는 조직적인 움직임이 여러 지역에서 생겨났다. 1792-94년 사이 슐레지엔(Schlesien)에서는 부르주아, 수공업자, 농노 등이 조직적으로 참여하여 봉기하는 혁명적인 상황이 지속되었으며, 프로이센 바깥에 위치한 브레멘, 함부르크 등의 도시들에서는 상인, 은행가 등이 조직적으로 결사하여 부유하고 계몽된 엘리트가 통치하는 '입헌군주제'를 추진하였다.[114]

또한, 1794년 오스트리아에서는 마티노비치 등 지식인, 관료층이 주도하여 위로부터의 혁명을 추진한 비밀결사조직이 결성되기도 하였다. 헝가리, 비인, 인스부르크, 그라츠 등의 지역에 기반했던 이들은 산하에 온건개혁적인 귀족층들로 이루어진 '개혁자들의 결사'(Gesellschaft der Reformierten)와 급진혁명적인 시민층들로 이루어진 '자유평등을 위한 결사'(Gesellschaft fuer

---

114) 1798년 칸트도 프랑스혁명이 "이성과 법과 정의에 바탕을 둔 국가, 즉 법치국가를 세우려는 시도"라고 보면서 "본질적으로 도덕적"이라고 지지하였다.(Bergeron/Furet/Koselleck, 1969: 106)

Freiheit und Gleichheit) 두 조직을 두고 정부와 특권층에 반대하여 일종의 '프랑스혁명'을 추진하였으나 발각되어 1795년 공개처형을 당하였다(Bergeron/Furet/Koselleck, 1969: 117−8).

그러나 이러한 자유주의적 이데올로기, 즉 시민의식을 가진 세력은 전반적으로 미약하였다. 그 이유는 귀족층은 보수−반동적이었으며, 상공업자층은 아직 넓게 형성되지 못했기 때문이었다. 18세기말 독일사회 전반에는 오히려 프랑스혁명 이념에 반대하는 보수이념과 세력이 훨씬 더 압도적이었으며, 프랑스식 이성주의보다는 개신교적 종교정신이 압도했다(Bergeron/Furet/Koselleck, 1969: 107−10). 1794년 프로이센 공국의 '신분 질서에 관한 일반법' 선문에는 "인간의 권리는 출생, 신분, 천부적 소양에서부터 생겨난다."고 되어 있어(Bundeszentrale, 2000: 4) 당시의 시대 상황을 잘 보여주고 있다.

1815년 나폴레옹의 해방전쟁을 패퇴시킨 유럽의 봉건국가들은 자유주의적 혁명사상의 확산을 막고 구체제를 복구하려는 신성동맹을 맺었고, 1820년대 스페인을 비롯한 지중해연안국가에서 발생한 자유주의적 혁명 봉기들을 진압하였다(Bergeron/Furet/Koselleck, 1969: 222 이하 참조).[115]

그러나 프랑스 대혁명과 나폴레옹이 유럽내륙에 전파한 계몽정신은 그 후에도 수많은 시민혁명과 봉기들을 야기시켰으며, 세르비아(1817), 그리스(1829), 스위스(1830) 등 성공한 경

---

115) 이 체제는 1830년에 이르러 프랑스 7월혁명과 그에 뒤따른 벨기에 등에서의 연쇄 봉기들을 통해 해체의 전기를 맞게 된다(Bergeron/Furet/Koselleck, 1969: 262 이하 참조).

우들도 여럿 있었다(Bergeron/Furet/Koselleck, 1969: 264 <그림> 참조). 특히 1830년은 근대적인 시민사회를 확립한 프랑스 7월혁명이 일어난 해이기도 하지만, 보나파르티즘을 신봉하고 열광한 '새로운 세대들'이 출현하는 분기점을 이루기도 하였다(296, 301). 이들은 1830년부터 1848년 사이의 자유주의 혁명운동에 주도적으로 활동하였다.

1831년 학생, 강사 등의 지식인층은 대학도시 괴팅엔을 일시 점거하였다. 이들은 남부 및 중부 독일지방에 걸치는 '언론 및 조국연맹'(Press- und Vaterlandverein)을 만들었으며, 대학가의 혁명적 비밀조직인 '게르마니아'(Germania)와 긴밀히 연락하였다. 이 세력은 1832년 함바하에서 축제를 열어 칸톤 법을 민주화시키고자 하였다. 이 축제에 수천 명이 운집하여 조국, 민족존엄, 민족연대 등의 구호를 외치며 환호했다(Bergeron/ Furet/Koselleck, 1969: 275-7). 이들이 외친 구호는 '독일의 통일', '모든 자유운동의 국제연대', '독일 공화국 수립' 등이었으며, 자유와 민족통일을 함께 외침으로써 민족자유주의 혹은 민족민주주의의 성격을 드러냈다(Bundeszentrale, 2000: 12).[116]

---

116) 민족주의란 "우리 민족은 하나이다. 따라서 뭉쳐야 한다"는 이데올로기라고 할 수 있는데, 봉건적-보수적인 의식과 결합한 '보수적 민족주의'와 자유주의적 혹은 민주주의적인 의식과 결합한 '자유주의적 민족주의' 혹은 '민주적 민족주의'로 나뉘어 졌다. Bergeron/Furet/Koselleck(1969: 275)는 후자를 '민족민주주의'(Nationaldemokrtie)라 부르면서, 공국과 귀족층들이 주도한 민족통일운동과 그 성격을 명확히 구별하고 있다. 1800년대에 걸쳐 형성된 독일의 민족의식은 1800년대 초 나폴레옹과의 전쟁이 발단을 이루었으나, 오스트리아와 프로이센 등 독일 공국들이 내부적으로 독일동맹을 결성한 동기에는 프랑스의 팽창, 침략에 맞서

다음해에 이들은 프랑크푸르트에서 실제로 혁명을 기도했으나, 준비부족으로 시민들의 호응을 얻지 못하였고, 결국 결사, 출판의 자유는 더 강고하게 통제되는 반동적인 역효과를 초래하였다(Bergeron/Furet/Koselleck, 1969: 277).

한편, 1840년대 독일에는 급속한 공업화가 이루어졌다. 산업구조, 취업구조가 변화했으며, 노동자 숫자가 급속히 불어났다(Bergeron/Furet/Koselleck, 1969: 315). 노동자가 늘어나고 산업문제가 발생함에 따라 노동관련법들이 제도화되기도 하였으나, 1840년대에는 대중봉기, 파업, 소요사태가 그치지 않았으며, 1944년 슐레지엔에서는 직공들의 대규모 봉기가 있었다(319). 이런 조건들은 노동자들의 조직화와 계급의식형성에 기초가 되었으며, 사회주의사상 형성에 토대로 작용하였다.[117] 그러나 계급의식은 1848년 혁명 이후에 본격적으로 형성되었다.

그 사이, 1848년 2월 프랑스에서 발생한 시민혁명은 다시 한번 전 유럽에 자유주의 혁명운동의 파장을 불러 일으켰다.

만하임, 하이델베르크에서 시작된 독일에서의 자유주의운동은 바덴, 뷔텐베르크 등 각 지역의 귀족층들을 점령해 갔다. 이들은 권력분립을 강제하였고, 각종의 자유를 승인 받았다. 3월 베를

저항하고 독립을 유지하는 것만이 아니라 봉건적인 구질서를 회복하려는 보수적인 동기가 포함되어 있었다. 이 '보수적 민족주의'와 달리 민족통일을 자유주의 혁명과 함께 달성하려고 한 민족민주주의는 '자유주의적 부르주아'에 의해 추구되었다.

117) 1931년 쌩시몽, 푸리에를 따르던 독일의 기독교사회주의자 부케츠(Buchez)는 '결사'(Assoziation)을 호소하여 이 용어를 대중화시키는 결과를 초래하였다. 이 정파는 1840년대까지 독일에서 상당한 영향력을 발휘하였다(Bergeron/Furet/Koselleck, 317).

린에서 봉기가 일어나자, 프로이센의 프리드리히 빌헬름 4세는 그들의 대표 2인을 입각시키고 입헌제도를 약속하였다. 작센, 하노버, 바이어른 공국에서도 절대주의는 무너졌다(Palmade, 1975: 38, 44-6). 그러나 노동문제가 주로 제기되어 사회주의자들이 과도정부에 일부 입각을 하게 된 프랑스의 사정과는 달리, 독일 지역에서는 노동자들의 의식이나 세는 형성되지 못한 상태였다. 노동자들은 조직화되지 않아 집회나 시위에 단순히 참여하는 수준에 불과했으며, 대결구도는 지주귀족층과 자본가 및 지식인 시민층 사이에 형성되었다(49-50).

1849년 3월에는 혁명세력의 대표자들이 프랑크푸르트 바오로성당에 모여 시민적 제반의 권리를 주내용으로 하는 독일제국 헌법을 작성, 선언하였다. 이 법에서는 "모든 독일인은 제국시민 권리를 갖는다"(제1조 132항)를 비롯하여 신분제도의 철폐와 법 앞의 평등(제2조), 표현, 출판, 결사, 신앙, 거주이전, 직업선택, 집회 등의 자유가 천명되었고, 사유재산의 불가침성(제9조)도 천명되었다.

그럼에도 불구하고 혁명세력은 강온파로 분열되어 온건보수파가 주류를 이루어 제국에 소속된 각 공국들에서 이것이 채택되어 실질적인 제도로 작용하는 데에는 실패하였다. 대부분 공국들은 제국헌법을 공표하기를 거부하였고 일부 공국에서 언론의 자유 정도만 수용되었을 뿐이었다(Landeszentrale Berlin, 1993; 9-10). 그리고 곧이어 오스트리아에서 시작된 반동적인 움직임에 의해 독일, 프랑스 등 유럽 대부분의 지역에서 혁명은 막을 내리게 되었다. (Palmade, 1975: 59 이하)

2. 19세기 후반 독일의 계급구조와 이데올로기적 스펙트럼

19세기 후반 독일은 급속한 산업화의 물결에 휩싸이게 되고, 이와 함께 부르주아계급과 노동자계급이 형성되어 커다란 정치적 영향력을 갖는 세력들로 성장한다. 독일은 또 프로이센을 중심으로 하는 소독일로 통일되어 입헌군주국 형태의 황제국 (Kaiserreich)이 된다.

이러한 역사전개는 두 가지의 시민사회론적인 의미를 지니고 있다. 하나는 시민사회의 형성이 계급의 형성에 기초하여 이루어졌다는 점, 따라서 시민사회의 제도화(바이마르 공화국) 이전에 계급형성과 세력화가 먼저 이루어졌다는 점이고, 다른 하나는 이들의 의식수준과 세력이 성숙하지 못해 봉건적 보수의식과 세력에 비해 미약했다는 점, 그래서 통일체제가 봉건-보수적 민족주의와 대부르주아층의 온건-보수적 자유주의 분파의 협력과 주도 하에 이룩되었다는 점이다.

1860년 무렵 독일의 공업 분야(광업 포함)에 종사하던 노동자 수는 280만 명이었다. 가족의 수까지 감안하면, 이 인구는 관세동맹 지역 총인구의 1/4에 해당하고, 프로이센 공국에서는 절반에 해당하는 규모였다. 대부르주아층과 부르주아 중간층도 급속히 수가 증가하여 납세대상자 부르주아층은 1852년에 16%이던 것이 1867년에는 22%로 급증하였다. 그러나 대부르주아층은 보수적이었으며, 신분상승을 통해 귀족층과 융합해 나감으로써 영향력이 커져갔다. 반면에 부르주아 중간층과 소시민층은 권력으로부터 멀리 떨어져 있었다. 사무원, 기술자, 중간관리자 등으로 구성된 소시민층은 1870년 그 수가 15%, 1900년에 25%에 달하는 규모로 성장하였으나, 소극적인 계급이었다 (Palmade, 1975: 162-70).

독일에서의 사회주의 이념과 세력은 1840년대에는 아주 주변적으로만 존재했다. 사회주의가 시대적인 의식으로 등장하기 시작한 것은 한 줌의 헤겔 좌파들의 선동 덕택이었다. 이들은 라인란트와 베스트팔렌 지역에서 일정한 영향력을 행사했고, 노동조합과도 연결되었으며, 맑스/엥겔스의『공산당 선언』도 이 그룹을 통해 만들어질 수 있었다. 맑스는 1848년 혁명을 부르주아민주주의혁명으로 간주하여 비판하고 앞서 나가려 했으나, 1849년 일부 소도시들과 농촌에서 일어난 노동자들의 무장봉기는 쉽게 진압되어 버리고 말았다(Palmade, 1975: 219-20).

독일의 노동자들은 1860년대 이전까지만 해도 자본에 대항하지 않았으며, 사회주의와도 거리가 멀었다. 그러나 60년대에 들어와 사정이 달라지게 되었다. 1863년 라쌀레는 노동자총회에서 부르주아에 대한 증오 및 계급투쟁의 필요성을 호소하였고, '독일노동자총연합'(Allgemein Deutscher Arbeiterverein)을 만들어 권위적 국가 및 수구반동적 세력과 합작하여 자유주의 산업부르주아층에 맞서는 전술을 폈다. 리프크네히트와 베벨은 같은 시기 1863년에 남부독일과 서부독일의 노동자 및 소시민층을 대변하는 '독일노동자연합'을 만들었고, 68년에는 사회주의 강령을 채택하여 69년 '사회민주 노동당'을 만들었다. 이들은 1875년 라쌀레파와 통합하였고, 사회민주노동당은 유럽최초의 중요한 사회주의 정당으로 탄생하게 되었다. 이 당은 1877년

선거에서 49만여 표를 획득하였으며, 이는 노동자 전체의 10%
에 달하는 숫자로서 노동자들에 대한 영향이 그만큼 컸음을 보
여주었다(Palmade, 1975: 223-4).

　한편, 1871년 독일의 통일은 프로이센의 주도 하에서 독일 공
국들 간의 동맹과 전쟁(1866년 오스트리아-프로이센 전쟁), 프
랑스와의 전쟁(1870년 독-불 전쟁)을 통해, 그리고 보수적인
부르주아층의 협력 속에서 이루어졌다. 그래서 공화국이 아니라
입헌군주국 형태로 통일되었으며, "새로운 국가는 부르주아에 의
한 정치혁명 없이 독일의 두 지배계급인 귀족층과 부르주아층을
융합시키는 결과를 낳았다."(Palmade, 1975: 286) 또한, 독일
제국은 인구 4천2백만을 포괄하는 유럽 최대의 거국으로 탄생하
였으나, 오스트리아가 빠졌기 때문에 '제2의 신성로마제국'이 아
니었고, 모든 독일인을 포괄하는 '민족국가'도 아니었다. 왜냐하
면 이 '소독일'에서는 7백만 독일인들이 제외되었으며, 독일어를
쓰지 않는 인구도 5백만 명 가량이나 포함되었기 때문이다
(294-5). 제국은 사정이 다른 25개 공국들을 포함하고 있었기
때문에 연방국 형태가 되었으나. 입법기관으로는 일반인들의 투
표로 선발되는 정당으로 구성된 제국의회(Reichstag)와 각 공국
들이 차등적으로 파견하는 대의원들로 구성된 연방 대의원회
(Bundesrat) 둘이 구성되었다(298).[118]

---

118) 이런 점들 때문에, 1871년의 '독일제국'의 성격과 의미에 대해서는
　　따라서 오래 전부터 독일학계에서 논란이 되어 왔다. 특히, 민족통일에
　　입각한 민족국가인가 아닌가, 그리고 근대국가인가 아닌가 하는 점이
　　논란이 되어 왔다. 오스트리아가 제외된 소독일통일이었고, '국주국'의
　　성격을 강하게 띠고 있었기 때문이다(Ullmann, 1995: 7-13). 그러나 황

1871년 제국의회 선거에서는 '민족자유당'과 '진보당' 등 2개의 부르주아 정당들이 가장 많은 지지를 얻었다. 대부르주아층의 이익을 대변하고 비스마르크의 정책을 지지하는 보수적 자유주의의 '민족자유당'은 30%라는 최대 지지를 얻었고, 소자본과 소시민층을 대변하며 공화제를 추구하던 민주적 자유주의의 '진보당'은 9.3% 지지를 받았다.[119] 귀족층을 대변한 '자유보수당', '보수당', '자유제국당' 등 보수정당들은 16.2% 지지를 얻었다. 세 번째, 가톨릭계의 반프로이센 지역연합 정당의 색채를 띈 '중심당'(Zentrum)은 18.6%의 지지를 얻었다. 마지막 네 번째로는 두 개의 사회민주주의 정당들로서 모두 3.2%의 지지를 얻었다. 이 사회주의 세력은 1875년 하나로 통합된 후 크게 약진하여, 1890년 선거에서는 18.1%의 지지를 획득하게 되었다(Palmade, 1975: 300-5).

노동자 및 사회주의 세력은 그 후에도 계속 성장하여 1898년에는 27.2%의 지지를 얻었고, 1차 세계대전 발발 직전인 1912년 제국의회 선거에서는 34.8%를 득표하였다.[120] 노동조합 가입자수는 1895년 약 30만이던 것이 1913년에는 300만명으로 불어났다. (Bundeszentrale 1992; 8)

제국은 민족국가로 간주할 수는 있지만, 근대국가, 따라서 시민사회가 제도화된 것으로 볼 수는 없을 것이다.

119) '진보당'은 1861년 프로이센 최초의 정당으로서 급진적 자유주의, 즉 민주자유주의 성향의 정당이었다. '민족자유당'은 1866년 진보당에서 분리해 나온 보수적 자유주의 성향의 정당이었다(Bundeszentrale, 2000: 26).

120) 1871년부터 1912년 사이 독일의 각 정당들의 자세한 득표율 변화에 대해서는 Bundeszentrale(2000: 28)를 참조.

3. 독일 시민사회의 제도화와 나치즘

1918년 독일은 세계대전에서의 패색이 짙어졌다. 전쟁을 끝내기를 바라는 목소리가 높아졌으나 황제는 종전협정을 추진하지 않아 민중들의 불만을 샀다. 이로 인해 의회에 책임지는 정부시스템, 그러니까 공화제에 대한 요구가 늘어났다. 사회민주주의 세력의 좌파 일부가 독립한 '독립 사회민주당' 세력과 1917년에 일어난 러시아혁명에 고무된 혁명적 좌파그룹 '스파르타쿠스'는 사회주의공화국을 모색하였다.

이런 상황에서 1918년 10월 해군 일부의 무의미한 공격준비에 분개한 군함 선원들이 배에 불을 지르고 시위하는 사건이 벌어졌다. 11월에는 저항의 기운이 키일 지역과 그 인근의 해군병사, 노동자들에게 번져나갔고, 베를린의 사회민주주의 혁명세력과 개혁세력도 이에 개입, 동참하는 사태로 발전하였다. 이들은 종전과 함께 공화제를 천명하였고 이들 대표로 임시정부가 구성되어 황제는 제위를 내놓고 망명을 갔다.

이렇게 해서 독일의 패전과 함께 봉건적 입헌군주제도 끝이 났고, 주권은 국민들에게 돌아갔다. 물론 1918년 11월 혁명 이후, 러시아혁명의 모델을 따라 급진적인 혁명의 기도들이 있었으나 무산되었고, 사민당 세력은 자유주의 계열과 타협하여 혁명을 통하지 않고 민주공화제를 이룩하려 하였다(Bundeszentrale, 2000: 13-5).

1919년 1월 제헌의회 선거에 따라 구성된 바이마르의 국민대회는 민주공화국 체제를 추구하였고, 프랑스 인권선언의 내용을 헌법의 골간으로 삼고자 한 나우만의 주도하에 1919년 7월 제국헌법을 완성하였다. 이것이 바이마르공화국의 수립이자, '시민사회의 제도화'였다.

이 헌법에서는 법 앞의 평등, 남녀평등, 표현, 집회, 결사, 거주이전, 직업선택 등의 자유, 사유재산의 보호와 상속권이 기본권으로서 보장되었다. 또 개인적인 자유와 기본권들 이외에도 노동권과 기업에서의 공동결정권 등의 사회권도 함께 보장되었다(Landeszentrale Berlin, 1993; 10-3; Bundeszentrale, 1991: 8-9).

1920년 2월에는 노사 양대 계급간의 타협에 기초하여 공동결정이 법적으로 제도화되었다.[121] 공동결정을 법제화한 경영감사위원회법(Betriebsraetegesetz)은 5인 이상을 고용하고 있는 사업체에서는 1인의 노동자측 감사(Vertrauensmann)를 두도록 했으며, 20인 이상 고용 업체에는 여러 명으로 구성된 경영감사위원회(Betriebsrat)를 선발하도록 했다. 이 위원회는 협약된 임금과 기타 노동조건을 감시하고, 고용, 해고, 새로운 작업기술 도입, 산업재해 보호 등에 관해서 공동결정할 권리를 가졌다.

노동자 경영감사위원회는 3단위에서 구성되었는데, 그 첫째는 기업단위의 노동자 경영감사위원회(Batriebsarbeiterrat)였다. 두 번째는 경제분야별로 묶인 지역경제 감사위원회들

---

121) 계급적인 타협은 1918년 11월 경영자 대표들과 노동자 대표들 사이에도 이루어졌다. 공동결정제 외의 사회권들의 입법은 대개 이 타협에 기초하고 이루어졌다. (Mevissen, 2001: 38-9)

(Bezirkswirtschaftsraete)이고, 세번째는 제국경제감사위원회(Reichswirtschaftsrat)였다. 1920년 제국경제감사위원회는 326명으로 잠정 구성되었다(Bundeszentrale 1992: 9-10).

바이마르 공화국에서는 이같은 방식으로 민주주의 원리가 정치영역 뿐 아니라 경제영역에도 채택, 적용되었으며, 이러한 '경제민주주의'와 '참여민주주의'는 노-사 양대계급 세력의 타협의 산물이었다. 그러나 이같은 노-사 간의 '사회적 파트너십'은 1924년에 이르러 중공업분야 기업측이 임금상승억제를 요구하면서 균열이 생기게 되었고, 이 때부터 노사간의 협의는 잦은 마찰을 빚어내게 되었다(Bundeszentrale 1992:10).

바이마르 공화국은 사실 극심한 경제공황으로 인해 각종의 집회, 시위, 요구들, 첨예한 좌·우 대결로 혼란에 빠졌으며, 정치는 불안정의 연속이었다. 13년간 내각이 14번이나 바뀌었다. 정치세력은 여럿으로 갈라졌고, 극좌적인 세력과 극우적인 세력 간의 각축도 심했다. 그러다가, 1933년 2월 민족사회주의(National-Sozialismus), 즉 나치 세력의 테러에 의해 무너지게 되었다.(Bundeszentrale 1992: 10)

1933년 3월 제국의회는 사회민주주의 세력의 반대에도 불구하고 행정부에 전권을 부여하는 비상조치법 "민족과 제국의 고난극복을 위한 법"을 통과시켰다. 이로써 의회민주주의는 사실상 해체되었으며, 그동안 애써 확립한 자유권과 사회권들은 점차적으로 폐지되어갔다. 1933년 5월에는 모든 노동조합이 해체되고 노조의 사산은 몰수되었다. 경영자조직과 노동자조직을 대신하여 '독일노동전선'이 만들어졌다. 그리고 1934년 1월까지 결사의 자유, 자율적 단체협상, 파업권, 1920년의 경영감사위원 회법 등이 폐지되었다(Bundeszentrale 1992: 10).

4. 동서독 분단 이후, 서독의 '사회적 자유주의' 체제

제2차 세계대전에서 패한 후, 독일은 미-소 간의 이데올로기 적 냉전구조 속에서 동서독으로 분단되어 동독은 '독일민주공화 국'으로, 서독은 '독일연방공화국'으로 새 출발을 하게 된다. 서 독은 바이마르 공화국의 자유주의 헌법정신과 시민사회 시스템 을 복원하였고, 이와 함께 자유시장경제 시스템을 도입했다. 그 렇지만 국가가 개입하여 노동자-서민의 사회권을 보장하는 '사 회적 시장경제' 체제를 확립하였다. 그리고 미국의 경제원조에 힘입어 20여 년간에 걸쳐 빠른 속도로 경제복구와 '경제기적'을 이룩했다.

1948년에 제정된 '독일 기본법'은 '사회국가'(=복지국가) 원 칙을 전면에 내세우며 과거 바이마르 시대의 자유권과 사회권을 대부분 복원하는 내용으로 구성되었다. 사회국가의 원칙은 크게 두 가지로 되어 있는데, 하나는 국가가 사회적 약자와 강자 사이 의 차이를 방관하지 않고 개입하여 축소시킨다는 원칙이며, 국 가는 그러한 의무를 지닌다는 것이다. 두 번째 원칙은 국가가 국민들의 생활기초를 보장하고 또 향상시키기 위해 가능한 노력 을 기울인다는 사회보장의 원칙이다. 이러한 사회국가 원칙과 시장경제 원칙을 결합한 경제모델이 '사회적 시장경제'의 모델이었다. 이 모델은 당시의 양대 대중정당이었던 기독교민주당과 사회민주당이 타협하여 만들어 낸 것이었다(Bundeszentrale 1992: 12-16).122)

1948년 8월 중순에 작성된 헌법 초안(후에 '기본법')은 9월1일 기민당/기사당, 사민당 대표 각 27인, 자민당 대표 5인, 공산당, 독일당, 중심당 대표 각 2인으로 구성된 제헌의회(의장 아데나워)에서 논의되기 시작하여 수 개월 간의 격론 끝에 49년 1월 찬성 53 대 반대 12로 채택되었다. 이 기본법에 공산당, 독일당, 중심당은 모두 반대했고, 기민당 대표 8명 중 6명도 반대하였다. 1949년5월 이 녹일기본법은 점령국 군정당국에 의해 승인되어 발효되었다.

1949년 8월의 초대 연방의회는 직선 60%, 정당명부비례대표 40%로 구성되었다. 기민당/기사당이 31.0%, 사민당이 29.2%, 자민당이 11.9%를 득표하였다. 연방의회는 9월 초대 연방수상으로 기민당 당수 아데나워를 선출했는데, 402표 중 겨우 과반수를 넘는 202표로 당선되었다. 아데나워는 그 후 1963년까지 장기간에 걸쳐 수상직을 연임했다(Mueller u.a., 1993; 336-7).

이런 상황에서 노동운동은 다시 급속하게 재조직화되었다. 그래서 1949년에는 16개 산별노조들이 모여 단일한 연맹 조직을 만들

---

122) 그러나 이같은 사회국가 원칙에도 불구하고, 사회권은 연합국 측의 입김으로 인해 과거에 비해 약화되고 후퇴되었으며, 기업의 공동결정 제도가 복원되지 않았다. (Bundeszentrale, 1991: 8-9)

었으며, 이것이 독일노동조합연맹(DGB)이었다. 노조연맹은 49년 조직과 동시에 이미 1945년 영국군점령지였던 노르트라인-베스트팔렌 주에서 실시된 광공업 분야(Montanindustrie; 석탄, 철강, 금속 분야)의 경영감사위원회 제도를 전 독일에 적용하는 입법화를 요구하기 시작하였다. 그 결과, 1951년 1월 광공업분야 노조들이 총파업을 예고하는 상황에서 초대수상 아데나워는 연맹위원장 뵈클러와 만나 공동결정제의 입법화를 약속하였다. 연정의 파트너였던 자민당과 독일당은 아데나워의 이런 정책에 반대했으나, 거대 야당인 사민당의 협조로 이 법안은 성사가 되었다. 이렇게 해서 바이마르공화국에서 제도화되었던 공동결정제가 다시 부활하게 되었으나, 이것은 광공업분야에 한정되었으며, 그나마 종업원 1천명 이상의 대규모 사업장에만 적용되었다(Mueller u.a., 1993; 344-5).

기독교민주당(CDU)의 아데나워 정권은 이런 사회정책을 수용한다는 측면에서 볼 때, 민주적 자유주의 정권이었다고 할 수 있다. 이에 비해 공동결정제에 반대한 두 정당, 대자본의 이익을 주로 대변한 자유민주당(FDP)과 민족주의를 표방한 독일당(DP)은 보수적 자유주의 정당이었다고 할 수 있다. 그럼에도 불구하고, 아데나워 정권은 대외정책이나 대 동독정책의 면에서는 서방세계와 유대를 맺고, 동방과는 담을 쌓는 정책을 취함으로써 어느 정도 보수색채를 지닌 정권이었다. 공산당을 용인하던 정책도 1950년대에 이르러서는 보수화하여 공산당 활동을 금지하는 쪽으로 나아갔다.

독일공산당(KPD)은 이미 1946/47년에 전국적인 규모의 정당이 되었고 제헌의회에도 참여했으나, 1951년부터는 의회에 거리를 두고 사회주의 혁명정책을 추진하게 되었다. 그들은 "아데나워 정권을 혁명적으로 붕괴시켜야 독일의 재통일이 가능하다"는 등의 과격한 주장을 했다. 정부는 이를 문제 삼아 헌법재판소에 제소하였고, 이로 인해 공산당은 1956년 8월 헌법재판소의 결정에 따라 해산되게 되었다. 그 후 이 당은 지하활동을 지속하다가 1968년에 새로운 이름(DKP)으로 재건된다(Mueller u.a., 1993; 349-50).

한편, 19세기말과 1920년대의 혁명적 전통을 계승했으나 선거와 의회를 통한 개혁의 길을 걸어온 사회민주당 또한 1950년대 말에 이르러서는 '생산수단의 국유화와 계획경제를 통한 자본주의 생산방식의 극복' 등 맑스주의와 사회주의혁명의 노선을 공식적으로 폐기하고, 그 목표를 사회보장과 산업민주주의의 실현, 즉 기업내의 노동자 경영참여와 공동결정을 통한 '경제권력에 대한 통제'로 낮추는 쪽으로 강령을 바꾸었다. 이것이 1959년 12월의 고데스베르크(Bad Godesberg) 강령이다(Mueller u.a., 1993; 361-2).

1960년대로 넘어오면서 미소간의 냉전은 더 격화되었고, 동서독 간의 냉전적 관계도 1961년 8월 동독의 베를린봉쇄 정책과 장벽의 설치를 계기로 급속한 긴장상태에 빠져 들어갔다. 봉쇄정책은 본래 분단 이후부터 지속되어 온 서독으로의 탈주자 행렬을 막기 위한 조치였다.[123] 그러나 이를 계기로 동서독 간

---

123) 49년부터 55년 사이에 동독에서 서독으로 탈주한 인구는 모두 140 만명으로 집계되었으며(Weber, 1991: 65), 1953년에는 한 해 동안 33만

에는 긴장이 고조되기도 하였으나, 한편으로는 동서독 정부 간의 대화가 열리고, 동서독인의 상봉과 만남이 합법적으로 가능해 지기 시작하였다.

장벽을 설치한 이후, 불법적인 탈주자의 수는 급속히 감소하게 되었지만, 63년 12월 동서독 정부는 '동서독간 여행증명협정'을 맺어 동서독 간의 방문과 이주를 합법화하였다. 이로 인해 같은 해 크리스마스 기간에는 무려 120만명의 서베를린 시민이 동베를린의 친척을 방문할 수 있게 되었고, 64년 11월부터는 동독의 노인(연금생활자)들이 서독의 가족을 만나볼 수 있게 되었다(Weber, 1991: 126, 149).[124]

이와 함께 1960년대 중반의 서독은 아데나워 시대를 마감하

여명이 탈주해 기록을 세웠다. 탈주현상은 특히 59년부터 61년 사이에 심해 59년에 14만3천명, 60년에 19만9천명, 그리고 61년에는 4월 한달 동안 3만명을 기록할 정도였다. 이로 인해 동독 당국은 61년 8월13일 탈주자를 막기 위해 베를린 장벽을 설치했던 것이다.(94)

1961년 한 해 동안에는 20만명 가량이 동독을 탈출하였다. 그중 8월 한달 동안에만 동독에서 서독으로 탈주한 인구는 4만7천여명에 달하였고, 장벽 설치 이후에 탈출한 인구도 5만명이 넘었다(Mueller u.a., 1993; 362-4).

124) 이렇게 해서 서독인의 동독방문은 69년과 75년 사이에 약3배가 늘었고, 서베를린 시민의 경우, 75년에는 350만명이 동베를린을 방문하였다. 75년에는 4만명의 동독인(연금생활자 제외)이 '긴급한 가정사정'을 이유로 서독을 방문할 수 있게 되었으며, 가족상봉은 70년에 541명이던 것이 75년에는 5,499명으로 늘었다(Weber, 1991: 126, 149). 그후 합법적으로 서독에 이주하는 것이 가능해졌고, 84년에는 무려 3만5천명이 서독으로 이주하였다. 그리고 그 수자는 85년에 1만8천명, 86년에는 2만명, 87년에는 1만1천여명, 88년에는 3만명정도였으며, 탈주자는 그에 반해 1만명에 불과했다(유팔무, 1996b 참조).

고 새로운 시대로 넘어가는 과도기에 접어들게 되었다. 노령의 아데나워는 이미 1961년 자민당에 밀려 은퇴했고, 1966년 12월 기민당/기사당은 자민당 대신 사민당과 손을 잡아 대연립정부를 구성하였다. 이에 새로 수상에 취임한 브란트는 다음과 같은 개혁시대를 예고했다.

> 국가와 사회의 개혁에 모든 시민들이 함께 영향을 미칠 수 있도록 힘쓰겠다. 사회 여러 분야에서의 공동결정과 공동책임이 다가오는 수년을 이끄는 동력이 될 것이다(Mevissen, 2001: 33).

<표 1> 서독연방의회 선거결과: 1949-1980

연도	기민당/ 기사당	사민당	자민당	녹색당	기타
1949	31.0	29.2	11.9	-	27.9
1953	45.2	28.8	9.5	-	16.5
1957	50.2	31.8	7.7	-	10.5
1961	45.3	36.2	12.8	-	5.7
1965	47.6	39.3	9.5	-	3.6
1969	46.1	42.7	5.8	-	5.5
1972	44.9	45.8	8.4	-	0.9
1976	48.6	42.6	7.9	-	0.9
1980	44.5	42.9	10.6	1.5	0.5

* 자료; http://www.bundestag.de/info/info/1543.htm Mevissen(2001: 32)에서 인용

브란트를 수상으로 한 거대 연립정부의 구성은 첫째, 자유주의와 사회민주주의의 대타협이면서, 둘째 정부 차원에서 사회민주주의 정책이 강화되는 계기가 되었다는 의미를 지니고 있는 것이었다. 그리고는 셋째, 사민당과 사민당을 이끌던 브란트가 후

에 동방정책, 즉 동서교류와 협력을 통한 긴장완화 정책을 펼칠 수 있게 되는 기반으로 작용하였다. 그렇지만 넷째, 90%의 연방 의원을 포괄하고 있는 양대 정당이 타협, 집권함으로써, 반대세력이 미약해 지고, 따라서 두 정당을 견제, 반대할 수 있는 세력에 대한 필요성도 커지게 되었다(Mueller u.a., 1993; 368).

이와 같은 정계개편의 결과 중 하나는 '좌파와 신좌파' 학생들을 중심으로 한 '의회바깥의 반정부 저항운동'(APO; Ausser-Palamentarische Opposition; '의회 바깥에서의 반대')이었다. 그 다음은 공동결정제의 확대였다. 공동결정제도는 기업부문에서 확대되었을 뿐 아니라 학교에도 적용되었다. 또, 그 다음은 사민당 브란트의 '동방정책'을 가능하게 함으로써 20년 후 동독을 흡수통일하여 '독일 재통일'을 이루는데 밑거름이 되었다는 점이다.[125]

제2절 1970년대 이후의 전환: 참여민주주의와 신보수-신자유주의, 그리고 재통일

1. 1968년의 신세대-신좌파 저항운동과 70년대 참여민주주의의 제도화

브란트 외(Brand u.a.; 1984)에 의하면, 1968년 소요 사태는 1966년, 67년의 경제 위기를 체험하면서 자유 시장 경제에 대한 환상이 깨어지고, 60년대 초 '쿠바 사태' 이후에 비롯된 동서 해빙 무드에 힘입은 반공 이념의 약화, 인종 차별과 미 중앙정보국 CIA의 신식민주의적 개입 및 베트남 전쟁 등을 계기로 한 '반미주의'의 고조, 60년대 중반 미국내의 흑인 민권 운동과 반전 운동을 배경으로 하고 일어났다. 이로 인해 당시의 학생운동은 반제국주의·반권위주의·친사회주의적인 성격을 띠게 되었다. 학생들 가운데에는 군 복무를 거부하거나 대학 교육 개혁을 요구하는 소리를 높였으며, '기성 사회'와 '자본주의 체제' 자체를 비판하는 성향이 강했다.

전후 신세대들로 이루어진 저항적 학생운동은 이미 60년대 중반부터 사회개혁과 대학개혁을 주장해 왔다. 이들은 아도르노 등 프랑크푸르트학파의 영향을 받아 스스로를 '프롤레타리아-사회주의 혁명의 전위'라 이해하면서 '권위주의적-국가주의적'인 교육내용과 대학교육법의 전면개정 등을 요구하였다.

1965년 5월 학내 언론자유 문제가 발단이 되어 베를린자유대 학생 500여 명이 대학당국에 항의하는 시위를 벌였다. 학교당국은 이 사태의 책임을 물어 수많은 학생들을 퇴학 처분하였다. 이로 인해 7월에는 그에 항의하기 위해 1만여 명이 참여한 시위가 벌어졌다. 정부당국은 이에 대해 강력하게 진압했으나 오히려 이런 상황에서 반전분위기가 증대되고, 비상조치법이 통과됨으로써 학생운동은 반전운동, 반정부운동, 반체제운동으로 성격이 확대되었고, 시위와 저항운동은 서독 전역으로 확산되었다. 67년 6월 시위에서는 대학생 1명이 경찰의 총에 맞아 죽는 사태가 발생하였고, 이로 인해 시위는 과격해지고 68년 여름까지 폭력적인 시위, 테러 및 진압의 사태가 이어졌다(Mevissen, 2001: 48-9).

사상자가 발생하는 반전 시위가 거듭되는 가운데 1968년 2월에는 반전운동의 일환으로 '베트남 대회'라는 군중집회가 열렸고 4월에는 프랑크푸르트의 한 백화점에 방화 사건도 벌어졌다. 이러한 소요 사태는 '비판적인 대학'을 만들기를 호소했던 학생운동 지도자 두치케(R. Dutschke)가 피살됨으로써 더욱 격화되게 되었다. 이를 계기로 학생 운동을 매도해온 재벌기업 소유의 보수 일간지 『슈프링어』(Springer)에 대한 구독 거부 운동이 전국적으로 벌어졌다. 연이은 부활절 기간 중 일어난 시위 사태는 더욱 더 걷잡을 수 없게 되었고, 뮌헨의 시위에서는 2명이 사망하기까지 했다. 이처럼 사태가 긴박해지자 정부·여당은 '비상 입법'을 추진하기 시작했고, 이에 대항한 '운동권'에서는 APO를 결성하여 맞섰다. 이는 정계에 "야당다운 야당이 없다"는 인식을 기초로 한 재야 세력들의 결집을 의미하는 것이었다. 이들은 "민주주의에 비상이 걸렸다"는 슬로건을 내걸고 비상 입법 반대 투쟁을 위한 군중대회를 열었으며 여기에는 6만여 명의 학생·시민들이 모여들었다(Brand u.a.; 1984).

이런 상황에서 정부는 그 의견을 수렴하기 보다는 소요사태를 막기 위한 비상조치법 제정을 추진하였고, 법안은 연구기관과 대학을 돌면서 2차, 3차로 심의과정을 밟아 나갔다. 그러자 학생들은 이를 저지하기 위해 해당 연구기관과 대학을 습격하고 점거하였다. 당시 재야 세력의 지도부 역할을 한 것은 '독일 사회주의 학생연맹 SDS,' 그 중에서도 '베를린 지역 학생회'였다. 이들은 서독의 노동조합 중 가장 진보적인 금속노조(IG-Metall)의 지원을 받아 전 독일의 학생·노동자들이 궐기하여 '총파업'에 돌입할 것을 호소했다. 법안 통과가 임박한 5월 27일 이 호소에 따라 대부분의 학생들은 파업에 들어갔으나 노동자들의 경우는 극히 일부가 산발적으로 '경고 파업'을 했을 뿐이었다. 그럼에도 불구하고 비상조치법안은 통과되었고, 비상조치법의 발효로 APO는 무력화되어 그 일부는 지하로 숨어 폭력운동으로 이어갔다(Mevissen, 2001: 48-9). 이와 함께 학생 운동도 해체되는 과정을 겪게 되었고, 70년대로 넘어가면서 그 열기는 거의 완전히 사라지게 되었다(Brand u.a.; 1984).

그러나 체제 개혁을 추구한 운동들은 실패로 끝났지만, 그것이 완전히 무산된 것은 아니었다. 보다 정확하게는 이 반체제 세력들이 온건파와 과격파, 그리고 중도파 등으로 갈라져 버리고 확산되었을 뿐이다.

당시 저항 운동에서 중요한 전략상의 쟁점으로 화한 것은 이 운동을 주도한 학생 단체가 '중앙집권적'이었던 점과 '비폭력 노선'을 취한 점이었다. 이는 대중의 자발적인 참여와 지지를 약화시켰다는 의미에서 비판을 받기도 했고, 투쟁의 방법도 미온적이었다든지 아니면 오히려 과격한 '맹동주의'였다는 식의 비판들도 있었다. '미온적'이었다고 비판한 부류의 사람들은 그 후 공산당이나 '적군파' 등에 가담하게 되고, 과격했다고 비판한 부류의 기성 평화 운동가들은 학생 운동과 결별하였다. 그리고 이와 같은 60년대 말의 경험과 분위기는 70년대 초의 자발적 시민운동, 그리고 그 후의 '신사회운동들'로 이어졌다(Brand u.a.; 1984).

70년대 초에는 도시 재개발이나 지역 사회 문제 등을 문제삼고 피해 당사자들이 이를 직접 나서서 해결하려는 '즉흥적'인 시위·농성 등의 집단행동이 곳곳에서 터져 나오는 기이한 현상이 일어났다. 이 같은 '자발적 시민운동(Bürger Initiative)들은 68년 운동의 여파라고 할 수 있으나, 자발적, 분권적, 비폭력적, 다원적인 점 등의 면에서 차이를 보였다.[126] 그리고 이 시민운동

---

126) 68년의 저항운동과 70년대 초의 자발적 시민운동은 몇 가지 점에서 서로 대조적이었다. 시민운동은 68년 운동들과 마찬가지로 사회 문제들을 직접적인 집단 행동, 즉 비제도적인 방식으로 해결하려고 했다. 이런 점은 68년 운동이 가졌던 반권위주의적 성격과 체제 불신, 비폭력적 집단 행동에의 호소 등의 특성들이 시민 생활에 광범하게 전파된 것이라고 할 수 있다. 그러나 이전의 운동이 중앙 집권적이었다고 한다면, 이 시민운동들은 특별한 운동의 중심권이 없을 뿐 아니라, 그것의 형성 자체를 의식적으로 기피하는 가운데 다양한 자율적인 '기초 집단'(Basisgruppe)들, 즉 소집단들을 근거로 하는 지방 분권적 성격을 지녔다. 이 소집단들은 물론 문제가 발생할 때마다 서로 연대하기도 하지만 그 직후에는 다시 제자리로 돌아가는 식으로 운동을 전개하는 경향을 띠었다. 또, 이전의 운동이 급진적으로 체제 개혁을 요구했다면, 이

들은 70년대 중반 이후부터는 주로 환경·평화 운동의 성격을 띠면서 조직적으로 연결되고 중심권이 형성되는 추세에 놓이게 된다. 그리고 80년대에 이르러서는 '녹색당'으로 제도화되는 발전을 겪게 되었다(Brand u.a.; 1984; Mueller u.a., 1993; 414-7).

이와 같은 자발적 시민운동과 '환경, 평화운동' 등의 '신사회운동'은 이데올로기의 측면에서 보면, '참여민주주의'인 동시에 참여민주주의 세력이라고 할 수 있다. 68년 사태 이후, 독일에서는 기업과 학교에서 공동결정제를 확대, 도입하게 되는데, 이것 또한 중요한 참여민주주의의 제도화라고 할 수 있다. 이러한 제도화의 과정에서는 68년 사태 직후에 성립한 사민당 정부의 역할도 컸다.

사민당 정부는 69년 9월 선거 이후 사민당-기민당의 연정을 통해 들어서게 되었는데, 수상으로 선출된 브란트는 취임과 동시에 '민주주의의 심화를 위한 개혁'을 천명하였다. 그리고 곧 대외적으로는 '동방정책', 즉 사회주의권 국가들과의 관계 개선 및 동독과의 관계개선을, 대내적으로는 그동안 노조와 사민당이 추구해오던 공동결정제의 확대 등 개혁정책을 적극 추진하였다(Mueller u.a., 1993; 383-90).

1972년에는 동서독 간의 '교통협정'이 맺어져 동서독간의 가족, 친지 방문이 일년에 여러 번씩 가능하게 되었다. 상업, 문화,

---

시민운동들은 대체로 시민 문제들을 피해 당사자들이 주축이 되어 그 해결 방안을 모색하는, '작은 변화'를 추구하는 경향에 있었으며, 운동들의 목표도 다양했다.

스포츠, 종교, 관광을 목적으로 하는 방문도 가능해 졌으며, 같은 해 12월에는 동서독간의 기본조약이 체결되었다. 이 조약을 통해 동서독은 상대국을 독립된 국가로 인정하면서 대등한 선린 우호관계, 무력침략 및 위협 등의 적대행위 금지 등을 합의하였다(Mueller u.a., 1993; 393-4).

사민당 정부는 또 1972년 공동결정제의 적용을 광공업분야로 한정한 기업법을 개정하여 다른 분야의 기업들에서도 공동결정제가 가능하게 하였다. 그리고 1974년에는 공공부문에 공동결정권이 적용되었다. 1976년에는 공동결정법이 제정되어 공동결정제가 모든 대기업으로 확대, 적용되었다. 이 법은 2년 간에 걸친 정당들과 노-사 양측 간의 첨예한 대립과 논란을 거친 후 제정되었는데, 광공업 분야 이외에는 종업원 2천명 이상 규모의 기업에 대해서만 공동결정권을 부여하였다. 그러나 광공업 공동결정제에 비해 기업측 인원이 더 우세하게 구성되었다(Bundeszentrale 1992: 18-26; Mueller u.a., 1993; 412-3).

'공동결정제'(Mitbestimmung)란 본래 기업 내의 의사결정 과정에 노동자나 그 대표들이 제도적으로 참여하는 것(Bundeszentrale 1992: 25)을 말하지만, 브란트 정부는 68년 운동에서 제기된 '대학개혁'의 요구를 수용함으로써 1970년대 서독에서는 대학에도 공동결정제도가 도입되었다.

그러나 대학개혁 프로그램의 원안은 이미 1961년 '독일사회주의 학생연맹'(Sozialistischer Deutscher Studentenbund)이 만든 것으로서 대학의 최고의사결정기구와 각 학과의 행정기구에 학내의 세 이해당사자 집단인 교수, 조교, 학생이 함께 참여하는 것으로 되어 있다. 이는 대학공동결정제, 혹은 참여민주주의 대학교육행정시스템이라고 부를 수 있는 안으로서 66년부터는 일부 연방주정부 차원에서 검토되기 시작하였고, 67, 68년도에는 베를린자유대 총학생회, 전국대학조교회의 등에서 새로운 절충안으로 변형되고 제안되었다. 68년 10월 연방교육부는 대학행정에 학생대표들이 참여하는 것을 권리로서 인정하고, 연방주들에게 이를 권고하는 결정을 내렸다(Mevissen, 2001: 50-6, 106).

이에 힘입어 노르트라인-베스트팔렌 주와 같은 경우, 1968년 학생들의 요구사항들을 수용하여 교육개혁법안을 준비하기 시작하였으나, 반대의견에 부딪혀 옥신각신한 끝에 1970년 '주 대학법'을 채택할 수 있게 되었다. 그러나 이 법은 다시 1979년 "교수 비율이 과반수를 넘어야 한다."는 등 헌법재판소의 판결에 따라 '주 종합대학법'과 '주 전문대학법'으로 바뀌게 되었다. 이 법에 의하여, 대학최고의 의사결정기구인 '대학행정위원회'(Senat)는 교수대표가 6명, 조교대표 2명, 학생대표 2명에 행정직원 대표 1명 등 11명으로 구성되었다(Mevissen, 2001: 56). 학생들이 대학행정에 참여하는 이같은 '학생참여행정' 제도는 그 후 서독 전역에 확산되었고, 연방교육부 차원의 의사결정기구에도 전국학생대표들이 참여하는 구조를 가지게 되었다.

2. 1970년~1980년대의 신사회운동과 신보수-신자유주의

　1974년 석유파동에 따른 경제위기를 겪으면서 서독의 좌파 지식인들과 사회주의 세력은 노동자들의 파업과 계급적 혁명운동이 발생하기를 기대하였다. 그러나 경제위기의 상황에도 불구하고, 노동운동은 일어나지 않았고, 노동자들의 계급의식도 진전되지 않았다. 이로 인해 좌파 지식인들은 전반적으로 맑스주의 이론에 대해 의문과 회의를 갖고 이를 계기로 좌파는 침체일로를 걷기 시작하였다. 그러나 다른 한편으로는 그람시의 문화, 시민사회, 진지전 이론, 알튀세의 이데올로기 이론 등에 대한 관심이 늘어나게 되었다(유팔무. 1989a).

　노동운동은 그 사이 상당한 정도로 제도화, 체제내화, 정치세력화하여 히르쉬(Hirsch, 1986)가 말하듯 '사회 운동 없는 단순한 이익 대변' 활동으로 변화, 즉 운동성을 상실해 갔다. 비록 1969년에 총파업이 있었고 1984년에는 '35시간 노동 시간 단축'을 위한 파업 운동도 벌였지만 노동 운동을 활성화시키는 효과는 별로 없었다. 그러나 노동 운동의 이러한 추세와는 대조적으로 70년대 후반부터는 환경, 평화, 여성, 반문화, 생활공동체운동 등 새로운 성격과 형태의 사회운동들이 활발하게 일어나고, 정부와 제도 정당들을 당혹하게 할 만큼 위세를 떨쳤다. 이 운동들은 뿐만 아니라 1977, 78년을 거치면서 지역 정당으로 발전했고 1980년에는 '녹색당'(Die Grüne)이라는 전국 정당으로 발돋움, 1987년 연방 국회의원 선거에서는 8.3%의 득표율을 보였다(유팔무, 1989b).

1982년 본에서 있었던 나토 군비 경쟁에 반대하는 시위에는 30여만 명의 시민이 참여하여 환경-평화 운동의 열기와 세력을 잘 보여주었다. 1980년대 녹색당 지지율의 지속적인 상승도 그와 같은 신사회운동의 열기와 세력을 반영해 주는 것이었다.

연방의회 선거에서 녹색당의 득표율은 1980년에 1.5%, 1983년에는 5.6%, 그리고 1987년에는 8.3%로 급상승세를 보였다. 반면, 독일공산당의 득표율은 1976년 이후 0.5%도 못 미치는 하락세를 보였다. 사회민주당도 1980년대에는 득표율이 계속 낮아져 1980년에 42.9%이던 것이 1983년에는 38.2%, 1987년에는 37.0%가 되었다. 녹색당의 득표율 증가분만큼, 사회 민주낭의 늑표율이 감소한 것이었다(Dietrich, 1987: 13).

그러나 시민사회의 중심부에서 이와 같은 참여민주주의적인 '새로운 정치 패러다임'(오페)이 형성, 발달해 간 것과는 대조적으로 1980년대 서독의 제도정치는 신보수주의-신자유주의 정치세력이 주도하게 되었다.

1982년 사민당과의 연정을 이끌어 오던 자민당은 사민당과의 잦은 견해차이로 연정을 깨고, 다수당인 기민당과 손을 잡았다. 이로 인해 1982년 10월에는 기민당의 콜을 수상으로 한 보수적 자유주의 정권이 탄생하였다. 기민당-자민당 연정의 콜 수상은 집권 이후 그때까지 사민당 정권의 정책방향과는 다분히 반대되는 쪽의 새로운 정책, 즉 흔히 말하는 신보수-신자유주의 정책으로 나아갔다. 정부의 경제개입을 줄이고, 복지예산과 제도를 감축하는 대신, 경쟁력을 제고시키고 시장기능을 활성화하는 방향으로 정책(=신자유주의)을 폈으며, 그 일환으로 노동윤리,

모성 등 전통적인 가치의 복원(=신보수주의)을 강조하였다
(Dubiel, 1985; Elm u.a. 1985). 127)

3. 1980년대 말의 동서독 재통일과 그 후의 독일 시민사회

나치즘을 겪은 이후, 독일은 1980년대 중반까지 민족적 정체
성을 내세우지 못하는 처지에 있었으며, 통일을 적극적으로 사
고하지도 못하였다. 독일은 과도한 민족주의로 인하여 나치즘을
겪었고, 이를 통해 독일민족 자신은 물론, 유태민족과 세계 여러
나라에 커다란 피해와 과오를 저지른 경험이 있었고, 이로 인해
강제로 분단되는 아픔도 겪어야 했다. 그리고 그 후대들은 그
죄과를 반성해 왔다. 물론 80년대의 신보수주의 분위기 속에서
는 '신나치'가 등장하여 오늘날에 이르기까지 공식, 비공식으로
활동해 오고 있으나, 종전 이후 독일사회에서 민족주의를 내세

---

127) 여기서 '신보수-신자유주의'란 신보수주의와 신자유주의의 성격을
같이 가지고 있다는 의미이다. 신자유주의란 "자유시장경제에 대한 국
가개입이 이루어진 이후, 새롭게 대두된 '반동적인 자유주의'로서, 국
가개입정책으로 인해 상실된 시장경제의 자기조정 능력을 시장원리 및
경쟁원리의 강화를 통해 회복시키는 것이 경제위기를 극복하고 경제를
활성화하는 길이라고 보는 입장"이다(Ulrich/Mangen, 1983). 그래서 경
제적인 의미를 지니는 개념이며, 신보수주의란 노동윤리를 비롯하여
전통적인 규범과 가치를 추구하고 강조하는 입장을 가리킨다. 따라서
정치적-윤리적인 성격을 지니며, 신자유주의와 상보적인 관계에서 결
합하기 쉽다. 그러나 본래 '보수'란, 시민혁명의 시기에 봉건신분질서를
유지하려고 한 귀족층 혹은 신흥 대부르주아의 입장을 가리키던 것이
었다.

우거나 민족통일을 공공연히 내세우는 것은 일종의 타부가 되어 왔었다.

그러나 이런 상황에도 불구하고, 독일은 1990년 재통일되게 되었다. 이것은 이른 바 서독의 흡수통일 노력에 의한 것이 아니었으며, 동독 시민사회의 반정부 자유화 및 개혁 운동, 그에 따른 체제붕괴와 자유선거 실시, 자발적인 서독으로의 가입의 과정을 통해 이루어진 것이었다. 그러나 이같은 동독의 변화는 1987년 이후 소련의 고르바초프가 동구권 국가들에게 가한 외교적인 개혁압력에 힘입은 바 컸으며, 동서독 정부와 주민들 간의 누적된 상호이해와 교류가 밑거름이 되었다. 그리고 서독의 콜 정부가 동독의 위기상황에 대하여 매우 능동적으로 대처했기 때문에 가능했다.

1987년 서독인들 가운데에는 동독과 서독이 함께 독일민족에 속한다고 생각하는 사람들이 35%였고, 그 이외의 모든 독일어 사용 지역까지 다 포함한다고 보는 이들도 25%가량이 되었다. 그러나 서독만을 '오늘의 독일민족'으로 간주하는 견해도 37%에 달하였다. 또한, 2/3 정도에 달하는 서독인들이 통일에 찬성하였다. 1986년 12월에 이루어진 여론조사에서는 65%가 통일에 찬성했고, 87년 가을의 조사에서는 66%, 89년 12월에는 62%가 찬성하는 것으로 나타났다. 이처럼 서독인들의 다수가 통일에 찬성해 왔지만, 가까운 시일 내에 통일이 가능할 것으로 보는 이들은 각각 11%, 13%, 17%에 불과하였다. 87년 여름에 실시된 조사에서는 자신이 통일을 직접 경험할 수 있을 것으로 믿는 사람은 9%에 불과했고, 그렇게 믿지 않는다는 사람이

72%나 되었다(Herdegen, 1996: 247-8).

그런데 실제의 사태는 이러한 믿음과 크게 다르게 진전되었다. 동독의 붕괴 당시까지 여행자유와 민주적 개혁을 외치던 동독인들의 구호는 89년 가을 베를린장벽 붕괴 이후 '통일'을 요구하는 구호로 변하게 되었다. 이같은 대중적 열망을 배경으로 하면서, 89년 겨울과 90년 봄 사이에는 서독 여당의 매우 적극적인 통일 추구정책, 소련의 통일묵인, 동독의 자유총선거(90년3월)에서 통일을 지지하는 보수정당연합의 압승 등으로 사태가 진전되어, 통일은 장벽 붕괴 후 1년만(90년10월3일)에 동독이 서독연방에 가입하는 형식으로 급속히 이루어지게 되었다(유팔무, 1999a).

그 후 10년 독일사회는 심각하고 커다란 변화를 겪어 왔고, 동독인들은 물론 서독인들 역시 그러한 변화를 경험하였다. 동독의 계획경제 시스템은 시장경제 체제로 바뀌었고 기업들 또한 국영체제로부터 민영체제로 전환하였다. 그 사이 수백만명의 동독인들이 실업문제에 시달리게 되었으며, 노사관계도 서독식으로 바뀌었다. 서독인들은 서독정부를 통해 엄청난 액수의 통일비용을 조달해 왔다. 이같은 지원 속에서 동독은 외형적으로 '근대화되고 개량'되어 갔고, 서독인들은 한편으로 조세, 보험료 부담의 증가, 다른 한편으로는 복지제도 및 복지비삭감 등을 겪게 되었다. 경제제도 이외의 제도들도 대부분 서독식으로 바뀌었다.

이러한 과정에서 특히 동독사회의 여러 계급/계층적 집단들은 경제적-정치적-사회적 지위가 크게 바뀌게 되었다. 가장 현격한 변화를 겪게 된 것은 정치 뿐 아니라 군사, 언론, 학술 분야

등 각 분야의 지도층인사들 혹은 엘리트층의 몰락이었다. 그리고 그 자리는 대부분 서독출신들로 채워졌다. 1996년 동독의 지도층 인사들 가운데 동독출신들의 비율은 10% 수준에 불과한 것(평균 11.6%)으로 보고 되었다. Glaessner(1996: 851)의 분석, 종합 보고에 의하면, 정치분야에는 동독출신의 비율이 32.1%로 많은 편이나 군대는 0%, 행정분야는 2.5%, 경제분야 0.4%, 노동조합 12.4%, 언론기관 11.7%, 학술분야 7.4%, 문화분야 12.9% 등이다.(유팔무, 1999a).

지위하락과 실직, 대량실업 사태 등을 수반하며 진행된 '서독의 동독합병 과정'을 통해 혼란스럽고, 정체성이 뒤흔들리게 된 것은 동독인들에게는 당연히 귀결이었다. 또한 서독인들에 대한 열등의식, 통일을 후회하는 목소리, 서독체제에 대한 불만, 구시대에 대한 향수, 사회주의와 사회주의 정당에 대한 지지 등도 생겨났다. 그래서 동서독 간의 통일은 경제, 정치제도 등 제도적인 차원에서의 통일은 대체로 4−5년만에 완결되었다고 평가되고 있으나(Hettlage/Lenz, 1995: 13), 사회적인 차원에서의 통합은 그렇지 않았다고 평가되고 있다. 특히, 동서독 지역 간의 지역적 격차와 감정, 구사회주의 정서의 부활 같은 것은 새롭게 형성된 분열과 갈등의 축이라고 할 수 있다.

동서독의 통일은 흔히 '합병' 혹은 '식민화'라고 부르기도 하듯이 서독의 제도를 동독에 이식하는 과정이었다. 그렇기 때문에, 서독제도는 좋은 것, 동독제도는 나쁜 것이라는 인식을 수반하였고, 동독주민들에게는 열등감을, 그리고 또 일부에게는 저항심을 자극하게 되었다. 반면, 제도 면에서의 통일과는 달리 가치관이나 행동양식, 관습 같은 것은 쉽게 이식, 변화, 형성되지 않기 때문에 내적인 측면에서의 통합은 제도적인 측면에 비해 훨씬 더디게 진행되었다(Hettlage/Lenz, 1995: 17).[128]

90년대 중반의 여론조사 결과들에 의하면, 동독인들의 절대다수(대략 80%정도)가 서독에의 가입, 즉 통일을 잘한 일이라고 평가하였다. 그리고 통일 후 경제사정을 비롯하여 생활이 통일 전보다 나아졌다고 답하였다. 그러나 동독인들의 약 60%는 동독이 서독에게 식민지처럼 점령당했다고 답하였으며, 동독인이 서독인에 비해 열등하거나 2등급 독일인이라고 생각하는 경우도 대략 80%에 달하였다.[129] 또한 독일인에 속한다고 느끼기보다 동독인이라고 느끼는 사람이 60%를 넘었다. 그리고 통일 후 사정이 나빠졌다거나 통일을 후회하는 사람들의 비중도 20-30% 정도에 이르렀다. 1995년을 전후해서는 사회주의 이념이나 민사당(PDS: 구동독 통일사회당의 후신)에 대한 지지 역시 30% 수준에 달하였다(Kaase, 1996: 394).

---

128) Hettlage/Lenz(1995: 17, 20)는 동서독의 내적, 문화적 차원에서의 통합은 매우 오랜 기간에 걸쳐 이루어질 수 있으며, 약 30년 정도가 더 흘러야 가능할 것이라고 내다보았다. 약 한 세대에 걸친 공동 경험의 축적을 통해서 그런 통합이 가능해 진다는 것이다.

129) 1990년 이래 동독인들을 상대로 한 빌레펠트의 엠니트(Emnid) 연구소의 여론조사에 따르면, 대체로 80% 내외의 동독인들은 자신들을 '2등국민'(Deutsche zweiter Klasse)이라고 인식하고 있다. "구동독 주민들은 통일된 독일 안에서 상당한 기간동안 2등 국민으로 남아있게 될 것이다."라는데 대해 찬성하는 경우들이 1990년 가을 조사에서는 75%였고, 91년 중반 조사에서는 84%, 92년 말 조사에서는 77%, 94년2월 조사에서는 82%(Mueller, 1996: 227), 96년 초에는 약 3/4정도에 달하는 것으로 나타났다(Herdegen, 1996: 253).

1994년 알렌스바하(Alensbach) 여론조사에 의하면, '사회주의 사상은 실천이 잘못되기는 하였으나 좋은 것'이라는 견해에 대해 동독주민들의 2/3가 동의 하는 것으로 나타났다. 서독지역에서도 이러한 사회주의 지지는 1/3정도로 나타났다(Herdegen, 1996: 258). 이러한 경향은 93년에 실시된 아데나워 재단의 여론조사에서도 비슷하게 나타난 바 있다. 여기서는 동독인의 27%가 "앞으로의 독일을 위해서는 개혁된 사회주의가 지금까지의 서독식 시장경제체제보다 나을 것"이라는 의견에 동의하였다.

<표 2> 사회주의에 대한 동, 서독인들의 평가(%)

	서독인			동독인		
	동의	중립	반대	동의	중립	반대
개혁된 사회주의가 지금까지의 서독식 시장경제체제보다 낫다	11	20	69	27	24	50
앞으로 수백 년 동안 사람들은 사회주의도 나름의 좋은 측면을 가지고 있었다고 말할 것이다.	41	23	36	74	12	14
원칙적으로 사회주의는 의미가 있고 또 해볼 만하다.	29	25	47	74	18	28

* 자료: Konrad-Adenauer-Stiftung, Bereich Forschung und Beratung, Archiv-Nr.9305/1993. Herdegen(1996: 258)에서 인용

그러나 동서독 전체를 보면, 사회주의 정당에 대한 지지는 5% 정도에 불과하다. 1998년 10월 연방의회 선거결과를 보면, 사민당이 40.9%(1994년 36.4%)로 가장 많은 지지를 획득하였고, 그 다음은 기민당(CDU)으로서 28.4%(1994년 34.2%)였으며, 성격이 비슷한 기사당(CSU) 6.7%(1994년 7.3%)과 합

하면, 35,1%(94년 41.5%)였다. 나머지, 녹색당은 6.7%
(1994년 7.3%), 자민당 6.2%(1994년 6.9%), 민사당 5.1%
(1994년 4.4%)를 기록하였다.

참고문헌

강만길(1985) 『한국현대사』, 창작과비평사.

강문구(1995) "변혁지향 시민사회운동의 가능성과 한계, 그리고 일 전망", 유팔무/김호기(편), 『시민사회와 시민운동』, 한울.

강원택(2002) "한국정치의 이념적 특성", 한국정당학회, 춘계학술대회 논문집, 『한국사회의 정치지형 변화와 언론』, 2002년 4월12일.

강정인(1997) "보수와 진보", 니스벳/맥퍼슨, 『에드먼드 버크와 보수주의』, 강정인/김상우역, 문학과지성사. 교육출판공사(1980)『세계철학대사전』.

강찬중(1998) "자기주도학습의 도입 지도방법", 한국교육생산성연구소(편), 『교육연구』, 6월호.

구도완(1994) "한국 환경운동의 역사와 특성", 서울대 사회학과 박사학위논문

권희경(1989) 『한국혁신정당과 사회주의 인터내셔널』, 태양.

김기식(1997) "지역운동의 현황과 과제", 강원정치학회 학술대회 자료집(1997), 『지방자치의 활성화와 시민단체의 역할』. 10.23.

김기원(1994) "미군정기의 사회경제", 한길사, 『분단구조의 정착 - 2』, 한국사 18.

김동춘(1997) "레닌주의와 80년대 한국의 변혁운동", 『한국 사회과학의 새로운 모색』. 창작과 비평사.

김동춘(2000) 『전쟁과 사회』, 돌베게.

김두섭(1996) "러시아의 경제개혁과 사회계층구조의 변화", 김채윤/장경섭(편), 『변혁기 사회주의와 계급, 계층』. 서울대 출판부.

김병오(1996) "한국정치와 노동자의 정치참여", 예춘호선생 고희기념논문집, 『한국사회 변동의 평가와 전망』, 녹두.

김선호(2002) "NGO의 재정적 기반에 관한 연구 - 춘천지역 NGO를 중심으로", 한림대 사회학과 학사학위논문.

김성국(2001) "한국의 시민사회와 신사회운동", 유팔무/김정훈(편), 시민사
　회와 시민운동(2): 새로운 지평의 탐색, 한울.

김원동(1999) "춘천지역의 시민운동 - 현황과 과제", 「동향과 전망」 겨울호.

김원동(2002) 『한국사회의 불평등과 정치변동』, 일신사.

김영래/김혁래(1999) "한국 비정부조직(NGO)의 현황과 과제", 한국정치학
　회 국제학술회의, 『한국에서의 국회와 NGO의 역할』, 자료집. 1999년
　9월4일.

김종경(1999) "춘천 시민사회의 발전과 시민운동", 춘천시민연대(1999b).

김준(1999) "20세기 한국의 노동 - 역사적 경험의 반추", 『경제와사회』, 겨
　울호.

김태현(1991) "사무전문직 노동운동의 현황과 과제", 전태일기념사업회
　(편), 『한국노동운동 20년의 결산과 전망』, 세계.

김학준(1993) 『한국전쟁-원인, 과정, 휴전, 영향』, 박영사.

김호기(1995) 『현대 자본주의와 한국사회』, 사회비평사.

노중기(1995) "국가의 노동통제전략에 관한 연구; 1987-1992", 『경제와 사
　회』, 겨울호.

노회찬(1999) "한국 진보정당운동의 역사와 전망", 국민승리21 회원연수 자
　료.

동아일보사(1990) 『선언으로 본 80년대 민족, 민주운동』, 신동아 1월호 별
　책부록

박거용(1995) "김영삼정권 교육개혁의 문제점", 『경제와 사회』, 겨울호.

박명림(1992) "한국전쟁의 구조; 기원, 원인, 영향", 박현채편, 『청년을 위한
　한국현대사』, 소나무.

_____(1994) "통일국가 수립운동", 한길사, 『분단구조의 정착 - 2』, 한국사
　18.

박상병(1996) "한국진보정당운동의 평가와 전망", 예춘호선생 고희기념논
　문집, 『한국사회 변동의 평가와 전망』, 녹두.

박상필(1999) 『NGO와 현대사회』 아르케.

박승옥(1991) "80년대 노동조합운동의 새로운 출발", 전태일기념사업회

(편), 『한국노동운동 20년의 결산과 전망』, 세계

박현채/조희연(1991) 한국사회구성체논쟁, 3권, 죽산.

박형준(1998) "새로운 사회운동과 경실련 운동". 임희섭/양종희(편) 『한국의
　　시민사회와 신사회운동』. 나남.

박호성(1991) 『사회민주주의와 민주사회주의』, 청람.

변지량(1997) "강원지역의 시민운동 - 1990년 이후 경실련과 환경련을 중심
　　으로", 강원사회연구회(편), 『강원사회의 이해』, 한울.

비숍/멘아르트(1991) 『시장경제와 사회주의; 제3의 길』 새물결.

서경석(1993 "경실련 운동의 평가와 전망", 경제정의실천시민연합, 『경실
　　련 출범 3주년 기념자료집』.

성경륭(1993) "한국 정치민주화의 사회적 기원: 사회운동적 접근", 경남대
　　극동문제연구소(편), 『한국 정치, 사회의 새흐름』, 나남.

손호철(1995) 『해방 50년의 한국정치』, 샛길.

송두율(1988) 『계몽과 해방』. 한길사.

시민의신문(1997) 『한국민간단체총람』

신용하(1987) 『한국근대 사회사연구』, 일지사.

신철영(1995) "한국신사회운동의 특성 및 노동운동과의 연대", 조돈문(편),
　　『노동운동과 신사회운동의 연대(1)』, 한국노총 중앙연구원.

안상종(1996) "80년대 '재야'의 90년대 좌표", 예춘호선생 고희기념논문집,
　　『한국사회 변동의 평가와 전망』, 녹두.

양호민(1985) 『사회민주주의』, 종로서적.

엄주웅(1990) "변혁적 노동운동의 대중화와 계급적 지평의 확대", 조희연
　　(편), 『한국사회운동사』, 죽산.

오페, 클라우스(1993) "새로운 사회운동: 제도정치의 한계에 대한 도전", 정
　　수복(편역), 『새로운사회운동과 참여민주주의』, 문학과지성사.

유팔무(1989a) "복지국가의 위기와 신보수주의" , 『사회와 사상』, 8월호

_____(1989b) "현대사회 변혁운동의 성격: 서독의 환경-평화운동을 중심
　　으로", 『문학과 사회』, 가을호.

_____(1990) "선진화합경제의 이념연구", 국민경제제도연구원 정책보고
서 9007.

_____(1991a) "이데올로기 분석과 비판의 방법론", 한국산업사회연구회
(편), 『한국사회와 지배이데올로기』 녹두.

_____(1991b) "유로코뮤니즘의 위상과 전망", 『동향과 전망』 여름호.

_____(1992) "90년대 한국의 사상적 좌표와 시민사회", 현대사회연구소,
『현대사회』, 6월호.

_____(1994) "사회주의의 붕괴와 대안체제의 모색", 『동향과 전망』 가을
호.

_____(1995a) "그람시 시민사회론의 이해와 한국적 수용의 문제", 유팔무/
김호기(편), 『시민사회와 시민운동』, 한울.

_____(1995b) "한국의 시민사회론과 시민사회 분석을 위한 개념틀의 모
색", 유팔부/ 김호기(편), 『시민사회와 시민운동』, 한울.

_____(1995c) "시민사회의 성장과 시민운동", 유팔무/김호기(편), 『시민사
회와 시민운동』, 한울.

유팔무/박명선(1996a) "통일독일의 사회적 갈등과 내부통합", 교육부 지역
연구과제 결과보고서.

유팔무(1996b) "통일전후 동독지역의 사회불평등 문제", 『동향과 전망』,
96년 가을호.

_____(1996c) "(구)동독 사회의 구조와 사회불평등 체계의 변화", 김채윤/
장경섭(편), 『변혁기 사회주의와 계급. 계층』, 서울대 출판부.

_____(1996d) "시민사회의 성장과 계급역학", 예춘호선생 고희논문집, 『한
국사회 변동의 평가와 전망』, 녹두.

_____(1996e) "대학입시제도의 변화와 교육개혁의 과제", 『대학교육』, 5/6
월호.

_____(1997a) "한국의 사회운동과 6월 항쟁의 성격", 부산민주항쟁기념사
업회(편), 『6월 항쟁 연구논문집』.

_____(1997b) "미국의 시민사회와 민주주의, 그 허와 실", 『동향과 전망』,
가을호

_____(1997c) "시민없는 시민운동의 극복", 『당대비평』 겨울호.

_____(1998a) "참여민주주의와 대안적 교육체제의 모색", 『동향과 전망』, 여름호.

_____(1998b) "20세기말 진보의 의미변천과 새로운 진보", 『경제와 사회』, 봄호.

_____(1998c) "비정부 사회운동단체의 역사와 사회적 역할", 『동서연구』, 제10권 2호. 연세대 동서문제연구원; 유팔무/김정훈(2001, 편), 『시민사회와 시민운동(2) - 새로운 지평의 탐색』, 한울.

_____(1999a) "독일통일과 동독 지배엘리트의 교체", 서재진 외, 『사회주의 지배엘리트와 체제변화 - 북한과 러시아, 중국, 동독의 비교분석』. 미래인력연구센터, 생각의 나무.

_____(1999b) "미군정기 남한 사회의 삶의 질과 일상생활", 최영희 외, 『미군정기 한국의 사회변동과 사회사』(1), 한림대학교 아시아문화연구소.

_____(1999c) "한국에서 제3의 길은 가능한가", 『역사비평』, 여름호.

_____(2000a) "독일통일과 민족통합 10년: 현황, 과제, 교훈", 한림대 민족통합연구소(편), 『민족통합의 역사와 과제』.

_____(2000b) "한국전쟁과 문화변동", 한림대 아시아문화연구소(편), 『아시아문화』, 제16호.

_____(2000c) "자치시대 춘천의 시민운동과 시민참여", 『지방자치의 활성화를 위한 지방정부 모니터링에 관한 사례 연구』 (아시아재단 연구보고서).

_____(2001a) "국가와 시민사회, 그리고 시민운동의 계급적 성격에 대하여", 유팔무/김정훈(편), 『시민사회와 시민운동』(2), 한울.

_____(2001b) "비정부사회운동단체의 역사와 사회적 역할", 유팔무/김정훈(편), 『시 민사회와 시민운동』(2), 한울.

_____(2001c) "사회민주주의의 대안", 『동향과 전망』, 가을호.

_____(2001d) "왜 사회민주주의인가", 한국사회민주주의연구회(편), 『한국 사회민주주의 선언』, 사회와 연대.

_____(2001e) "한국 시민운동에 대한 평가와 나아갈 길", NGO 대표자협의회 특강원고(미발표).

_____(2002a) "사회민주주의의 희망, 한국에서의 가능성", 『사회비평』 봄호.

_____(2002b) "사회민주주의 중도좌파, 한국에서 가능한가". 한국사회민주주의연구회(편), 『세계화와 사회민주주의』, 사회와연대.

_____(2002c) "한국 시민사회의 형성과 변천 100년; 이론적 재조명", 임희섭교수 정년기념논문집, 『사회운동과 사회변동』, 나남.

_____(2003) "시민사회의 개념과 내부구성", 『동향과 전망』, 여름호.

유팔무/김원동(2000) "춘천지역의 시민운동과 지방자치", 『정부와 NGO』, 서울: 한국행정학회.

유팔무/김정훈(2001, 편), 『시민사회와 시민운동(2) - 새로운 지평의 탐색』, 한울.

윤대원(1990) 『일하는 사람을 위한 한국 현대사』, 거름.

윤정일 외(1991) 『한국의 교육정책』, 교육과학사.

윤정일(1997) "대학입시제도와 사교육비", 『대학교육』, 7/8월호.

이광일(2000) "현단계 시민운동의 딜레마와 과제", 『황해문화』 겨울호.

이규환(1990) 『선진국의 교육제도』, 배영사.

_____(1992) 『사회개발과 교육의 민주화』. 한울.

이병진(1998) "개인차를 고려한 자기주도적 학습력 강화", 한국교육생산성연구소(편), 『교육연구』, 6월호.

이성형(1991) 『사회민주주의 연구(1)』, 새물결.

이신행 외(1999) 『시민사회운동』, 법문사.

이우모(1998) "대학입시 자율화가 고교교육에 미치는 영향", 『교육평론』, 5월호.

이종태(1998) "대안교육의 도전", 『교육개발』, 3호.

이호철(1994) "농민운동", 한길사(편), 『한국사』 18권.

임대식(1995) "사회주의운동과 조선공산당", 한길사(편), 『한국사』 15권.

임희섭(1994) "해방후의 대미인식", 유영익/송병기/양호민/임희섭(1994),

『한국인의 대미인식』, 민음사.

장상환/정진상(2001) 『한국의 사회운동』. 경상대 출판부.

장상환(2001) "4.13 총선, 진보정당과 시민운동", 유팔무/김정훈(편), 『시민
사회와 시민운동(2)』: 새로운 지평의 탐색, 한울.

전상인(1999) "1946년경 남한주민의 사회의식", 한림대 아시아문화연구소
(편), 『미군정기 한국의 사회변동과 사회사』(1).

정성호(1999) "한국전쟁과 인구사회학적 변화", 한국정신문화연구원(편),
『한국전쟁과 사회구조의 변화』, 한국현대사의 재인식 7. 백산서당.

정영태(1994) "노동운동", 한길사(편), 『한국사』 18권.

정종권(2001) "시민운동에 대한 비판적 평가", 유팔무/김정훈(편), 『시민사
회와 시민운동(2): 새로운 지평의 탐색』, 한울.

정태석 외(1995) "한국의 시민사회와 민주주의의 전망", 유팔무/김호기(편),
『시민사회와 시민운동』, 한울.

조대엽(1999) 『한국의 시민운동』, 나남.

조돈문(1995a) 『노동운동과 신사회운동의 연대(2)』, 한국노총 중앙연구원.

조돈문(1995b) "노동운동의 사회적 관심과 이데올로기적 지도력", 조돈문
(편), 『노동운동과 신사회운동의 연대(1)』, 한국노총 중앙연구원.

조순경/이숙진(1995) 『냉전체제와 생산의 정치』, 이화여자대학교 출판부.

조한범(1996) "러시아사회의 계급구조와 부유층의 형성", 김채윤/장경섭
(편), 『변혁기 사회주의와 계급, 계층』. 서울대 출판부.

조희연(2001a) "종합적 시민운동의 구조적 성격과 변화전망에 대한 연구",
유팔무/김정훈(편), 『시민사회와 시민운동(2): 새로운 지평의 탐색』, 한울.

조희연(2001b) "시민사회의 정치개혁운동과 낙천, 낙선운동", 유팔무/김정
훈(편), 『시민사회와 시민운동(2): 새로운 지평의 탐색』, 한울.

차하순(1982) 『서양사 총론』, 탐구당.

최신림(1992) "사회주의 경제이론연구에 관련한 몇가지 문제", 『사회경제
평론』, 제5집

최영희(1996) 『격동의 해방 3년』, 한림대학교 아시아문화연구소.

최장집(1994) "국민국가 형성과 근대화의 문제", 한길사(편), 『한국사』 17권.

춘천시민연대(1999a) 창립총회 자료집. 9월17일.

_____(1999b) 「강원지역 시민운동의 현황과 과제」, 창립기념토론회 발제문집.

춘천여성민우회(2002) 여성이 여는 세상(소식지)

춘천환경운동연합(1998) "1998년도 춘천환경운동연합 정기총회(자료집)"

_____(1999) "단체 소개서 및 회원명부"(내부자료)

_____(2002) 제9차 춘천환경운동연합 정기총회 자료집

춘천YMCA(1999) 「시민운동리포트」.

춘천YWCA(2002) 제37회 정기총회 자료집

캘리니코스, A.(1993) 『역사의 복수』. 김택현(역), 백의.

페이트만, C.(1992) "참여민주주의", 한국정치연구회(편), 『현대민주주의론 (2)』, 창작과 비평사.

한국기독교사회문제연구원(1988) 『87년 한국정치사정』, 87년 자료모음 5.

한림대 사회조사연구소/춘천 문화방송(1991) 『춘천리포트 - 지방자치와 전환의 모색』, 나남.

_____(1999) 『99 춘천리포트 - 춘천의 삶과 꿈』, 나남.

한국교육개발원(1995) "교과서 정책과 내용구성 방식 국제비교연구", 연구보고 95-17.

한국교육개발원(1996) "'새 학교' 구상: 좋은 학교의 조건과 그 구현방안 탐색", 연구보고 96-16

한국교육연구소(1992) "새 입시제도에 대한 비판과 개선책", 학술단체협의회 제5회 연합심포지움. 『한국사회의 민주적 변혁과 정책적 대안』. 역사비평사.

한국노동조합총연맹(1994) "노총 사업보고서"

한국대학교육협의회(1997) "97학년도 대학입학전형계획 참고자료", 97년 2월.

한완상(1992) 『한국현실, 한국사회학』. 범우사.

황석만(1995) "노동운동의 신사회운동과의 연대활동", 조돈문(편), 『노동운

동과 신사회운동의 연대(1)』, 한국노총 중앙연구원.

허승희(1996) "우리나라 열린교육 운동의 동향과 과제", 『한국교육연구』, 제3권 2호.

Bergeron, L., F. Furet, R. Koselleck(Hrsg. 1969) *Das Zeitalter der europaeischen Revolution 1780-1848*, Fischer Weltgeschichte Bd.26, Fr.a.M.: Fischer Verlag.

Beyme, Klaus von(1994) *Systemwechsel in Osteuropa*. Fr.a.M.: Suhrkamp.

Bowles, Samuel/Herbert Gintis(1977) *Schooling in Capitalist America*. BasicBoocks.

Brand, K.W. u.a.(1984) *Aufbruch in eine andere Gesellschaft - Neue soziale Bewegungen in der Bundesrepublik*, Fr.a.M.: Campus Verlag.

Bundeszentrale fuer politische Bildung(1991) *Menschenrechte*. Informationen zur politischen Bildung 210.

Bundeszentrale fuer politische Bildung(1992) *Der Sozialstaat*, Informationen zur politischen Bildung 215.

Bundeszentrale fuer politische Bildung(2000) Das 19. *Jahrhundert; Monarchie - Demokratie - Nationalstaat*. Informationen zur politischen Bildung 163.

Clark, B.R./G.R. Neave(1992, eds.) *National Systems of Higher Education. The Encyclo- pedia of Higher Education*, Vol.1. Oxford/N.Y./Seoul/Tokyo: Pergamon Press.

Dietrich, J.(1987) "Zwischen Stabilität und Wandal: Tendenzen im Wahlverhalten in der Bundesrepublik Dentschland", in: *Jahrbuch des IMSF*, 13.

Dobson, Richard,B.(1977) "Social Status and Inequality of Access to Higher Education in the USSR", in: J.Karabel/A.H.Halsey(1977, eds.), *Power and Ideology in Education*. N.Y.: Oxford Univ. Press.

Doehn, Lothar(1983) "Liberalismus", in: Neumann, Franz(1983), *Handbuch Politischer Theorien und Ideologien*. Reibeck bei Hamburg: Rowohlt Verlag Gmbh.

Elm, L. u.a.(1985) *Konservatismus heute*. Berlin: Disetz Verlag.

Giddens, Anthony(1997) *Jenseits von Links und Rechts*. Hrsg.v. U.Beck. Fr.a.M.: Suhrkamp.

Gould, Carol C.(1990) *Rethinking Democracy*. Cambridge/N.Y.: Cambridge Univ.Press.

Groddeck, Norbert/Hubertus Schultze(1983) "Entschulungsdiscussion und Alternativ-schulen", in: E.G.Skiba/Ch. Wulf/K. Wuensche(hrsg.), *Erziehung im Jugendalter - Sekundarstufe I. Enzyklopaedie Erziehungs- wissenschaft Bd.8.* Stuttgart: Klett-Cotta.

Habermas, Juergen(1992) *Faktizitaet und Geltung.* Fr.a.M.: Suhrkamp.

Heller, A.(1988) "On formal Democracy", in: Keane(ed.), *Civil Society and the State.* London, 1988.

Herdegen, G.(1996) "Einstellungen zur deutschen Einheit", in: Werner Weidenfeld/Karl-Rudolf Korte(Hrsg.), *Handbuch zur deutschen Einheit,* Bundeszentrale fuer politischen Bildung, Bonn.

Hettlage/Lenz(1995) *Deutschland nach der Wende. Eine Bilanz.* Verlag C.H.Beck, Muenchen.

Higgs, Robert(1987) *Crisis and Leviathan: Critical Episodes in the Growth of American Government.* New York and Oxford: Oxford U. Press.

Hill, Kim Quaile(1994) *Democracy in the Fifty States.* Lincoln and London: U. of Nevraska Press.

Hirsch, J.(1986) *Das neue Gesicht des Kapitalismus,* Hamburg: VSA.

_____(1991) "Sozialismus - oder was sonst", in: F.Deppe u.a.(1991), *Eckpunkte moderner Kapitalismuskritik.* Hamburg: VSA.

Hoffmann, A.(1993) *Tatsachen über Deutschland.* Fr.a.M., Societäts-Verlag.

Hopper, Earl I.(1968) "A Typology for the Classification of Educatuional Systems", in: Sociology 1968-2. Reprinted in J.Karabel/A.H.Halsey(1977, eds.), *Power and Ideology in Education.* N.Y.: Oxford Univ. Press.

Huber, L.(1983, hrsg.) *Ausbildung und Sozialisation in der Hochschule. Enzyklopaedie Erziehungswissenschaft,* Bd.10. Stuttgart: Kletta-Cotta.

Iggers, G.G.(1982) "The Idea of Progress in Historiography and Social Thought Since the Enlightenment", in: G.A.Almond/M.Chodorow/ R.H.Pearce(eds), *Progress and its Discontents*. Berkeley/L.A./London: University of California Press.

Kaase, Marx(1996) "Innere Einheit", in: Werner Weidenfeld/Karl-Rudolf Korte(Hrsg.), *Handbuch zur deutschen Einheit, Bundeszentrale fuer* politischen Bildung, Bonn.

Landeszentrale fuer politische Bildungsarbeit Berlin(1993) *Grundrechte.* Informationen zur politischen Bildung 239.

Marx, K.(1983) *MEW.4; MEW.13; MEW.17*

_____ *Das Kapital. MEW.23*. Berlin: Dietz Verlag.

Mevissen, Claudia(2001) *Kampf um schulische Mibestimmung*. Fr.a.M.; Peter Lang GmbH.

Mueller, Helmut M. u.a.(1993) *Schlaglichter der deutschen Geschichte*. Mannheim: Bibliographiscjes Institut & S.A. Brockhaus A.G.

Mueller, M.L.(1996) "Identitaetsprobleme der Menschen in der DDR seit 1989/90", in: Duemcke, Wolfgang/Vilmar, Frits(1996), *Kolonialisierung der DDR. Kritsche Analysen und Alternativen des Eingungsprozesses*. Agenda Verlag, Muenster.

Niesbet, Robert(1994) *History of the Idea of Progress*. New Brunswick/London: Transaction Publishers.

Nolte, Paul(2000) *Die Ordnung der Deutschen Gesellschaft*. Muenchen: C.H.Beck.

Palmade, Guy(Hrsg. 1975) *Das buergerliche Zeitalter,* Fischer Weltgeschichte Bd.27, Fr.a.M.: Fischer Verlag.

Postlethwaite, T.N.(1988, ed.) *The Encyclopedia of Comparative Education and National Systems of Education*. Oxford/N.Y.: Pergamon Press.

Sandkuehler, Hans Joerg(1990) *Europaeische Enziclopaedie zu Philosophie und Wissenschaften*. Hamburg: Meiner Verlag.

Turner, George(2000) *Hochschule zwischen Vorstellung und Wirklichkeit*. Berlin: Ducker & Humbolt.

Ulrich, H./E.Mangen(1983) "Kapitalismustheorien", in: Neumann, Franz(1983) *Handbuch Politischer Theorien und Ideologien*. Reibeck bei Hamburg: Rowohlt Verlag Gmbh.

Ullmann, Hans-Peter(1995) *Das Deutsche Kaiserreich 1871-1918.* Fr.a.M.: Suhrkamp.

Verba, Sidney/Nie, Norman H.(1987) *Participation in America; Political Democracy and Social Equality.* Chicago/London: The Univ. of Chicago Press.

Vranicki, P.(1983) *Geschichte des Marxismus,* Bd.1, Fr.a.M.

Weber, Hermann(1991) *Grundriss der Geschichte 1945-1990,* Hannover: Fackeltraeger.

Weßels, B.(1992) "Bürger und Organisationen - Ost- und Westdeutshcland: vereint und doch verschieden?", Forschungsheft, FS III 92-204, Wissenschaftszentrum Berlin für Sozial forschung(WZB).

찾아보기